权威·前沿·原创

皮书系列为
"十二五""十三五"国家重点图书出版规划项目

BLUE BOOK

智 库 成 果 出 版 与 传 播 平 台

法治蓝皮书
BLUE BOOK OF RULE OF LAW

珠海法治发展报告 *No.3*（2021）

ANNUAL REPORT ON RULE OF LAW IN ZHUHAI
No.3 (2021)

主　编／陈　甦　张　强　田　禾
执行主编／吕艳滨
副主编／王祎茗

社会科学文献出版社
SOCIAL SCIENCES ACADEMIC PRESS（CHINA）

图书在版编目（CIP）数据

珠海法治发展报告 . No. 3，2021/陈甦，张强，田禾主编 . -- 北京：社会科学文献出版社，2021.4
（法治蓝皮书）
ISBN 978 - 7 - 5201 - 8123 - 5

Ⅰ . ①珠…　Ⅱ . ①陈…②张…③田…　Ⅲ . ①社会主义法制 - 研究报告 - 珠海 - 2021　Ⅳ . ①D927.653

中国版本图书馆 CIP 数据核字（2021）第 051009 号

法治蓝皮书
珠海法治发展报告 No.3（2021）

主　　编/陈　甦　张　强　田　禾
执行主编/吕艳滨
副 主 编/王祎茗

出 版 人/王利民
责任编辑/曹长香

出　　版/社会科学文献出版社（010）59367162
　　　　　地址：北京市北三环中路甲 29 号院华龙大厦　邮编：100029
　　　　　网址：www.ssap.com.cn
发　　行/市场营销中心（010）59367081　59367083
印　　装/天津千鹤文化传播有限公司

规　　格/开本：787mm × 1092mm　1/16
　　　　　印张：24.75　字数：369 千字
版　　次/2021 年 4 月第 1 版　2021 年 4 月第 1 次印刷
书　　号/ISBN 978 - 7 - 5201 - 8123 - 5
定　　价/128.00 元

李士钰　肖丽萍　余楚乔　张　月　张喆姝
陆麒元　武万发　苑鹏飞　郑紫琴　胡景涛
哈云天　禹小琴　洪　梅　洪甜甜　袁紫涵
唐　菱　陶奋鹏　梁　洁　梁钰斐　彭执一
雷继华

撰　稿　人（按姓氏笔画排序）

丁莹莹　万博靖　上官宇程　马翠平　王　刚
王　非　王祎茗　王　棵　王　斌　王建宇
王茵叶　王润生　毛　强　毛雁莹　叶振平
史月迎　邝　鹏　冯　朗　匡　振　尧猛祥
朱德林　任天华　刘　泉　刘　堃　刘贯华
刘春明　江　桐　孙永红　杜达俊　李　军
李　苗　李　炫　李月明　李宇苑　李凯莉
李佳仪　李　琴　杨　平　杨　芳　杨　柳
杨卫平　杨文龙　肖　豪　肖子杰　肖钰娟
吴　锋　邱迪灏　邱怡颖　何洁璐　何鹏辉
张　健　张若芬　张津碧　张榕华　陈　磊
陈占炜　陈军生　陈红芽　陈志武　陈祖耀
武　涛　范蕙莹　卓　然　罗　欢　罗雪怡
孟佳洺禾　赵寿康　赵承鑫　胡　瑜　胡文浩
胡冬梅　钟　思　贺畋甜　莫若飞　贾晓磊
夏四海　徐　飞　徐　仪　徐晓菲　徐烽娟
黄民赞　黄智霖　黄湘源　黄锦霞　崔　巍
崔拓寰　梁诗韵　梁翠乔　彭志斌　蒋利健
韩　平　韩足芳　谢健儿　赖　全　赖晓明

雷　婷　蔡涌杰　管　莉　管　博　管会珩
谭子安　谭玮琼　谭学录　潘国照

官方微博　@法治蓝皮书（新浪）

官方微信　法治蓝皮书（lawbluebook）　　法治指数（lawindex）

官方小程序　法治指数（lawindex）

主要编撰者简介

主　编

陈　甦　中国社会科学院学部委员，法学研究所所长、研究员。
主要研究领域：民商法、经济法。

张　强　中共珠海市委常委、政法委书记。

田　禾　中国社会科学院国家法治指数研究中心主任，法学研究所研究员。
主要研究领域：刑法学、司法制度、实证法学。

执行主编

吕艳滨　中国社会科学院法学研究所法治国情调研室主任、国家法治指数研究中心主任，研究员。
主要研究领域：行政法、信息法、实证法学。

副主编

王祎茗　中国社会科学院法学研究所助理研究员。
主要研究领域：司法制度、实证法学。

摘　要

2020 年，珠海市践行习近平总书记关于"做好珠澳合作开发横琴这篇文章"的重要指示要求，凝聚法治共识，统筹做好常态化疫情防控与经济社会发展工作，与澳门携手打造粤港澳大湾区的澳珠极点；着力推进市场环境、政务环境、司法环境的法治化，打造与国际规则高度衔接的营商环境；在立法、制度建设以及规则衔接方面与港澳经验共享、优势互补，从交通"硬联通"到制度"软衔接"，从产业协同到民生融合，探索出一系列珠澳跨境合作举措，全力支持服务澳门经济适度多元化发展。

《珠海法治发展报告 No.3（2021）》分析了 2020 年珠海法治发展总体情况，并从法治化营商环境、珠澳法治合作、司法建设、社会治理角度对珠海法治发展进行了全面总结分析。对未来珠海在习近平法治思想指导下，从顶层设计到基层探索、从制度现代化到能力现代化进行科学谋划和系统安排，进一步联动港澳，高标准持续推进营商环境优化，推动粤港澳法律服务紧密合作，打造具有湾区特色的社会治理共同体，为建设国际一流湾区和世界级城市群贡献珠海力量，进行了分析展望。

关键词： 珠海　依法治国　依法治市　珠澳合作　营商环境

目 录 ◤◥▨▨▨▨

Ⅰ 总报告

Ⅱ 法治化营商环境

Ⅲ 珠澳法治合作

Ⅳ 司法建设

Ⅴ　社会治理

Ⅵ 附录

皮书数据库阅读**使用指南**

总 报 告
General Report

B.1

2020年珠海法治发展与2021年展望

法治珠海课题组*

摘　要： 2020年，珠海市践行习近平总书记关于"做好珠澳合作开发
横琴这篇文章"的重要指示要求，凝聚法治共识，统筹做好
常态化疫情防控与经济社会发展工作，与澳门携手打造粤港
澳大湾区的澳珠极点；着力推进市场环境、政务环境、司法
环境的法治化，打造与国际规则高度衔接的营商环境；在立
法、制度建设以及规则衔接方面与港澳经验共享、优势互
补，从交通"硬联通"到制度"软衔接"，从产业协同到民生
融合，探索出一系列珠澳跨境合作举措，全力支持服务澳门

* 课题组负责人：张强，中共珠海市委常委、政法委书记，市委全面依法治市委员会办公室主
任；田禾，中国社会科学院国家法治指数研究中心主任、研究员。课题组成员：王小梅、王
丽、王祎茗、吕艳滨、刘雁鹏、李元、李红平、陈晖、杨静、郝湘军、胡昌明、饶宏忠、栗
燕杰（按姓氏笔画排序）。执笔人：王祎茗，中国社会科学院法学研究所助理研究员；李元，
中共珠海市委全面依法治市委员会办公室秘书科科长副科长、三级主任科员；陈晖，副教授，暨
南大学"一带一路"与粤港澳大湾区研究院研究员。

经济适度多元化发展。未来，珠海将继续以习近平法治思想为指导，从顶层设计到基层探索、从制度现代化到能力现代化进行科学谋划和系统安排，进一步联动港澳，高标准持续推进营商环境优化，粤港澳法律服务紧密合作，打造具有湾区特色的社会治理共同体，为建设国际一流湾区和世界级城市群贡献珠海力量。

关键词： 珠海法治　珠澳合作　依法治市　社会治理　粤港澳大湾区

2020年是全面建成小康社会和"十三五"规划收官之年，也是落实"珠澳合作开发横琴"要求的开局之年。珠海市坚持以习近平新时代中国特色社会主义思想为指导，践行习近平总书记关于"做好珠澳合作开发横琴这篇文章"的重要指示要求，抓住历史性机遇，坚守"一国"之本，善用"两制"之利，在统筹做好疫情防控和经济社会发展工作这场"大考"中，体现珠海担当、履行特区使命，与澳门联防联控，凝聚法治共识，有效遏制了疫情大面积蔓延，最大限度保护了人民群众生命安全和身体健康，为全力建设粤港澳大湾区提供坚强有力的法治保障。

珠海以珠澳深度合作开发横琴为总牵引、主平台，积极推动内地与港澳不同法律制度的经验共享、优势互补，充分发挥已有的空间优势和生态优势，在立法、制度建设以及规则衔接等方面，着力推进市场环境、政务环境、司法环境的法治化，全力配合推进构建粤澳双方共商共建共管共享的体制机制，打造与国际规则高度衔接的营商环境。2020年，珠海法治建设全面深化、亮点频出，呈现创新发展的良好局面，荣膺第一批"全国法治政府建设示范市"称号，成为广东省唯一获评的地级市。珠海按照"以人为本"的发展理念提高城市的精细化管理水平，以"平安＋"市域社会治理指数（以下简称"平安＋"指数）为牵引，以46个城乡社区示范点建设为切入点，借鉴港澳社会服务管理的先进经验，开启市域社会治理现代化建设，构建富有活力和可持续发展的新型城乡社区治理体系，再次获评"中国最安全城市"和"中国最具幸福感城市"荣誉称号。

横琴新区肩负建设粤港澳深度合作示范区重任。2020年，横琴新区紧密结合国家及澳门的发展需要，发挥毗邻澳门的地缘优势，全力支持澳门经济适度多元化发展，通过跨境办公、跨境创业、跨境通勤、跨境执业、跨境医保等一系列跨境举措，引导澳门人才、资金、技术等澳门元素在横琴集聚，从交通"硬联通"到制度"软衔接"，从产业协同到民生融合，琴澳深入推进社会民生领域的开放性融合，推动珠澳合作向更宽领域、更深层次和更高水平发展，珠澳合作迈步走向新阶段，推动珠海打造粤港澳大湾区重要门户枢纽、珠江口西岸核心城市和沿海经济带高质量发展典范，为建设国际一流湾区和世界级城市群贡献珠海力量。

一　依靠法治凝聚抗疫共识，推进健康湾区建设

2020年，在这场全民抗击新冠肺炎的特殊斗争中，党中央、国务院向全国人民及时发出坚决打赢疫情防控的人民战争、总体战、阻击战的响亮号令，启动重大突发公共卫生事件应急响应，实施联防联控。珠海毗邻港澳，维护港澳长期繁荣稳定是珠海义不容辞的政治任务。疫情防控之初，市委常委会就召开专题会议，传达学习习近平总书记在中央全面依法治国委员会第三次会议上关于疫情防控法治保障的重要讲话精神，强调全市各级各部门要坚持运用法治思维和法治方式开展疫情防控工作，从立法、执法、司法、守法各环节发力，依法推进疫情防控，提高依法治理能力。3月17日，珠海市全面依法治市委员会召开会议明确要求，在法治轨道上统筹推进疫情防控和经济社会发展各项工作，推动珠海依法防控新冠肺炎疫情工作的落实，确保经济平稳运行、社会大局稳定。这些举措为疫情防控注入强大法治正能量。

（一）联防联控，完善疫情相关立法与配套制度

有法可依是依法抗疫的前提。珠海市严格依法制定疫情防控政策措施，平衡社会公共利益与群众基本权利，统筹协调职能部门间疫情防控工作，确保政策文件的权威性和统一协调性。珠海市成立市、区、镇（街）三级疫情防控指挥机构，明确各类主体的防控责任，围绕每个阶段防控工作重点领域和关键环节，全面部署、立体防控、严格执行。市、区、镇（街）、村（社区）、网格组成的五级网格防控体系，全市 1317 个综治网格、1408 名综治网格员与卫健工作人员密切配合，成为防控一线的战斗者。面对疫情大战大考，珠澳政府在珠海召开紧急碰头会议，分析预判疫情发展趋势，决定携手共同迎战疫情，明确了"联手抗疫"工作模式。从妥善安置港澳居民到共同开展临床医治，从全力配合澳门做好出入境管控工作到充分保障鲜活产品和防疫物资供应，珠澳两地形成了高层级、多架构、全方位密切联系的沟通协作网络，共享资源，勠力同心，共克时艰，有效阻止了疫情蔓延扩散，切实守护了两地民众的生命安全和身体健康。

2020 年 2 月 14 日，珠海市人大常委会通过《关于依法全力做好新型冠状病毒肺炎疫情防控工作的决定》[①]，为落实疫情防控措施提供及时、有效的法治支撑。各级党委政府严格落实主体责任，完善疫情防控各项规定，强化疫情防控法规制度可执行性、可操作性。政府法律顾问充分发挥法律"智囊"作用，对市、区政府和市、区疫情防控指挥部出台的助力企业复工复产等重大决策、重大工作措施进行合法性论证，共提出法律意见88 件。

（二）法治作为，筑好出入境和物资通道两道防线

拱北海关作为全国唯一路桥连通港澳的直属海关，深入把握连接粤港澳

---

① 参见《珠海市人民代表大会常务委员会关于依法全力做好新型冠状病毒肺炎疫情防控工作的决定》，珠海市人大常委会，http://www.zhrd.gov.cn/rdhy/cwhhy/jyjd/202004/t20200402_58714075.html，最后访问日期：2021 年 1 月 7 日。

三地的区位特点，主动加强与地方的团结协作，在主动融入和服务抗击疫情、监控出入境关口、保障港澳民生物资安全等工作大局中，彰显了海关法治作为。

为有效监控出入境关口，拱北海关在关口实施"双保障""双向测温"，适时根据出入境通关政策措施，配合口岸执法单位做好健康登记、卫生检疫、食宿安排、隔离监测和心理疏导等工作；为缓解口岸旅客通关压力，珠澳两地政府协商调整通关时间、增设临时通道、调整部分企业员工工作时间、分流横琴口岸等措施，有效减少交叉感染；在疫情防控常态化背景下，珠海服从大局，在中央和广东省的统一部署下，推进核酸检测结果、粤康码澳康码互认，逐步有序推进珠澳两地人员正常往来，把疫情的影响降到最低①。

为快速保障食品农产品质量安全，拱北海关与澳门市政署就输内地澳门制造食品安全监管合作涉及的政策法规、食品安全标准、风险监测计划进行技术磋商，助力海关总署与澳门行政法务司顺利签署《关于输内地澳门制造食品安全监管合作安排》，助力提高供澳物资的质量安全水平和通关速度；对天然气等特殊物资，量身定制"定期申报、外出监管"的便利通关模式；对进口冷链食品企业开展精准宣讲，引导企业正确对待海关执法；对供澳鲜活产品过关，严格审核供货证明、检疫证明、疫病检测报告等材料，实施提前申报、集中报关、预约通关等通关便利措施，实现出口货物"即到、即审、即验、即放"快速通关，确保供澳食品安全。

（三）协同合作，加大对妨碍疫情防控行为的执法司法力度

为积极有效开展疫情防控工作，珠海市各级各部门坚持运用法治思维和法治方式，推进疫情防控，提高依法治理能力。执法机关严格执行

---

① 参见《珠海市市长姚奕生：深度合作 谱写珠澳新篇章》，新浪网，http://gd.sina.com.cn/city/csgz/2020-05-29/city-iirczymk4215175.shtml，最后访问日期：2021年1月7日。

宪法和法律法规，加大对妨害疫情防控行为的执法力度，依法实施疫情防控及应急处置措施。珠海市市场监督管理局向全市各医疗药品用品经营者发布"价格行为提醒告诫书"，规范生活必需品、热销产品和医疗药品市场秩序，对药品经营单位抗病毒类药品、一次性口罩、消毒产品的价格、库存量情况进行摸底排查和质量监督检查，坚决打击捏造和散布涨价信息、哄抬价格、推动商品价格过高上涨等不正当价格行为。市自然资源局印发《关于加强野生动植物保护和野生动物疫源疫病监测预警的函》，全面部署野生动物疫源疫病防控的监测预警与应急工作，强化保护野生动物资源相关执法工作，切实保障人民群众生命健康安全。市城市管理和综合执法局坚持严格执法与文明执法、人性化执法相结合，在保障生产安全的前提下，因地制宜分类指导，推出"不拆、不罚、不赶、不收"的"四不"举措，对企业和个体工商户轻微违规行为，不立案不下单，通过劝导教育、规范整改等自查自纠的方式现场解决，实行免责处理，彰显疫情寒潮之下的温暖。

面对新冠肺炎疫情对我国各类企业带来的巨大考验与挑战，市委政法委及时下发《关于做好疫情防控执法司法工作的通知》，迅速部署疫情防控法治保障工作，扎实做好"六稳"工作、落实"六保"任务，要求全市政法单位切实开展好疫情防控各项执法司法活动，公安、检察和法院加强配合与支持，充分发挥法治保障共同体作用，健全快速反应工作机制，快侦快诉快审涉疫情刑事案件。市公安局连续发出关于依法严厉打击疫情防控期间违法犯罪以及关于依法严厉打击涉野生动物违法犯罪行为的通告，确保社会治安秩序稳定，并率先与澳门警方建立疫情信息共享机制，全面强化口岸边境管控，全力做好相关人员接收送返隔离，以及车辆、物品检查检测防疫工作，优先保障救护、防疫和运送医护人员、药品、民生物资等车辆安全顺畅通行。全市检察机关切实发挥检察职能，提前介入，引导侦查，依法从严从重打击生产、销售不符合标准的口罩等防护用品违法犯罪行为；拓展对野生动物保护领域的公益诉讼，开展源头防控。市法院加强对相关案件审理工作的指导，统一执法标准，明确司法政策，对因疫情防控产生的诉讼、案件延期审理、案件执行适用不可抗力等情形，依法有序处理并及时告知利害关系人和社会公众；强化善意执行理念，根据案件特点审慎执行疫情防控企业案件，成功促成2宗间接涉及疫情防控重点保障企业的亿元大案，和解标的额近1.8亿元，有效缓解了该企业的发展困境。

（四）法律服务，保障疫情防控和经济社会发展大局

为推动经济运行尽快重回正轨，维护城市正常经济社会秩序，珠海市政府陆续发布《珠海市应对新型冠状病毒肺炎疫情 支持企业复工复产的若干措施》《关于有效降低疫情影响 促进经济平稳运行的实施意见》，支持企业安全有序复工复产，努力实现全年经济社会发展目标任务。各部门从服务全市经济发展、社会稳定和民生事业"三个维度"，精准施策，为统筹推进疫情防控和社会经济发展提供了有力法治保障和优质高效的法律服务。市司法局精准对接企业的法律服务需求，及时编印了新型冠状病毒肺炎疫情防控法律知识和问答，牵头市律师协会编发《企业复工复产律师服务手册》，为各单位依法开展疫情防控和复工复产提供必要的法律指引。拱北海关结合关区实际，出台了应对疫情影响、促进外贸稳增长28条措施和106项"一企一策"帮扶措施，采取实行延长汇总征税缴款期限和在线快速办理等方式，助力企业减负赋能，全力促进外贸稳增长。市律师协会成立"疫情防控法律服务团"，组织开展企业免费"法治体检"专项行动，摸排法治体检需求企业486家，调处企业矛盾76次，撰写"法治体检"报告116份，为全市企业提供法律与政策解答。

横琴新区各部门更是统筹推进疫情防控和改革创新，践行对澳合作初心，全方位助力企业复工复产。区工商局出台《关于应对新冠肺炎疫情帮扶企业共渡难关若干政策措施》，发布《横琴及一体化区域企业复工工作指引》，在商事登记、商标注册、融资审批等方面推出了10条便利服务措施，对员工上下班准备、用餐管理、防控安全管理、防控跟踪管理等进行细致指导。区澳门事务局发布《关于进一步支持澳门青年在横琴创新创业暂行办

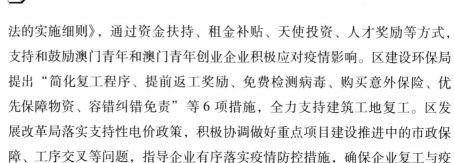

法的实施细则》，通过资金扶持、租金补贴、天使投资、人才奖励等方式，支持和鼓励澳门青年和澳门青年创业企业积极应对疫情影响。区建设环保局提出"简化复工程序、提前返工奖励、免费检测病毒、购买意外保险、优先保障物资、容错纠错免责"等6项措施，全力支持建筑工地复工。区发展改革局落实支持性电价政策，积极协调做好重点项目建设推进中的市政保障、工序交叉等问题，指导企业有序落实疫情防控措施，确保企业复工与疫情防控两不误，全社会共渡时艰。

（五）法治宣传，引导群众依法行事

为了树立正确的舆论导向，主流媒体平台持续刊播涉疫情法治宣传相关内容，全市各单位积极主动作为，强化疫情防控法治宣传和法律服务，不断增强全社会依法防控的意识，汇集抗击疫情的强大正能量，教育引导群众稳定情绪、增强信心，依法行动，为常态化疫情防控工作营造良好的法治氛围。香洲区摘编了14部法律法规的相关法条内容，发布《香洲疫情防控法律指引》和《香洲区关于实施疫情防控"十个一律"的通告》。市市场监督管理局在农贸市场、餐饮单位等公共场所显示屏播放"消费提醒"，普及疫情防护知识，加强食用野生动物健康风险提示，提高公众自我保护意识。拱北海关制作了系列原创普法漫画《囧小妹过关之"疫"囧篇》等，汇总与海关防"疫"密切相关法律规定，寓教于乐，向公众宣传海关疫情防控、卫生检疫工作；横琴新区运用"互联网＋"模式，通过"横琴政法"抖音直播平台，线上直播开讲全民战"疫"中的典型案例，线上普及国家安全教育、疫情期间劳动保障政策、复工复产等时势热点话题，使法治宣传走向"云"端。

二 紧密对接港澳，持续优化法治化营商环境

良好的营商环境促使市场主体在法治框架内创造更大的社会价值，珠海在市场准入和事中、事后监管以及行政执法、信用监管方面采取系列改革措

施，有效优化了营商环境。2020 年，珠海市进一步推进市场环境、政务环境、司法环境的法治化，推进数据资源服务平台与政务应用系统对接，实现政府管理与公共服务的智能化，以营造公平、透明和可预期的营商环境；建立完善对澳便利型营商登记体系以及对澳高效型营商服务体系，全方位、全链条优化涉澳营商环境，扎实推动珠海经济特区"二次创业"加快发展。2020 年 10 月 22 日，中国社会科学院与经济日报社共同发布了《中国城市竞争力第 18 次报告》，其中综合经济竞争力排行榜中，珠海由 2014 年的第 55 名跃升至 2020 年的第 24 名。

（一）专项行动＋专项立法，打造法治化营商环境

建立法治化的营商环境，需要破除各类要素流动壁垒，促进正向激励和优胜劣汰。为巩固商事制度改革工作成果，进一步优化营商环境，2020 年 1 月珠海市政府印发了《珠海市深化商事制度改革　营造公平市场环境工作方案》（珠府办函〔2020〕4 号），制定了 19 项工作举措。4 月，市委、市政府印发《珠海市 2020 年开展深化机关干部作风专项整治工作方案》和《珠海市 2020 年开展营商环境突出问题专项整治工作方案》，针对发展中需要破解的难题、改革的侧重点和市场主体、人民群众办事创业的"堵点""痛点"进行专项整治，疏通"倒数第二公里"，开展服务重点项目情况专项监测整改等重点行动；推动行业主管部门各司其职、履行主体责任，建立服务企业的高效制度体系，构建"亲""清"新型政商关系，确保各类市场主体依法平等使用资源要素、公平公开公正参与市场竞争、同等受到法律保护。珠海还不断创新举措和总结经验，全面开展优化营商环境改革举措复制推广工作，加强对创新经验做法的评估总结和宣传推广，为全国、全省提供行之有效的珠海经验。2020 年 6 月国家主流媒体发布的第三方营商环境权威报告《2019 中国城市营商环境报告》显示，珠海在 100 个经济活跃城市的营商环境综合排名中跻身前十，并以综合评分第一的水平稳居全国三线、四线城市榜首。

打造法治化的营商环境，科学立法是前提。珠海将优化营商环境工作纳

入制度化轨道，通过法治化手段为市场主体提供一套规范、长期和稳定的制度体系和实施机制，为改革创新保驾护航。珠海对接国际经贸规则，率先颁布《珠海经济特区商事登记条例》及13项商事改革配套制度，形成了一套较为完整的地方性商事法规体系。2020年9月29日，珠海市人大常委会又通过《珠海市人民代表大会常务委员会关于优化珠海市营商环境的决定》，在深化行政审批制度改革、提升政务服务水平、完善涉企服务体系、规范监管执法行为、加强法治保障等方面，进行制度安排和体系设计，强化"简流程、优服务、降成本、强监管"，并就充分发挥横琴试验田作用、支持澳门经济适度多元发展、推动规则衔接、建立珠港澳公共法律服务沟通协调机制和平台方面的工作重点和社会关注点进行专门规定，进一步推动横琴与澳门在商事制度、工程建设、投资贸易、通关便利等方面的规则衔接，打通珠海与澳门人流、物流、资金流、信息流和技术流跨境流动障碍，为珠海打造稳定、公平、透明、可预期的国际一流营商环境提出"珠海方案"，以良好的营商环境保障全市经济社会高质量发展。截至2020年12月，珠海市实有商事主体376747户，同比增长5.58%，其中新登记商事主体48971户。

（二）优化审批＋智能服务，构建高效便捷的政务服务体系

1. 分类推进行政审批事项改革

珠海结合2019年12月以来实施的"证照分离"改革工作实际，于2020年7月通过《珠海市进一步推进落实"证照分离"改革全覆盖试点工作方案》，将519项由中央、地方层面设定的涉企经营许可全部实行审批事项改革，按照直接取消审批、审批改为备案、实行告知承诺、优化审批服务等四种方式分类推进，扩大企业经营自主权，创新和加强事中事后监管。其中，审批权限在市级及以下层面的涉企经营许可事项业务133项，直接取消审批5项、实行告知承诺12项、优化审批服务116项。截至2020年12月，全市已办理"证照分离"涉企经营许可（市级）事项业务3.6万件，平均办理时间压缩85%，惠及企业2.43万户，有效降低了企业制度性交易成

本，激发了市场活力和社会创造力。

2. 加快推进许可审批流程

珠海市进一步推进审批服务标准化，简化涉企审批材料，提升审批效率。对药品经营许可筹建及核准继续实行合并办理，并取消GSP认证证书，将许可时限从30个工作日压缩至21个工作日；对医疗器械经营许可核发由40个工作日压缩至20个工作日；3C免办服务由5个工作日压缩至2个工作日。2019年10月24日，珠海在全省率先印发了《建设项目用地选址与用地预审合并办理实施细则》和《建设用地规划许可证与建设用地批准书合并办理实施细则》，将建设工程立项规划许可阶段的用地预审办理、选址意见书核发两个事项合并，将建设用地规划许可证、建设用地批准书核发两个事项合并，并与国有土地划拨决定书核发同步办理。该细则实施半年，全市就已核发建设项目用地预审与选址意见书65份，建设用地规划许可证272份，总体审批效率提高了50%以上。

3. 提高商事登记智能化便利度

珠海在常态化疫情防控下，调整措施、简化手续，推进更多服务事项一窗办、一网通办、跨境办、秒批办、免证办①。2020年1月16日，"人工智能＋"新型登记模式的"珠海市'银政通'智能服务一体机"在珠海市率先启用，全市5个片区、22个银行网点均上线运行，个体工商户和内资企业的设立可以通过一体机方便快捷地完成商事登记并领取营业执照与电子证照卡。10月20日，开办企业"一网通办"升级上线，实现企业设立登记、公章刻制、银行开户、申领发票及税务Ukey、员工参保登记、住房公积金企业缴存登记等多个事项一个平台、一遍登录、一表填报、一次办成，全流程自助智能服务，让"零见面""零跑动"的美好愿景成为现实。截至2020年12月底，全市企业开办设立登记、刻章、申领发票3个环节合计平均时长0.44天。此外，珠海进一步拓宽简易注销适用范围，5863家企业通

---

① 参见《跑出便民利企"新速度" 珠海营商环境跻身全国前十》，珠海宣传网，http://www.zhxc.gov.cn/xwxc/cmjj/202006/t20200619_58757979.html，最后访问日期：2021年1月7日。

过简易注销登记退出市场，"宽进、快办、严管、便民、公开"的政务服务模式已初见成效。

（三）跨境政务＋数据共享，助推澳门投资步入快车道

1. 惠企服务套餐解决跨境手续烦琐难题

横琴新区连续出台系列"小切口、大变化、深突破"的惠企惠民创新措施，有效解决了澳门投资者入驻横琴跨境手续烦琐难题。2020 年 1 月，粤澳工商服务中心在澳门启用，珠海将对澳门投资者提供的企业开办服务部分内容前移至澳门，提供一站式注册登记服务；内地税务服务点也设在该中心，为新办企业涉税业务的澳门纳税人量身定制"跨境税务套餐服务"，搭建了琴澳两地便利化办税桥梁。中国工商银行（澳门）股份有限公司设立不动产登记便民服务点，首创将"互联网＋金融服务"模式延伸至澳门，不动产登记模式在澳门试点实行，跨境不动产抵押登记从申请到发证 1 个工作日内办结，使澳门居民在珠海置业更加方便。3 月，横琴新区出台《横琴新区个体经营台账式备案试行办法》，建立了个体经营者主体资格通过台账式备案予以确认的制度安排。12 月，全国首个个体经营台账式备案系统上线启用，个体经营者的主体资格一键扫码即可完成备案申报，并获得专属二维码，视同持照经营，在横琴的港澳台中小投资者均可适用，消费者手机扫码还可对个体经营者主体资格进行识别和确认，有效降低澳资澳企和港澳台中小商户入驻横琴的门槛，该制度获得2020 年度珠海优化营商环境十佳创新案例奖。同时，"商事登记澳门投资者公证服务专窗"也在横琴新区综合服务中心工商局商事登记窗口设立，澳门投资者在横琴进行商事登记认证可以享受"一窗受理、一次办结"的"一条龙"服务。

2. 打通数据壁垒，推进资源要素自由流动

2020 年 12 月 17 日，横琴新区商务局、社会事务局设立的横琴新区跨境惠企平台上线，该平台集成了澳门机动车辆入出横琴、涉税费业务等 225

项政务事项及 12 个特色服务①。珠海社保业务部门及横琴工商、税务、金融、不动产登记等多个部门数据实现共享互通，内地与港澳三地的个人身份可以识别及互认，港澳居民与内地居民享有相同的认证服务和大数据服务，实现"申请异地办，身份线上核，领补贴零跑动"。这是全国唯一面向港澳企业提供一站式通办的线上政务服务平台，真正打通各部门数据壁垒，实现数据共享，高效便利，加速推进了资源要素自由有序流动及优化配置。

（四）司法担当＋服务保障，助力优化营商环境

为营造稳定公平透明、可预期的营商环境，提供更为有力的司法服务和保障，司法机关积极为各类市场主体创造有利条件，依法保障各类市场主体的合法权益，着力维护公平竞争的市场秩序，创造更为法治化的良好市场环境。

1.准确把握案件特点，依法维护市场环境

珠海法院立足司法职能，维护开放便利的投资法治环境、安心稳定的创业法治环境以及健康有序的市场法治环境；充分发挥商事审判的规则导向和价值引领作用，以服务保障金融业健康发展为责任，提出五大创新金融审判工作举措，包括创新金融审判机制，延伸金融审判职能，促进金融和实体经济良性循环，加强金融审判调研和指导，维护便捷安全的金融法治环境。市检察机关依法打击大湾区建设中出现的新型犯罪，在粤港澳交通互通、通关便利化、产业协作过程中发生的违法犯罪行为，以及跨地区、跨国（边）境和危害大湾区经济金融秩序的重大刑事案件，促进三地实现人员、商品、信息自由安全流动，维护大湾区商业活动安全和良好的经济金融秩序；充分发挥"两法衔接"平台信息化优势，强化涉企案件立案监督和民事法律监督，引导民营企业依法维权，为民营企业保驾护航，努力营造公平、透明、

---

① 参见《横琴新区推出全国首个跨境惠企平台　为港澳人员提供 225 项政务事项线上办理服务》，珠海政府网，http://www.zhuhai.gov.cn/gkmlpt/content/2/2684/post_2684747.html#1638，最后访问日期：2021 年 1 月 7 日。

可预期的营商环境。

2. 一站式多元解纷，推动大湾区多元共治

珠海法院满足人民群众多元司法需求，推动形成分层递进、繁简结合、衔接配套的一站式多元解纷机制，推动纠纷公正、便捷、高效解决，有效降低了市场主体解决纠纷、维护权益的制度性成本。2020 年 12 月 22 日，横琴新区人民法院联合 11 家专业调解机构签署《关于合作开展矛盾纠纷多元化解工作的备忘录》，成立多元解纷中心，聚集珠港澳各地调解人才，发挥他们在涉港澳民商事纠纷、跨境金融纠纷等领域丰富的调解经验，形成多主体参与的调解工作新格局，推动形成大湾区纠纷解决能力的合力。

3. 诉讼服务升级，促进跨境纠纷便捷解决

珠海法院推行线上服务，依托"广东法院诉讼服务网""广东移动微法院""粤公正"小程序等平台，大力推行网上立案、网上调解、网上开庭、网上送达、网上授权见证等便捷服务，实现当事人诉讼"零跑腿"；健全跨域诉讼服务协作机制，出台《珠海横琴新区人民法院跨域诉讼服务工作规范》，详细规范跨域立案、远程视频服务、就近见证签署委托书等协作事项，推动形成"互联网＋跨域诉讼服务"新模式，促进跨域纠纷化解集约化、专业化、便捷化。检察机关强化阳光检务，深化检务公开，运用视频接访系统、12309 检察服务热线等渠道，充分发挥"两微一端"新媒体平台作用，为企业提供 24 小时优质、便捷、高效的控告、举报和申诉法律服务，确保"一键"提交诉求即可顺利获得检察服务，拓宽和畅通企业诉求表达及法律服务渠道。

三 加强规则衔接，推动跨境民生
领域深度合作

社会民生合作是大湾区产业合作融合发展趋势的必然结果，也是统筹推进粤港澳地区社会服务供给侧结构性改革的关键。越来越多的港澳人在珠海工作、生活和居住，催生了一系列的社会民生需求。2020 年，珠海以此为

使命，坚持"以人为本、民生为重"理念，高度重视港澳跨境居民的社会民生需求，推动构建粤澳双方共商共建共管的新机制，优化横琴"分线管理"，在扩大澳门单牌车入出横琴覆盖面、澳门专业人士跨境在横琴执业、在横琴居住的港澳台居民享受跨境医保、加快"澳门新街坊"项目建设等方面，着力探索跨境民生领域的深度合作。

（一）创业生活，推动民生融合发展进入新阶段

珠海持续支持港澳青年创新创业，出台人才引进政策，探索将在横琴居住的澳门居民纳入珠海安居政策体系。2019年横琴新区就出台了支持澳门青年在横琴创新创业32条优惠措施，鼓励澳门企业在横琴跨境办公，并开通了琴澳跨境通勤专线，建立全国首个跨境办公试点楼宇——横琴总部大厦。截至2020年8月，横琴已经有横琴总部大厦、珠海富力中心、梧桐树大厦等六个跨境办公试点楼宇①，以跨境办公促产业空间拓展，以跨境孵化促青年创新创业。2020年9月，横琴新区管委会又在澳门设立"琴澳青创服务中心"，作为珠澳两地支持澳门青年在横琴创新创业推出的便利服务措施，成为澳门青年了解横琴的"窗口"、走进横琴的"桥梁"。一系列支持澳门青年在横琴发展的创业资助、税收补贴、住房优惠政策，吸收澳门居民在横琴就业，参与经济活动，更好地融入湾区发展。截至目前，横琴新区注册澳资企业总数3735家，4000多名澳门居民办理横琴居住证。

珠澳两地经过多次讨论协商，共同谋划横琴"澳门新街坊"项目。2020年4月，珠海市政府以协议方式出让项目用地给澳门开发横琴"澳门新街坊"项目，并由澳门特别行政区政府全资拥有的公营机构——澳门都市更新股份有限公司负责土地规划及项目兴建。目前，该项目进入建设阶段。这是内地第一个专门为澳门居民打造，集居住、教育、医疗等功能于

---

① 参见王浩明、王攀《珠澳合作开发横琴的年中答卷》，《新华每日电讯》，http://www.xinhuanet.com//mrdx/2020-08/10/c_139279031.htm，最后访问日期：2021年1月7日。

一体的综合民生项目，可为澳门提供约 4000 套住房，含约 200 套只租不售的人才住房，将会同步开放澳门标准的医疗、教育、社区服务等公共服务配套①。其为在粤港澳大湾区工作、生活的澳门居民创造便利条件，享受跟本地居民一样的社会服务和民生福祉，将有效增强澳门居民的荣誉感和身份认同感。两地社会民生融合发展进入新阶段。这是建设大湾区宜居宜业宜游优质生活圈的重要内容之一。

（二）互联互通，珠澳同城由理想走向现实

为适应珠澳两地互联互通的要求，促进澳门经济适度多元发展，经中央授权，横琴探索推动澳门莲花口岸分阶段搬迁至横琴口岸。2020 年 8 月 18 日，港珠澳大桥珠澳口岸旅检通道"合作查验、一次放行"的查验模式推广拓展到横琴口岸旅检通道。两地边检部门充分利用地理优势，沿着一条分界线两侧建设查验设施，简化查验环节，"肩并肩""面对面"执法执勤，从地理格局上的"一地两检"到"一次排队，双边查验，一次放行"，实现了执法合作全面深化。为实现该查验模式的创新，珠澳两地边检从法律、业务、技术等多方面展开论证，反复研究场地建设、查验流程、设施布局、合作方式等关键问题，历经 37 次专题研讨、27 项技术课题研究、4000 项试错提高、数十万次反复调试测试之后的创新②，开启了 1 分钟内两地跨境的新通关时代。横琴口岸新旅检区域启用后，日通关容量将从当前的 8 万人次提高到超过 22 万人次，年通关容量可达 8000 万人次。横琴口岸客货车道上也将创新采取"合作查验、一次放行"的"大一站"模式，实现珠澳双方车辆的一次查验、一次放行，只需一道关闸即可完成珠澳双方跨界查验，在车道上实施该查验模式尚属全国首例。届时，日通关车辆可从约 2700 辆次提高到超

---

① 参见《横琴"澳门新街坊"项目用地签约出让》，中央人民政府驻澳门特别行政区联络办公室经济部贸易处，http：//mo. mofcom. gov. cn/article/zwcity/202004/20200402956298. shtml，最后访问日期：2021 年 1 月 7 日。

② 参见《珠海和澳门在横琴举行模拟通关演练》，百家号，https：//baijiahao. baidu. com/s? id = 1675326411428054112&wfr = spider&for = pc，最后访问日期：2021 年 1 月 7 日。

过 7000 辆次，年通关车辆可达到 250 万辆次①。凭借该项创新，横琴口岸成为国内最先进智能便捷的现代化口岸之一。这是内地与澳门基础设施互联互通的标志性项目，横琴成为澳门居民融入湾区生活的第一站。

（三）交通便利，澳门单牌车入出横琴

为优化区域发展的资源配置，推动落实中央惠澳政策，珠海市政府和澳门特别行政区政府保安司签署《关于澳门机动车辆入出横琴的协定》，从 2016 年始，逐步开放澳门牌照交通运输工具从澳门进出横琴并在横琴行驶。为保障符合条件、有需要往来横琴的澳门机动车辆均能入出横琴，2020 年，珠澳双方多次协商，进一步依需求开放澳门单牌车配额总量，由 2500 个增至 5000 个；广东省人民政府印发《澳门机动车入出横琴管理办法》，将澳门机动车入出横琴临时入境机动车牌证有效期延长至 1 年。2020 年，已累计向 4542 辆澳门机动车发放入出横琴资格牌证。同时，横琴新区积极推进网上政务服务平台建设，澳门机动车入出横琴的资格确认函以及临时入境机动车牌证均实行电子化；澳门机动车入出横琴综合管理系统完成重构升级，移动端 App 也可以通过统一平台实现大数据关联审批、自助办理。车辆在横琴口岸客车出入境通道通关仅需 30 秒，有效提升了澳门机动车进出横琴的效率，快捷高效的往来互通给珠澳两地居民的工作、生活和学习带来极大便利。

（四）专项法规，澳门专业人士跨境执业

2019 年 11 月 30 日，横琴首家由澳门执业医生开设的诊所——欧伟乐内科诊所成功获批医疗机构执业许可证，在横琴正式开业，为澳门医疗专业服务借助横琴拓宽发展空间进行了成功的尝试。珠海市充分运用经济特区立法权，先后颁布实施了《珠海经济特区横琴新区港澳建筑及相关工程咨询

---

① 参见《横琴口岸新旅检区域 8 月 18 日启用，告别 20 年"两地两检"旧模式　打开跨境新关口　开启粤澳新征程》，中国横琴，http：//www. hengqin. gov. cn/gkmlpt/content/2/2626/post_ 2626303. html？jump = false#2130，最后访问日期：2021 年 1 月 7 日。

企业资质和专业人士执业资格认可规定》（自 2019 年 12 月 1 日起施行）、《珠海经济特区港澳旅游从业人员在横琴新区执业规定》（自 2020 年 12 月 1 日起施行），明确规定取得港澳建筑及相关工程咨询资质的企业和执业资格的专业人士，以及港澳旅游从业人员，符合条件经合法备案便可在横琴执业。这两部专项地方性法规促进了人员要素高效便捷流动，减少了港澳特定专业人士在横琴新区的执业壁垒，拓宽了其执业渠道，为相关改革创新提供了法律依据和制度保障，也为珠澳两地在不同专业领域搭建高端合作与发展平台奠定了法治基础。2020 年 4 月 16 日，中国建筑工程（澳门）有限公司正式获得首张核发的营业执照，成为第一家凭港澳资质获准在横琴开展经营、提供服务的建筑工程企业。9 月，该公司中标横琴新区某公开招投标工程项目，成为港澳建筑企业在横琴以公开招投标形式中标工程项目的首个案例。截至 2020 年底，珠海市横琴新区管理委员会建设环保局已发出港澳建筑及相关工程咨询企业资质和专业人士执业资格备案认可书 190 份，共有 34 家企业（澳门 26 家、香港 8 家）和 156 名专业人士（澳门 102 人、香港 54 人）合法备案。一系列法规的出台有效突破了制约人才流动的体制壁垒，有助于琴澳共同搭建专业人才发展平台，也为横琴新区在相关领域的改革创新提供了法律依据和制度保障，为全省和全国逐步推出更多试点项目及开放措施探索经验。

（五）跨境医保，澳门居民再添福祉

珠海市医疗保障局和横琴新区管理委员会对澳门居民参加珠海市医疗保险工作进行了深入研究与论证，并与澳门有关部门开展多次磋商，2019 年 6 月，珠海市政府印发《关于常住横琴的澳门居民参加珠海市基本医疗保险试点有关问题的通知》（珠府函〔2019〕226 号），从 2019 年 7 月 1 日起正式开展试点工作。常住珠海横琴、保税区、洪湾片区一体化区域（以下简称"珠海横琴一体化区域"）且办理了居住证的澳门居民，可以参加珠海市基本医疗保险，筹资由个人和横琴新区财政共担。同时，就业年龄段内未办理居住证但在珠海横琴一体化区域购有房产、租用办公用房的澳门居民，可凭房产证、租房合同等资料以灵活就业人员身份参保，其参保所需费用由个人承担。自 2020 年 1 月 1 日起，该政策又进一步扩大到全市范围内持居住证的非就业港澳台居民。珠海在"政银医"合作模式的基础上，逐步探索构建医保经办、银行与澳门社区共同参与的跨境医保经办新模式。扩大"政银医"合作模式，澳门居民在中国银行横琴分行以及其他区 6 个中行网点，实现参保、缴费、办卡及选定门诊统筹定点机构"一站通"；推出"珠海社保掌上办"微信小程序服务平台，深化政银合作，澳门居民可在中国银行澳门分行、工商银行澳门分行共 16 个网点或中国银行手机银行 App 办理城乡居民医保参保等 10 项社保业务，实现"跨境办、线上办"；加强与澳门社团深度合作，委托澳门街坊会联合总会、澳门工会联合总会及其下属分支机构，为符合条件的澳门居民办理 8 项社保业务，实现"多点办、就近办、方便办"。港澳台居民参加珠海市医疗保险后与市内参保人享受同等医疗待遇，为港澳台人员在珠海生活、就业、创业、学习提供坚实保障。截至 2020 年 12 月，港澳台居民在珠海市累计参保人数超 2.15 万人，较 2019 年底增加 1.61 万人，增幅达三成。

四 创新社会治理，营造共建共治共享治理格局

"构建基层社会治理新格局"和"加快推进市域社会治理现代化"，是党的十九届四中全会作出的重要工作部署。2020 年 4 月 9 日，珠海市召开市域社会治理现代化暨创新基层社会治理体系工作推进会，以深化"平安＋"市域社会治理指数应用为牵引，正式迈向市域社会治理现代化的新征程。珠海启动市域社会治理创新项目培育行动，包括政府治理、基层治理、社会协同治理、珠澳合作治理在内的 34 个项目入围培育名单，加强珠澳深度合作，探索具有时代特征、区位特点、珠海特色的社会治理新模式。

（一）以"平安＋"指数为引领，开启市域社会治理现代化新征程

2014 年 11 月 1 日，珠海正式推出平安指数，成为全国首个每日发布镇

街平安状况量化指数的城市。2019 年 11 月 27 日，在平安指数发布五周年之际，珠海以"国家长治久安、社会安定有序、人民安居乐业"为目标导向，以市域社会治理为切入点，按照"内容做加法、考核有嘉勉、共建好家园、治理创佳绩"等"四个 JIA"的思路，在平安指数的基础上构建起更宽领域、更多维度的"平安＋"指数。

"平安＋"指数以市域层面各类安全大数据为支撑，借鉴"互联网＋"思维，以"1＋N"可拓展方式，将更多的平安元素吸纳到市域社会治理大平台中，实现了从原来单向度的平安建设向全方位社会治理的过渡，内容更充实、指标更丰富、导向更精准。新版指数将原有的 4 个指标扩展到涵盖社会稳定、生态安全、安全生产、社会共建、治安指数、文明指数、城市管理、社会正气、市民诉求、食药安全、交通安全、消防安全、消费评价、社会保障等内容，涉及 16 个职能部门的 14 个分类指数和 28 项指标，对各镇街日常社会治理能力和成效的评价更多维、更客观、更准确。同时，指数配套建立了以各区、各镇街党委政府为主体，各相关职能部门共同参与，指数构建、科技保障、发布统筹、宣传共建、研判排查、预警整改、约谈挂牌、考核激励"八位一体"的工作制度，有效串联社会治理各项工作，实现了情况发布、问题研判、整改督导、考核通报的闭环管理，解决了以前部门间存在的参与不够、界限不清、职责不明等问题，能够有的放矢找准问题，快速反应合力整改，形成问题联治、工作联动、平安联创的治理局面。

"平安＋"指数在市域范围内打造的权责明晰的共治局面，进一步增强了基层工作合力，在构建完善公民知情权保障的风险信息发布机制、优化营商环境、调动群众参与平安建设积极性方面发挥了重要作用，有力推进了"平安珠海"建设的不断深化，为市域社会治理现代化提供了可复制可推广的珠海样本。

（二）以示范社区建设为契机，构建基层社会治理新格局

深入推进城乡社区治理现代化，构建富有活力和可持续发展的新型城乡社区治理体系，是创新社会治理机制、维护社会和谐稳定的重要基础。2020

年，珠海市按照中央和省关于社会治理工作有关部署，将城乡社区治理作为推进市域社会治理现代化的工作重点，发布《关于构建基层社会治理新格局的实施意见》（珠委办字〔2020〕5号），以46个城乡社区为示范点，全力推进基层党组织建设、法治建设、综合服务平台建设、社区协商、村规民约（居民公约）修订、人居环境改善、"三社联动"、"智慧社区"、融入大湾区特色等9项任务，打造社区治理"珠海样板"。

1. 实施基层社会治理"书记工程"

市、区两级建立由书记召集的联席会议制度，进行基层社会治理的统筹谋划和协调部署。镇街成立由党（工）委书记负总责的工作组抓各项工作落实，形成党委领导、政府负责、部门协同、齐抓共管的工作格局。统筹镇街资金使用，强化镇街统筹分配资源自主权，明确资金投入城乡社区治理领域的使用范围、标准及流程等。探索"慈善＋"模式，推动慈善和社会工作融合发展，将公益慈善综合服务下沉基层，镇街成立"社区慈善公益基金"，有条件的村（居）成立"社区基金""村级慈善基金"，用于社区慈善和公益性社区服务，形成城乡社区治理"资金池"。

2. 搭建社区综合平台

为多渠道解决已建成区域社区用房短缺的问题，2020年，市民政局牵头出台《加快城乡社区综合服务平台设施建设工作方案》（珠民〔2020〕34号），要求将社区用房配建纳入土地使用权出让合同，明确社区用房配建面积和布局原则，通过移交新建小区社区用房、配建已建小区社区用房、利用闲置公共资源、共享社区公共空间等方式推进全市城乡社区综合服务设施建设，拓展社区场地空间，集约设置功能。目前全市323个城乡社区中，50%以上的社区正通过以上方式解决社区公共服务设施空间不足、分布零散、功能单一的问题。

3. 丰富社区服务内涵

珠海市按照城市社区不少于10项服务功能、农村社区不少于8项服务功能的标准，建设具有法治、养老、育幼、教育、康复、心理、文娱、卫生健康等功能的综合服务平台。2020年，珠海以"民主法治村（社区）"创建活动为抓手，搭建社区公共法律服务实体平台，精准对接群众需求，化解居民矛盾纠纷，提升基层法治化水平，全市镇街已全部实现辖区内人民调解成功率不低于96%，示范点社区全部实现"一村（社区）一法律顾问"。以推进国家第五批居家和社区养老服务改革试点城市建设为契机，探索社区养老多元化服务。2019年12月，市民政局与市慈善总会共同打造了珠海长者饭堂慈善助餐项目，推动社区居家养老服务的可持续发展。珠海还投入运营珠海智慧养老信息平台，以"智慧颐养，福满珠海"为价值理念，对居家上门服务实现全过程管理，对全市所有养老服务设施、服务组织进行实时监控，实现高效、优质、安全的"云端养老"。

4. 队伍建设促进社区自我服务

珠海加强调整优化基层组织设置，选优配强基层党组织带头人，大力推行"三个一肩挑"，强化党组织领导地位，加强村（社区）"两委"干部及村民小组长队伍建设，完善基层人才选拔、录用、考核等机制和规范化管理。2020年7月，珠海还出台了《关于加强社会工作专业岗位开发与人才激励保障工作方案》，拓宽社会工作者职业发展空间，并探索建立"时间银行""志愿积分"等管理机制。

5. 议事协商引导社区自我治理

珠海以社区协商为支点，制定协商制度、议事规则，规范协商形式，建设村（居）民议事厅和线上议事平台，有序组织社区居民参与社区治理公共事务，推动社区、住宅小区、楼栋等多层次协商，落实"四议两公开"，有效撬动社会资源，切实解决大量居民关心关注的问题。珠海市香洲区梅华街道南村社区专门编写了《南村社区议事协商规则与制度汇编》，确保协商制度运行有序。

示范点社区根据自身实际和特色，量身打造与社区治理要求和路径相匹配的治理模式，让社区治理像绣花一样精细，呈现一批"百花齐放"的样板社区。香洲区翠香街道康宁社区的"一网格一特色"网格党群服务站发挥"党群共治""三联三+网格法"优势，为党员群众提供多元化优质服务；高新区唐家湾镇淇澳社区的社区学院，开设实用型、技能型、文化型和实践型等多类课程，促进邻里友善，营造文明乡风。样板社区的部分特色经验被《人民日报》《中国社会报》《中国社区报》《珠海特区报》等媒体报道。

（三）以共享为理念，探索琴澳融合的社会治理合作

1. 借鉴港澳基层治理经验，提升社会服务和社会治理水平

珠海在横琴新区港澳居民较集中的社区，引导港澳居民加入业委会、议事会，参与社区议事协商，融入社区生活。香洲区拱北街道茂盛社区为及时解决港澳业主在维权、纠纷调解等方面的问题，联动澳门社会工作服务机构，引进全部由港澳籍义工组成的拱北港澳义工服务站，参与协调处理涉港澳台人士矛盾纠纷，充分保障其合理权益。为高效处理涉澳事务，2020年8月，横琴公安分局成立了全国首支由17名澳门籍人员组成的志愿警察中队，让其融入横琴公安工作，除了日常的安保巡逻任务之外，也在横琴社区治理中发挥重要作用，有效促进了珠澳社会治理合作。

2. 加强珠澳社会治理合作，探索与澳门社会服务规则的衔接

2019年11月，横琴新区小横琴社区引入"澳门街坊总会"，设立澳门街坊会联合总会广东办事处横琴综合服务中心（以下简称"街总横琴中心"），这是澳门社会服务界首个在内地开展社会服务的中心。该中心秉持爱国爱澳及粤港澳大湾区生活融合的精神，首批4名澳门社工在横琴备案注册，将澳门特色的服务手法和理念引入横琴，为横琴的澳门及内地居民提供多元的社会服务，协助澳门居民处理纠纷等。为支持港澳社工在珠海市执业，珠海市民政局印发《港澳专业社会工作从业人员在珠海市执业规定（试行）》，采取"执业登记与执业备案"相结合的方式进行管理。截至2020年10月底，街总横琴中心启用一年来，共服务15121人次，举办活动489场，跟进居民个案78起，处理社区维权求助36起。这些措施有效推动了澳门和横琴在社会服务和社会治理领域全面共享，对于促进两地民心相通、增进两地人民福祉具有重要意义。

五 融合粤港澳资源，共建大湾区 法律共同体

珠海市坚持以人民为中心的发展思想，把公共法律服务挺在社会治理、风险预防、矛盾化解的前面，不断满足横跨"三大自由贸易区"＋"两种制度体系"＋"三个法域"的各类在珠主体日益增长的法律服务需求，加快整合公共法律服务资源，将公共法律服务纳入粤港澳大湾区和"一带一路"相关工作体系，建立健全覆盖全业务、全时空的法律服务网络。2020年8月，珠海市人大常委会率先出台了《关于促进市人民政府建设粤港澳大湾区优质公共法律服务体系的决定》，提出"构建符合粤港澳大湾区建设需要的公共法律服务合作交流平台"。12月31日，横琴珠港澳（涉外）公共法律服务中心正式运行，致力于打造涉外、涉港澳人士的全方位、一站式法律服务平台，努力打造珠港澳优质公共法律服务生态圈。

（一）以建设区域性国际仲裁中心为目标，加快推进仲裁体制改革

粤港澳大湾区建设的推进，对仲裁工作提出了新的要求，也为仲裁机制发挥更大作用提供了广阔的舞台。为有效解决大湾区建设相关民商事纠纷，充分发挥国际商事仲裁在"跨境执行""国际通行"等方面的特色优势，珠海仲裁委员会坚持高起点、高水平、高质量谋划推进体制机制改革。为凸显仲裁机构和仲裁事业的开放性和国际化，珠海仲裁委员会同时使用珠海国际仲裁院的名称；建立以理事会为核心的法人治理结构，实行决策、执行、监督分立并有效衔接的治理机制；创新性地规定仲裁院在推进临时仲裁中的作用，涉港澳案件当事人在粤港澳大湾区仲裁机构的仲裁员名册外选定香港、澳门人士担任仲裁员的，经仲裁院综合审查并确认其资质后，视为有效选定；积极探索国际投资争端仲裁解决机制，以服务"一带一路"建设，推动仲裁融入珠海经济发展各领域，服务延伸到基层治理各方面，力争打造具有国际影响力的仲裁机构。

（二）继续深化珠港澳三地的调解合作

珠海深入加强调解平台建设，自2019年9月国内首个涉港澳纠纷人民调解委员会成立以来，积极创新化解涉港澳纠纷的方式方法，不断提升调解能力和水平。为增进珠澳两地律师对内地和澳门法律的理解，涉港澳纠纷人民调解委员会与港澳律师通过线上线下开展互访交流，与澳门法律交流协进会采用直播连线的形式开展学习《民法典》交流活动，还与街总横琴中心建立公共法律服务衔接、转介机制，积极推动珠澳两地建立家事、金融纠纷调解交流合作平台。截至目前，珠海市涉港澳纠纷人民调解委员会共有调解员40多人，其中7人是澳门律师，1人是香港律师。

家事调解是珠澳两地最为趋同的纠纷解决机制。2020年11月，珠海、澳门两地妇联签署家事调解工作合作协议，澳门家事调解协会也将挂牌成立"珠澳家事调解服务交流中心"，在相应的法律框架下双方共同建立珠澳妇联家事调解专家团队，探索双方调解人员共同参与调解联动机制，为在珠海、澳门生活工作的跨境婚姻和家庭提供法律咨询和家庭服务等援助支持，助力两地家事调解合作走向深入。

（三）探索涉港澳民商事公证便利服务

为积极服务粤港澳大湾区建设，珠海以港澳同胞办理公证需求为导向，积极开展知识产权公证服务，为港澳企业知识产权的创造设立、运用和流转等各环节提供公证服务和事前事中事后的全方位保护。横琴公证处主动与中国法律服务（澳门）公司合作设立涉澳服务窗口，为在横琴的澳门企业、居民办理公证提供便利。香洲公证处为港澳人士办理公证提供"定制服务"，包括立办可取、绿色通道、上门服务、延时服务；积极与公安和婚姻登记部门进行数据对接，珠海籍居民办理赴香港、澳门需要的未婚、结婚、未再婚和无犯罪记录公证无须再提供相关证明等材料，减少居民办理公证的举证流程，提升群众办理公证的便利度、满意率和获得感。为协调推进涉外民商事公证便利化，香洲公证处还推出公证减证便民"三个一"：实行一次性告知制度,实施一张证据清单制,强化公证最多跑一次服务;珠海公证服务进驻"粤省事",全力推动线上办证全城通办。

(四)稳步推进涉外法律服务业开放

为营造具有横琴特色、与国际接轨的法律服务环境,自广东 2014 年开展港澳与内地律师事务所合伙联营试点工作以来,珠海以开放的态度,推进粤港澳大湾区三地法律服务合作。积极引进内地及港澳高端律师资源,不断深化粤港澳合伙联营律师事务所试点,在横琴设立了两家"三地联营"律师事务所——人和启邦显辉(横琴)联营律师事务所、中银—力图—方氏(横琴)联营律师事务所,正式开启内地—香港—澳门三位一体合作模式,为境内外企业提供跨区域跨法域"一站式"优质法律服务,横琴也成为全国第一个能提供内地、香港、澳门三法域以及英美法、大陆法跨法系服务的地区,推动三地律师携手为法律服务需求者提供更加专业、高效的法律服务,促进跨境争端的有效解决。为加快引进专业律师事务所和联营律师事务所,横琴新区还出台了《关于支持律师行业发展的暂行办法》,健全跨区域法治保障体系,为横琴企业拓展港澳市场、辐射"一带一路"沿线国家贸易提供国际化、专业化的法律服务。珠海市成立涉外法律服务联盟,珠海市律师协会依托涉外法律服务联盟,促使全市各涉外单位和组织加强合作,加强涉外法律服务业务交流,培养涉外律师人才。截至 2020 年,珠海市有律师 1890 人,律师事务所 112 家,其中港澳三地联营所 2 家,香港律师事务所驻内地代表处 1 家,联营所共聘用澳门律师 12 名,珠海市律师行业大踏步"走出去",为粤港澳大湾区建设提供重要的法律支持和良好的法治环境。

六 展望:持续发力推动大湾区
法治建设与融合

2020 年,中国共产党首次召开中央全面依法治国工作会议,将习近平法治思想明确为全面依法治国的指导思想。这是习近平新时代中国特色社会主义思想的重要组成部分，是在法治轨道上推进国家治理体系和治理能力现代化的根本遵循，是全面依法治国的行动指南，其为2021年珠海以法治推动大湾区建设，以法治保障大湾区发展提供了基本思路。凡属重大改革都要于法有据，法治最大的优势在于为市场主体提供一套规范、长期稳定的制度体系和实施机制。在"一国两制三法域"下，粤港澳三地的资源禀赋、历史文化、制度体系存在差异，区域法治结构及发展程度也存在差异。在建设粤港澳大湾区的战略背景下，珠海如何在现有改革基础上进一步推进全方位、多领域、深层次的体制机制改革与创新，完善珠港澳三地合作的常态化机制，深化先行先试政策，纵深推进琴澳衔接规则、融合发展，既是一个具有挑战性的现实命题，也是一个系统任务。2021年，珠海在支持澳门经济适度多元发展、推动珠海"二次创业"加快发展的谋篇布局中，要强化法治理念，继续做好粤港澳三地法治协同发展的顶层设计，积极构建粤港澳三地立法沟通协作机制，深入学习港澳先进的法律制度和理念，在法治框架下完善交通、教育、医疗等公共服务体系，共同建设可持续发展的生态环境、安全稳定的社会环境、公正有序的法治环境，为粤港澳大湾区建设提供良好的制度供给。横琴新区要坚持在法治轨道上推进国家治理体系和治理能力现代化的基础上，充分利用中央赋予的权力探索创新空间，瞄准大湾区建设需要，结合国际国内形势，主动谋划落实《粤港澳大湾区发展规划纲要》，在更高的起点上实现珠海横琴粤港澳深度合作示范区平台协调发展，打造创新的大湾区利益共同体，引领带动粤港澳全面合作，共享发展红利，实现区域和国家整体利益的最大化。

（一）继续加强与港澳的对接合作，高标准推进营商环境改革

营商环境只有更好，没有最好。面对不同体制以及三个独立关税区带来的体制机制障碍，珠海必须高标准推进营商环境改善，对接港澳，对标世界三大湾区，对接国际高标准市场规则体系，着力营造稳定、公平、透明、可预期的市场化法治化国际一流营商环境，形成更富吸引力和竞争力的国际投

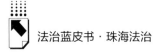
资环境，并为全国开放发展提供可复制推广的经验。

1. 持续优化营商政务环境

建立健全符合国际规则的营商政策体系，促进商事制度规则统一，鼓励港澳企业积极参与公平竞争；针对企业创业运营中的堵点与难点，进一步深化审批服务便利化改革，打造更加主动、精准、智能化的审批服务；推动粤港澳三地城市政务数据、公共数据和社会数据的汇聚、融合，致力于形成粤港澳大数据资源库，优化银政数据联动共享，依法依规推动数据资源安全有序地开放共享，通过统一数据资源服务大湾区各个城市发展；建立更具弹性和审慎包容的监管制度；建设信用体系，提升现代治理能力。

2. 推进大湾区内规则衔接

实现粤港澳三地有机融合，推进生产要素进一步自由流动，制度规则对接是推进粤港澳大湾区建设的首要任务和关键环节。横琴新区要充分利用中央赋予的探索创新空间，瞄准大湾区建设需要，结合国际国内形势，继续有序放宽服务业准入标准，加快职业资质标准互认互通，推进职业资格一体化，突破制约人才流动的体制壁垒，在金融、会计、税务、法律等服务业领域探索融合发展，共同搭建人才发展平台，为大湾区内人才、信息、技术等生产要素的自由流动提供经验和样本。

3. 强化知识产权保护和运用

习近平总书记指出，创新是引领发展的第一动力，保护知识产权就是保护创新。知识产权保护工作关系国家治理体系和治理能力现代化，关系经济高质量发展，关系人民生活幸福，关系国家对外开放大局，关系国家安全。优化大湾区创新环境，建设具有国际竞争力的创新发展区域，应进一步强化区域性知识产权保护机制，强化知识产权执法，严厉打击恶意侵权、重复侵权等违法行为，健全知识产权司法保护与行政执法的协作衔接机制，加速实现高质量发展。

（二）联动港澳，推动建立粤港澳多元化纠纷解决机制

1. 积极促进跨国（境）商事争端调解机制建设

进一步完善珠港澳商事调解合作中心建设，积极开展跨国（境）商事

争端的调解，促进大湾区调解机构协同发展，打造国际商事调解品牌，积极参与国际商事调解规则制定和国际商事调解实践，为商事调解提供专业咨询和服务；规范大湾区商事调解员资质、准入标准和商事调解程序规则，将具有法学、经济学、国际贸易等相关专业背景的港澳籍人士吸引到调解员队伍中，为全球化形势下国际争端解决机制提供更多珠海智慧。

2. 加快推进国际化、现代化仲裁机制建设

珠海国际仲裁院要立足横琴改革创新平台，建设对标国际的现代仲裁机制和多元化争议解决机制，在涉外仲裁中遵循《珠海国际仲裁院仲裁规则》，在线上金融仲裁案件中适用和遵循《珠海仲裁委员会互联网金融仲裁规则》，支持粤港澳仲裁及调解机构交流合作，加强仲裁与诉讼的业务协调与对接，以制定框架性合作协议等方式促进仲裁案件审理、执行效率提升，在横琴自贸试验片区建设和粤澳深度合作区建设中发挥更加积极的作用，提升区域法治竞争力。

3. 推进公证机构体制机制改革创新

积极贯彻落实《省司法厅　省委编办　省财政厅　省人力资源社会保障厅印发〈关于事业体制公证机构体制机制创新优化的实施意见〉的通知》（粤司〔2019〕118号），扎实推进实施公证体制改革，总结横琴公证处合作制改革经验，加快推进公证机构体制机制创新优化，鼓励条件成熟的事业体制公证机构向合作制或设立登记事业单位等性质进行转变，为提升公证服务能力提供体制保障；加快公证员队伍建设，优化公证服务质量；深化粤港澳三地公证行业交流合作，积极参与大湾区多元纠纷解决机制，充分发挥公证在推进大湾区公共法律服务体系建设中的作用。

（三）协同港澳，打造具有湾区特色的社会治理共同体

坚持以人民为中心，是做好市域社会治理的出发点和落脚点。珠海市推进市域社会治理现代化，满足人民对美好生活的需要，切实增强城乡居民的获得感、幸福感、安全感。2021年，珠海还要以"平安＋"指数为依托，从顶层设计到基层探索、从制度现代化到能力现代化进行科学谋划和系统安

排，加强珠澳在社会治理方面的经验交流与合作共享，推动珠海市域社会治理理念创新、制度创新和实践创新，打造新时代"枫桥经验"珠海版。

1. 加强粤港澳社会服务体系衔接

加快粤港澳大湾区社会福利和社会服务体系对接，逐步打破三地社会服务的文化与制度界限和壁垒，从资源共享、待遇互认等方面着手，加快制度衔接，推进社会服务融合发展的制度、机制和程序，统筹解决人民群众最关心、最直接、最现实的利益问题，实现共同发展。

2. 创新粤港澳社会服务合作内涵和方式

推动内地与澳门在街总横琴中心的服务合作，在制度和政策方面继续改革和突破，在社会服务方面进一步丰富合作内涵，充分借鉴港澳社会服务组织的理念与方法，推动珠海社会服务业的专业化和标准化，通过培训平台、顾问服务和督导，推动珠海社会服务岗位设置、社会服务管理专业化，提升社会服务业水平；进一步探索开展珠港澳社会服务人才专家共享、人才培养互认互通、人才合作交流等工作，提升社会治理智能化、专业化水平。

3. 搭建政府主导、多元参与的合作平台

社会领域的合作具有特殊性，社会融合发展、民生领域的交流合作不会随着经济一体化而自然推进，大多数社会服务是公共产品或者准公共产品，需要政府提供大量的资金投入、政策支持和法律保障。珠港澳要加强互信，根据社会服务项目的特点，选择恰当的合作方式，确定粤港或粤澳双方在服务项目中的责任，建立社会福利和社会服务的成本分摊与利益共享机制，积极推动、动员社会各界共同参与、共同投入和发展社会福利事业，形成社会服务多元供给体制。

4. 推动更多的社会福利跨境合作

为进一步便利港澳居民在内地工作、生活、发展，横琴新区作为粤港澳深度合作的先行区，要先行先试教育、医疗、卫生、养老制度方面的衔接与探索，加大与港澳相关资源对接，建立有利于共同发展的体制机制，推动更多的社会福利跨境合作。在医疗服务方面，加强与港澳医疗领域的合作，创新医疗卫生资源共享机制，推进港澳医疗服务机构与珠海医疗卫生系统的对接，构建一流的优质医疗服务体系，提高医疗保障水平。在医疗电子病历、接诊流程以及检验结果互认等方面深化探索；吸引更多港澳医师到珠海注册并长期执业，推动医生资质标准对接，保障居民的健康质量。在教育服务方面，要加强基础教育、职业教育的交流合作与融合发展；赋予义务教育阶段的港澳人才子女在珠海享受与内地居民子女同等的教育权利，更好地满足跨境学童以及在珠海居住的港澳学童的教育需求；试点开放港澳中小学教师通过考试获取内地教师资格，逐步实现优质的教育资源合作共享，构建优质的教育生活圈。在养老服务方面，鼓励支持港澳投资者在横琴兴办养老服务机构，并推进医养结合，建设健康养老示范基地；细化跨境养老的优惠政策，让港澳老人享受内地养老优惠；提升本地养老服务质量，引导和鼓励商业保险机构参与养老健康服务产业，加大"保险＋养老""保险＋健康"服务创新力度。

（四）深化粤港澳法律服务合作，推进涉外法律服务体系建设

中国走向世界，必须坚持合作创新法治共赢。珠海要不断适应开放的国际化法律服务需求，致力于建立健全与国际接轨的法律服务体系，成立特色法律服务机构，让高质量的法律服务供给为中国企业"走出去"提供法律保障，防范法律风险。

1. 加快建设公共法律服务体系

认真落实《珠海市人民代表大会常务委员会关于促进市人民政府建设粤港澳大湾区优质公共法律服务体系的决定》，推动构建全市统一的粤港澳大湾区公共法律服务体系建设总体规划，将公共法律服务体系建设纳入国民经济和社会发展规划，加强公共法律服务立法，将仲裁、公证、调解、律师、法律援助等纳入粤港澳大湾区和"一带一路"建设相关工作体系[①]；加大政府对购买公共法律服务的投入，将基本公共法律服务纳入政府购买服务

---

① 参见《珠海市人民政府办公室印发落实市人大常委会关于建设粤港澳大湾区优质公共法律服务体系决定实施方案的通知》（珠府办函〔2020〕130号）。

指导性目录,扩大公共法律服务产品的政府采购范围;加快粤港澳大湾区公共法律服务信息化和网络平台建设,打造全市一体化公共法律服务线上平台,深化珠海市公共法律服务的互联网、大数据、人工智能等现代科技应用,提升珠海公共法律服务的整体效能,建设粤港澳大湾区公共法律服务最优质城市。

2. 推动粤港澳法律服务合作开放

珠海将以横琴珠港澳(涉外)公共法律服务中心建立为契机,进一步推动粤港澳法律服务合作开放政策,全面发挥横琴珠港澳(涉外)公共法律服务中心的资源集中优势和集约化发展模式,为在珠海的港澳企业和港澳居民,以及在港澳投资、生活的珠海居民打造一门式、精准化优质公共法律服务平台,成为粤港澳及大湾区法律服务交流的重要枢纽,有效促进粤港澳大湾区的跨境法治环境融合,并更好地与国际接轨,进而推动三地的法律改革,探索立足珠澳合作、辐射粤港澳大湾区、具有代表性的涉外法律服务中心"横琴样本"。

3. 促进粤港澳法律人才协同发展

人才是创新的关键要素,法律人才的协同发展更有助于形成区域法治协同创新体系。珠海应加强法律人才建设的顶层设计,协调将法律人才作为专门人才纳入市中长期人才发展规划,制定涉外律师领军人才、优秀人才和后备人才培养计划。与港澳高校深度挖掘教育合作潜力,开展多层次教育办学合作,建立涉外法律服务人才境外培养机制,开展形式多样的"2+2""3+1"联合学位、假期课程,交换生安排、学分互认等开放培养项目;搭建网络教育和在线教育平台,联合推出涉外法律精品课程,推动科研成果转化,加快通晓国际规则、善于处理涉外法律事务的涉外法律人才的联合培养,依托境外服务平台,建立港澳实习基地,定期选派优秀律师赴港澳培训、考察以及开展服务;共建共享大湾区法律人才数据库,实现法律人才项目的常态化合作,促进人才共育共享,努力打造具有全球竞争力的法律高端人才集聚区。

4. 推进涉外法律服务向纵深发展

珠海要充分利用涉外法律服务联盟的集聚优势,吸纳粤港澳三地优秀律师参加，充分利用香港律师精通普通法、澳门律师熟悉葡语系国家和地区法律的优势，提升涉外法律服务能力，共同开拓国际法律服务市场，共同参与"一带一路"和大湾区法律服务课题研究；组织开展澳门地区相关法律法规及政策研究，探索建立涉澳法律查明中心，为内地查明澳门地区乃至葡语系国家和地区法律提供辐射服务；稳步推进法律服务业开放发展，加强对法律职业资格的互认探索，促进实施更加优越的人才待遇和自由流动政策，共同推动涉外律师服务品牌化、专业化和国际化发展，提升国际竞争力。

法治化营商环境

Law-Based Business Environment

B.2

珠海市营商环境突出问题专项整治调研报告

中共珠海市纪律检查委员会、珠海市监察委员会课题组*

摘　要：　为做好"十三五"收官和"十四五"开局准备工作，珠海市委、市政府积极落实新发展理念，把稳时代脉搏，在优化营商环境上找准方向、破冰前行。2020年，通过开展营商环境突出问题专项整治，横琴粤澳深度合作区加快推进，全市市场化、法治化、国际化营商环境水平实现较大提升，城市的吸引力和竞争力显著增强，干部群众干事创业的劲头进一步激发，为珠海经济特区"十四五"时期高质量发展奠定良好的经济社会发展基础。

---

* 课题组负责人：张石成，中共珠海市纪律检查委员会副书记、珠海市监察委员会副主任。课题组成员：赖晓明、张若芬、黄湘源、刘贯华、王润生、匡振。执笔人：王润生，中共珠海市纪律检查委员会、珠海市监察委员会四级主任科员；匡振，中共珠海市纪律检查委员会、珠海市监察委员会一级科员。

关键词： 营商环境 依法治市 横琴粤澳合作

党的十九大以来，习近平总书记多次在重要场合对构建更好营商环境提出要求，总书记指出，"法治是最好的营商环境"，要"努力营造稳定公平透明的营商环境"，"始终坚持市场化、法治化、国际化的发展方向"。2020年，珠海市委市政府按照党中央、国务院部署，顺应社会期盼，持续正风肃纪，进一步开展营商环境突出问题专项整治，推进"放管服"等改革，市场化、法治化、国际化营商环境进一步改善，专项整治取得明显成效。

一 前言

珠海紧紧围绕贯彻落实习近平总书记对广东、珠海重要讲话和重要指示批示精神，抓住粤港澳大湾区建设和支持深圳建设中国特色社会主义先行示范区重大历史机遇，落实省委"1＋1＋9"工作部署，推动经济持续健康发展，保持社会大局和谐稳定，人民群众获得感、幸福感、安全感不断增强。2020年市委全会报告预计，全市地区生产总值将达到3435.89亿元，提前完成"十三五"规划目标，增长6.8%，分别高于全国、全省0.7和0.6个百分点。截至目前，全市粤港澳大湾区建设重点项目79个、总投资超3000亿元，其中横琴新区开发成果丰硕，累计固定资产投资超2900亿元，落地制度创新成果440多项，注册企业5.3万家；全市高新企业总数突破2100家，独角兽培育库企业增至44家，珠海市科技创新发展指数进入全国十强；珠海市先后成功举办"21世纪海上丝绸之路"国际传播论坛、澳珠企业家峰会、中韩日佛教友好交流会议等活动。

2020年6月18日，《2019中国城市营商环境报告》正式发布，在全国经济活跃的百城综合排名中，珠海跻身前十；全国三线、四线城市中，珠海以综合评分第一稳居榜首。10月22日，中国社会科学院与经济日报社共同发布了《中国城市竞争力第18次报告》（涵盖中国291个城市），珠海排名上升幅度较大，由 2014 年的第 55 名跃升至 2020 年的第 24 名。11 月 18 日，在新华社与瞭望智库共同主办的"2020 中国幸福城市论坛暨第十四届最具幸福感城市调查推选活动"中，珠海市获评"中国最具幸福感城市"荣誉。

从以上经济发展成果和第三方评定来看，珠海市的营商环境建设取得长足进步，并逐步向更高水平迈进。

但从市有关部门的调研情况来看，仍然存在一些深层次问题需要引起重视，亟待以更大决心和力度，深入推进标本兼治。一是存在"关键少数"监督难的问题。从全市纪检监察机关立案查处的涉营商环境问题典型案件来看，多数存在"一把手"擅权妄为的情况。二是个别领域存在制度性廉政风险。现行《珠海经济特区建设工程招标投标管理办法》无法适应新时代市场经济和营商环境的发展要求。三是日常监管不到位。一些行业主管部门主动监管的意愿不强，缺乏常态化、有力度的监管手段。四是政务服务效能还有待进一步提升。

为此，珠海市委市政府延续"基层减负年"相关工作要求，扎实开展"两个专项整治"，在全市开展营商环境突出问题专项整治工作，大力推进全市机关作风建设。

二 紧盯营商环境突出问题，开展专项整治

2018 年，珠海市委印发《关于深入整治官商勾结问题 构建亲清新型政商关系的实施意见》的通知，要求进一步加强政治生态建设，厘清权力边界，规范自由裁量权，压减政府权责清单、监管清单，减少权力对微观经济的干预。为进一步贯彻落实党中央、国务院关于优化营商环境的部署要求，把握珠海作为粤港澳大湾区重要门户枢纽，推动珠海市经济高质量健康发展，市委又出台了《珠海市 2020 年开展营商环境突出问题专项整治工作方案》，由市纪委监委牵头各单位开展营商环境突出问题专项整治，确保营商环境相关领域落实依规依纪依法、界限分明、公开透明原则，并取得初步成效。

（一）强化组织推动，市区一体、层层传导压实责任

市纪委监委主要领导先后主持召开 5 次会议，专题研究部署推动营商环境专项整治工作，强调聚焦重点领域、关键环节，采取有力措施，确保取得实效。一是突出行业主管主责，由市纪委监委牵头，将市政府办公室、公安、财政、住建、审计、国资等部门纳入成员单位，抽调精干力量组成专班，研究制订"1＋X"指导方案。二是高标准高规格推进整治工作。抓住"一把手"这个关键，一开始就将专项整治作为"一把手"工程来推进，由各级各部门"一把手"或主管负责同志作为第一责任人，亲自抓、亲自管、亲自督。三是树立"一盘棋"意识，市区以一个标准同步开展，各单位以一个节奏同步推进，在确保标准不降、节奏不乱的基础上，密切配合形成合力。同时，各级纪检监察机关主要负责同志带头担责任、抓实施，通过召开纪委全会、纪委常委会会议、办公室工作会议，下沉企业调研督导等方式，推动市委部署落地见效。

（二）坚持问题导向，科学精准、全面深入摸排线索

珠海市开展项目大起底，组织全市 200 多家市直单位和部分重点区属国有企业，对 1810 个政府投资建设和政府采购项目、2609 个国资招标采购项目、5061 个市管企业资产租赁项目开展自查，由市专项整治办调取可疑项目资料开展重点审核。同时，开展线索大起底，多渠道发布问题线索征集公告，组织相关部门对近年来业务监管、执纪监督、审计监督、巡视巡察等情况进行梳理，通过大数据碰撞、比对、筛查，对疑似问题线索逐一过筛子，对线索搜集和办理实施统一管理、分类处置。截至 2020 年底，全市纪检监察机关累计摸排涉专项整治问题线索 135 条、监督检查发现问题 169 条，全市公安机关累计梳理涉嫌串通投标违法犯罪线索 11 条，累计向相关单位移送问题和线索 11 批，涉及项目 163 个。

（三）坚持深挖彻查，扭住典型、重拳惩治形成震慑

珠海市严肃查处公职人员利用职权干预工程招投标、土地出让、政府采购、国有资产交易等干扰营商环境的违纪违法问题。2020年已立案44起，处理101人，给予党政纪处分30人，移送司法机关5人。进一步加大违法犯罪问题打击力度，协同公安机关对3条重点线索进行立案侦查，成功破获"5·20"串通投标案。同时，加大行业监管执法力度，行政主管部门累计发出整改通知书5188份、停工通知书350份、批评通报9次、诚信扣分通知书603份，作出行政处罚60起、政府采购行政处罚决定书8份。

（四）完善制度、堵塞漏洞，推动"线上+线下"形成监督合力

珠海市探索在政府投资项目管理中完善决策机制建设、运用多种信息化手段强化管理、开展全链条廉政风险防控等，形成"线上+线下"监督合力。一是协同市住房和城乡建设局开展优化营商环境专题调研，学习借鉴深圳经验做法，研究完善珠海市政府投资工程建设管理体制和招投标改革方案，消除权力监管真空，防范廉政风险。二是推动市纪委监委、市委巡察办、市审计局探索完善"纪巡审"协作工作机制，不断放大监督合力，提升监督的针对性、有效性，管住关键人、管住关键事、管住关键时。三是强化与审计、执法、司法部门衔接，通过大数据筛查，调取可疑项目资料开展重点审核。四是协同市财政局研究制订"政府采购负面清单"，源头治理采购工作中设置倾向性、排他性条件问题。五是协同市政务服务数据管理局创新公共资源交易监管方式，推出"珠海云监管"应用，公开直播公共资源交易开标过程，确保开标过程全透明、可追溯。六是协同市国资委建立领导"一对一"挂点联系服务企业和政企协商座谈机制，及时协调解决企业各类诉求，将专项整治融入日常、引向经常。

（五）坚持正本清源，一案三释、以案促改净化生态

珠海市举一反三抓好整改。根据省纪委监委发布的相关案件建议书要求，深入查找全市政商关系中存在的突出问题，市区两级一体推进以案促改，着力修复政治生态。珠海市组织开展近距离常态化警示教育，在全市党章党规党纪教育培训班上，播放典型违纪违法案件警示教育片，并将专项整治工作纳入全市纪律教育学习重要内容，以身边人身边事教育引导党员干部，推动警钟长鸣、抓早抓小。用好纪检监察建议有力手段，针对专项整治发现的典型问题，由市纪委监委向案发单位发出监察建议书 20 份，推动案发单位深查一层、彻底整改，切实管住今后、管住其他。珠海市抓实党风廉政建设，通过委托谈话、约谈提醒等方式，压实主要单位全面从严治党主体责任。例如，针对某区领导干部执行政府采购规定及项目验收不规范、把关不严等问题，由纪检监察机关委托其所在单位主要负责同志对其进行谈话提醒，实现了一案双教育、双警醒。

（六）坚持共建共享，广泛发动、多维评价提振作风

营商环境问题与干部作风密切相关。市专项整治办坚持将营商环境突出问题专项整治与深化机关干部作风建设专项整治紧密结合起来，主动对接"问政珠海"栏目，通过电视问政，聚焦企业群众办事难背后的"僵、浮、慢、乱"作风问题，推动被问政单位从思想作风深处抓整改，从具体事实抓整改，通过解决房产过户难、企业办证难等问题，以小切口推动大整治。积极回应群众关心关切，主动宣传专项整治的主要做法及阶段成效，累计刊发新闻报道 120 篇、推送稿件 130 余篇，让企业群众直观感受到专项整治带来的真效果、新变化，不断增强来珠投资兴业的信心决心。

三　进一步加强营商环境专项整治的相关建议

营商环境突出问题专项整治是一项系统性、长期性的工程，也是一次事

关全市发展大局的深层变革，迫切需要各单位拿出自我革新精神，各司其职、通力配合，常抓不懈、久久为功。下一步，珠海市将按照党的十九届五中全会部署和总书记出席深圳经济特区建立 40 周年庆祝大会重要讲话及对广东重要指示批示精神，紧扣打造"市场化、法治化、国际化营商环境"的要求，把握工作重点，集中力量持续攻坚，以点带面推动专项整治取得整体突破，抓好立行立改和制度补强工作，推动专项整治往深里走、往实里走，为全市城市竞争力的再提升出实效、出长效。

（一）紧盯关键少数，完善监督制约机制

聚焦权力运行各个环节加强制约和监督，完善发现问题的防范机制、精准纠正偏差的矫正机制、强化责任担当的问责机制，消除权力监督的真空地带，压减权力行使的任性空间。提升日常监督实效，做到处置线索重点盯住一把手、述责述廉重点聚焦一把手、廉政提醒重点跟进一把手、巡察监督重点突出一把手、警示教育重点针对一把手、撬动主体责任重点做实一把手，着力破解对一把手监督和同级监督难题。推动完善用权公开机制和办事公开制度，让权力在阳光下运行，推动建立权力运行可查询、可追溯的反馈机制，以公开促公正、以透明保廉洁。

（二）紧盯重要问题，加大深挖彻查力度

完善情况通报、线索移送、案件协查、信息共享有效机制，强化线索处置合力。加强对重要问题线索的跟踪督办，集中力量持续攻坚，深挖整治官商勾结问题，破除利益藩篱、斩断利益链条。及时召开问题处置督办会，压实牵头单位和行业主管部门责任，加大违规违法行为调查处置力度，出重拳打破各种"卷帘门""玻璃门""旋转门"，整治市场乱象。发挥公安机关专业优势，加大线索核查和案件侦办力度，实施精准打击。

（三）紧盯制度建设，深化标本兼治工作

压实整改主体责任和监督责任，以纪检监察建议书、责令整改通知等形

式，督促有关单位真改实改，从根子上抓整改。深入分析典型问题及共性问题，找准问题根源，研究治本举措。推动完善代建机制体制和招标投标、工程质量管理等方面的实施细则，再造监督管理体系。督促各区、各责任单位深入梳理现行制度，对标先进、查漏补缺，堵塞制度漏洞。深刻吸取有关案件教训，做实以案促改工作，探索完善重大工程项目监管、规范招商引资、构建亲清新型政商关系等相关制度。

（四）紧盯作风问题，提升治理效能

聚焦企业群众突出诉求，加大力度整治形式主义和官僚主义，深入纠治"僵、浮、慢、乱"作风，推动两个专项整治相互补充、相互促进。加快建立健全社会治理体系，创新社会治理方式，提升社会治理能力，持续深化"放管服"，优化资源配置。聚焦企业群众身边典型问题，继续用好"电视问政＋问责"，在解决具体问题的基础上，以小切口推动大整治、以小承诺撬动大作风，不断优化政务效能，接受企业群众的监督、检验和评价，实现政治效果、纪法效果、社会效果有机统一。

（五）紧盯舆论关切，营造干事创业氛围

通过广播、电视、报纸、网络等媒体，多形式多角度宣传各区各单位专项整治的做法和成效，公开曝光查处的典型案例，彰显市委市政府深化正风肃纪、优化营商环境的坚定决心。精准把握政策策略，严格落实"三个区分开来"，既严肃查处官商勾结问题，也注重培育宣传正面典型，真正为改革者负责、为担当者担当，营造风清气正的发展环境。

B.3
珠海市知识产权法治保障问题调研报告

中共珠海市委政法委员会课题组*

摘　要：　珠海市知识产权保护面临地方性专项立法缺失、行政执法机
制不够健全、司法保护存在短板、珠澳跨境合作机制不健
全、专业人才匮乏等现实难题，为全面加强知识产权法治保
障，进一步强化知识产权法治保障的价值取向，珠海市完善
以司法保护为主导，行政保护为支撑，仲裁调解、行业自律
和社会监督为补充的知识产权"大司法"保障体系，加大对
侵犯知识产权犯罪的依法打击力度，加强对知识产权事前、
事中与事后的全方位全链条保护，不断提升知识产权司法保
障水平，努力营造更加稳定、公平、透明、可预期的法治营
商环境。

关键词：　知识产权　法治保障　跨境合作　营商环境

随着我国经济社会持续快速发展，知识在经济社会发展中的作用越来越
突出，大力开发和利用知识产权资源，对于转变经济发展方式、提升国家核
心竞争力、满足人民群众日益增长的物质文化生活需要具有重要意义。以保
护促创新，是知识产权保护的基本理念，知识产权法治保障①作为知识产权

---

* 课题组负责人：中共珠海市委常委、政法委书记张强。成员：王丽、叶振平、陈军生、陈
占炜、任天华。执笔人：任天华，中共珠海市委政法委员会政策研究室四级主任科员。
① 知识产权法治保障，即以司法保护为主导，以行政保护为支撑，以仲裁、调解、公正和公
共法律服务为补充，知识产权纠纷多元化解的法治保障大格局。

保护的关键环节，对知识产权保护的作用日益凸显。为进一步深入了解珠海市知识产权法治保障现状，分析存在的问题，研究解决办法，中共珠海市委政法委员会成立了专项调研课题组，深入珠海市高新产业集聚地，通过座谈交流和实地调研等方式，从立法、执法、司法等实务层面问题入手，着力破解法治保障知识产权的现实难题，助力珠海"二次创业"，优化营商环境。

一 珠海市知识产权法治保障基本情况

近年来，珠海市智力成果不断涌现，知识经济日趋繁荣，成为助推珠海市经济社会发展的重要动力。从知识产权中的代表性权利专利权（含发明、实用新型、外观设计三项权利）来看，截至2019年12月底，珠海市专利申请总量162860件，其中发明专利申请量60432件；专利授权总量97736件，其中发明专利授权总量15005件；全市有效发明专利14861件，每万人口发明专利拥有量78.58件，位居全省第二（深圳市106.35件，广州市39.21件）。另外，有效注册商标拥有量88378件。目前，全市共有知识产权优势企业75家（位列全省第5位，佛山181家，广州154家，东莞101家，深圳92家，中山50家）。珠海市也于2019年获批成为"国家知识产权示范城市"①。当前珠海市知识产权法治保障现状如下。

（一）地方性立法保护情况

近年来，珠海先后出台20多个关于推进各领域知识产权战略的法规规章和规范性文件，如2016年的《珠海经济特区科技创新促进条例》《珠海市知识产权质押融资风险补偿基金管理办法（试行）》，2017年的《关于建设知识产权强市的意见》《珠海市贯彻落实广东省深入实施知识产权战略服务经济特区社会发展的若干政策措施实施意见》《珠海市开展国家知识产权

---

① 自2012年国家知识产权局评选出首批国家知识产权示范城市以来，全国共有6批77个城市入选。

示范城市培育工作方案》，2019 年的《珠海市专利促进专项资金管理办法》等。2020 年，珠海市市场监督管理局正在制定的《关于强化知识产权保护的若干措施》拟上报市委市政府，珠海市人大常委会也将《珠海经济特区企业技术秘密保护条例》列为 2020 年法规计划调研项目。上述文件基本上形成了一套具有珠海特色的知识产权保护政策法规体系，为珠海推进全市知识产权法治保障工作提供了重要依据。

（二）行政执法和行政诉讼保护情况

我国对知识产权采取的是行政与司法"双轨制"保护模式，行政机关对知识产权侵权行为作出行政处罚决定后，侵权人和被侵权人不服处理决定的，可以向人民法院提起行政诉讼。2019 年全市知识产权主管部门共查处商标侵权类案件 35 宗，罚没 11.02 万元；专利侵权类案件 29 件；全市法院共受理一审知识产权行政诉讼案 2 件，审结 1 件。总体而言，珠海市知识产权行政类案件总体数量较少，涉及权利类型单一，主要是商标侵权和专利侵权类案件。

（三）刑事司法保护情况

2017 ~ 2019 年，全市公安机关针对侵犯知识产权犯罪立案 43 件：销售假冒注册商标的商品罪案件 15 件、侵犯商业秘密罪案件 1 件、假冒注册商标罪案件 1 件、非法经营罪案件 26 件。其中，2019 年销售假冒注册商标的商品罪立案 6 件，非法经营罪案件 6 件。全市法院受理知识产权一审刑事案件 1 件。珠海市知识产权刑事案件呈现如下特点。一是刑事案件数量不多、总量下降，涉案金额增大。法院受理刑事案件已经由 2014 年的 25 件降至 2019 年的 1 件，但个案涉案金额从数万元增大到近百万元。二是罪名高度集中，侵犯商标专用权案件最为突出。三是犯罪对象多元化，从电子产品、手袋、烟酒等日用品扩展至硒鼓、医疗器械等生产经营产品。四是团伙作案较多，制假产业链条化现象明显。

（四）民事诉讼保护情况

2019 年，全市法院共受理知识产权一审民事案件 1463 件，其中著作权侵权案件 709 件，占比 48.5%；侵害商标权利纠纷案件 319 件，占比 21.8%；不正当竞争纠纷案件 82 件，占比 5.6%；知识产权合同纠纷和其他纠纷案件 353 件，占比 24.1%。民事案件呈现如下特点。一是涉案权利类型以著作权和商标权为主，单位规模维权现象常态化。例如：香洲区法院的著作权纠纷案件，绝大多数涉及音乐、摄影以及录像制品的著作权保护，主要为中国音像著作权集体管理协会等单位作为原告起诉的系列案件；在商标侵权案件中，所涉及的商标包括"格力""美的""LV""惠普"等国内外品牌，体现出企业间品牌市场份额的博弈持续升级①。二是被诉侵权主体多为个体工商户。与知名企业常作为原告不同，侵权被告多为临街商铺的个体经营者等终端零售商，由于对进货来源未尽到审核注意义务，举证不能，多数会承担败诉后果。三是权利保护渐趋多样化、复杂化。除著作权和商标权外，近年来也出现了请求保护企业名称权、域名权、特许经营权和商业秘密的案件。

（五）调解和仲裁保护情况

在知识产权案件的调解方面，以司法调解为主，人民调解和行政调解为补充。审判机关发挥诉讼费用的杠杆作用和驻庭调解员优势，大力推进诉前及诉中调解，积极促进知识产权纠纷的解决。以香洲区法院 2019 年一审案件为例，知识产权案件调撤率达 42.86%。2019 年 1 月，珠海知识产权保护协会和高新区综治局联合成立珠海市高新区知识产权纠纷人民调解委员会，以调解专利、技术秘密纠纷为主，是珠海首个知识产权纠纷行业性专业性人民调解组织。该调委会成立后已成功调解珠海一家居饰品有限公司与北京某

---

① 参见《香洲区法院知识产权司法保护的实践与展望》，载陈甦等主编《珠海法治发展报告 No. 2（2020）》，社会科学文献出版社，2020，第 51 页。

科技公司纠纷，涉及具体知识产权案件 37 个。2019 年，珠海仲裁委共受理知识产权仲裁案件 9 件，其中技术委托开发合同案件 2 件，技术服务合同案件 4 件，计算机软件开发合同案件 1 件，特许经营合同案件 2 件，均全部结案，其中 1 件撤诉，1 件调解，7 件裁决结案。仲裁作为准司法性质活动，在解决知识产权纠纷过程中发挥了重要作用。

对珠海市知识产权法治保障情况作全景式考察，呈现如下特点。

一是从案件类型上来看，涉商标、专利、著作权纠纷保护案件较多。但在不同领域重点又有区别，行政执法以商标和专利案件为多，刑事案件以商标案件为多，民事案件维权则以著作权纠纷和商标案件为多。

二是从权利救济途径上来看，一般通过民事诉讼途径加以解决，通过行政、刑事、调解及仲裁维权的案件数量不多，体现了知识产权保护以民事审判为主的特点。

三是从犯罪方式来看，涉互联网等新型知识产权侵权诉讼和犯罪案件持续高发。随着网络链接、搜索和数据分享等技术的发展，网络传播范围广泛，手段便捷，传播成本低，网络犯罪成为知识产权侵权行为高发领域。

四是从被侵权的对象来看，珠海市企业权利被侵案件时有发生。例如，2018 年珠海格力电器股份有限公司起诉侵害"格力"商标专用权共有 100 件系列案件[①]，珠海市魅族科技有限公司也被相关公司起诉称侵害作品信息网络传播权。此外，由于珠海市医药产业和打印耗材产业发展迅速，与之相关的知识产权案件也日益增多。

二 存在的问题

经过多年发展，珠海市知识产权政策法规体系逐步健全，执法水平不断提高，规范了市场秩序，激励了创新创造，促进了科技发展和社会进步，司

---

① 参见《香洲区法院知识产权司法保护的实践与展望》，载陈甦等主编《珠海法治发展报告 No. 2（2020）》，社会科学文献出版社，2020，第 51 页。

法保障作用日渐凸显。但随着知识产权经济的日趋繁荣，围绕知识"权利"，纠纷也日益增多，侵权行为时有发生，市场主体对知识产权司法保障的需求从"有没有"上升为"好不好"，并日趋强烈。在具体司法实践中，如何更好地为知识产权"保驾护航"等深层次问题逐渐显现。

（一）地方性专项立法缺失

尽管珠海市目前基本形成了一套具有珠海特色的知识产权保护政策法规体系，但与深圳经济特区相比，珠海市还缺乏专项知识产权保护条例。2018年12月，《深圳经济特区知识产权保护条例》正式表决通过，是全国首部综合类知识产权保护条例。该条例旨在建立最严格的知识产权保护制度，为深圳创新驱动发展营造更好的法治环境。其主要亮点包括：构建知识产权失信违法行为信用惩戒机制，将司法裁判、行政处罚、政府投资、采购和招投标、扶持奖励活动中的知识产权失信违法信息，以及违背知识产权合规性承诺的信息纳入公共信用信息系统；规定侵权单位5年内不得承接政府投资项目；加强诉调对接、行政调解等多元化解纠纷机制；建立行政执法技术调查官制度；扩大直接责令停止侵权适用范围；明确侵犯知识产权行为的违法经营额计算问题。值得注意的是，该法规建立了严格的侵权赔偿制度，提高了赔偿数额，有效解决了司法保障过程中"赔偿数额低"的问题。而珠海市现有立法只有《珠海经济特区科技创新促进条例》，且侧重于专项工作立法，欠缺统一的综合性立法，实务指导性不强，《珠海经济特区企业技术秘密保护条例》在2020年尚处于立法调研阶段。

（二）行政执法机制不够健全

首先，在知识产权行政执法方面，珠海市虽然已建立市知识产权战略实施工作联席会议制度，统筹协调全市知识产权战略实施工作，但主要职能还停留在探讨会商层面，未实现实体化运行。其次，相关部门之间预警监测和执法联动尚未形成有效支撑。尤其是市场监管部门和公安机关合力作战的途径和措施不多，公安机关提出的"同调查、同取证、同收网"联合执法理想模式尚在雏形，效果不彰，行政与刑事的衔接还主要体现在案件移送，而非实体打击。最后，市区两级行政主管部门职能划分不明确，横琴、高栏、高新知识产权保护职能未能统一划归市场监管部门，一定程度上影响了全市知识产权行政执法力量的统一调度和工作推进。

（三）司法保护存在短板

涉知识产权刑事案件存在专业性强、隐蔽性高、取证难等问题，侦破较为困难。随着大量高科技企业进驻珠海，企业研发运营过程中侵犯商业秘密的现象大幅增加，不少已上升到刑事追诉程度，成为珠海市高科技企业发展壮大过程中的一大困扰。近三年来，珠海市公安经侦部门接受侵犯商业秘密报案咨询达20余件，但因该类犯罪属新型犯罪，存在案件定性难、专业鉴定复杂、损失认定有争议、民刑问题交织等现实困难，侦办过程也往往牵涉大量警力，办案成本高、周期长，能导入刑事程序的案件不多，2017～2019年侵犯商业秘密案仅立案1件。在民事司法保护方面，也存在上位法规定过于原则、证据规定不健全、赔偿数额低、判决执行不到位等问题。珠海法院近年来向本市相关知识产权优势企业发出"知识产权保护情况调查问卷"，调查结果显示，权利人最为诟病的问题集中在诉讼维权成本高（约占70%）、审理周期长（约65%）以及执行力度弱（超过50%）等方面；此外，大约有30%的被调查企业认为法院判决赔偿数额少、侵权代价低，另有25%的被调查企业认为法院司法诉讼不方便。

（四）非诉纠纷解决机制有待完善

由于诉讼维权存在"硬伤"，当事人往往掉头寻找其他非诉解决渠道，但也面临现实困难。一是专业调解机制还不完善。由于上位法律法规缺乏针对知识产权等商事纠纷的市场化调解内容，知识产权纠纷专业调解工作开展受限，此外还存在经费来源不足、调解程序不规范、调解员专业化程度不高等问题。二是仲裁资源未获充分整合利用。仲裁具有简便、效率、有执行力等优势，但由于知识产权侵权纠纷往往事先没有仲裁协议，造成仲裁委在程序上无法直接受理知识产权案件，以至于出现"法院忙不过来，仲裁帮不上忙"的尴尬局面。

（五）珠澳跨境合作机制仍需加强

珠澳两地是粤港澳大湾区建设的重要节点城市，澳珠极点是大湾区三大极点之一。广珠澳科技创新走廊与横琴作为全省科技创新"两点两廊"的重要组成部分，凸显了珠澳两地在引领创新驱动方面的地位。但在"一国两制三法域"的特殊背景下，珠澳法治环境大不相同，问题较多。一是高水平的跨境合作平台尚未完全搭建。两地知识产权合作主要通过研讨会、论坛加强接触和了解，交流多于合作。二是案件跨境协作机制尚未完全理顺。在跨珠澳区域违法犯罪案件中，跨境调查取证，对犯罪嫌疑人的缉捕，裁判文书送达与执行等方面的难题均未能有效解决，知识产权类案件因法域不同带来的法律冲突，个案协调处理的效果不佳，珠澳两地通过联合行动打击知识产权跨境违法犯罪行为的机制尚未形成。

（六）知识产权专业性人才匮乏

知识产权案件涉及商标、专利、著作权、商业秘密、集成电路设计等多个领域，对司法人员专业技术知识背景提出了较高要求。就珠海而言，不论在行政执法层面，还是在刑事、民事审判以及仲裁、调解等领域，都面临专业人才匮乏、优秀人才不足的问题，人才问题成为阻碍珠海市知识产权司法保障工作的一个重要方面。

三　完善建议

上述问题的系统解决，需要相关部门逐一对症，采取有效措施。地方专项立法的启动，专业人才的引进与培养，刑事保护力度的增强，司法保障质效的提高，以及知识产权民事、行政、刑事司法保护的衔接等，必须从机制入手，打通司法部门之间、司法部门与企业之间，甚至珠澳两地不同司法管辖区之间各自为政的壁垒，构建珠海市知识产权法治保障的"闭环"，最大程度释放和变现知识产权法治保障的"红利"，维护企业权益，优化营商环境。

（一）搭建司法保障平台

为加快推进知识产权司法保护一体化发展，建议由市区两级依法治市（区）部门和知识产权行政管理部门牵头，成立市区两级知识产权司法保障工作室，成员包括知识产权行政管理部门、公安、检察院、法院、司法行政以及仲裁等单位，并吸收知识产权行业协会和专业服务机构参与其中。根据工作需要召开信息通报会、个案协调会以及政策研讨会，解决工作中的实际问题。司法保障工作室要发挥如下平台作用。

一是司法力量的合力平台。统一案件证据标准，疏通案件移送环节，信息共享，共同研判，联合执法，实现知识产权行政、民事、刑事审判力量的无缝对接。

二是专业力量的资源整合。将知识产权案件中的技术调查官、专家辅助人、知识产权律师、仲裁员等所有专业力量进行资源整合，为知识产权司法工作的开展提供有力的技术支撑，借力"外脑"有效解决专业人员缺乏的问题。

三是多元化纠纷解决机制。知识产权司法保障工作室发挥非诉纠纷优势，建立调解、仲裁优先推荐机制，鼓励当事人以非对抗可控的方式解决纠纷。调解和仲裁不能覆盖或不能解决的个案，再进入行政或司法程序。

（二）建设企业知识产权"直通车"保护通道

为有效指导帮助有需求的市场主体及时开展知识产权保护，增强自我保护知识产权的能力和水平，应建设企业知识产权"直通车"保护通道，为企业知识产权保护工作保驾护航。

一是认定重点保护企业。市区两级知识产权管理部门在珠海市高新技术企业、规模以上企业中选取知识产权数量多、质量高的企业，分别认定市区两级知识产权重点保护企业。

二是有针对性地为企业制订法治保障方案。由司法保障工作室成员单位按照"一对一"服务模式，对所服务的重点保护企业制订个性化的法治保障方案，开展常态走访座谈，进行普法宣传教育，提出预警防范建议，提供精准法律服务。

三是开通知识产权案件办理的"绿色通道"。司法保障工作室对重点企业所涉及的知识产权侵权案件，开设"绿色通道"，建立案件快速受理和科学分流机制，各成员单位根据工作职责进行案件办理：调解、仲裁机构优先调解、仲裁，行政管理部门快速查案处罚，公安部门快速立案侦破，检察机关提前介入，审判部门快速审理，破解知识产权维权"周期长"的老大难问题，并在此过程中做好与企业的沟通反馈工作。通过"直通车"保护机制，形成司法部门与企业之间的良性互动，促使司法保障方式从"企业上门"到"登门企业"转变，执法司法理念从"让我保护"到"我要保护"转变。

（三）探索珠澳跨境执法司法保护机制

横琴新区在珠澳知识产权跨境执法司法保护经过实践探索已取得一些阶段性成果：成立了全省首个由市场监督管理部门联合港澳机构的跨境知识产权保护联盟，整合政府部门、司法机构、专业服务机构、公共服务机构力量，召开联盟成员大会；与香港中小型企业联合会、澳门连锁加盟商会分别签订《两地商标知识产权跨境保护与服务合作协议》，建立商标知识产权跨境保护与服务合作机制；与珠海国际仲裁院签订《商标权质押纠纷快速仲裁、商标侵权纠纷调解机制合作协议》，启动了商标纠纷快速调解仲裁机制；与横琴公证处签订《公证服务商标知识产权保护合作协议》，发挥公证制度在商标权保护中的功能和优势。

珠海市要在横琴新区前期成果的基础上，继续探索建立珠澳知识产权跨境司法保障机制，进而扩展至全市。一是建立信息交换机制。充分利用各类双边对话合作平台，加强知识产权保护交流合作与磋商，探索建立司法信息交换机制并落地实施。二是建立案件跨境协作机制。在横琴新区先行先试，通过横琴新区知识产权局、公安分局、知识产权法庭和检察工作站的实践，加强与澳门司法部门的互动合作，探索知识产权跨境司法保护新模式，建立知识产权案件个案跨境协作调查取证、司法文书送达等机制。三是建立法律服务资源共享机制。加强与澳门知识产权法律服务机构的深度合作，充分利用澳门拥有众多熟悉葡语、英语的法律人才和境外律师的优势，引导澳门地区知识产权服务机构在横琴设立分支机构或利用现有资源开展知识产权法律服务。四是建立仲裁平台解决跨境知识产权纠纷机制。仲裁在解决知识产权合同纠纷方面具有天然优势，表现为意思自治、一裁终局、专业、保密、高效，从而有效突破法域壁垒，疏通法治障碍。根据《关于内地和香港特别行政区相互执行仲裁裁决的安排》《关于内地与澳门特别行政区相互认可和执行仲裁裁决的安排》，仲裁裁决在珠澳两地都得到相互承认与执行。基于此，要利用好珠海仲裁委员会国际仲裁院这一平台，在横琴新区建立首选仲裁方式解决跨境知识产权纠纷机制，让仲裁成为珠澳两地建立统一的知识产权保护法律体系的最佳着力点和突破口。

习近平总书记在十九大报告中提出："倡导创新文化，强化知识产权创造、保护、运用。"知识产权发展现状是地区营商环境的一个缩影，高效的知识产权司法保障是区域经济健康发展的重要保证。珠海市各相关单位责无旁贷，要在提高认识的基础上正视现实，拿出措施，务求实效，打造珠海市知识产权司法保障的良好局面，营造法治化营商环境，塑造珠海市知识产权高地形象，为把珠海打造成粤港澳大湾区重要门户枢纽、珠江口西岸核心城市和沿海经济带高质量发展典范作出自己应有的贡献。

B.4
粤港澳口岸通关查验模式创新实践与思考

陈红芽*

摘　要：　为服务粤港澳大湾区建设发展，在出入境管理局的领导下，珠海边检总站全面加强与澳门治安警察局、澳门保安部队事务局的沟通协作，积极适应港澳与内地融合发展对出入境管理的新要求，深入践行以人民为中心的发展思想，全面贯彻"一国两制"方针，推动在港珠澳大桥珠海公路口岸、横琴口岸实施了"合作查验、一次放行"边检查验模式，便利了粤澳两地人员通行往来，进一步促进了粤港澳大湾区人员、物资等要素便捷流动。

关键词：　粤港澳口岸　查验模式创新　合作查验　一次放行

　　2019年2月，中共中央、国务院印发了《粤港澳大湾区发展规划纲要》，提出了"全面深化改革，推动重点领域和关键环节改革取得新突破，释放改革红利""促进人员、物资、资金、信息便捷有序流动，为粤港澳发展提供新动能，为内地与港澳更紧密合作提供示范"的工作要求。习近平总书记强调："建设好大湾区，关键在创新。要在'一国两制'方针和基本法框架内，发挥粤港澳综合优势，创新体制机制，促进要素流通。"为贯彻落实习近平总书记

---

* 陈红芽，珠海出入境边防检查总站边防检查处科长。

的重要指示要求和中央粤港澳大湾区战略部署，深入践行以人民为中心的发展思想，全面贯彻"一国两制"方针，珠海出入境边防检查总站（以下简称"珠海边检总站"）在出入境管理局的坚强领导下，坚持"摸着石头过河，逢山开路，遇水架桥"的拼搏精神，解放思想，大胆改革，在实践中求真知，在探索中找规律，全面加强对通关查验模式创新的研究论证，力争在口岸通关模式方面探索新模式、形成新经验、贡献新方案。

一 粤港澳口岸通关查验模式现状

内地与香港、澳门陆地相接，人员往来频繁。香港和澳门回归后，在"一国两制"框架下，根据《出境入境管理法》《香港特别行政区基本法》《澳门特别行政区基本法》等规定，内地与港澳实行不同的出入境管理制度，进行独立的出入境管制。

（一）粤港澳口岸出入境查验模式现状分析

香港、澳门回归祖国 20 多年以来，"一国两制"的伟大政治构想从理论变为实践，由探索走向成熟，港澳两地持续繁荣稳定，与内地的经贸往来、社会文化交流也日趋紧密。但是，目前内地与港澳的出入境查验模式仍然采用新中国成立 70 多年来的既有方式，即参照国家间的传统双向查验模式，内地与港澳按照各自的出入境法律法规，在本方查验区域独立实施检查，形成实际上的"两地两检"查验模式，这与当前内地与港澳地区经济社会发展新形势不相符。

1. 没有充分体现"一国两制"的优越性

在"一国两制"的政治制度设计中，"一国"是基础和大前提，事关国家主权和政治尊严；"两制"是重要保证和具体制度，事关港澳的繁荣稳定。"一国两制"是一个有机整体，不能割裂。但是，以往在内地与港澳的执法合作方面，思维和认识上有时存在强调"两制"的情况。就出入境查验模式而言，现行的"两地两检"查验模式基本延续了香港、澳门回归之前参照国家间查验的既有模式，没有体现内地与港澳同属一个国家的"区域性"查验特点，没有完全体现"一国两制"的优越性，也不利于增强港澳居民的国家荣誉感和身份认同感。

2. 影响内地与港澳口岸的通关效率

现行"两地两检"传统查验模式是内地与港澳分别设置口岸，旅客两次排队，分别接受两次边防检查才能完成通关查验。查验环节多，旅客在双方口岸之间乘车、乘船时的等待、奔波也耗费不少时间。在这种查验模式下，即使双方共同采取简化查验手续，推广自助通关等便利措施，也受基本通关模式的制约，在提升口岸通关效率、便利人员往来方面的作用仍然有限，无法改变旅客在不同的地点需要排两次队、接受两次检查的现状，影响了内地与港澳的人员往来和经贸文化方面的深度合作。

3. 耗费粤港澳三地较多查验人力资源

新冠肺炎疫情前，每日经粤港澳陆地口岸通行旅客超 100 万人次、车辆约 5.5 万辆次，占全国出入境流量的六成以上。内地与港澳庞大的客流、车流，耗费了内地边检机关及港澳出入境管理部门较多的查验人力。其中珠海、深圳两个边检总站作为承担内地与港澳出入境查验任务最多的两个总站，超过 90% 的警力用于内地与港澳的出入境检查和口岸监管，投入警力总量超过 5000 人。

（二）创新通关查验模式的现实压力及动力

习近平总书记强调指出："经济特区要勇于扛起历史责任，适应国内外形势新变化，按照国家发展新要求，顺应人民新期待，发扬敢闯敢试、敢为人先、埋头苦干的特区精神，始终站在改革开放最前沿。"作为驻守特区的国家执法部门，珠海边检总站认识到，大力推进内地与港澳的通关查验模式创新。这既是边检机关积极适应外部形势的主动选择，也是突破自身发展瓶颈的必由之路。该创新不仅面临内外多方需求压力，也具备有利的推动条件。

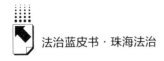

1. 粤港澳各界较为强烈的外部呼声

新的政治经济形势和新的交流往来需求，倒逼内地与港澳的出入境查验模式进行变革与创新。近年来，随着粤港澳经济文化交流的不断深化，尤其是《粤港澳大湾区发展规划纲要》发布以来，社会各界包括政府层面、民间团体、研究机构等在多种场合、多种渠道强烈呼吁推进粤港澳口岸通关查验模式创新，成为边检机关必须正视并给予充分重视的社会诉求。

2. 边检警力紧张的内部困境

在当前中央严格控制国家财政供养人员的背景下，边检机关的人员增加已经无法匹配连年激增的出入境旅客流量。特别是珠海边检总站人员编制紧缺，警力刚性缺口大，民警执勤负担重，所以必须考虑对粤港澳口岸的出入境查验模式进行改革创新，从通关模式的设计层面大幅简化查验环节，以达到减少边检查验警力投入的目的。

3. 中央层面积极明确的政策支持

2014 年底，国务院印发《落实"三互"推进大通关建设改革方案》，明确提出在珠海口岸实施查验机制创新试点。2015 年 11 月，国务院办公厅印发《珠海口岸查验机制创新试点方案》，明确提出要在珠海口岸对内地及澳门居民推行"一地两检""合作查验、一次放行""入境查验，出境监控"等新型查验方式。2019 年初，《粤港澳大湾区发展规划纲要》提出，研究实施促进粤港澳大湾区出入境、工作、居住、物流等更加便利化的政策措施。对边检机关而言，这既是压力和挑战，也是创新口岸通关查验模式、协调各方推进改革创新的绝好契机。

二 粤港澳口岸通关查验模式创新实践

（一）珠海边检总站创新查验模式探索

改革开放以来，随着我国出入境事业的蓬勃发展，特别是粤港澳交流的日益频繁，珠海边检总站不断就粤港澳口岸之间优化改革边检查验模式进行研究探索。2010 年到 2014 年，随着珠海各口岸出入境查验量的逐年增长，以及自身警力不足问题的逐步凸显，珠海边检总站对内地与港澳查验模式创新的思考和研究进一步深入，对"一地两检""两地一检""单边验放"等多种模式概念进行了周密细致的研究论证和利弊分析。结合国内外边境检查模式创新实践经验，综合考虑当前内地与港澳的出入境人员管制、进出口货物关税设定、法律法规体系及执法协作等现状，研究认为申根一体化管理模式暂时不具备实施条件。

2007 年 7 月，内地与香港于深圳湾口岸创新实施了"一地两检"模式，在内地行政区域内设置香港口岸区，香港执法部门在香港口岸区实施香港法律并进行出入境检查。2018 年 9 月，参照深圳湾口岸的成功经验，内地与香港在广深港高铁西九龙站实施了"一地两检"模式，在香港行政区域内设置内地口岸区，内地执法部门在内地口岸区实施内地法律并进行出入境检查。深港口岸"一地两检"模式与加美提前清关、英法提前检查模式总体思路类似，即对双方的法律管辖进行特别安排，以简化通关流程，提高两地摆渡接驳运输效率。深港口岸"一地两检"模式只是缓解了两地的摆渡运输瓶颈问题，实质上还是类似珠海拱北与澳门关闸的"两地两检"模式，旅客通关时仍然需要排两次队，分别接受两次出入境边防检查（见图 1）。

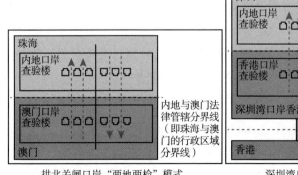

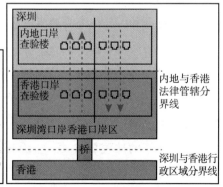

拱北关闸口岸"两地两检"模式　　　深圳湾口岸"一地两检"模式

图 1　"两地两检"与"一地两检"模式对比

结合粤港、粤澳边境口岸出入境检查管理工作实际，珠海边检总站不断思考探索在"一国两制"框架下创新检查模式的可行性。基于内地在互涉性案件中与港澳警方在相互协助缉捕、遣返通缉犯、联合打击跨境突出犯罪、证据互认等方面无法实现跨区域警务执法合作的现状，加强内地与港澳边检部门的查验合作成为当前粤港澳口岸查验机制创新探索的主要方向。

（二）"合作查验、一次放行"查验模式推进过程

2014 年前后，珠海边检总站以筹建青茂口岸为契机，根据该口岸珠澳双方共用一栋联检大楼的有利地理条件，在出入境管理局（原公安部出入境管理局）指导下，创新性地提出将双方的查验场地同时设置在内澳分界线上，将双方的自助查验通道整合在一起，旅客只需交验一次证件、采集一次指纹面相便可完成双方边检查验的基本设想。随后，在内地边检机关的牵头主导下，内地与澳门双方围绕三大关键问题进行了多轮次的研究商讨，即自助通道采用"两道门"还是"三道门"、旅客刷取哪一方认可的证件、双方信息如何传输交互。通过不断研究、调整和完善，最终形成了"三道门"自助查验通道的查验模式创新设计方案，报国家口岸办批准后正式定名为"合作查验、一次放行"查验模式。但"合作查验、一次放行"查验模式的适用范围还较狭窄，如通道形态上仅指"三道门"新型自助通道，适用人群仅包括同时符合双方自助通关条件的内地及澳门居民，适用证件仅包括往来港澳通行证和因公往来香港澳门通行证。这在一定程度上影响了新型查验模式作用的最大化发挥。

2016 年，珠海边检总站以落实国务院部署的珠海口岸查验机制创新试点为契机，在青茂口岸"三道门"新型自助查验模式的基础上，利用港珠澳大桥珠海、澳门口岸共同设置在一个人工岛的条件，推动双方在内澳分界线上建设共用的珠澳旅检楼，全面拓展"合作查验、一次放行"查验模式的内涵与外延，提出在港珠澳大桥口岸针对不同人群分别实行三种不同查验方式的大胆设想。一是对同时符合内澳双方自助查验条件的内地及澳门居民实行"三道门"新型自助查验模式，即合作自助查验模式；二是对其他内

地及澳门居民实行合作人工查验模式；三是对其他旅客包括香港、台湾居民和外国人，以及不能经合作人工及合作自助通道查验的内地居民（如持中国护照过境澳门等旅客）实行"台并台、肩并肩"式的传统人工查验模式。三种查验方式在同一个口岸同时实施，是一个有机整体，相互配合补充，统称为"合作查验、一次放行"查验模式。2016 年 8 月，在国家口岸办牵头下，根据边检提出的在港珠澳大桥口岸珠澳通道针对不同人群分别实行三种不同查验方式的建议，内澳双方签署了《珠澳口岸查验合作对接会议纪要》。2016 年 11 月，出入境管理局与澳门治安警察局签订了《港珠澳大桥口岸珠澳通道"合作查验、一次放行"通关模式边检实施方案备忘录》，明确查验现场布局、通道类型、适用人群、查验流程和会晤对接机制。2017年 7 月，珠海边检总站会同澳门治安警察局、澳门保安部队事务局研发定型了合作自助通道、合作人工通道样机，并完成了相应查验软件的开发和测试。其后两地边检部门密切跟进港珠澳大桥口岸新型查验通道系统的建设调试工作，最终于 2018 年 10 月在港珠澳大桥口岸开通时正式实施了"合作查验、一次放行"查验模式（见图 2）。

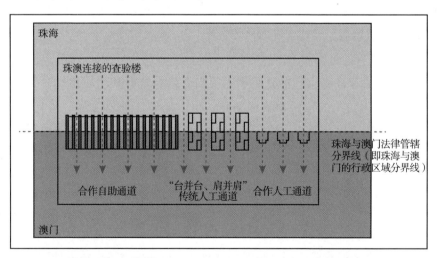

图 2　港珠澳大桥口岸珠澳通道"合作查验、一次放行"模式

说明：珠海至澳门方向、澳门至珠海方向示意图类似。

2018 年，在横琴口岸新旅检区域筹建过程中，珠澳边检部门会同两地政府推动将澳门莲花口岸搬迁到横琴，珠澳双方在同一联检大楼内设置旅客检查场地，并复制推广"合作查验、一次放行"查验模式。2019 年 10 月 26 日，全国人大常委会决定同意授权澳门对横琴口岸澳方口岸区及相关延伸区实施管辖，为复制推广创新性查验模式提供了法律条件。按照国家部署，珠澳边检部门对前期实施的"合作查验、一次放行"查验模式系统进一步调整优化，改进通道闸机性能，优化系统查验效率，推动扩大新型查验通道适用人员范围。2020 年 8 月，在横琴口岸新旅检区域成功复制实施了"合作查验、一次放行"查验模式。

（三）"合作查验、一次放行"查验模式效果分析

"合作查验、一次放行"查验模式在港珠澳大桥口岸、横琴口岸新旅检区域的落地实施，从地理格局上实现了"一地两检"，从查验形态上实现了"一次排队，双边查验，一次放行"，是粤澳口岸查验模式改革进程中的里程碑事件，对于推动简化粤澳口岸查验流程、便利内地与澳门人员往来具有重要的先行先试意义。

1. "一国两制"政治优势的成功实践

"合作查验、一次放行"查验模式以更加直观的方式，突破了以往社会各界对内地与港澳出入境查验模式的固有认识，有利于纠正社会上存在的对"一国两制"的错误理解和偏颇认识。比如，过分强调"两制"、强调区别，忽视了"一国"、忽视了合作等观念。该模式还有利于增强港澳居民的荣誉感和身份认同感，为下一步探索推进出入境查验模式创新提供示范和样板。

2. 大幅提高了口岸通关效率

"合作查验、一次放行"查验模式的最大特点是从根本上简化了内地与澳门口岸的出入境查验流程，虽然仍然要独立完成两次后台数据处理，但是从前台来看，粤澳双方口岸的查验地点合并在一处，交验证件合并为一次，前台检查合并在一起，查验环节大幅简化，查验时间有效缩短，通关效率明

显提升，满足了近年来粤澳社会各界反复呼吁创新内地与澳门口岸查验模式的诉求，进一步便利了人员往来内地与澳门。

3. 全面改善了旅客通关体验

相比现行的"两地两检"查验模式，"合作查验、一次放行"查验模式在旅客通关体验上有了明显改善。对旅客而言，该模式只需排一次队、只需集中交验一次证件即可完成全部通关流程，避免了过往反复的上下车船、提携行李、二次排队等过程，通关更快捷，体验更舒适，满足了广大人民群众希望尽可能减少口岸等候滞留时间的期待。

4. 有效节省了边检警力资源

"合作查验、一次放行"查验模式下，在合作人工通道，仅入境方安排检查员进行人工查验，出境方只需安排极少数的巡查监管民警用于处理异常勤务事件即可，一般情况下安排 1 名巡查监管民警即可完成 4~5 条合作人工通道的出境查验任务。在相应查验通道，出境方节省了大量警力。

三 前景展望

党的十九大报告要求，要支持香港、澳门融入国家发展大局，以粤港澳大湾区建设、粤港澳合作、泛珠三角区域合作等为重点，全面推进内地同香港、澳门互利合作，制定完善便利香港、澳门居民在内地发展的政策措施。粤港澳三地具有一个国家、两种制度、三套法律的特点，不可避免存在出入境人员、关税检查监管问题，在社会经济协同发展中，人员、物资通关必须更加快捷、更加便利、更加自由。为进一步服务粤港澳大湾区建设发展，粤港澳三地要坚持以人民为中心的思想，充分适应经济发展形势，充分响应三地民意诉求，充分保障人民群众利益，按照"先易后难、有条件的先试点实施、成熟了全面复制推广、没条件的逐一推动解决问题"的思路，依法依规稳步推动粤港澳口岸查验机制创新工作。

一是进一步优化完善当前粤澳口岸旅检区域实施的"合作查验、一次放行"查验模式，推动在车辆检查领域、在其他更多口岸复制推广。

二是充分总结前期口岸通关查验模式创新实践经验，立足三地现有法律法规，推动内地与港澳加强执法协作互助，进一步简化人员、车辆、物资通关查验手续。

三是逐项梳理解决法律法规制度障碍难题，推动内地与港澳建立更加深入的执法合作机制，实现通关查验模式的更大突破。

B.5
拱北海关疫情期间的
法治工作实践

拱北海关课题组 *

摘　要：　拱北海关作为路桥连通港澳的直属海关，在法治工作中坚决贯彻落实习近平总书记重要指示批示精神，落实海关总署部署，深入把握连接粤港澳三地的区位特点，主动加强与地方的团结协作。在主动融入和服务联防联控联动抗击疫情，暖企稳企惠企促进外贸稳增长，保障港澳民生物资安全等工作大局中，彰显海关法治作为。拱北海关肩负着服务"一带一路"建设、服务粤港澳大湾区建设、用好管好大桥、加快横琴粤澳深度合作区建设等重大政治任务，未来将进一步践行"法治海关"建设，强化法治对各事项的引领、保障、推动，实现执法政治效果、法律效果与社会效果的统一。

关键词：　拱北海关　疫情防控　复工复产

前　言

　　珠海与香港一桥相连，与澳门更是陆地毗邻。珠港、珠澳口岸既是两地货物、资金、人员等生产要素流动的交通要道，更是防控疫情的主要阵地。

---

　　* 课题组负责人：欧阳曦，拱北海关法规处副处长。课题组成员：张炜、王之夏、贝俊良、李晋、徐蕾、毛雁莹。执笔人：毛雁莹，拱北海关法规处法制协调科四级主任科员。

拱北海关处在"一国两制"前沿和粤港澳大湾区的"澳门—珠海"重要一极,是全国唯一陆路连通港澳的直属海关,陆路口岸中既有全国通关人流量最大的拱北口岸,又有实行 24 小时通关的港珠澳大桥珠海公路口岸、横琴口岸、珠澳跨境工业区口岸。面对突如其来的新冠肺炎疫情,如何加强与港澳协作配合,与口岸、属地相关部门深度合作,科学、规范、高效、有序开展疫情防控工作,是拱北海关亟待解决的重大命题。

拱北海关始终以习近平总书记关于疫情防控工作的重要指示批示为行动号令,认真落实党中央、国务院决策部署,按照海关总署工作部署以及广东省和珠海市疫情防控统筹安排,以法治助力筑牢口岸防线,助力外贸企业复工复产,助力港澳民生物资安全供应,全力服务和保障疫情防控工作大局。

一 疫情期间海关法治工作面临的形势与困难

(一)国内疫情防控形势向好,全球疫情加速扩散蔓延

新冠肺炎疫情是新中国成立以来发生的传播速度最快、感染范围最广、防控难度最大的一次重大突发公共卫生事件。2020 年 3 月伊始,国内外疫情防控和经济形势发生新的重大变化,国内疫情防控形势持续向好,但全球疫情加速扩散蔓延,面对境外疫情输入风险不断增加的严峻形势,各地陆续出台了更为严格的入境措施。作为国境卫生检疫机关,海关担负着防止境外疫情输入第一道防线的重要职责,防止境外疫情输入成为口岸最为紧迫的任务。

(二)口岸通关流量持续增长,疫情防控风险不容忽视

拱北海关 2020 年 1 月进出境旅客日均超过 41 万人次,疫情以来关区旅客日均通关量居全国第一。2 月以来受内地暂停赴港澳签注、澳门暂停娱乐业等政策影响,进出境旅客日均仍超过 6 万人次,疫情防控任务繁重。4

月，疫情防控进入常态化，随着国内疫情得到有效控制，复工复产复学迫在眉睫，经济发展需要社会正常运转，人们的工作生活也需要逐渐步入正轨，珠澳防控政策逐步放宽，口岸通关人流、车流激增，对卫生防疫措施及口岸通关状况带来压力。综合境外疫情严峻形势及国内多地出现确诊病例的态势，口岸密集通关人流带来的防疫风险仍不容忽视，尤其是占关区通关量近90%的拱北口岸场地空间局限与进出境人员数量迅速增长的矛盾更加凸显，口岸监管压力持续加大。

（三）国际外贸环境严峻复杂，外贸企业发展陷入困境

受境外新冠肺炎疫情影响，全球贸易低迷，贸易摩擦加剧，世界经济下行压力加大，产业链供应链循环受阻，国际贸易投资萎缩。我国外贸企业陷入困境，货物退运、航运受阻、订单取消、运费飙升、人员不足、资金短缺、供应链不畅等外贸环境严峻复杂。2020年2月17日，在广东省外贸企业复工复产暨外贸形势分析会议上，珠海市相关领导指出，珠海复工复产率不足40%，产能恢复不足1/3，均低于全省平均水平。在新冠肺炎疫情与国内外市场的双重压力下，促进外贸企业复工复产，助力恢复正常经济社会秩序，成为海关疫情防控中的另一重要任务。

（四）港澳物资无法自给自足，民生物资供给压力陡增

拱北海关关区与香港、澳门路桥相连，促进保障港澳民生物资稳定、足量、安全供应，不仅关系着港澳居民的生活质量，更关系着港澳地区战"疫"大局。受疫情影响，部分供港澳物资企业复工复产出现困难，而港澳民生物资一直主要依赖内地供应，供港澳物资企业供应量大小影响着港澳地区居民菜市价格，香港、澳门面临抗击疫情和民生物资供给的双重压力陡增。此外，在疫情暴发阶段，严格加强进出境人员管控，减少人员跨境流动和聚集，有利于最大限度阻隔疫情传播。早已习惯"珠澳同城"生活方式的澳门居民，在珠海采买生活必需品也受到了一定的影响。

二 主要经验做法与成效

（一）助力构建依法战"疫"工作格局，筑牢口岸检疫防线

战"疫"伊始，拱北海关党委第一时间成立抗击疫情指挥部，坚持统筹、精准、联动，切实履行抗击疫情的政治、工作、社会和家庭四项责任，坚决打赢疫情防控阻击战。

2020年3月11日，世界卫生组织宣布新冠肺炎为"全球大流行"。拱北海关党委以此为重大转折点，主动调整战"疫"战略，在坚持统筹兼顾、坚持协同联动、坚持垂直领导的前提下，全身心投入地方党委、政府组织指挥的总体战，按照分类、分流、扁平化、简约化、去操作化的思路，进一步抓好疫情防控各项工作。

面对疫情防控格局的新变化，拱北海关立足关区区位特点，突出工作的实效性和针对性，自觉融入和服务战"疫"大局，围绕"专题普法、法律研究、涉检处罚"集中发力，全力服务提升依法防控、依法治理能力，助力构建海关依法战"疫"、公众守法战"疫"工作格局。

1. 多渠道引导公众依法行动

为树立正确的舆论导向，做好疫情的法治宣传工作，引导公众自觉守法、依法行动，拱北海关制作了原创普法漫画《囧小妹过关之"疫"囧篇》，寓教于乐，向公众宣传海关疫情防控、履行卫生检疫工作，被兄弟单位转载；借助"囧小妹"的先发优势，拱北海关相继推出"健康申报""体温监测""隔离排查"等为主题的中英文原创普法插画作品5篇，受到通关旅客的关注和好评。面对"三查三排一转运"① 最严检疫措施的形势，为最大程度取得进出境旅客理解支持，拱北海关加大普法力度，将普法阵地

---

① 全面开展健康申明卡核查、体温监测筛查、医学巡查，严格实施流行病学排查、医学排查、实验室检测排查，对判定的确诊病例、疑似病例、有症状人员和密切接触者，一律按照有关规定移交地方联防联控机制作后续处置。

"前推后移",利用进出客轮、旅检通道、口岸广场等阵地宣讲海关监管政策,通过"报网微端屏"全方位开展疫情防控法治宣传,指引进出境旅客规范"发热史、旅居史、接触史"等要素申报;同时注重传递普法"温度",运用专业医学知识,消除旅客对新冠肺炎病毒的恐慌情绪、对核酸检测咽拭子采集的紧张情绪、对海关执法的抵触情绪。拱北口岸作为全国最大的陆路旅检口岸,进出境旅客 100% 接受检疫监管,2020 年累计实施了千万人次的体温监测和健康申报,无一引起行政纠纷,充分体现疫情防控专项普法宣传的社会效果。

2. 全力保障执法一线依法防控

完善制度建设、完备规则指引、确保执法质量,是保证一线依法防控的基础和前提,是全关法治工作的题中应有之义、必要之举。为进一步完善健康申报管理,拱北海关启动健康申报制度研究,从世界各国健康申报制度钩沉发微入手,围绕"口岸通关压力骤增""进出境人员不如实申报难以防范"等重点问题,提出完善健康申报管理的 5 条法律建议。为促进疫情防控工作依法有序推进,拱北海关梳理、汇总了与海关防"疫"密切相关的法律规定,编录战"疫"时期需要重点关注的"疫情防控海关职责、海关行政相对人主要权利义务、海关特事特办征税优惠和通关便利措施、法律责任"等 4 个方面 21 个问答,紧贴基层执法的现实需要,精选相关内容,形成"进出境旅客篇""疫情防控物资进出口企业篇""内部相关岗位执法人员篇" 3 方面专题材料,及时下发各隶属海关,作为专项执法培训学习重点内容,为疫情防控专项执法升级"软装备"。拱北海关还汇编制发新冠肺炎疫情防控工作文件一览并每日更新,截至 2020 年 12 月 31 日,共计收录1408 份文件,及时便利基层一线查找相关执法依据,服务基层一线依法开展疫情防控工作。

3. 严厉打击妨害国境卫生检疫违法行为

2020 年 1 月 20 日发布的《国家卫生健康委员会公报》(2020 年第1 号)明确将新型冠状病毒感染的肺炎纳入《国境卫生检疫法》规定的检疫传染病管理。为依法及时、从严惩治妨害国境卫生检疫的各类违法犯罪行为,坚决遏制疫情通过口岸传播扩散,拱北海关上下闻令而动,精锐出战,为维护公共卫生安全提供有力的法治保障。2020 年 3 月 9 日,拱北海关根据形势预判,成立专项执法研究小组,提前启动严厉打击国境卫生检疫违法行为执法研究,高质量完成妨害国境卫生检疫行政处罚案件办理内部指导意见,针对海关重点打击的 9 类妨害国境卫生检疫违法行为,确定了 22 条认定标准,细化了 3 档处罚情节幅度,明确了 24 项涉嫌犯罪移交条件,为落实严厉打击妨害国境卫生检疫违法行为提前做好准备,也为严格规范公正文明执法打下扎实的基础。

2020 年 3 月 16 日上午,海关总署会同最高人民法院、最高人民检察院、公安部、司法部联合发布《关于进一步加强国境卫生检疫工作 依法惩治妨害国境卫生检疫违法犯罪的意见》(以下简称"五部门意见"),明确针对 6 类妨害国境卫生检疫行为予以定罪处罚。同日下午,拱北海关第一时间响应,率先将内部指导意见下发,促进行政处罚办案规范统一,进一步筑牢防控疫情的铜墙铁壁,彰显拱北海关依法战"疫"的决心。同时,为确保妨害国境卫生检疫违法行为的办案工作衔接顺畅,拱北海关不断拓展、畅通基层执法疑难反馈渠道,实行职能部门与办案单位共商共处机制,五部门意见下发后仅 1 个月内就查获 6 宗违反国境卫生检疫规定案件,有力打击了出入境旅客健康申报不实等违法行为。2020 年 4 月上旬,在海关总署通报的 9 宗典型案件中,拱北海关有 4 宗位列其中,在全海关系统疫情防控阻击战中交出了直属海关一份亮丽的"法治答卷"。

从预备到正面会战,拱北海关法治工作与时间赛跑、与疫情"掰手腕",在基础上做功,在细节处发力,在理论研究、执法实践、普法宣传方面专心致志、全力以赴,坚持运用法治思维和法治方式开展工作,进一步巩固疫情防控成果,为打赢疫情防控的人民战争、总体战、阻击战贡献智慧、力量和汗水。

(二)助力企业用足用好海关政策,营造法治化营商环境

在疫情期间,抗击疫情护卫生命健康的同时,经济社会秩序恢复和发展

则是另一场看不见硝烟的硬仗。习近平总书记强调，要变压力为动力、善于化危为机，有序恢复生产生活秩序，强化"六稳"举措，加大政策调节力度，把我国发展的巨大潜力和强大动能充分释放出来，努力完成2020年经济社会发展目标任务。

大事难事见担当，危难时刻显本色。拱北海关人以忠诚担当、专业敬业的姿态，在做好疫情防控工作的同时，积极助力外贸企业复工复产，全力以赴促进外贸稳增长，服务经济社会发展大局。2020年2月16日，海关总署出台支持外贸企业复工复产10条"硬核"措施。当日，拱北海关结合关区实际，在前期开展企业调研的基础上，出台了应对疫情影响的28条措施，全力促进外贸稳增长。3月16日至20日，拱北海关党委全员分头赴关区17家有代表性的外贸企业开展专题调研，深入了解企业生产经营受疫情影响情况、复工复产情况等，听取对海关"10＋28"条措施的意见和建议，希望企业坚定信心，用足用好政策措施，努力把疫情造成的损失降到最低，尽快恢复正常生产经营。

1. 创新形式，帮助企业掌握政策"零接触"

为了让企业足不出户掌握海关最新政策，拱北海关想企业所想，急企业所急，解企业所困，面向企业开展多种形式暖企、稳企、惠企的政策宣讲，海关关员化身网络"主播"在线授课答疑30余次，提供"零距离"专业精准指导，确保企业应知尽知、应享尽享，成为广受企业欢迎的新晋"网红"。综合运用创新思维和科技手段，充分利用自主研发"关企通系统"，向企业主动推送海关法规政策，广泛收集通关、捐赠、减免税和其他等4类265个疫情防控咨询问题，选取26个涉企典型问题，形成"疫情防控物资常见法律问答"，让企业获得清晰的疫情防控法律知识，得到多数企业的高度认可。拱北海关还对外发布《今日起进口企业可申请不加征对美反制关税！》《提升贸易便利化，海关预裁定在行动》等20篇新媒体宣传稿件，将普法和业务相结合，对惠企相关政策进行梳理归纳，充分发挥微信受众多、传播快的优势，为进出口企业学法提供便利。

2. 纾困减负，确保企业修复信用缺失"零顾虑"

为了最大限度降低疫情对外贸企业的影响，拱北海关依法履职、主动作为，深入推进容错机制和主动披露管理措施，引导企业守法自律，提升企业诚信守法意识和合规经营能力。针对部分企业受疫情影响无法按时缴纳税款的情况，第一时间向上级部门反映，做好与担保机构、企业的沟通协调，为关区 51 家企业共计 9700 余万元税款延长汇总征税缴款期限。强化主动披露政策宣传贯彻，规范操作程序，扩展受理渠道，依法依规兑现从轻、减轻或不予行政处罚、减免滞纳金、不列入海关认定企业信用状况记录等政策红利。2020 年，共办结主动披露作业 55 起，同比增长 139%；对 49 家企业依法不予行政处罚，对 5 家企业依法减免滞纳金 24.27 万元。这些温暖的举措，给予了企业修复信用缺失的机会，有效促进了企业守法自律，减少了行政成本，已成为企业加速复苏的重要"助攻"。

3. 精准帮扶，服务企业复工复产"零距离"

针对部分企业存在个性问题和诉求亟待解决，拱北海关坚持"滴灌""漫灌"相结合，聚焦企业问题、紧贴企业需求开展咨询服务。疫情发生以来，拱北海关及时向企业介绍促进外贸稳增长 28 条措施和 106 项"一企一策"帮扶措施，针对 5000 余家企业开展线上线下调研，解决企业问题 900 余个。通过"线上辅导＋线下指导"相结合的方式，安排专人进行"一对一"指导，帮助企业充分运用提前申报、自报自缴、"单一窗口"等便利措施，简化通关手续，切实解决企业快速通关诉求，助力企业减负赋能。例如，针对珠海某公司一批出口空调因疫情影响导致海运船期紧张，需加急通关赶船期的情况，拱北海关所属斗门海关为其制定全流程通关"攻略"，加急审单、验放，全力保障出口空调顺利通关。又如，珠海某水产进出口公司是珠海为数不多打进香港水产品市场的出口企业，此前仅经营海捕鲜活水产品，因疫情影响，该公司订单需求锐减，拱北海关所属香洲海关主动为企业办理经营范围变更开辟绿色通道，指派专人指导，迅速成立评审小组并加急评审，一周完成变更审核。有了海关"雪中送炭"式的帮扶，影响企业复工复产的各类问题迎刃而解，还帮助企业实现了"逆风飞翔"，促进外贸稳增长。

（三）助力供港澳绿色通道畅通，保障大湾区民生水平

在疫情最吃劲的关键阶段，拱北海关提出了"澳港供应安全不能放松"的工作要求。关区法治工作自觉融入和服务粤港澳大湾区建设，一手助力保顺畅，一手助力保供应，为构建起供港澳民生物资的"绿色生命通道"，提供了有力的法治保障。

1. 加强珠澳合作，提高监管效能

为确保供澳食品农产品质量安全，拱北海关积极与澳门市政署开展交流合作，就相关标准、机制建设等凝聚最大共识。与澳门市政署共同订立供澳苗圃认可标准，推动两地监管规则"软联通"，与澳门市政署成立联合技术小组，就输内地澳门制造食品安全监管合作涉及的政策法规、食品安全标准、风险监测计划进行技术磋商，助力海关总署与澳门行政法务司顺利签署《关于输内地澳门制造食品安全监管合作安排》。为进一步拓展活猪供货渠道，拱北海关成立项目筹建工作组，积极推进供澳活猪过驳站建设，协调地方政府有关部门、相关企业联合开展 5 次选址调研，协调珠海市政府多次召开专题会议研究，审定监管方案。2020 年 5 月 25 日，供澳活猪过驳站首次启用，截至 12 月 31 日，共过驳供澳活猪 40917 头，日均供应量较启用前增长 31.6%，大大缓解供澳活猪紧张局面，基本满足了澳门市场需求。

2. 对接企业需求，助力通关顺畅

为畅通供港澳绿色通道、保障港澳食品农产品稳定供应，拱北海关应企业和种养殖户普遍需求，主动送政策法规"进企业、下田间、上鱼排"。找准企业和种养殖户在生产经营中的困难和问题，有针对性地进行答疑解惑，及时指导企业和种养殖户精准掌握海关政策法规要求。自疫情发生以来，通过电子问卷等形式，面向关区食品农产品生产企业开展"指尖"调研，安排专人对接企业需求，量身定制"一企一策"滴灌举措，纳入关区《"一企一策"措施清单》，并逐项落实落细落地，调研 123 家食品农产品企业，收集 35 家重点企业诉求，协调解决问题 65 个，受到企业广泛好评。

为保障快速通关，拱北海关所属闸口海关为鲜活产品提供24小时预约报关咨询服务，安排专人对接企业通关需求，对疫情期间政策释疑解惑，助力实现通关"零延时"。2020年4月至今，拱北口岸供澳鲜活产品出口量逐步回升，日均验放供澳鲜活产品百余车次，全力保证澳门民生物资供应。拱北海关所属港珠澳大桥海关充分发挥货物全年24小时通关运作优势，搭建24小时热线电话、微信等服务平台，无间断受理进出口企业政策咨询，对供港鲜活农产品企业实行咨询服务"一对一"。拱北海关所属横琴海关开通业务咨询专线专窗，全天候接受企业咨询，确保企业得到"无屏障式"线上指导体验，并根据天然气等物资的特殊属性，量身定制"定期申报、外出监管"的便利通关模式，通过多手段叠加确保供澳能源监管及时便捷。2020年第二季度起，供澳天然气能力已逐渐恢复至正常水平，全年共计监管供澳天然气7.2万吨。

保供纾困，共克时艰。在拱北海关不懈努力下，关区供港澳民生物资通关顺畅、供应稳定、质量安全，鲜活产品、能源物资均已恢复至上年同期水平。拱北口岸、港珠澳大桥珠海公路口岸、横琴口岸等一条条港澳民生物资生命线共同组建成供应大动脉，源源不断地满足了港澳居民的生活需要，有力支持了港澳地区的疫情防控，也赢得了港澳各界的广泛赞誉。

三 常态化疫情防控下海关法治工作的新要求与未来展望

（一）准确认识和把握面临的新任务、新要求

1. 要进一步树牢以人民为中心的理念

国境卫生检疫是国家公共卫生体系的重要一环，事关人民群众生命安全和身体健康。拱北海关作为路桥连通港澳的直属海关，身处对外开放安全防控"第一线"，必须坚持以人民为中心，牢记人民至上、生命至上，

践行"人民海关为人民"理念，坚决担起该担的职责，忠实履行海关法定职责，增进粤港澳三地民生类福祉，切实增强人民群众的获得感、幸福感、安全感。

2. 要进一步巩固疫情防控成果

当前，虽然国内疫情局势稳定，但全球疫情持续蔓延，境外输入确诊病例存在诸多不确定性；新冠病毒存在通过进口冷链食品输入风险，外防输入、内防反弹的任务仍较为艰巨，口岸日益成为安全防控的关键节点。面对维护国门安全面临的严峻挑战，拱北海关必须深入贯彻落实总体国家安全观，牢固树立口岸大安全理念，强化口岸疫病疫情联防联控，克服麻痹思想、松劲心态，绷紧防控之弦，慎终如始抓紧抓实抓细常态化口岸疫情防控，持续巩固国内来之不易的疫情防控成果。

3. 要进一步聚焦服务新发展格局

2020 年 12 月 11 日召开的中共中央政治局会议对我国经济形势作出判断并对 2021 年经济工作作出定调，强调我国经济运行逐步恢复常态，但新冠肺炎疫情和外部环境仍存在诸多不确定性，要"坚持系统观念，巩固拓展疫情防控和经济社会发展成果，更好统筹发展和安全"。安全是发展的前提，发展是安全的保障。拱北海关作为国家进出境监督管理机关，连接粤港澳三地，处在国内国际双循环的交汇枢纽，必须深刻认识激发市场主体活力、稳住外贸外资基本盘、保障外贸产业链供应链畅通运转的重要意义，全力以赴促进外贸稳增长，扎实做好"六稳"工作，全面落实"六保"任务，统筹做好常态化疫情防控和稳外贸稳外资工作，用心用情服务地方经济社会发展。

（二）未来展望

面对持续巩固拓展口岸疫情防控和促进外贸稳增长工作成果的新任务新要求，拱北海关法治工作要以习近平新时代中国特色社会主义思想为指导，深入贯彻党的十九大和十九届二中、三中、四中、五中全会精神，深入贯彻习近平法治思想，践行以人民为中心的理念，在强化干部依法防控思维、加

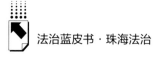

强法治队伍能力建设、营造和谐海关执法环境、助力促进外贸稳增长等四个方面体现法治新作为。

1. 瞄准疫情防控决策服务，强化干部依法防控思维

要坚持以提高人民满意度为核心，突出执法为民价值取向，对内宣传贯彻严格规范公正文明执法要求，增强"法定职责必须为、法无授权不可为"的合法合理行政意识，强化"有权必有责、用权受监督"的权责意识，筑牢"人民海关为人民"的执法理念，切实提高海关依法行政、依法把关的能力。各级法制部门要提高政治站位，积极参与，主动作为，通过建言献策、合法审查等多种方式，充分论证疫情防控相关决策的合法性与合理性，为领导决策提供参考，保证各项决策于法有据，发挥法治在疫情防控中的规范与保障作用。在此过程中，潜移默化提升各级领导干部运用法治思维和法治方式开展疫情防控工作的能力，注重用法治手段解决疫情防控突出问题，在法治轨道上统筹推进疫情防控各项工作。

2. 瞄准工作基础，加强法治队伍能力建设

海关法治建设要着眼长远发展，立足抓常抓长，进一步夯实工作基础，打造政治素养过硬、法律知识精通、海关业务扎实的正规化、专业化、职业化法治队伍。一是要加强思想淬炼。坚持"政治和法治深度融合、相互促进"，建立健全政治理论学习制度，完善推广"领学"学习方式，倡导深入学习贯彻习近平总书记关于新冠肺炎疫情防控系列重要讲话精神，继续扎实做好疫情防控工作。在政治上把准方向、锤炼品格。二是要强化专业训练。着眼法制条线人员的能力提升，健全完善学法制度，推进疫情防控法律知识的学习常态化，通过法治讲座、法律培训、岗位练兵、定期法律知识考试等形式，补齐业务和法律知识短板，提升法治防控意识和行动自觉，在法治轨道上统筹推进疫情防控各项工作。三是要注重实践锻炼。充分发挥公职律师在疫情防控等重大执法决定法制审核、解决执法疑难、妥善化解争议等领域的作用；完善普法讲师团工作机制，广泛开展疫情防控法治宣传教育，按照"干什么、学什么，缺什么、补什么"原则对执法人员开展个性化培训；以"同质划区"为原则，将关区所属

海关划分为不同功能类型的法治协作区，通过执法互助、队伍共建、资源共享，有针对性地组织交叉锻炼、实操培训，推动基层法治队伍综合能力整体提升，从而建设高素质法治工作队伍，更好发挥法治对疫情防控工作的引领、规范、保障作用。

3. 瞄准执法效果，营造和谐海关执法环境

牢固树立"执法即普法"理念，执法人员尤其是各级领导干部要真正认识到执法本身天然具有的普法属性，把普法融入执法的全过程、各环节，重点收集分析涉及疫情和执法对象关切的热点法律问题，从社会公众的期待和需求出发，聚焦基层一线执法疑难问题，防范常态化疫情防控时期海关行政执法风险。在常态化疫情防控形势下，面对口岸检疫监管措施更为严密带来的通关高峰期拥堵，旅检执法人员要在旅检口岸现场全面实施嵌入式普法、说理式执法，面向进出境旅客细致入微开展海关疫情防控政策法规普法宣传，消除进出境旅客对海关卫生检疫执法的抵触情绪，化解舆情隐患。进一步加强对进口冷链食品口岸新冠肺炎疫情防控工作，通过"靶向式"普法，向进口冷链食品企业精准宣讲海关预防性消毒措施与新冠病毒核酸检测工作，阐明海关在有效降低输入风险的同时保障口岸通关效率理念，注重释法时的"情、理、法"相统一，引导企业正确对待海关执法，从源头上减少疫情期间行政矛盾纠纷，为常态化疫情防控工作提供良好的执法环境。

4. 瞄准改革保障，助力促进外贸稳增长

拱北海关要坚决贯彻落实党中央关于构建新发展格局的决策部署，全力以赴服务"六稳""六保"工作大局，在建设社会主义现代化新海关中找准定位、担职尽责，充分发挥法治在海关改革中的基础性、保障性作用。立足服务粤港澳大湾区建设的区位特点，加强供港澳物资企业调研，深入了解其基本经营状况、未来规划、产品质量安全风险和出口过程中遇到的困难疑惑，引导企业依据海关监管政策要求，主动落实疫情防控和质量安全管理措施，帮助企业顺利出口。针对海关促进外贸稳增长的各项改革政策，第一时间公开依据、解读方案，重点解读"因新冠肺炎疫情不可抗力出口退运货

物税收政策""两步申报""提前申报""海关主动披露法律制度"等政策法规，集中为关区企业提供法律政策咨询服务和指导，为关区企业发展助力赋能。因时制定、修订规范性文件和执法业务文件，及时固化改革成果，通过公开征求意见等途径，充分听取相关建议并予以反馈；在细化改革政策、制定规范性文件的过程中向社会宣传海关监管理念，做到"改革"和"普法"同频共振。

B.6
香洲区税务法治建设现状与展望

国家税务总局珠海市香洲区税务局课题组*

摘　要：　国家税务总局珠海市香洲区税务局紧扣新时代全面推进依法
治税工作的新职责新要求，以习近平新时代中国特色社会主
义思想为指导，牢抓税务行政执法"三项制度"，树立法治
思维，强化执法质量意识，大力推进税务执法透明规范合法
公正，不断健全执法制度、完善规范机制，正确行使自由裁
量权，加强执法监督，全面提高税务执法效能，确保税务机
关依法履行法定职责，有效防范税务执法风险，切实维护行
政相对人合法权益，为推进税务法治化建设、进一步深化
"放管服"改革、优化税收营商环境、提升税收治理能力提
供有力的法治保障。

关键词：　税务法治化　"三项制度"　税收优惠

根据《中共中央关于全面推进依法治国若干重大问题的决定》《法治政
府建设实施纲要（2015～2020年）》《中央全面依法治国委员会办公室关于
开展法治政府建设示范创建活动的意见》《市县法治政府建设示范指标体系》
以及党中央、国务院关于法治政府建设的一系列重要文件，结合税务系统法

---

* 课题组负责人：何洁璐，国家税务总局珠海市香洲区税务局党委副书记、副局长。课题组成
员：黄锦霞、何鹏辉、谭玮琼、黄民赞、徐仪、张津碧。执笔人：张津碧，国家税务总局珠
海市香洲区税务局法制股一级行政执法员。

治建设工作实际以及新时期党中央、国务院和国家税务总局党委关于优化营商环境、深化"放管服"改革、落实减税降费、优化税务执法方式、严禁征收"过头税费"、完善内控机制等最新要求，全面推进依法治税，加快法治税务建设，区税务局紧紧围绕全面依法治税总目标，把法治税务建设作为推进全面依法治税的重要工作，构建示范引领、以点带面、整体推进的法治税务建设格局，为推动实现税收治理体系和治理能力现代化提供法治保障。

国家税务总局珠海市香洲区税务局（以下简称"区税务局"）以习近平新时代中国特色社会主义思想为指导，全面贯彻落实党的十九大和十九届二中、三中、四中、五中全会精神，切实发挥党建引领作用，确保党对法治税务建设的领导更加坚强有力，把落实减税降费政策措施作为增强"四个意识"、坚定"四个自信"、做到"两个维护"的重要检验，修订完善区税务局合同管理办法，多措并举确保"三项制度"扎实推进，加快税务法制人才培养，建立重大执法决定法制审核制度，研究解决重大问题，推进税收工作全面法治化。

一 香洲区税务局法治建设的现状

（一）持续贯彻理论学习，落实全面依法行政领导小组职能

区税务局党委认真履行法治建设第一责任人职责，切实发挥党委对法治税务建设的集中领导和统筹推进作用，加强对法治建设的统筹谋划、组织实施和督促检查。成立区税务局全面依法行政领导小组，每季度召开依法行政领导小组会议，听取有关工作汇报，及时研究解决重大问题，将依法治区工作纳入年度工作计划，对全局依法行政工作实施统一领导、统一部署，统筹推进法治税务建设重点任务。

区税务局深入开展学习习近平总书记全面依法治国新理念新思想新战略，坚持学法和用法相结合，理论与实践相结合，依法解决税费工作热点难点问题，持续深化全面依法行政实践。制定了《国家税务总局珠海市香洲

区税务局领导干部学法工作方案》，在各类会议前组织开展会前学法，促进区税务局领导干部学法的日常化、制度化和规范化，紧密结合实际，认真学习以宪法为核心的各项法律法规，提升运用法治思维和法治方式指导税收工作的能力水平。

（二）依法履行税收职能，服务发展大局

区税务局充分发挥税务部门职能作用，坚决落实各项税收优惠政策①，推行权力和责任清单（以下简称"权责清单"）制度，深化行政审批制度改革。坚持放管结合，落实国家税务总局取消税务证明事项及简化税务行政许可事项办理的要求。在取消证明材料、简化受理文书、提供代办转报服务、简化申请材料、实现咨询服务可预约、完善文书送达方式等方面减少纳税人向税务机关报送材料，进一步强化工作意识，更好地为市场主体增便利、添活力。

（三）推行税务三项制度，全力打造阳光税务、规范税务、法治税务

1. 以透明化为目标，建立阳光公示制度

区税务局持续优化税务部门职责体系和税务执法方式，深化"放管服"改革，改善税收营商环境，结合"最多跑一次"等工作要求，组织各部门梳理公示材料，在梳理的基础上确定欠税企业名单、行政处罚、纳税信用等级等公示事项，编制《国家税务总局珠海市香洲区税务局权力和责任清单》及各派出机构权责清单 8 份、权责清单各子项信息表共 1084 份，并通过执法公示平台对外予以公示。

对于需要长期公示、内容简练且相对固定的公示事项（如纳税人权利义务、执法服务窗口岗位信息），通过制作公示版面，在显眼位置张贴悬挂的方式进行公告，增添触摸屏设备及时更新涉税信息，派专人维护网站信

---

① 《国家税务总局关于充分发挥税收职能作用 助力打赢疫情防控阻击战若干措施的通知》（税总发〔2020〕14 号）。

息，公告税务事项办理所需材料及流程，方便纳税人及时了解涉税业务的办理要求，避免发生因材料不全、权责不清而导致的"来回跑、多头跑"情况，进一步保障纳税人知情权，有效减少涉税争议。

2. 以痕迹化为导向，打造全程记录模式

为全面落实国家税务总局《行政执法公示工作指引（试行）》等三项制度和《执法音像记录工作指引（试行）》的要求，区税务局补充配备执法记录仪，确保每个执法主体配备不少于 2 台，结合推行行政执法说明理由制度，对近期发生的实际案例进行全过程执法记录，对全程记录工作中出现的问题进行总结优化完善。同时，进一步规范文字记录，将税收执法文书作为全过程记录的基本形式。在办税服务厅各窗口配备智能同屏系统，纳税人通过"一机双屏"观看涉税业务办理过程。在全景监控基础上突出细节记录，通过点面结合的方式，实现办税服务场景全程记录。强化现场监督检查，随机抽调文字、图片、影音等资料进行翻阅检查，提高内部督察质效，对日常执法中暴露的问题立行纠正。此外，通过事后监督，及时督促、提醒、辅导相关人员在执法过程中对照《现场执法语言行为指引（试行）》流程进行事项办理，有效抑制随意执法、以税谋私等行为，着力打造"规范税务"，保护纳税人合法权益。

3. 以程序合法为原则，完善法制审核体系

区税务局持续推行公职律师、法律顾问咨询工作，每月开展 2 次"法律咨询日"活动，联合法律顾问多次研究税收问题，为行政强制执行决定提供法律意见，充分发挥公职律师和法律顾问为重大决策、重大行政行为提供法律意见的作用。细化法制审核工作流程，确保在作出重大税务执法决定前做好法制审核工作。

二　香洲区税务局法治建设的成效

（一）优化税务执法方式，改善营商环境

1. 细化行政裁量权幅度，保障个案公平

2019 年，国家税务总局广东省税务局修订《广东省税务系统规范税务

行政处罚裁量权实施办法》（国家税务总局广东省税务局公告 2019 年第 7 号）后，纳税人对罚款过重的系列问题反映强烈。为减轻纳税人负担，保障个案公正，区税务局从优化税务执法方式着手，深入推行权力和责任清单制度，进一步规范税务行政处罚裁量权，通过区税务局依法行政领导小组会议审议，统一关于逾期申报和丢失发票违法行为的行政处罚裁量事项，细化自由裁量幅度，确保执法公平公正。

2. 加强监督和内控，服务疫情防控

为深入贯彻落实习近平总书记在统筹推进新冠肺炎疫情防控和经济社会发展工作部署会议上的重要讲话，加强党对统筹推进疫情防控和经济社会发展工作的领导[①]，有力促进支持疫情防控和经济社会发展税费优惠政策落地，区税务局通过"税务系统内部控制监督平台"人工推送关于疫情防控税费政策和贯彻组织收入原则疑点数据核查，依托内控监督平台开展工作，组织开展关于现金税费征缴专项整治、支持疫情防控和经济社会发展税费优惠政策落实情况"回头看"等多项自查工作，利用大数据分析提取目标企业名单，将名单分配到岗到人，定向开展电话、微信辅导，动态掌握办税需求、提供远程个性化服务，有效发挥了税收服务疫情防控、助力复工复产的积极作用。

3. 优化服务措施，改善税收营商环境

为深入推进疫情防控，落实落细优惠政策落实要给力、"非接触式"办税要添力、数据服务大局要尽力、疫情防控工作要加力的"四力"要求[②]，区税务局积极优化纳税服务措施，推广电子税务局应用，拓展网上办税和"一次不用跑办税"范围，在疫情期间大力推动"非接触式"办税，其中包括"非预约不办理""预约审核""V－Tax 远程可视化非接触式办税"，以及"四预"办税等。持续开展政策宣传，定期推送热点政策给相关企业，

[①] 摘自 2020 年 2 月 23 日中共中央总书记、国家主席、中央军委主席习近平在统筹推进新冠肺炎疫情防控和经济社会发展工作部署会议上的讲话。

[②] 摘自 2020 年 2 月 20 日国家税务总局党委书记、局长王军在召开总局党委（扩大）会议上的讲话。

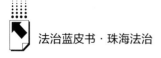
发送税费优惠政策宣传辅导短信 211889 户次，其中关于"非接触式"办税短信 12009 户次。

（二）深入落实减税降费，助力企业复工复产

区税务局坚决落实支持疫情防控的税收优惠政策，扛牢落实支持疫情防控税收政策的政治责任，为政策落实保驾护航。

在税收方面，一是利用金税三期系统数据提取享受免征增值税的公共交通运输服务、生活服务，以及快递收派服务的企业名单，通过短信、微信群等方式，全面推送免征增值税政策给纳税人。针对申报缴纳过增值税的 1018 户企业，通过电话逐户辅导纳税人正确地开票和申报。二是利用大数据提取税收申报疑点数据查漏补缺，如生活服务业增值税免税政策实施后，对可能符合相关免税条件但未申报免税的纳税人，通过对纳税人开票及申报数据的分析，共提取申报疑点数据 18 户，逐户电话沟通，避免纳税人因未掌握政策或申报不正确导致未能申报免税。对于部分住宿业纳税人，由于客户要求必须提供专票的，辅导纳税人按项目放弃免税，以最大化地享受免税政策。三是利用电子底账系统提取企业发票数据，对 2020 年 3 月 1 日后自开 3% 征收率发票的纳税人 37 户，逐户开展电话宣传、政策辅导。对税务机关代开 3% 征收率的发票 434 份，共 178 户纳税人进行了全面检查，确保开票无误，政策落实到位。四是做好发票供应，梳理出无法一次领用到当月发票最高购票数量的企业名单 544 户，对于符合条件的，即刻调整每次最高购票数量，满足企业需求。五是做好定期定额个体工商户核定调整工作。充分考虑疫情影响、政策调整并结合复工复产情况，做好适用定期定额征收的个体工商户的定额核定指导工作，并且对 2020 年已完成的定额核定进行合理调整，确保定期定额户申报和扣款工作顺利完成。对 27270 户受疫情影响的定期定额户合理调整了核定经营额，对 27270 户信息的准确性进行了检查、认定和核定，为税收优惠政策的落实做好准备。六是主动对接相关部门，保障税收优惠政策落实。对辖区内参与防疫抗疫的 7 家发热门诊重点医院，做好专门点对点政策和问需辅导，统计和归集 5 家医院 2710 人次合计

520.33 万元临时性工作补助和奖金，做好第九类重点服务人群的数据准备工作和政策宣传服务工作。

在落实社保费方面，市区税务局建立"战疫服务直通车"机制，通过领导班子走访珠海某生物技术有限公司、珠海市某机械科技有限公司、珠海市某药业股份有限公司等重点企业，了解企业生产能力及其需求，实地解决企业涉税问题，点对点为企业提供服务。实行该机制以来，区税务局累计完成 312953 条企业社保划型数据核查①，均按照按类享受政策减免的原则进行减免，并通过短信、微信、电话、通知书等线上线下多种形式告知用人单位享受政策优惠类型。同时，完成已征收社保费款退费工作，对上级下发的共六批次、涉及约 2 万户企业、共 6658 万元的退费数据进行核查，逐一核查企业退费的账号、账户、金额、划型等信息，成立阶段性减免社保费工作专班，专门统筹安排社保费的优惠落实工作。珠海市税务局直接对接珠海市人力资源和社会保障局，采用"免填单、免申请、直接退费"快捷便民形式快速退费，让缴费人在"无感"中收到社保退费，让企业感受到来自阶段性社保降费政策的支持，切实助力缴费单位复工复产。

（三）建设高素质专业化干部队伍，增强税收法治观念

为持续加强税务执法队伍建设，提高税务执法水平，推进全面依法行政，区税务局严格落实行政机关工作人员学法用法制度和"谁执法谁普法"责任制，将法律学习纳入年度全员综合素质培训，持续开展依法行政系列课程，通过开展线上学习、线上测试、年度全员培训学习等，将学习"宪法和公共法""党章党规党纪""旁听庭审"作为所有学员的必修课，全面提升税务人员的法律素养。有序组织新入职公务员参加执法资格考试，鼓励税务干部考取法律职业资格，组织税务行政诉讼、行政复议、税收执法风险防范等专题培训。为了强化法律人才队伍正规化、专业化建设，区税务局对所发生的税收法律问题不定期组织业务研讨会，为区税务局拟作出的执法决定

---

① 以上数据统计至 2020 年底。

提供专业法律意见；选派法律专业人才到珠海市金湾区人民法院行政审判庭开展跟班实习，熟悉行政诉讼庭审过程；参加税务系统稽查局"803专案"的法律文书审核，以战代练，持续提升执法水平，打造一支高素质的法律服务队伍。

（四）深入开展税务普法宣传，加强税务法治文化建设

为了有效增强税收宣传的感染力和有效性，引导提高税法遵从度，区税务局紧扣税收中心工作实际，结合每年4月的税收宣传月，加强税法进校园宣传工作，向不同学生群体定制不同税法宣传活动，针对暨南大学学生开展"创业腾飞 税收助力"税法宣传活动；针对九洲中学学生利用税务智能服务机器人"贝贝"创新宣传方式，以生动有趣的形式在孩子们的心中种下依法治税的种子，获得师生点赞。为了持续深化税收宣传效果，区税务局与教育部门建立了税法宣传长效常态机制。区税务局持续围绕税收中心工作，开展相关普法宣传，通过送春联惠民活动穿插与市民息息相关的个人所得税税法宣传；在人流量较大的儿童妇女活动中心、汇优城、家装博览会、香洲汽车总站等场所设置摊位宣传税法知识；利用周末时间开放智能办税厅吸引青少年到厅参观和听讲税法知识。同时，设计流动税法宣传展板在海滨公园、狮山文化活动中心等地进行普法，切实做到用法治思维推动各项税收事业的有效开展。

三 展望

近年来区税务局切实履行推进法治建设职责，坚持学法守法用法，统一部署推进税务法治建设工作，严格规范公正文明执法，加强和完善内控监督制度。但在法治建设领域仍存在一定问题，主要是法治意识法治观念仍需增强。一是法治教育形式单一，对外交流学习少，法治思维的创新力不足；二是对纳税人教育培训不足，对纳税人合理行使诉讼权利的宣传不到位；三是业务水平有待提高，因执法力量不足，集中学习重点多为税收知识、财务知识，忽略了对法律知识的掌握，未能引导个别税务人员正确行使依法治税的

权利。

今后，区税务局将持续深入学习习近平总书记全面依法治国新理念新思想新战略，切实履行推进依法治区工作职责，统筹协调推进法治建设工作。

第一，加强"三项制度"建设，持续完善全面推行税务行政执法公示制度、行政执法全过程记录制度、重大执法决定法制审核制度，稳步推动行政执法工作规范化、制度化；坚持稳中求进、科学规范、优化创新、统筹协调、便利高效的原则，坚持"三项制度"与规范化标准化一体化建设协同推进，使税务执法信息公示制度机制不断健全，执法行为过程信息全程记载、重大执法决定法制审核全面覆盖、法制审核队伍普遍加强；全面实现执法信息公开透明、执法全过程可回溯管理、执法决定合法有效，行政自由裁量权得到有效约束，税务执法能力和水平大幅提升，税务执法社会满意度显著提高①。

第二，加快法律人才培养，加强税务法治队伍建设，促进区税务局依法行政，保障和监督税务机关有效履行职责，维护纳税人合法权益，提升法治税务建设水平。发挥区税务局公职律师的作用，配齐配强法制线条干部，推进法制队伍正规化、专业化、职业化建设，建立区税务局内部法律顾问、公职律师统筹使用机制和法律人才的学习交流机制，实现法律专业人才的资源共享。

第三，深入落实减税降费优惠政策，持续优化营商环境，结合税务中心工作，优化政策落实工作机制，加大辅导解读力度，紧密结合学习与运用法律解决实际问题，不断提升基层法治水平。自觉将思想和行动同税务总局党委决策部署相统一，将其作为查找工作短板弱项、巩固自查整改成果、提高税费优惠政策落实工作质效的重要举措，有力促进支持疫情防控和经济社会发展税费优惠政策扎实落地，充分发挥税收服务疫情防控、助力复工复产的积极作用，确保各项减税降费政策不折不扣落实到位，助力营商环境再优化。

---

① 摘自《国家税务总局广东省税务局关于印发〈优化税务执法方式　全面推行"三项制度"工作方案〉的通知》（粤税发〔2019〕103号）。

B.7
斗门区疫情防控下检察机关助力
法治化营商环境的实践与探索

珠海市斗门区人民检察院课题组*

摘　要：　助力优化法治化营商环境是检察机关的职责所在。面对新冠肺炎疫情带来的新挑战，检察机关必须充分发挥检察职能，主动服务保障"六稳""六保"工作，为企业发展提供更加优质高效、便利的司法保障。本文以珠海市斗门区人民检察院在疫情防控下助力法治化营商环境的实践为切入点，探索检察机关在粤港澳大湾区建设过程中，从发挥刑事与公益诉讼检察职能、强化法律监督、参与社会治理等方面助力营造公开公平公正的法治化营商环境。

关键词：　疫情防控　检察职能　营商环境　法律监督　公益诉讼

一　前言

　　营商环境是衡量经济发展活力的重要指标，是经济社会发展前进的重要基础条件。当前抗疫、稳经济、保民生任务叠加，检察机关对于维护法治化营商环境有不可替代的作用，最高人民检察院也强调，"要充分认识到平等保护民营经济在保障经济社会发展中的重大意义，把平等保护落实到'四

---

　　* 课题组负责人：韩树军，珠海市斗门区人民检察院检察长。课题组成员：王非、朱德林、蔡涌杰。执笔人：朱德林，珠海市斗门区人民检察院检察官助理。

大检察'中，健全支持民营经济发展的法治环境"。

检察机关作为国家法律监督机关，负有保障中国特色社会主义建设顺利进行的神圣职责。同时，检察机关作为公共利益的代表，在履行职责中发现破坏生态环境和资源保护、食品药品安全领域侵害众多消费者合法权益等损害社会公共利益的行为的，可以向人民法院提起公益诉讼。助力优化法治化营商环境既是检察机关的重要职责，也符合检察职能的内在逻辑，更是新时期检察工作的目标要求。落实到具体检察实践中，就是要聚焦全面建设社会主义现代化国家，积极融入、主动作为，服务保障"六稳""六保"，在助力法治化营商环境、激发市场主体活力过程中，努力把疫情对经济社会发展的影响降到最低，促进国家治理体系和治理能力现代化，为经济社会高质量发展提供有力的司法保障。

二　多措并举，在疫情防控下助力优化法治化营商环境

在新冠肺炎疫情防控总体战、阻击战中，珠海市斗门区人民检察院（以下简称"斗门检察院"）主动服务疫情防控大局，精准聚焦斗门经济社会发展大局，在依法战"疫"中守初心、担使命，扎实做好"六稳"工作，落实"六保"任务，努力在检察服务保障举措上做深做实做细，为社会各界有效开展疫情防控、优化法治化营商环境贡献了检察力量。

（一）全面履行刑事检察职能，依法保障平安稳定的市场环境

第一，依法高效打击涉疫犯罪，有力维护市场秩序。为妥善处理防疫期间刑事案件办理工作，充分保障疫情防控下的办案效果和办案安全，斗门检察院密切关注涉疫案件进展，及时批准逮捕"销售假口罩""借疫情诈骗"等涉疫刑事犯罪 7 件 7 人、起诉 7 件 11 人[①]。在办理一宗借卖口罩之名实施

[①]　本文数据统计时间均为 2020 年 1 月 1 日至 12 月 31 日。以下同。

网络诈骗案中，斗门检察院通过提前介入，有效引导公安机关调查取证，于公安机关提请批准逮捕当日作出批准逮捕决定；在依法告知诉讼权利义务后，犯罪嫌疑人自愿签署认罪认罚具结书，并同意适用速裁程序，斗门检察院于公安机关移送审查起诉的第 2 日向法院提起公诉；斗门区法院于收到起诉后的第 3 日适用速裁程序以远程直播方式当庭宣判，被告人当庭认罪服罚。该案从公安机关提请批准逮捕到法院判决，历时仅 9 天，及时有效打击震慑了涉疫犯罪，在疫情防控中彰显了检察担当。

第二，依法从严打击涉企犯罪，维护企业合法权益。为维护良好疫情防控秩序，斗门检察院积极作为，从严打击妨害疫情防控犯罪，在批准逮捕、提起公诉和审判阶段都发挥了应有作用。从严惩治破坏社会主义市场经济秩序类犯罪，批捕非法吸收公众存款、妨害信用卡管理等金融诈骗类犯罪 21 人，起诉 19 人；批捕合同诈骗、串通投标等扰乱市场秩序类犯罪 12 人，起诉 11 人。尤其是办理了曾某某集资诈骗案等一批具有较大社会影响的涉众型经济犯罪案件。曾某某集资诈骗案涉及 12 名被害人，被诈骗金额合计1133 万余元，该案的成功办理有力地发挥了震慑作用，净化了营商环境。

第三，依法推进扫黑除恶专项斗争，不断深化斗争成果。坚决彻底推进"六清"行动，深入谋划"六建"工作，推动扫黑除恶常态化。批捕涉恶案件 1 件 1 人，起诉涉恶案件 3 件 10 人，办理了欧某某等 10 人组织/强迫卖淫、强奸、非法拘禁、故意毁坏财物、寻衅滋事、引诱他人吸毒的恶势力团伙系列案。深化源头治理，以黑恶势力案件背后的动态管控、行业监管、基层建设等突出问题为导向，向相关部门制发检察建议 17 件，助推社会综合长效治理，有效维护社会秩序和法治秩序。

第四，依法落实"少捕慎诉慎押"理念，助力企业健康发展。斗门检察院坚持打击涉疫犯罪和保障经济建设"两手抓"，坚持依法保障企业权益与促进守法合规经营并重，贯彻落实"能不捕的不捕、能不诉的不诉、能不判实刑的就提出适用缓刑建议"的司法政策，释放最大司法善意，对民营企业涉罪案件决定不起诉 9 人。认真开展对民营企业家及相关人员采取羁押措施的必要性审查，通过"每案必审查"机制，对符合条件的 6 人及时变更强制措施。在办理某贸易有限公司涉嫌污染环境罪一案中,通过开展羁押必要性审查,在综合考虑该公司法定代表人谭某某供述、认罪悔罪态度、退赔表现以及涉案公司经营情况后,依法建议公安机关对谭某某变更强制措施为取保候审,基于法治原则最大限度地减少了司法活动对涉案民营企业正常生产经营活动的影响,保障了企业家的合法权益,充分彰显了司法为民的理念追求。

第五,推进信息化建设,促进检察业务与科技深度融合。疫情期间,看守所等办案场所处于严格防控状态,提审、开庭等诉讼活动受到较大影响,甚至因此无法正常开展。对此,斗门检察院积极探索,着力加大信息化应用力度,确保办案与防控两手抓、两不误。一是充分利用检察机关统一业务应用系统。采用该系统移送、流转内部办案部门案件,通过信息共享、监督联动,及时梳理涉疫情案件线索,并移送相应办案部门和人员办理。二是充分利用刑事智能辅助办案系统。用好用足检答网信息共享平台,以问题为导向,促进自主学习与互助交流;上线运行"小包公"智能断案系统,实现智能精准预测量刑,进一步提高量刑建议的精准度。三是推进构建"三远一网"系统。制定实施《斗门区人民检察院远程庭审工作方案和暂行规定(试行)》,以远程庭审模式出庭支持公诉。在办理一宗诈骗案过程中,被告人不在本市,为减少人员聚集,同时不延误案件审理,在充分征询当事人意见后,通过手机"云上法庭"实现远程庭审。在庭审过程中,控、辩、审"三方"异地同步视频连接,隔空对话,公诉人通过远程庭审系统宣读起诉书、举证质证、发表公诉意见,法院当庭作出宣判,实现了法律效果、政治效果、社会效果的有机统一。

第六,依法深化改革,切实提升办案质效。一是扎实推进认罪认罚从宽制度落实,坚持"可用尽用",强化权利保障,主动与司法行政部门沟通,实现值班律师派驻全覆盖,累计提供法律援助704人次,适用认罪认罚从轻制度办理案件583件884人,2020年认罪认罚适用率为90.95%,同比上升了63.14个百分点;推动量刑建议的精准化,加强良性互动,与区法院签署《关于认罪认罚案件推进精准量刑 建立快诉快审机制的工作协议》,确定量刑建议占提出量刑建议比例为70.30%，同比上升52.23个百分点，更好地基于法治原则保障了企业家的诉讼权利。二是下大力气降低"案—件比"①。建立以"案—件比"为核心的案件质量评价体系。2020年以来"案—件比"为1∶2.9，"件"同比下降0.55，累计减少了371个司法环节，切实节约了司法资源，减轻了当事人讼累。三是创新速裁"四个集中"办案模式，即由公安机关集中移送审查起诉、检察院集中做好认罪认罚并提起公诉、法院集中开庭审理。适用该模式以来，办理危险驾驶类速裁案件82人，办案期限缩短为7天，一审服判率100%，确保了涉企案件办理提速不降质。

（二）全面强化法律监督，切实捍卫公平正义的司法环境

第一，强化涉企案件立案监督，为民营企业保驾护航。斗门检察院充分发挥"两法衔接"平台信息化优势，切实加强行政执法与刑事司法衔接工作，2020年通过平台动态跟踪监督案件223件，重点摸排涉企案件有案不移、有案不立、以罚代刑的线索，向行政机关发出"建议移送涉嫌犯罪案件函"5份，针对社会广泛关注的白藤二路"9·11"燃爆事故，及时发函建议行政机关移送该涉嫌犯罪案件，严守企业生产安全底线。同时，善于运用自行补充侦查。在办理某建筑劳务公司涉嫌拒不支付劳动报酬案中，通过自行补充侦查，依据全案证据情况综合分析研判，依法认定不应当追究该公司刑事责任，并及时通过立案监督程序，监督公安机关撤案，保障了涉案一年多企业的合法权益。

第二，积极开展民事法律监督，引导民营企业依法维权和诚信公正。一方面，加强民事执行监督，以妥善解决涉民营企业纠纷为目标，切实贯彻双赢多赢共赢的监督理念。在办理一起涉企民间借贷的民事申诉案中，申诉人

---

① "案—件比"：最高人民检察院提出的办案质量评价指标，可直观反映检察机关办理刑事案件的质量效率效果。"案"指当事人涉及的司法案件；"件"指检察机关对"案"进行各种审查办理活动所对应的程序节点，每一个程序节点为一"件"，故在诉讼过程中会形成若干个"件"。"案—件比"越低，说明案件经过的程序越多，办案周期越长。

尚未穷尽法院救济途径,不符合受理条件,但斗门检察院并未简单终结审查,而是多次与执行法院沟通了解详细案情,由检察长带头接访进行释法说理,并提出维权建议,得到了申诉人的充分肯定与认可。另一方面,加大对虚假诉讼案件的监督力度。依托专项监督活动,对发现的民间借贷纠纷涉嫌虚假诉讼线索依法受理立案,有效遏制其增长势头。同时,就办案中发现的倾向性、趋势性问题,及时与相关职能部门沟通协调,合力堵塞管理漏洞。

第三,深化推进财产刑执行监督,促进执行活动合法、公正、规范。深入开展"规范司法行为、优化营商环境"专项行动,斗门检察院着力解决执法不严、不公、不廉和滥用强制措施、违法查封、扣押、冻结处理涉案财物,以及关系案、人情案、金钱案等突出问题,严防越权办案、插手经济纠纷、对企业"吃拿卡要"行为,严禁以司法办案为名干预企业正常生产经营活动,提升司法办案规范化水平。同时,严格掌握法律政策界限。斗门检察院依法区分个人财产与企业法人财产,依法妥善处理历史形成的产权纠纷案件,严格区分经济纠纷与经济犯罪的界限。

第四,跟踪督办涉民企"挂案",真正让企业放手发展。斗门检察院深入开展"民营企业涉嫌犯罪案件'挂案'清理"专项活动,通过前移监督防范关口,向辖区 11 个公安派出所派驻侦查监督工作室,共清理发现"挂案"4 件。以"摸清底数、消灭存量、遏制增量"为目标,通过公安机关警综平台,对既不依法推进诉讼程序又不及时依法撤销案件的"挂案"实现精准监督;健全完善长效工作机制,巩固专项工作成果,防止新的"挂案"出现,体现了检察机关对疫情防控形势的准确把握和对刑事政策的灵活运用。

(三)全面履行公益诉讼检察职能,持续守护绿色健康的宜业环境

斗门检察院牢固树立服务疫情防控大局、服务地区经济社会发展的理念,斗门检察院积极稳妥推进公益诉讼工作,2020 年办理公益诉讼案件 47 件,同比上升 62.07%。坚持把诉前实现维护公益目的作为最佳司法状态,

发出诉前检察建议 5 份,召开诉前磋商会议 11 次,以最小的司法投入获得最佳社会效果。

第一,依法开展对生产、销售不符合标准的口罩等防护用品的公益诉讼。疫情期间,防疫用品短缺、群众需求骤增,一些不法商家为一己私利,非法生产、销售"问题口罩"。对此,斗门检察院充分履行职能,坚决捍卫人民群众防疫抗毒的"生命线"。在办理一宗本市某医药有限公司销售假冒伪劣一次性口罩案件过程中,适用诉前磋商会议机制,与区市场监督管理局就违法行为处置、消费者权益保护达成共识。区市场监督管理局依法对该公司处以罚款并没收违法所得,责令其在报纸等媒体和销售门店公告召回假冒伪劣口罩,并依据检察建议加大整治查处力度,深化监管治理效果。通过诉前磋商,检察机关与行政机关形成了公益保护合力,有力推动行政监管的长效化、制度化和销售市场的规范化、有序化,切实回应群众诉求,坚决捍卫群众利益。

第二,依法开展源头防控,积极稳妥探索拓展野生动物保护领域的公益诉讼。斗门检察院结合公益诉讼检察职能,严惩非法捕猎国家保护的野生动物的行为。在办理珠海市首例野生动物保护领域刑事附带民事公益诉讼——许某某非法出售珍贵、濒危野生动物制品案中,查获的 3 只"毛鸡"死体和 4 只猫头鹰死体均为国家二级重点保护珍贵、濒危野生动物,涉案总价值67500 元。斗门检察院在依法追究许某某刑事责任的同时,以"公益诉讼起诉人"身份要求许某某依法承担赔偿损失、公开赔礼道歉的民事责任,获得法院支持。通过持续跟进判决履行情况,被告人许某某已全部缴纳生态损害赔偿款 72600 元,并在《珠海特区报》就其行为向社会公众赔礼道歉。该案邀请了人大代表、政协委员和相关单位工作人员全程观摩庭审,并按照"一案一宣传"工作机制,借助电视广播、"两微一端"等宣传渠道,充分发挥典型案例的引领示范作用,达到"办理一案、教育一片、惠及一方"的良好效果,助力革除滥食野生动物陋习,减少和遏制野生动物保护领域的违法犯罪现象发生。

第三,依法开展"保护千家万户舌尖上的安全"公益诉讼专项活动。

斗门检察院加强与行政机关的沟通协作，依据与斗门区市场监督管理局会签的《关于在办理食药领域公益诉讼案件加强协作配合的实施意见》、与斗门区教育局等3个部门会签的《关于开展校园及周边食品安全专项整治活动方案》，斗门区检察院逐步完善全区公益保护协作体系，形成齐抓共管的治理格局。加强疫情期间餐饮聚集区、农贸批发市场等区域的排查，对部分经营户销售的水产品（贝壳类）存在严重食品安全隐患问题，及时精准制发检察建议，确保疫情期间人民群众"舌尖上的安全"。

（四）全面深化社会治理，着力维护和谐有序的社会环境

第一，发挥检察建议作用，助推规范管理。积极发挥检察建议在社会治理中的重要作用，针对涉及不同对象、场所、领域监管中的管理漏洞，斗门区检察院发出检察建议32份，相关单位均予以采纳且在法定期限内整改完成。在办理某卫浴用品公司被盗案中，针对公司存在的管理漏洞，斗门区检察院主动帮助企业做好法律风险防控，提出了完善监控设施、健全出入库物资账册管理、严格监督审查的检察建议，有效减少和防止类似被盗事件的发生，进一步提高了企业竞争力。

第二，加强沟通协作，形成有效合力。一方面，斗门区检察院强化检察内部协作，推进实施《珠海市斗门区人民检察院关于加强公益诉讼工作内部协作的规定（试行）》，完善检察办案一体化机制；牢固树立"人人都是宣传主体、处处都是宣传阵地"的检察宣传理念，及时把检察工作成果转化为生动的宣传素材，构建部门联动的大宣传格局。另一方面，充分利用检察机关法律监督优势和工商联密切联系民营企业的优势，凝聚服务民营经济合力。深入落实与斗门区工商联会签的《关于建立健全检察机关与工商联沟通机制的实施办法》，积极推动健全涉民营企业专项工作机制、优化工商界民主监督参与机制、强化涉民营企业法治宣传教育等6项工作措施，实现信息共享、优势互补、工作协同。积极开展"检企共建"活动，定期为中铁建等相关单位开展预防职务犯罪讲座、提供法律业务咨询，为企业营造"干事干净"的廉洁氛围。

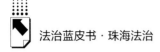

第三，对接企业需求，加强助企服务。疫情期间，斗门区检察院实地走访调研，重点检查企业厂区防疫措施、防疫物资配备、人员管控等情况，斗门区检察院及时向企业赠送一批口罩，有效缓解了企业的"燃眉之急"。做好法律风险提示，斗门区检察院编印《疫情防控复工复产法律服务册》，其中涉及法律风险提示点 25 个，引用典型案例 19 个，共向区工商联赠送法律服务册 7000 余份，为企业复工复产提供法治参考。斗门区检察院积极开展社会治理调研，针对疫情防控核查过程中发现的出租房管理问题，撰写《关于出租房管理问题的调研报告》，为完善出租房管理提供依据和参考。

第四，开启"线上"模式，优化服务供给。斗门区检察院运用视频接访系统、12309 检察服务热线等渠道，为企业提供 24 小时优质、便捷、高效的控告、举报和申诉法律服务。充分发挥"两微一端"新媒体平台作用，引导企业通过"斗门检察"微信服务号、"12309 中国检察网"等检察服务平台，在线咨询法律问题、反映案件情况或预约办理诉讼业务，确保"一键"提交诉求即可顺利获得检察服务。通过上线"斗门政企直通车"视频连线活动，向企业介绍检察机关开展涉企法律服务的相关举措，助力企业复工复产驶入"快车道"。

第五，深化"阳光检务"，铸造检察公信力。斗门区检察院邀请人大代表、政协委员、工商联和民营企业家代表等社会各界人士共计 183 人次参加"检察护航民企发展"等检察开放日、视察检察工作、观摩司法庭审等活动。通过贯彻落实公开听证制度，把不起诉权置于"阳光"之下，对 5 件拟不起诉案件举行公开审查听证会，让公平正义看得见摸得着。在办理卢某某信用卡诈骗案中，人大代表、政协委员、人民监督员在了解卢某某透支信用卡用于生产经营活动，其已向银行还清所欠钱款，且自愿签署认罪认罚具结书后，一致同意作出不起诉决定，助力企业重焕生机。

三　检察机关助力法治化营商环境面临的问题

斗门区检察院忠诚履职，全力以赴抗击疫情，服务保障斗门区经济社会高质量发展，切实为优化法治化营商环境贡献了检察力量。但是，在具体工作中仍存在一些普遍性问题亟待解决。

一是适应新时代新要求，立足职能服务保障法治化营商环境的切入点和着力点还不够精准，开拓创新的举措还不够丰富，内部统筹与外部协作机制仍需进一步完善。

二是与促进经济社会高质量发展的要求相比，司法理念的更新、落实还有不少差距，刑事诉讼程序上的司法关怀仍显不足，服务保障的主动性、及时性还需增强。

三是法律监督职能发挥还不够充分，在监督中实现双赢多赢共赢的办法还不够多，监督精准性仍要加强。监督体系仍需完善，行政、民事监督稍显薄弱。

四是司法办案质效水平有待进一步提升。在专业化队伍能力建设方面，金融经济类核心办案团队、业务能手培养培育还不够。在全面深化检察改革方面，涉企案件的认罪认罚从宽制度适用率仍需提高，优化"案—件比"的措施还需加强。

四　未来发展方向

在疫情防控进入常态化形势下，为持续优化法治化营商环境，助推地方经济社会高质量发展，斗门检察院将从以下几个方面探索完善。

第一，强化制度保障。通过完善刑事、民事、控申等部门间的信息共享、分工配合，以"全院一盘棋"的格局做好线索移送、司法救助、两项监督、法治宣传等工作；发挥派驻检察室地理优势，探索建立专人网格化分片包干制度，着力填补镇街企业服务空白点。加强外部协作，与区工商联常态化开展沟通联络、联席会议、案件通报、法律普及等工作；与区法院探索建立健全民营企业的产权保护、失信联合惩戒和财产处置机制；助力相关行政部门探索建立企业信用评价体系。

第二，更新司法理念。精准把握检察机关在服务民营经济发展中的地位和作用，坚持"谦抑、审慎、善意"的司法理念。转变办案理念，由传统"坐堂办案""阅卷办案"的工作模式转变为注重实地调研、现场考察，实现精准监督。转变服务理念，由坐等企业上门求需求计转变为主动进门问需送法。转变监督理念，由被动接受监督转变为主动接受监督，充分保障律师执业权利，认真听取律师意见；主动邀请人大代表、政协委员、企业代表等社会各界人士开展检察业务流程监督。

第三，完善监督体系。强化行政执法监督。一方面，持续挖掘"两法衔接"制度与平台优势，及时监督行政机关依法移送涉嫌犯罪案件；另一方面，以检察建议助推法治化营商环境建设。通过强化释法说理、公开宣告送达、全面落实"回头看"等机制，着力提升检察建议刚性。强化侦查活动监督，健全派驻侦查监督工作室的信息获取、执法抽查、会商引导、跟踪反馈等工作机制，前移防范关口，实现源头监督；以立案监督、侦查活动监督和引导侦查取证为重点，深化流程监督；以定期召开联席会议、组织专题培训，促进规范执法，提升刑事案件办案质量，构建新型检警关系，形成长效监督。强化审判与执行监督，积极、稳妥办理涉企债务纠纷、股权分配、劳动争议等类型案件，对执行违法、侵害民营企业合法权益的，依法提出纠正意见或检察建议。

第四，提升办案质效。加强经济、金融类业务人才培养，积极打造专业化办案组和精英化检察团队，实现涉企案件专业办理。建立民营企业法律服务"绿色通道"，实现涉企控告申诉案件优先受理。扎实推进认罪认罚从宽制度，不断提高诉讼效率和公信力；下大力气降低"案—件比"，积极适用简易、速裁程序实现速办速结，实现涉企案件高效办理。推进涉企案件公开听证，以公开审查的方式，邀请人大代表、政协委员等参加评议，让当事人了解案件的办案过程、事实证据、适用法律，实现涉企案件公正办理。针对办案中发现的企业管理漏洞、法律风险，及时制发风险提醒函、检察建议；开展企业家座谈会、法律宣讲、检察开放日等活动，扎实做好办案"后半篇文章"，实现涉企案件办理。

B.8
横琴新区法院优化法治化营商
环境的实践与探索

珠海横琴新区人民法院课题组*

摘　要：　良好的法治化营商环境，对一个区域的发展具有重要意义。珠海横琴新区人民法院紧紧围绕横琴自贸区发展大局，立足司法职能，坚持问题导向，在审判权力运行机制、多元化纠纷解决机制方面持续深化改革创新，积极运用法治思维和法治方式加强自贸区审判研究，努力营造稳定公平透明、可预期的法治化营商环境，为横琴自贸区高质量发展提供强有力的司法保障。

关键词：　优化营商环境　横琴自贸区　横琴新区法院　多元解纷

　　营商环境是经济社会发展的重要基础，是一个区域核心竞争力的重要体现。良好的营商环境，不仅有利于激发市场主体活力、创造竞争新优势，而且有利于吸引外资、提升对外开放水平。习近平总书记强调，法治是最好的营商环境，做好改革发展稳定各项工作离不开法治，改革开放越深入越要强调法治①。因此，良好的法治环境对一个区域发展起着至关重要的作用。

＊　课题组负责人：陈晓军，珠海横琴新区人民法院党组书记、院长。课题组成员：李宇苑、邝鹏、胡冬梅、梁诗韵。执笔人：李宇苑，珠海横琴新区人民法院审判管理办公室主任；邝鹏，珠海横琴新区人民法院一级法官；胡冬梅，珠海横琴新区人民法院审判管理办公室副主任；梁诗韵，珠海横琴新区人民法院审判管理办公室职员。
①　习近平总书记在中央全面依法治国委员会第二次会议上发表的重要讲话。

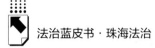

近年来，随着自贸区建设在我国的稳步推进，改善投资市场环境，营造稳定公平透明、可预期的法治化营商环境成为自贸区司法工作的服务和保障目标。珠海横琴新区人民法院（以下简称"横琴新区法院"）紧紧围绕新时代横琴自贸区发展大局，积极适应发展新常态、新特点，立足司法职能，坚持问题导向，强化制度保障，加强审判研究，以法治思维和法治方式推动营商环境不断优化，为横琴自贸区高质量发展提供强有力的司法保障。

一 加强制度保障，持续推出优化营商环境有力举措

（一）完善审判权力运行体系，健全审判监督管理机制

公正司法是法治化营商环境的核心要义。健全完善审判权力运行体系，构建权责明晰、权责统一的审判权运行机制，提升司法裁判的可预见性，是公正司法的重要根基。横琴新区法院积极推进落实司法责任制改革，致力于加强审判机制建设，不断提高司法能力、树立司法公信力，以实体公正与程序公正助力营商环境优化。

1.加强审判监督管理

横琴新区法院进一步加强审判工作标准化、规范化建设，不断完善审判监督管理方式。一是认真梳理法官审判职责范围，全面落实司法责任制。起草"珠海横琴新区人民法院法官职责清单""珠海横琴新区人民法院执行员职责清单""珠海横琴新区人民法院审判团队法官助理与书记员职责清单""珠海横琴新区人民法院执行局执行助理与书记员职责清单"，细化落实法官、执行员和辅助人员在案件办理、审判管理、审判监督等工作中的具体职责范围，确保审判人员在诉讼活动的各个环节履责有据、行权有度。二是完善"四类案件"识别监管，规范审判监督管理。出台《珠海横琴新区人民法院"四类案件"监督管理办法（试行）》，明确"四类案件"的具体范围、监督主体、识别机制等，确保精准识别、快速启动、全程留痕、有效追

责，实现充分放权与有效监管的有机统一。三是加强案件质量监督，开展涉民营企业案件评查，以点带面，促进规范办案，确保案件质量，为民营企业改革发展保驾护航。在前期建立违法审判责任追究机制的基础上，进一步加强法官履职保障，制定《珠海横琴新区人民法院法官权益保障委员会工作规程》，促进法官依法履职、公正司法，维护司法权威。四是强化审判监督管理智能化建设，建成"同案类推系统"，为法官进行类案与关联案件检索提供平台，促进法律适用统一，防止同案不同判。

2. 深化司法公开机制

横琴新区法院充分利用中国庭审公开网、中国裁判文书网、横琴新区法院门户网站、微信服务号等平台，不断加强司法公开机制建设。一是大力推进审判流程公开、裁判文书上网、执行信息公开和庭审网络直播四大平台建设，以公开促公正。强化案件信息化管理，规范办案流程，注重提升案件信息录入的完整性和准确性，确保审判执行工作全程留痕、全程公开、全程监督。落实网上庭审直播常态化，制定庭审直播任务安排，其中，梁某莹诉恒某公司案件的庭审被评为全省法院"百个优秀庭审"。制定《珠海横琴新区人民法院裁判文书公开实施办法》，加大裁判文书上网督促力度，推进文书上网常态化，定期检查并通报裁判文书上网率，安装文书纠错软件，落实上网文书低级错误筛查，确保文书公开的规范化，保障司法权威。2020 年，审判流程信息有效公开 1670 件，执行信息公开 2965 条，裁判文书上网 3642件，举行网络庭审直播 754 场，切实以司法公开促进司法责任全面落实。二是升级诉讼服务中心配置，打造开放透明的司法服务窗口。在诉讼服务中心配置司法公开查询平台和多媒体集中发布系统，全面展示法院文化、服务宗旨、审判公开信息等内容。司法公开查询平台为来访群众提供案件查询、开庭公告、诉讼须知等自助查询服务，多媒体集中发布系统实时展示当前收结案数据、开庭情况、来访数量等信息，构建开放、动态、透明、便民的阳光司法机制。在微信平台开通"珠海横琴新区人民法院服务号"，设置"司法公开""诉讼服务""法院导航"等栏目功能，提供便捷、透明的"掌上"服务。三是强化社会监督，进一步提升司法公信力。邀请人大代表、政协委员通过执行单兵系统监督涉民生案件专项执行活动，配合做好全国人大代表、横琴新区干部职工旁听案件庭审活动，通过"面对面""零距离"的方式，让人大代表、政协委员和干部职工见证透明司法。

（二）深化多元化纠纷解决机制改革，高质高效化解矛盾

纠纷能否高效率、低成本解决，是衡量营商环境优劣的重要指标。近年来，人民法院推行的多元化纠纷解决机制改革，既是完善社会治理格局的重要内容，也是优化营商环境的重要举措。横琴新区法院着力搭建平台、健全机制、完善制度、强化保障，推动各类矛盾纠纷化解方式的衔接配合，努力构建高效便捷、有机衔接、协调联动的多元解纷机制，提高纠纷解决质效。

1. 坚持共商共治，形成解纷合力

横琴新区法院秉持共商共建共享理念，充分调动社会资源，强化诉讼与调解、诉讼与仲裁的有机衔接，有效促进纠纷多元化解。一是坚持多元共治，强化组织合作。加强与专业调解组织协作，与中国国际贸易促进委员会珠海市分会、珠海市金融纠纷人民调解委员会、珠海市涉港澳纠纷人民调解委员会、珠海市婚姻家庭纠纷人民调解委员会、珠海市保险合同纠纷调解委员会、珠海市横琴新区消费者协会、珠海市横琴新区国仲民商事调解中心、珠海市横琴镇人民调解委员会等 11 个组织签署合作备忘录，形成多主体参与的解纷工作新格局。二是成立多元解纷中心，强化诉调对接。打造多元解纷视频调解平台，增设调解员办公室，引入 3 名常驻调解员。设立诉调对接窗口，专人负责调解委托委派和案件流转登记。同时明确多元解纷中心的工作职责，确保纠纷化解的多元化、专业化和系统化。2020 年，横琴新区法院全年开展诉前、诉中调解案件 637 件，其中涉港澳案件 179 件。

2. 推进简繁分流，提高解纷质效

为推进案件简繁分流，实现简案快审、繁案精审，横琴新区法院建立调裁分流和繁简分流工作机制，从简从快审理简单案件，精细化审理疑难复杂案件，快慢"双车道"并行提升办案效率。起草《珠海横琴新区人民法院

诉调对接工作规程》，进一步规范诉调对接的工作流程，明确诉前调解、诉中调解的案件范围以及案件分流的程序，确保诉讼与调解的快速有效衔接。从 2020 年 9 月开始，在立案前，所有民商事案件启动诉前调解分流。制定《珠海横琴新区人民法院民事案件繁简分流实施细则（试行）》，明确案件繁简分流标准，建立健全程序转换机制，畅通案件流转渠道，进一步优化司法资源配置。为此，成立两个速裁团队，专门审理简单案件。2020 年 5 月该机制建立以来，共审结速裁案件 564 件，平均审理周期约为 33 天，如在一起涉澳简易程序案件中试用速裁机制，仅用 19 天结案，大幅提高涉澳案件审判效率。

3. 推动智慧先行，提升解纷便捷度

为进一步减少当事人纠纷解决成本，横琴新区法院创新工作方式，以智慧法院建设成果为依托，打破地域限制，使纠纷解决更加便捷。一是健全跨域诉讼服务协作机制。在前期探索诉讼服务协作的基础上，出台《珠海横琴新区人民法院跨域诉讼服务工作规范》，就跨域立案、远程视频服务、就近见证签署委托书等协作事项作出详细规范，推动形成"互联网 + 跨域诉讼服务"新模式，不断满足境内外当事人的多元司法需求。二是推行线上服务。依托"广东法院诉讼服务网""广东移动微法院""粤公正"小程序等平台，大力推行网上立案、网上调解、网上开庭、网上送达、网上授权见证等便捷服务，实现当事人诉讼"零跑腿"。在疫情防控期间，对于身份明确、委托代理关系明晰的港澳当事人，采取微信在线授权方式进行认证，减轻境内外当事人诉累。例如，在一起涉港房屋服务合同纠纷中，考虑到当事人一方为香港居民，另一方办公地点位于外省，为便利当事人，调解员通过网上调解，最终促成双方达成和解。

4. 注重诉源治理，筑牢解纷最前沿

横琴新区法院充分发挥主观能动性，主动向前延伸触角，参与基层社会治理，以司法建议、普法宣传等形式，积极融入当地矛盾纠纷化解工作，不断增强辖区内企业、群众的法治意识和法治观念，从源头上减少矛盾纠纷。一是坚持齐抓共管，以司法建议促进社会治理。司法建议是人民法院能动司法、依法延伸审判职能的重要途径，是法院创新社会管理、化解矛盾纠纷的重要切入点和有效方法。近年来，横琴新区法院在矛盾纠纷化解方面，坚持标本兼治、内外并举，强化对外沟通协调，多次向有关部门和市场主体发出司法建议，推动形成齐抓共管的良好社会治理格局，服务法治化营商环境建设。针对发生在辖区旅游景区的多起案件，向景区管理公司发出司法建议，促进旅游经营者规范管理及旅游文化市场健康发展，提升横琴作为国际休闲旅游岛的形象。二是加大普法宣传，有效预防和减少矛盾纠纷。横琴新区法院坚持法治为民、服务惠民理念，以群众看得见、听得到、易接受的方式积极开展普法宣传，不断增强法治宣传的实效性、覆盖面与影响力，让群众在法治阳光下共同发展、共享和谐。强化新闻媒体宣传矩阵，通过各类自媒体平台发布工作动态、典型案例、法律法规知识等，并且延伸普法宣传阵地，通过"走出去"举办法治讲座、开展法律咨询等形式开展法律宣传与普法教育，增强了群众的法治观念，为建设平安和谐横琴营造了良好的法治环境，从源头上进一步减少和预防矛盾纠纷发生。

二 发挥审判职能，回应优化营商环境现实需求

法治化营商环境是以法治思维为引领，建立一个以保护产权、维护契约、公平竞争、有效监管、统一市场为基本导向的营商环境①。随着自贸区改革发展的不断深化，市场主体的活跃度持续上升，法律关系日益复杂，矛盾纠纷日益凸显。横琴新区法院加强对涉自贸区案件的研判，不断提高司法应对能力，妥善处理各类纠纷。2015 年 4 月 23 日至 2020 年底②，共受理一审涉自贸区民商事案件 5126 件。与 2019 年相比，2020 年收案同比增长

---

① 参见《法治营商 厦门上了世界银行榜单》，《人民法院报》2018 年 10 月 22 日。
② 横琴新区法院于 2013 年 12 月 26 日挂牌成立，并于 2014 年 3 月 21 日正式履职收案。但本课题系以广东自贸区横琴片区正式挂牌时间即 2015 年 4 月 23 日为数据统计起算点，案件类型仅指横琴自贸区辖区内的民商事案件，不含刑事、行政、非诉及执行案件。

18.24%，是 2015 年的 10 倍；与 2018 年相比，2019 年收案同比增长104.07%。案件量总体呈增长态势，新型案件不断涌现。

（一）强化民商事审判，构建公平有序的市场经济秩序

随着横琴自贸区民商事活动的日益活跃，民商事案件数量逐年攀升，公司、金融、知识产权及消费者权益保护等领域的疑难复杂案件也日益显现，横琴新区法院不断加强不同类型案件的分析与研判，不断提升司法应对能力，积极回应优化营商环境的现实需求。

1. 公司类案件：聚焦诉讼新问题

近年来，因在横琴自贸区设立公司可以享有独特的优惠政策，越来越多的创业者选择来横琴注册公司。截至 2020 年底，横琴新区法院共受理公司类案件 279 件。

一是妥善处理涉诉企业虚拟注册地址问题。为便利投资环境，横琴自贸区的商事主体设址时符合条件的可申请"集中办公区"，即虚拟注册地址办理注册①。从实践来看，在横琴注册的企业中，多数在横琴没有实际经营活动，其注册地址是虚拟的，这给审判实践带来了管辖等问题，特别是被告为法人的大部分案件中经常涉及涉诉企业住所地认定问题。例如，在某股权转让纠纷案中，被告的注册地在珠海横琴，而被告以其主要办事机构所在地在广州市天河区为由提出管辖权异议。为妥善处理涉诉企业虚拟注册地址问题，维护企业合法权益，当公司的虚拟注册地址和实际经营地不一致时，应以实际经营地为住所地，而判定实际经营地不应仅以工商登记为判断依据。在上述案件的处理中，横琴新区法院最终根据被告提交的房屋租赁合同、物业管理服务合同以及缴费发票等证据，认定被告的主要办事机构所在地为广州市天河区，从而移送管辖。

二是审慎应对资本认缴制难题。公司注册资本认缴制下，股东可在公司

---

① 根据《横琴新区商事主体集中办公区域管理办法》第二条规定，横琴新区商事主体集中办公区域，是指根据有关规定，由区管委会认可的，作为商事主体的住所，并且允许在同一地址上登记多家商事主体的办公区域。

章程中自主约定认缴出资额、出资期限等，无须提交验资证明文件，大大降低了公司的设立门槛，激发了创业积极性。但注册资本认缴制为司法带来的最大挑战就是股东认缴出资未到期时对公司债务的承担问题。有观点认为，股东认缴出资未到期时，应当享有期限利益，股东认缴出资不应当加速到期以此承担公司债务；也有观点认为，当公司对外负债不能清偿时，股东认缴出资属于未履行出资义务，应当加速到期清偿债务。根据债的相对性原理，公司债权人只能向公司请求给付，而非公司股东。审判实践中，横琴新区法院受理了原告 A 公司与被告 B 公司、龙某、李某买卖合同纠纷案，因 B 公司未支付货款，原告同时请求 B 公司股东龙某、李某承担补充赔偿责任。关于两股东应否承担补偿赔偿责任的问题，判决以股东出资期限尚未到期且原告未提交证据证明 B 公司确无清偿债务能力为由，驳回原告主张两股东承担补偿赔偿责任的诉请。2019 年 11 月 14 日，最高人民法院发布了《全国法院民商事审判工作会议纪要》（法〔2019〕254 号），其中第 6 条①对同类争议的处理进行了明确，肯定了上述案件的处理结果。

2. 金融类案件：加强金融风险防控

横琴新区法院紧紧围绕服务实体经济、防控金融风险、深化金融改革三项任务，强化金融审判工作。截至 2020 年底，妥善审理金融领域各类案件621 件，包括借款合同纠纷、融资租赁合同纠纷、保理合同纠纷、服务合同纠纷等，推动自贸区金融业高质量发展。

一是依法支持金融创新。审慎审理涉及金融创新的各类金融纠纷案件，尊重当事人意思自治，维护金融市场安全，提高交易效率。在万众创新的浪潮中，涌现出循环贷等门槛低、收益高的创新型金融产品，深受融资者喜爱，但同时也存在较高的风险。例如，在原告某银行横琴分行与被告伦某

---

① 在注册资本认缴制下，股东依法享有期限利益。债权人以公司不能清偿到期债务为由，请求未届出资期限的股东在未出资范围内对公司不能清偿的债务承担补充赔偿责任的，人民法院不予支持。但是，下列情形除外：（1）公司作为被执行人的案件，人民法院穷尽执行措施无财产可供执行，已具备破产原因，但不申请破产的；（2）在公司债务产生后，公司股东（大）会决议或以其他方式延长股东出资期限的。

某、林某借款合同纠纷一案中，原告以循环贷业务被叫停为由，在借款期限内停止向被告以循环贷的方式发放贷款，最终导致被告因资金周转不灵无法如期还款。因双方在合同中约定原告有权随时停止循环贷，横琴新区法院判决支持了原告诉请。但从维护金融市场稳定性角度而言，创新金融产品的出台，应当更审慎地考虑稳定性，在实践中总结经验得失，以保护相关主体的可期待利益。

二是坚决打击各类金融违法犯罪。依法严厉打击非法集资、吸收公众存款等涉众型经济犯罪，把案件审理与风险化解、追赃挽损、维护稳定结合起来，从民事保护和刑事打击两个方面为防范和化解金融风险提供双重保障。截至 2020 年底，以"非法集资"移送公安机关的案件共 9 宗，多数集中在股权众筹领域。例如，在原告罗某某与被告某投资公司股东资格确认纠纷一案中，原告诉请确认其股东资格，横琴新区法院认为根据原告所主张的事实及提交的证据，被告有非法集资的犯罪嫌疑，故裁定驳回起诉，并移送公安机关处理。

三是密切加强沟通协作。坚持与珠海市横琴新区管理委员会金融服务局的信息互通和交流，就新兴金融和跨境金融领域共同开展研讨，促进金融审判与金融监管的优势互补，助力金融市场健康发展。横琴新区法院曾就辖区内部分小额贷款公司疑似违规经营行为，向金融服务局发出司法建议，推动金融监管机制不断健全。2020 年 12 月 29 日，横琴新区法院与珠海市横琴新区管理委员会金融服务局签署《关于全面推进地方金融监管与司法协作联动的备忘录》，共同构建防范化解金融风险合作机制，合力保障横琴金融产业持续健康发展。

四是认真加强理论研判。审理金融案件的法官撰写《金融审判工作报告》，参与"关于自贸区案件审判的调研——以自贸区新兴金融商事案件审判为视角"等课题调研。通过积极总结审判经验和理论思考，进一步提高金融案件专业化审判水平，与时俱进增强维护经济秩序和金融安全的司法能力。

3. 知识产权类案件：构建综合保护体系

根据最高人民法院的批复，自 2016 年 6 月起，横琴新区法院管辖发生在横琴新区范围内的一审一般知识产权民事案件。知识产权案件的收案数从2016年的4件快速上升到2020年的187件。案件数量逐年呈倍速增长，网络域名权属、侵权、合同纠纷以及侵害作品信息网络传播权纠纷等新类型案件也逐渐涌现。

一是努力构建合理、科学、完善的知识产权保护体系。为了应对侵犯知识产权案件中举证难、定损难、定性难的问题，横琴新区法院坚持"司法主导、严格保护、分类施策、比例协调"基本原则，合理确定知识产权的保护范围，在知识产权的侵权损害认定时，坚持反映请求保护的知识产权的真实的市场价值，努力构建合理、科学、完善的知识产权保护体系。实践中，对于侵害作品信息网络传播权纠纷案件的审理，原告未举证证明其因被告侵权遭受损失或被告因侵权获取利益的金额，难以确定赔偿数额，横琴新区法院综合考虑涉案作品类型、知名度以及侵权情节、被告的过错程度等因素，酌情判定赔偿数额。在网络域名纠纷案件中，由于存在侵权责任与违约责任竞合的情形，当事人主张不明时，横琴新区法院会根据当事人诉讼主张及案件事实向当事人进行释明，综合考虑合同或侵权责任构成要件、义务人行为与权利人财产损失之间的因果关系，并结合网络域名交易行业特性等进行认定。

二是深化落实知识产权保护协作机制。为破解知识产权维权难题，横琴新区法院于2018年与横琴新区工商行政管理局签署《关于共建中国（广东）自由贸易试验区珠海横琴新区片区知识产权侵权惩罚机制合作备忘录》，建立知识产权司法保护和行政执法的双轨保护机制，为驱动创新提供有力保障。该举措于2019年入选广东自贸试验区第三批制度创新案例，2020年被广东省人民政府列为广东自贸试验区可复制推广的改革创新经验之一。为将知识产权保护合作做细做实，横琴新区法院还适时与横琴新区工商行政管理局总结近年来的合作情况，共同研讨琴澳知识产权保护对接机制，共享证据链加快侵权行为的惩罚进程。

4. 消费者权益保护类案件：发挥司法引导功能

妥善处理各类消费纠纷，既有效保护消费者合法权益，又有助于形成公平有序的市场竞争秩序，促进营商环境的优化升级。因横琴自贸区优惠关税政策及国际休闲旅游岛定位的政策叠加优势，横琴新区法院受理的消费者权益保护类案件主要集中在进口产品类、旅游类消费纠纷等。

一是促进进出口贸易良性发展。横琴新区法院积极适应经济发展新特点，加强对新类型案件的分析研判。例如，在涉及平行进口车纠纷案件中，原告向被告购买一台保时捷卡宴，原告提车后发现车辆说明书上标识的是奥尼斯卡宴，遂诉请解除合同，并依据《消费者权益保护法》要求假一赔三。横琴新区法院审理认为，对于标的物系改装厂的商标进口改装车问题，真正意义上的平行进口车应在商标、性能、质量等方面与原厂车并无二致，若标的物系改装厂的商标进口改装车，经销商应就该商标改装的事实予以明示，否则将构成欺诈。

二是助力横琴国际休闲旅游岛建设。随着横琴旅游业的蓬勃发展及网络购票的普及，通过网络票务代理平台购买酒店等旅游产品引发的案件逐渐递增。消费者通过网络购票，会面临无法兑换或无法入场的风险。司法实践中，消费者的诉讼请求集中表现为要求网络票务代理商返还门票预付款，并要求支付相应的逾期付款利息或违约金，票务代理商多被判令承担相应的违约责任。横琴新区法院有效发挥司法引导功能，督促景区经营者及其授权的委托代理旅行社等规范经营行为，引导旅游市场健康有序发展。

（二）强化案件执行力度，确保司法保障落到实处

执行工作是保障市场主体合法权益得以实现的最后环节，也是社会各界高度关注、人民群众反映强烈的热点。债务人不主动履行债务，甚至恶意逃避执行或暴力对抗执行，就会给营商环境带来负面影响。横琴新区法院不断建立健全执行工作机制，为打通实现公平正义的"最后一公里"持续发力。

1. 执行办案信息化，提升办案质效

制定《珠海横琴新区人民法院执行指挥中心工作制度（试行）》，成立执行指挥中心，通过执行单兵系统实现远程调度与指挥。规范办案流程，加

强节点控制，实现案件信息全流程共享，推进执行裁判文书上网常态化。充分利用珠海 3.0 执行查控系统，实现与珠海市其他执行联动单位的业务信息系统对接，形成全方位、多领域、立体化的执行查控工作新格局。2020 年，通过网络查控 3181 件。

2. 失信惩戒公开化，助力社会诚信体系建设

横琴新区法院对拒不履行义务的被执行人，采用公开失信被执行人、限制高消费、限制被执行人出境等严厉惩戒措施，形成强大威慑力。在"今日头条"App 曝光失信被执行人，利用人工智能向被执行人周边手机客户端推送被执行人失信情况，联合移动、联通、电信公司发布失信彩铃曝光失信被执行人，对情节严重的规避行为，利用公诉、自诉两种渠道追究行为人的拒执罪责任，这些创新手段让"老赖"无处遁逃。加大"执转破"力度，对于符合破产条件的被执行人，及时推进转破产工作。

3. 司法拍卖网络化，提高财产处置效率

横琴新区法院全力推动网络司法拍卖，通过税务局、京东大数据询价，采取第一次拍卖降价等方式，大幅缩短财产变现周期。强化网上拍卖服务，提供实物看样和 24 小时咨询服务。推出"拍卖贷"，打破交易瓶颈，与建设银行、工商银行、农业银行签订司法拍卖贷款合作备忘录，吸引更多竞买人参与司法拍卖，加快涉案财产的处置和变现。2020 年，网拍量 114 件，成交 60 件，成交金额 8047.87 万元，溢价率 42.47%。

4. 善意执行灵活化，保障企业生产经营

为加大矛盾纠纷化解力度，推进企业复工复产，在 2020 年初疫情期间，横琴新区法院通过线上调解成功化解一起运输合同纠纷，立即解除物流企业账户冻结，促使企业快速恢复经营。为维护企业信誉，横琴新区法院在一批申请执行人故意取消原工资账户，导致用人单位无法直接支付工资的劳动争议系列案件中，通过审慎灵活采取执行措施，巧妙化解矛盾。在处理珠海某医药研究院牵涉的工人工资系列案中，对实验器具及设备采取活封，扶持其卸重前行渡过疫情难关。

三 未来展望

横琴自贸区、粤港澳大湾区建设正处于全面推开、全面深化的关键阶段。横琴新区法院在法治化营商环境建设中充分发挥司法保障作用，为营造稳定公平透明、可预期的营商环境作出了应有的贡献。面对实践中的一些问题和困难，未来需要继续探索完善相关制度，持续为自贸区、大湾区高质量发展提供高水平司法服务和保障。

（一）完善公司准入和退出机制

横琴自贸区使用集中办公区地址注册的公司，注册地和实际经营地大多不在同一地址，导致送达难、管辖冲突多、执行难等问题，影响了审判效率，不利于保护当事人合法权益。而且，招商引资重引进、轻退出，公司退出机制不完善，让债权人救济受阻，对营商环境造成负面影响。经了解，大多数公司注册资金没有足额认缴，认缴年限 10～30 年不等。在公司没有清偿能力的情况下，债权人让出资义务未到期的股东承担清偿责任缺乏依据，申请公司破产亦容易受阻。因此，构建公司的有序退出机制非常必要，让不能偿债或者资不抵债的公司破产，保留诚信优质的企业，有助于优化大湾区、自贸区的营商环境。另外，在审理涉自贸区公司案件时要充分尊重公司自治，准确识别任意性规定和强制性规定，以程序性干预为主，实体性干预为辅，同时兼顾交易效率与交易安全，既要鼓励股东在确保有限责任的前提下大胆进行投资，又要充分保护公司债权人利益。

（二）加强金融领域创新的风险防控

横琴自贸区内金融类企业已逾 5500 家，包括银行、证券、保险等持牌金融机构以及私募投资基金、融资租赁、商业保理等其他金融类机构，形成了传统金融机构和新兴金融机构共同发展的多层次金融服务体系。面对新兴金融机构、创新型金融产品的涌现带来的许多不容忽视的潜在风险与隐患，需要进一步加强对自贸区金融领域的司法保障，强化金融政策的分析研判，准确适用司法裁判规则，依法审慎处理涉金融创新纠纷。通过加快金融纠纷快速处置平台建设，打造金融纠纷处理的优选地。通过深化与金融监管部门的沟通交流，落实金融风险研判和预警机制，引导投资者理性投资，规范金融机构行为，促进自贸区金融业健康发展。

（三）健全多元化纠纷解决机制

随着横琴自贸区、粤港澳大湾区建设的深入推进，横琴便捷的交通和通关条件吸引着更多的港澳人士前来横琴投资，区内商事矛盾纠纷呈现多发性、多领域、多主体的发展态势，涉港澳商事纠纷日益增长，涉港澳案件的审理送达周期长、案件调解难度较大，人民群众日益增长的司法需求与有限的司法资源的矛盾愈加凸显。因此，要贯彻落实"分调裁审"改革部署，积极推进一站式多元解纷和诉讼服务体系建设。探索琴澳协同解纷机制，坚持把非诉讼纠纷解决机制挺在前面，充分调动、整合各方面的社会资源，深化落实与司法机构、仲裁机构、调解组织、行业组织的交流合作，推动调解、仲裁与诉讼的有机衔接、相互协调。健全线上"一网通办"、线下"一站服务"的诉讼服务机制，落实自贸区法院跨域诉讼服务协作，让诉讼服务更加便民利民。

（四）提升司法规范引导的空间

自贸区先行先试，相关行业的发展难免会遇到一些新情况、新问题，自贸区市场规则存在的制度欠缺或者不规范等现象也会影响自贸区营商环境建设。因此，要充分发挥司法引导功能，加强涉自贸区案件司法统计分析，运用综合性司法建议、个案司法建议等形式，针对性向市场主体和有关部门提出市场监管和行业自律等方面的问题和意见。及时发布典型案例、加强普法宣传教育、积极参与社会治理，有效发挥司法裁判的指引评价功能。进一步加强司法公开，提升司法裁判的可预见性，引导自贸区建设依法平稳推进，妥善化解商事矛盾纠纷。

"川广者鱼大，山高者木修。"法治化营商环境的改善，对提升区域经济发展质量有重要意义。2021 年，横琴新区法院将以习近平法治思想为引领，全面提升司法能力、司法效能和司法公信，积极发挥法治引导、推动、规范、保障改革的作用，以增强市场活力和经济内生动力为抓手，在更高站位、更深层次、更宽领域，以更大力度为优化自贸区、大湾区营商环境，推动形成更高层次改革开放新格局提供优质服务和有力保障。

珠澳法治合作

Zhuhai-Macao Cooperation in the Construction of the Rule of Law

B.9

关于在横琴实施趋同澳门的
民事法律制度的调研报告

珠海市法学会课题组*

摘　要：　近年来，横琴和澳门在中央及地方政策的支持下，两地民事往
来频繁，民事纠纷增多。两地民事法律虽同属大陆法系，但是
具体制度、理论差异较大，成为两地民事往来、协同发展的制
度壁垒。本文首先从实践层面介绍了两地民事活动现状和民事
纠纷，再从理论层面阐释两地具体法律制度差异，接着探讨世
界其他三大湾区以及欧盟解决法律冲突的方式，以寻求借鉴之
处，最后结合横琴与澳门的现状，认为当前解决两地法律冲突
应建立法律冲突协调机制，同时善用区际合作协议。

---

* 课题组负责人：张强，中共珠海市委常委、政法委员会书记，珠海市法学会会长。课题组成
员：李红平、王丽、谢东伟、王建宇、陈军生、范蕙莹、李炫、贾晓磊、雷婷、李凯莉。执
笔人：陈军生，中共珠海市委政法委员会政策研究室主任；李炫，珠海市法学会科员；李凯
莉，北京理工大学珠海学院民商法律学院讲师。

关键词： 民事法律制度　区际法律冲突　区际合作协议　澳门民法典

一　引言

建设粤港澳大湾区是习近平总书记亲自谋划、亲自部署、亲自推动的国家战略，是推动"一国两制"事业发展的新实践。横琴自贸区成立 5 年多来，积极以法治先行、制度创新，鼓励澳门投资、创业，形成对外开放新格局①。与此同时，澳门也积极响应国家政策，与横琴协同发展，澳门特别行政区行政长官在 2020 年政府施政报告中用很大篇幅提及横琴，希望横琴能成为第二个"澳门"，在横琴可以引入澳门的法律制度，共享发展②。

珠澳虽同根同源，但制度、文化均有不同，属于不同的法域，因此，必须先了解这种"多元"，才可以达到"融合"，进而实现共同发展③。横琴毗邻港澳、联结中外，在法治建设、法治创新的过程中，如何适应不同制度文化、以法治基础打造国际一流营商环境，是改革的题中应有之意。因此，为促进两地人才、资金、信息等生产要素的自由流动，横琴亟须推动有关的制度建设，打破两地制度藩篱，保障两地的规则衔接，从制度上保障投资贸易、居住生活的便利化④。

---

① 参见林玉唐《化愿景为行动：澳门如何助力国家"一带一路"建设》，载澳门特别行政区政府政策研究和区域发展局、澳门基金会等主编《新时代　新征程："一带一路"与澳门发展》，社会科学文献出版社，2019。

② 《贺一诚：冀横琴引入澳门制度　成为第二个澳门》，《澳门日报》2020 年 4 月 20 日。

③ 参见杨道匡《多元融合，协同发展》，载澳门特区政府政策研究和区域发展局、澳门基金会等主编《新时代　新征程："一带一路"与澳门发展》，社会科学文献出版社，2019。

④ 参见张伟宁《市人大常委会机关：创建模范机关为粤港澳大湾区建设提供立法保障》，《珠海特区报》2019 年 7 月 9 日，第 3 版。

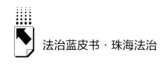

二 横琴与澳门的发展

（一）国家政策支持

近年来，从中央到地方先后出台大量政策、文件，支持横琴发展。2003年10月17日，中央政府与澳门特区政府签订了《内地与澳门关于建立更紧密经贸关系的安排》，之后又签订了一系列补充协议，丰富和完善原协议内容，为横琴与澳门生产要素的自由流动打下了一定的法律基础，减少了内地与澳门经贸交流中的体制性障碍。

广东省政府与澳门特区政府于2011年在北京签订了《粤澳合作框架协议》，全面涵盖粤澳经济、社会、民生、文化等各合作领域，明确了新形势下粤澳合作的定位、原则、目标，确立了合作开发横琴、产业协同发展、基础设施与便利通关、社会公共服务、区域合作规划等五个合作重点①。

2015年国家发展改革委、外交部和商务部联合发布《推动共建丝绸之路经济带和21世纪海上丝绸之路的愿景与行动》，文件中正式提出了建设粤港澳大湾区、深化与港澳台合作的国家策略。

中共中央、国务院于2019年颁布了《粤港澳大湾区规划发展纲要》，统筹规划粤港澳大湾区的发展计划和战略定位，明确粤港澳大湾区发展要以共商、共建、共享为价值导向，将粤港澳大湾区打造成一个新型的具有多元化纠纷解决机制和法律服务、与国际新型经济接轨、具有中国特色的国际大湾区②。

与此同时，澳门特区政府积极寻求与横琴的合作发展。2019年粤澳合作联席会议在澳门召开，澳门特区政府与珠海市政府签订了包括《促进支持澳门产业多元化发展　加快建设大湾区澳珠极点的合作备忘录》在内的

---

① 参见《粤澳合作框架协议》。
② 参见《粤港澳大湾区规划发展纲要》。

多份文件，涉及建设大湾区澳珠极点、联合资助两地合作研发项目、林业合作、卫生健康合作、青少年交流合作、在粤澳门居民人口普查登记、澳门内港挡潮闸项目、知识产权合作等内容，积极推动两地协同发展。

（二）"一国两制"原则的优势

"一国两制"旨在实现国家统一，目的是为解决香港回归、澳门回归、台湾统一之后的制度实行问题，其内涵是在一个中国的前提下，国家主体坚持社会主义制度，在香港、澳门和台湾保持原有的资本主义制度。

2017 年 10 月 18 日，习近平同志在十九大报告中强调，坚持"一国两制"，推进祖国统一，这是澳门回归后保持长期繁荣稳定的最佳制度。习近平强调，要支持澳门融入国家发展大局，以粤港澳大湾区建设、粤港澳合作、泛珠三角区域合作等为重点，全面推进内地同澳门互利合作，制定完善便利澳门居民在内地发展的政策措施。

澳门在"一国两制"的带领下，拥有与内地完全不同的国际化营商环境、发达的国际营销网络、专业服务能力，具有多种文化汇聚的独特优势①。回归之后，澳门的经济发展得到了质的飞跃，政治局面稳定，社会对于国家认同感高、归属感强，澳门在与横琴的协同发展合作建设中积极沟通，两地一起营造了良好的协同发展氛围。毫无疑问，"一国两制"符合中国国情和发展道路，在澳门的成功实践体现了"一国两制"的优越性。

三 横琴与澳门民事实践现状

（一）两地民事活动现状

2018 年习近平总书记在 10 年内第四次视察横琴时指出："建设横琴新

---

① 参见李丹、高芳《促进粤澳深度融合发展的思考——以横琴自贸试验区为例》，《中国经贸导刊》2019 年第 11 期。

区的初心就是为澳门产业多元发展创造条件。横琴有粤澳合作的先天优势，要加强政策扶持，丰富合作内涵，拓展合作空间，发展新兴产业，促进澳门经济发展更有活力。"①

横琴的相关政府部门牢记习近平总书记的指导思想，突出吸引澳门同胞来横琴投资就业发展，积极促进横琴与澳门两地的经济融合，全方位优化涉澳营商环境、居住环境。根据相关数据，截至 2020 年 12 月，在横琴注册的澳门企业总数达 3500 户，成为外资企业的绝对主力②。截至 2020 年底，澳门居民在横琴共办理澳门居民居住证 3638 张，购置各类物业 8224 套，在横琴办理就业登记的澳门居民达 205 人，逾 700 名来自港澳地区的专业人士获横琴跨境执业资格，167 家澳门企业入驻横琴跨境办公，琴澳跨境通勤专线累计接送澳资企业员工超 12 万人次③。与此同时，横琴政府还开展了"澳门青年创业项目""澳门新街坊""港澳导游"等项目，不断完善服务澳门的体制机制，全方位促进澳门经济适度多元化发展，改善澳门居民的民生环境，维护澳门长期稳定繁荣。

为加快两地民商事往来，为在横琴生活、工作的澳门居民提供便利，横琴各部门纷纷出台相应政策。2018 年 9 月，中国法律服务（澳门）公司公证服务窗口在横琴揭牌，该服务窗口依托横琴公证处，可以在横琴受理澳门投资者的公证业务申请，为澳门投资者在横琴办理公证业务提供便利。2019 年 3 月 11 日，横琴新区管委会办公室出台了《关于鼓励澳门企业在横琴跨境办公的暂行办法》，除博彩业及内地法律明确禁止的行业之外，澳门企业可直接与横琴岛内办公楼宇业主签订租赁合同，并在横琴岛办公。2019 年 9 月 27 日，珠海市第九届人民代表大会常务委员会第二十三次会议审议通过了《珠海经济特区横琴新区港澳建筑及相关工程咨询企业资质和专业人士

---

① 国家发展和改革委员会：《横琴国际休闲旅游岛建设方案》。
② 中央人民政府驻澳门特别行政区联络办公室：《"珠澳合作开发横琴"交出周年答卷》，http://www.zlb.gov.cn/2020－12/23/c_1210944111.htm。
③ 参见戴丹梅《做好珠澳合作开发横琴这篇文章 珠海交出一周年答卷》，搜狐网，https://www.sohu.com/a/439504526_124719。

执业资格认可规定》，目前已有澳门企业成功中标。2020 年 1 月，珠海市不动产登记中心率先将内地不动产登记服务跨境延伸至澳门，与中国工商银行（澳门）股份有限公司签订合作协议，并在澳门设置首个珠海市不动产登记便民服务点①。横琴新区人民法院选任澳门陪审员、调解员，加强与澳门法院和澳门高校的交流合作，并于 2020 年 4 月出台《涉港澳民商事案件诉讼风险特别提示》，积极应对涉澳诉讼。2020 年 12 月 1 日起，根据《珠海经济特区港澳旅游从业人员在横琴新区执业规定》，具备规定条件并经合法备案的港澳旅游从业人员可在横琴执业。

上述实践表明，横琴与澳门两地的民商事交往在中央政府以及两地政府的推动下，越来越密切，两地的深度合作初见成效。但是，横琴与澳门之间的制度壁垒仍然阻碍了生产要素的高效便捷流通，妨碍了两地协同发展的进程。

（二）两地民事纠纷

频繁的经济贸易和其他民事活动，使得两地民事纠纷数量增多。横琴新区人民法院自 2014 年 3 月 21 日正式履职收案以来，受理案件逐年快速增长。2019 年受理各类案件 5007 件，其中受理涉外、涉港澳台案件 915 件，涉澳案件 523 件，占涉外案件总数的 57.2%。2020 年 1 月至 9 月 26 日，已受理各类案件 4359 件，其中受理涉外、涉港澳台案件 601 件，涉澳案件 330 件，占涉外案件总数的 54.9%。

从实践来看，涉及珠澳两地的民事纠纷多集中在以下类型。

第一，借款合同。借款产生的法律纠纷多集中于澳门合法成立的赌债适用内地法律时的法律性质问题，现阶段澳门某些赌场经营类似银行的存款业务的法律性质问题，两地法律所支持的合法的民间借贷借款利率差异问题；此外，还有民间借贷、金融借款、小额贷款、澳门企业通过向金融机构借款投资内地或内地企业在澳门通过金融机构提供信用额度等问题。

---

① 《数说珠海不动产登记》，珠海市自然资源局官网，http：//zrzyj. zhuhai. gov. cn/gkmlpt/content/2/2583/post_ 2583026. html#139。

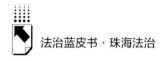

第二，房屋买卖合同。内地法律允许房屋在取得预售许可后即可买卖，但是澳门对于在建楼宇预售的规定与此大不相同。内地关于非住宅商用房和住宅用房的差异，大多数澳门人并不了解。此外，对于建筑装修的行业标准、适用材料等约定和解释不明确也会导致纠纷。

第三，物业服务合同。越来越多的澳门居民、企业入驻横琴，由此也产生了物业服务问题。部分物业管理单位服务不到位、合同约定不明确、合同解释不清等导致诸多纠纷。

第四，劳资纠纷。两地人员流动加速，劳动人事关系纠纷加剧，集中在合同性质的认定（劳动合同还是劳务派遣合同）、劳动者权益保障、劳资等问题。

第五，个人信息保护。内地对于个人信息的保护因配套法律制度不完善，保护标准较低，导致纠纷。

第六，婚姻家庭纠纷。两地婚姻制度、财产制度、婚姻登记等存在差异，导致纠纷。

此外，在建筑工程以及监理、消费服务、两地牌照委托代理，以及金融、外汇、保险、技术与产品、知识产权、进出口、人员流动、劳动力配额与就业等方面，两地企业也因法律制度不同以及行业标准差异引发一些纠纷，登记、公证程序和效力不同，外汇管制、司法互助等存在问题，给两地经济发展、便利生活带来了障碍。

为协调两地法律冲突，尽可能从制度层面减少纠纷，便利两地民商事往来，有必要对两地的法律制度作系统性研究。

四 横琴与澳门民事法律制度冲突

（一）两地民事法律制度的法系归属

与自然科学相似，法学研究业已形成诸多不同样态的"范式"①。在沿

---

① 参见〔美〕托马斯·库恩《科学革命的结构》，金吾伦、胡新和译，北京大学出版社，2003。

循比较法的进路观察不同立法例的异同时，现有研究呈现两条轨迹：其一是法的本体论，重点关注实定法所形塑的"法律体系"；其二是法的历史发展论，落脚点更多在于各立法例所属的"法系"为何。所谓的法律体系，亦称"法体系"，系"指由一个国家的全部现行法律规范分类组合为不同的法律部门而形成的有机联系的统一整体"①，其着眼于实定法的具体规则及整体结构，将不同国家或地区的法律归类成系，简化为少数类型，便于对当代各国法的梳理和理解②。

然而，法系的创设可谓过于理想，由此遭受的批判不断③。原因在于，在法学领域，不同制度的历史背景、政治制度、文化因素等均存在极大的异质性，任何分类都将因逻辑的不周延而陷于思维的窠臼④。以现下的情形看，我国内地与港澳台施行的法律均有不同，呈现"一国两制四法域"的独特面貌。至此不难发现，仅仅依靠西方学者提出的法系概念并不能解决中国法律系属的难题。但是，如果将目光聚拢在何种法系对中国内地与澳门存在较大影响的问题上，将影响力多寡作为法系归属的识别准则，答案则会清晰：内地和澳门在更大程度上受到大陆法系的影响，同属大陆法系。共性虽有之，但还不至于得出两地私法相似度颇高的结论，因为在大陆法系内部，仍存在若干分类，以下分述之。

大陆法系民法典的代表作是《法国民法典》和《德国民法典》：前者保持法学阶梯式的三编制体例（称为"拉丁法系"），而后者则应用潘德克吞式的五编制结构（称为"潘德克吞法系"）。然而，体例结构只是法典的表征，仅从编制铺排的角度进行归类，恐怕是治丝益棼。回到中国

---

① 《中国大百科全书·法学》，中国大百科全书出版社，1984，第84页。

② 参见〔法〕勒内·达维德《当代主要法律体系》，漆竹生译，上海译文出版社，1984，第30页。

③ 参见黄文艺《重构还是终结——对法系理论的梳理与反思》，《政法论坛》2011年第3期；夏新华、张小虎：《终结，还是重构：对法系理论的超越——兼与黄文艺教授商榷》，《政法论坛》2013年第2期。

④ 参见〔美〕约翰·H.威格摩尔《世界法系概览》，何勤华、李秀清、郭光东等译，上海人民出版社，2004。

法，内地 2020 年颁布的《民法典》采用七编制，与《德国民法典》看似不一致，却在立法理念、立法技术等方面深受其益。究其本质属性，却既不属于拉丁法系，也不属于潘德克吞法系，而应单列为"中国特色社会主义法系"①。澳门曾经直接适用过葡萄牙《塞亚布拉法典》（1867年）和《葡萄牙民法典》（1966 年）。在 1999 年回归后，澳门虽制定了《澳门民法典》，但由于法律传统的继承和《澳门特别行政区基本法》五十年不变的庄严承诺②，该法典基本保留了《葡萄牙民法典》（1966 年）的面貌。在编制体例上，该法典虽属典型的五编制模式，然而绝不可据此认为《澳门民法典》是《德国民法典》的翻版。《德国民法典》的五编制模式仅仅是《澳门民法典》的表皮，在骨子里，《澳门民法典》更多保留了拉丁法系的制度③。由此可知，在作内地与澳门民事法律制度的比较时，除了关注具体制度的差异，更应注意二者背后隐含的法系传统。

至此，一个基本的结论是：虽同属大陆法系，内地与澳门的民法规范有不同的历史渊源，制度本身存在较大差异。

（二）两地民事立法具体差异

上已述及，内地与澳门法律具体制度存在较大差异，结合实践中的争议焦点，选择三个典型民事法律制度予以具体介绍。

1. 物权变动规则

对于物权变动，《民法典》采取债权行为主义，认为债权行为和物权行为相分离，物权变动自动产交付、不动产登记时方生效力。《澳门民法典》在物权变动方面采纳了意思主义原则，即特定物之物权，除法律另有规定

---

① 参见朱庆育《第三种体例：从〈民法通则〉到〈民法典〉总则编》，《法制与社会发展》2020 年第 4 期。
② 《澳门特别行政区基本法》第 5 条。
③ 刘高龙、赵国强主编《澳门法律新论》（上册），澳门基金会，2005，第 187~188 页。

外，合同成立生效物权即转移①。登记仅是对抗第三人的要件，而不是物权设定或转移的成立要件。

为在意思主义原则下维护交易安全，澳门采用了一系列制度予以配合，如公证②、登记③、占有④、时效取得⑤、预约合同⑥、所有权保留买卖⑦等。

通常认为，内地民法侧重于保护交易安全，"善意取得"制度即为最好的体现，无权处分一旦符合条件，完成交付，善意第三人即取得所有权，牺牲了原权利人对物的利益，而澳门民法则更倾向于保护原权利人的利益⑧。二者没有优劣之分，只是制度设计的差异。基于此，在横琴没有借鉴澳门物权变动模式的必要性，但是为避免纠纷，保证市场稳定，有必要建立统一、便捷的登记制度和登记查询渠道。

2. 自然债务与消费借贷合同

（1）自然债务

关于自然债务，《民法典》并没有纳入这一概念，《澳门民法典》第396条规定，自然债务基于道德或者社会惯例产生，其履行合乎公平的要求但没有法律强制力，不可以通过司法途径请求履行，为履行自然债务而自愿作出的给付不得请求返还⑨。

自然债务的特征在于：第一，非法律上之义务；第二，不能通过司法程序请求强制执行；第三，自然债务之给付为自发给付⑩。《澳门民法典》中规定了两种自然债务：时效已完成之债⑪，非法定债务但又为法律所容许的

---

① 参见《澳门民法典》第 402 条。
② 参见《澳门民法典》第 866 条以及《澳门公证法典》。
③ 参见《澳门物业登记法典》。
④ 参见《澳门民法典》第三卷第一编。
⑤ 参见《澳门民法典》第三卷第一编第六章。
⑥ 参见《澳门民法典》第二卷第一编第二章。
⑦ 参见《澳门民法典》第 403 条。
⑧ 刘高龙、赵国强主编《澳门法律新论》（上卷），社会科学文献出版社，2010，第 245 ~ 246 页。
⑨ 参见《澳门民法典》第 397 条。
⑩ 赵炳霖、乐嘉庆：《债法比较研究》，澳门基金会，1997。
⑪ 参见《澳门民法典》第 297 条。

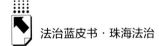

赌博及打赌①，但自然债务并非局限于这两种类型。值得一提的是，诉至内地法院的澳门赌债合同，大多数其实并非澳门法中的赌博合同，因为在娱乐场中，博彩者与庄家的交易往往是即时的，几乎不可能产生纠纷。内地视角下的澳门赌债合同，实际上是赌客为了赌博，而向他人借款所订立的合同，属于澳门法中的消费借贷合同。

（2）消费借贷

消费借贷合同，是指一方将金钱或其他可代替物借予他方，而他方则有义务返还同一种类及品质之物的合同②。消费借贷合同，与内地的民间借贷合同较为相似，但在利息等方面的规定大不相同。内地的民间借贷合同如果没有约定利息，出借人主张支付利息的，人民法院不予支持。而澳门的消费借贷合同，若对该合同性质有疑问的，推定其为有偿③。在未约定利息的情况下，则以澳门法定利息计算④。

另外，用于赌博的消费借贷合同在澳门并不一定合法。《澳门不法赌博制度》（澳门 8/96/M 法律）规定，凡意图为自己或他人获得财产利益，提供用于赌博的款项或任何其他资源者，处以相当于高利贷罪的刑罚。同时，澳门《娱乐场博彩或投注信贷法律制度》规定，按照本法律的规定获赋予资格的实体，在从事信贷业务时作出的事实，不视为《惩治非法赌博的法律》所指向他人提供用于赌博的高利贷。在诉至内地法院的澳门赌债案件中，债权人往往并没有获得澳门博彩信贷实体资格，因而该债务在澳门本身也是违法债务，放贷人甚至可能构成犯罪。

在内地，《民法典》中虽然没有明确规定自然债务的概念，但是承认自然债务的存在。《民法典》第 192 条将超过诉讼时效的债务作为"自然债务"，法律不予保护。《关于人民法院审理借贷案件的若干意见》第 11 条规定，出借人明知借款人是为了进行非法活动而借款的，其借贷关系不予保

---

① 参见《澳门民法典》第 1171 条。
② 参见《澳门民法典》第 1070 条。
③ 参见《澳门民法典》第 1072 条。
④ 参见《澳门民法典》第 552 条。

护，从司法实践上认定赌债为自然债务。

对于"赌债"，两地法律虽然规定不尽相同，但是立法的价值取向是一致的，法律重点打击的是没有行业资格、以赌为名的非法放贷行为。

3. 婚姻制度

澳门法律规定，在缔结婚姻后，必须进行结婚登记。澳门婚姻登记局可以接受的结婚登记类型中，男女双方至少有一方是澳门居民，如果男女双方都是非澳门居住的外来人士，婚姻登记局不接受其结婚登记的申请①。根据珠海市民政局发布的《婚姻登记条件和程序》，在珠海市民政局登记结婚的男女双方，必须有一方具有珠海市户籍②。据此，两位长期在珠海生活的澳门居民，无法在珠海进行登记。此外，珠澳两地婚姻法中规定的结婚能力、婚姻效力、结婚登记程序、婚姻财产关系等大不相同，会给常住横琴的澳门人的生活、经济往来带来不便。

（1）未成年人结婚

与内地规定不同，澳门法律允许年满 16 周岁的未成年人结婚，故此法律增加了一些保护 16 周岁至 18 周岁未成年人的规定。例如，设置了两种婚姻妨碍性障碍的情形③：第一，未成年人未经父母或监护人许可，也未获得法院批准的；第二，缔结婚姻双方之间存在监护、保佐或法定财产管理的关系。

（2）结婚的形式要件

根据《澳门民法典》《澳门民事登记法典》的规定，结婚双方需要完成结婚声明、张贴公告、批示许可、举行婚礼的步骤，才可以进行登记④。也就是说，婚礼举行后才可以进行登记，结婚登记还可以登记双方签订的婚前

---

① 参见赵占全编《婚姻法律制度》，澳门特别行政区政府法务局出版，2000。

② 珠海市民政局官网：http://www.zhuhai.gov.cn/smzj/gkmlpt/index。

③ 参见《澳门民法典》第 1482 条、第 1483 条。妨碍性障碍是指一些妨碍缔结婚姻的事实，这些事实的存在不影响婚姻的效力，但缔结婚姻的双方会因此受到财产或经济性制裁。

④ 参见《澳门民法典》第 1485 条至第 1589 条，《澳门民事登记法典》第 106 条至第 115 条。

协议或婚后协议。

相比而言，珠海市民政局对于登记结婚的程序简洁许多，只需双方提交申请材料、宣读声明书，登记机关审查符合结婚实质要件的，当场可予以登记。

（3）婚姻中的财产关系①

《澳门民法典》规定了四种可以供夫妻双方选择的财产制度：分别财产制、一般共同财产制、取得共同财产制、取得财产分享制。夫妻在登记结婚时可以选择以上四种财产制的一种，也可以在婚前协议或婚后协议中约定财产制，并由婚姻登记局登记其协议。不管采取何种财产制，夫妻均有权自由管理各自的个人财产，以及对共同财产进行一般管理，但共同财产涉及特别管理行为时，须夫妻双方一致同意。

《民法典》对夫妻财产制的规定类似于澳门的取得共同财产制，法律虽然允许夫妻双方约定财产制，但没有像《澳门民法典》一样明确夫妻约定的财产制的形式、效力、登记等问题。

两种民法对于婚姻存续期间双方的人身关系、财产管理规定类似，但对于结婚实质要件、形式要件、财产制的规定大不相同。有鉴于此，在珠海横琴，针对一方为澳门籍的当事人，且双方均满足男 22 周岁、女 20 周岁的，可以适用澳门法律的规定予以登记、适用澳门有关婚姻法律解决夫妻双方的纠纷。这样既避免了因为可能存在与我国内地婚姻制度不符的"未成年人"结婚带来的法律问题及司法压力，也解决了澳门籍当事人在横琴生活中产生的处理婚姻家庭问题的需求。

4. 其他制度

此外，在个人信息保护、消费者权益保护、知识产权保护等领域，横琴不必完全照搬澳门的法律制度，但是可以借鉴澳门相关的法律解释规则，以及较为成熟的实践经验，统一保护力度和标准。

---

① 参见《澳门民法典》第四卷亲属法，第八章婚姻对夫妻双方之人身及财产之效力，第四节财产制度的有关规定。

五　在横琴实施趋同澳门的民事法律制度的可行路径

关于澳门法律在横琴适用的问题，有学者提出"粤澳法制融合区"的概念，在横琴提供一个与澳门法律制度相近甚至是相同的法治环境。横琴可以吸收借鉴澳门法律制度，在司法机构安排一定比例的澳门专业人士，为跨境民事活动提供相应法律服务，实现粤澳在立法、执法与法律监督三方面的融合①。具体如何适用、如何立法，需借鉴既有成熟的经验，探求适合珠澳两地的可行措施；面对两地法律差异，需要形成两地法律冲突的协调机制。

（一）域外路径借鉴

1.世界三大湾区的经验对珠澳发展的启示

目前在国际社会上，美国的旧金山湾区被称为"科技湾区"，纽约湾区被称为"金融湾区"，日本的东京湾区被称为"产业湾区"，世界三大湾区已经具有相对成熟的湾区法律制度安排，对横琴地区实施和推进澳门民事法律制度有借鉴学习的意义。

东京湾区所属的日本是单一制国家，尽管包括若干省级行政区，但东京湾区的法律冲突与协调由中央统一管理，各省级行政区权限不大，为此日本政府成立了跨区域协调机构：都市圈整备局和都市圈整备委员会、东京港湾联协推进协议会等。纽约湾区和旧金山湾区所属的美国是联邦制国家，各州区域自治，联邦政府的权力和各州的权力由联邦宪法规定。为协调州际冲突，成立了一些非政府组织制定湾区统一政策，推进法治建设，同时签订州际协定解决法律冲突。

---

① 参见谢永梅《构建横琴"粤澳法制融合区"探析》，《广州市公安管理干部学院学报》2015年第2期。

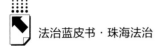

三大湾区的发展定位明确，均有专门的统一机构实施管理、制定政策。对比珠澳所处的粤港澳大湾区，尽管澳门是特别行政区，在宪法范围内有立法权限，但无法否认我国是单一制国家，中央有绝对权力。目前两地法律制度的协调基本是在中央的大框架下由两地政府签订区际协议，没有统一协调法律冲突的机构。有鉴于此，明确发展定位、统一管理机构和统一法律协调机构，是珠澳发展的基础所在。

2. 欧盟协调发展对珠澳两地制度融合的启示

世界三大湾区是在一国的基础上进行的，但欧盟从形成开始，就是各个国家制度和社会文化的异质融合，对研究不同社会制度和法律框架下的制度趋同有实质的借鉴意义。

欧盟发展良好的优势有三：第一，强有力的政治意志；第二，具备高标准规则确保人员、物资等要素跨境自由流通；第三，建立统一的立法与执行机构。

对比珠澳两地，首先，目前在一国之下，两地政府能够体会到大湾区建设对于国家的重要战略意义，并且以实践表明愿意消除利益冲突、共谋发展的政治意志；其次，珠澳两地目前已逐步消除人员流动障碍，但是由于货币、税收、行业标准、数据流通等方面的差异，不能实现人财物的自由流动；最后，作为合作主体，珠澳两地政府大多以政府合作协议的方式进行法律规范的协调，其强制力和执行力难以保障。

从理论上讲，利益协调需要有一定的组织机构来组织和实施；从国际视野看，区域合作成功的地区往往由专责机构来协调[1]。有学者认为，我国目前应建立超越地方政府、具有政治权威的区域管理机构，明确其职权，赋予其高度的监督及调控区域利益的权力[2]。珠澳合作应该从现在以地方为主的

---

[1]　参见李雁玲、鄞益奋《粤港澳合作参与"一带一路"建设的制度分析》，载澳门特别行政区政府政策研究和区域发展局、澳门基金会等主编《新时代　新征程："一带一路"与澳门发展》，社会科学文献出版社，2019。

[2]　参见杨玉梅《欧盟区域政策评述》，《经济问题探索》2007 年第 1 期。

双边协商机制转变为中央主导下的三边协商机制，建立一个法律协调机制①。

（二）建立法律冲突协调机制

目前内地涉及珠澳两地的民事法律冲突可适用《涉外民事关系法律适用法》，但此种区际冲突又不同于主权国家之间的法律冲突，实践中，基于"公共秩序保留"原则适用本地法律、拒绝承认和执行对方的民事判决裁定的情况时有发生。从实践情况来看，目前珠澳两地相互承认和执行民事裁判的情况并不理想，离区际司法全面协作的系统化目标仍有差距。《澳门民法典》也设专章规定了冲突规范，但与内地的冲突法一样，都不是为解决区际法律冲突而设计的，因此有必要建立一个法律冲突协调机制②。

参照德国、美国统一法典制定进程，统一规范的制定往往由学界发起③。所谓统一规范，并不是要求各地强制适用，而是为各地的立法提供指导性的方向，以求法律规则、法律适用、法律解释上的统一④。可由珠澳两地立法、司法、法学会和相关行业人员组成研究小组，参与法律、规则的研究与起草，两地政府在各自的权限内参与上述工作，以求规则的推进和落实。进一步形成一个稳定的区际法律协商、协调与合作机制，就两地法律实务和相关问题进行研究、协商、协调，提出立法建议，促进法律领域的合作。该法律冲突的协调机制可以有如下功能。

第一，制定统一的冲突规范。当前在两个法域法律存在冲突的情况下，在两地现有冲突法的基础上，总结实践经验，制定统一的冲突规范，使得法律适用明确。区际法律冲突的背后是利益的冲突，故此需要通过统一的冲突

---

① 参见陈广汉《推进粤港澳经济一体化研究》，《珠江经济》2008 年第 6 期。

② 参见于志宏《澳门冲突法与内地冲突法比较研究——兼谈我国的区际经济冲突问题》，《法学评论》2003 年第 2 期。

③ 参见〔德〕弗里德里希·卡尔·冯萨维尼《论立法与法学的当代使命》，许章润译，中国法制出版社，2001。

④ 参见曾涛《示范法比较研究》，人民法院出版社，2007。

规范解决区际法律冲突，最大限度地实现当事人的利益。①

第二，制定强制性法律。法律冲突协调机制可以根据实践需要，草拟可以适用于两地的法律。该法律要想成为强制性法律在两地实施，需要经过全国人大的立法程序。

第三，制定指导性规定。法律冲突的协调机制可以通过制定指导性规定或示范法，引导两地立法趋势，为两地法律适用提供解释规则。示范法起源于美国，最早引入我国是在国际私法学者对中国区际法律冲突的研究中。示范法照顾了主体性差异，不要求整齐划一的普遍使用，而是促进示范法的逐步采纳，更多强调示范效力而非强制力，体现了解决区际法律冲突的渐进性和灵活性②。

第四，监督、协调两地法律政策实施。参照欧盟机制，欧盟委员会定期对其成员国实施欧盟法律的情况进行调查，听取相关报告；欧盟法院会受理关于欧盟成员国制定的法律或实施的做法违反欧盟法律的案件，并对违反的成员国给予处罚。监督协调的功能，可以保证法律正常有序实施，也可以及时发现法律政策的不足和漏洞。

第五，争端解决。针对两地在法律适用、法律解释等方面的争议提供解释，同时可以提供调解、仲裁等服务。

更进一步，法律冲突协调机制如能得到中央授权，由中央政府在城市间合作中发挥宏观规划作用，对可能的利益冲突充当公证裁判的角色，更有利于两地协同发展。

（三）发挥区际合作协议的优势

在尚未形成统一的法律冲突协调机制之前，区际的政府合作协议仍然扮演着重要角色。两地政府为了地方治理、消除法律冲突签订了各类政府合作协议，协议的名称以"安排"为主，也有"补充协议""备忘录""议定书"等。

---

① 参见谢石松《港、澳、珠三角地区的区际法律冲突及其协调》，《西南政法大学学报》2005年第5期。
② 参见曾涛《论示范法的理论基础及其在中国的运用》，《法商研究》2002年第3期。

区际合作协议作为一种调整法律冲突的方式，并不具有强制力，属于"软法"，主要起到指导立法、提供法律解释的作用，并对双方政府的合作和权力行使提供指引①。"软法"的优势是灵活、高效，可以面对亟待解决的问题，充分考虑双方利益，在互相了解、互相促进、互相渗透、互相融合中，迅速达成协议②。但是其最大的问题在于不具强制力，可能实施困难③。就目前珠澳两地发展而言，区际合作协议是最有效、最便捷的协调法律冲突的方式。

六　结语

粤港澳大湾区建设，关键在于"法治化"社会秩序的构建。"法治化"社会秩序，不仅在于市场经济制度的构建，还在于民众生活及理念的融合与互认、司法保障体系的构建与确立等。

为促进两地人才、资金、信息等生产要素的自由流动，营造一个法治化、国际化、便利化的营商环境，保障投资贸易、居民生活的便利化，横琴亟须推动有关制度建设，打破两地制度藩篱。横琴应当坚持党的领导，坚持社会主义核心价值观，坚持"一国两制"，借鉴澳门对外开放的经验，吸收澳门的部分法律制度，保障两地的规则衔接。两地政府在现有的政府合作协议基础上，借鉴国际先进和成熟的规则，积极推动两地法律冲突协调机制建构，从制度上促进横琴与澳门两地深度融合发展。

---

① 参见曹和平、吴一鸣《CEPA 模式对于中国区际法律冲突解决途径的借鉴》，《法学研究》2006 年第 11 期。
② 参见曾加、吕东锋《区际法律冲突的法哲学思考》，《河北法学》2011 年第 3 期。
③ 参见罗豪才、毕洪海《通过软法的治理》，《法学家》2006 年第 1 期。

B.10
大湾区背景下珠澳警务合作的
创新实践与展望

珠海市公安局课题组*

摘　要：　珠海公安机关历来高度重视与澳门警方的警务交流合作，在市委、市政府和上级公安机关的直接指挥下，珠澳警务合作以开创性的合作理念、全方位的紧密合作和不可替代的实战效果，成为国内跨境区域警务合作的精品范本。进入新时代，珠海公安携手澳门警方积极落实习近平总书记"做好珠澳合作开发横琴这篇文章"的指示精神，在大型活动安保、打击跨境犯罪、维护珠澳边境稳定、阻击新冠肺炎疫情、支持澳门经济适度多元发展等方面探索推行了与大湾区发展和琴澳融合相适应的一系列创新举措，全力打造珠澳警务合作的新高地。

关键词：　大湾区　打击跨境犯罪　警务合作

　　澳门与珠海水陆相连，唇齿相依、血脉相连，特殊的地理环境和历史渊源，使两地经济、文化、人员往来密切。长期以来尤其是澳门回归祖国以来，珠海警方在市委、市政府和上级公安机关的直接指挥推动下，坚持"一国两制"，秉持"互不隶属、互相联系、互相支持"的原则，携手澳门

---

　　* 课题组负责人：邓文，珠海市公安局党委委员、副局长。课题组成员：刘堃、杨卫平、徐飞、蒋利健、贺畋甜、胡瑜。执笔人：胡瑜，珠海市公安局警令部研究室副主任。

警方以开创性的合作理念、全方位的紧密合作、不可替代的实战效果,逐步形成了具有示范意义的跨境区域警务合作"珠澳样本",尤其是在澳门回归祖国 20 周年庆典安保工作和新冠肺炎疫情防控中发挥了至关重要的作用,为全省乃至全国公安机关提供了有益借鉴。当前,随着粤港澳大湾区建设的加快推进,在大湾区城市群发展的内聚作用下,区域界限将逐渐淡化,全新而独特的社会治安格局正在形成,珠澳警务合作也迎来了新的机遇与挑战。如何进一步深化合作,共同维护好两地治安稳定和经济社会繁荣发展,成为珠澳两地警方面临的重要课题。

一 珠澳警务合作的历史脉络和主要成效

澳门与珠海的警务合作最早可以追溯到澳门回归以前。从最初在国际刑警组织框架内的非正式、浅层次合作,到 1999 年澳门回归后真正意义上的警务合作,大致经历了三个阶段。

(一)破冰探索阶段:联合行动、携手严打(澳门回归前~2005年)

1982 年 1 月,粤澳警方开始正式接触,双方商议采取定期会晤这一区际警务合作形式进行务实协商。1987 年 1 月,国际刑警组织中国国家中心局广东联络处成立,粤澳刑事警务合作依托国际刑警渠道深入开展,成为两地警方开展刑事警务合作的正式渠道。为确保澳门回归前后的社会治安持续平稳,珠海市公安局在省公安厅的直接指挥下,积极主动策应澳门警方开展社会治安重点打击整治,通过联合行动,迅速侦破了"东星轮"1000 万元特大抢劫案、澳门总统酒店凶杀案等一批影响恶劣的跨境刑事案件,为澳门顺利回归祖国营造了良好的社会治安环境。澳门回归后,珠澳警方联系更加紧密。2002 年 9 月,经广东省公安厅授权,珠海市公安局成立港澳警务联络科,建立了与澳门警方的直接联络渠道,并参加定期举行的粤港、粤澳警务工作会晤。粤港澳三地警方刑侦主管工作会晤及学术交流等,极大地提高了两地警方的协调联络效率和联动反应能力。

（二）建章立制阶段：提炼经验、制度固化（2006～2010年）

这期间，在国家层面，先后出台了《珠江三角洲地区改革发展规划纲要（2008～2020年)》《横琴总体发展规划》，首次将与港澳地区的紧密合作纳入珠三角规划发展战略范畴，并将珠海定位为珠江口西岸核心城市和交通枢纽，将横琴定位为"一国两制"下探索粤港澳合作新模式的示范区。2006年3月，在公安部、省公安厅的支持推动下，《珠澳口岸警务协作机制》正式签署，这标志着珠海澳门警务合作从非正式、个案协作开始逐步进入制度固化阶段。为配合《珠澳口岸警务协作机制》实施，珠海市公安局与澳门警方设立了24小时联络热线，进一步拓展了珠澳警方的合作深度和广度，并逐步建立起重大刑事案件紧急联动机制、刑事科学技术合作机制、反恐工作会晤机制、重大活动安保协作机制、边境警务联络机制等一系列长效机制的深层次合作，有效推动了警务合作向常态化、纵深化、规范化发展，大大提升了共同打击跨境犯罪、维护珠澳良好治安局面的成效。

（三）全面发展阶段：精准对接、深度拓展（2010～2015年）

2010年10月，澳门警察总局与珠海市公安局共同举办了首届"澳门·珠海警务论坛"，成为继国家层面"海峡两岸暨香港、澳门警学研讨会"后国内又一重要跨境、跨法域警学交流平台。论坛大胆探索"一国两制"下的珠澳警务交流与合作，对刑事司法协助、跨境犯罪打击、出入境管理、跨境交通管理、边境管控等诸多警务合作问题进行广泛的前瞻性探讨，以警务合作理念创新推动合作机制和警务实践创新，有力地促进了两地警务合作向纵深发展。时至今日，历届论坛提出的多项警务构想已转化成为珠澳警务合作的成功实践。在"澳门·珠海警务论坛"的积极影响下，两地警务合作机制不断完善，交流方式日趋多元，合作成效日益凸显。2015年8月，珠海市公安局经上级机关批准，专门成立了警务合作办公室，常态化推动珠澳警务合作。两地警方根据珠澳边境治安形势，适时携手组织开展"雷霆"等系列专项行动，同步推进边境治安整治，先后成功侦破了2012年澳门

"1·10"福海花园杀人案、2013 年澳门"1·14"特大入室盗窃案、2014 年跨境走私卷烟案等一批重案要案，有力维护了两地经济社会发展的长期稳定。

在此基础上，以 2015 年横琴自贸区正式成立为节点，以 2019 年中共中央、国务院印发《粤港澳大湾区发展规划纲要》为标志，珠澳警务合作进入了大湾区背景下深度融合，全领域、深层次合作的新阶段。

二　大湾区背景下珠澳警务合作的进一步创新与实践

进入新时代，习近平总书记亲自谋划、亲自部署、亲自推动粤港澳大湾区建设，三地经济社会发展迎来新机遇，也给珠澳警务合作提供了广阔的空间。在此背景下，珠海公安在市委、市政府和上级公安机关的直接指挥下，携手澳门警方积极落实习近平总书记"做好珠澳合作开发横琴这篇文章"的指示精神，抢抓粤港澳大湾区和横琴粤澳深度合作示范区建设的历史机遇，按照"边谋划、边实践、边完善、边推进"的思路，在既有合作经验基础上守正创新，警务合作理念从恪守规矩向认同融合转变，合作领域从治安管理向社会治理转型，合作重点从打击犯罪向公共安全延伸，合作方式从单向请求向全方位合作拓展，探索推行了与大湾区发展和琴澳融合相适应的一系列创新举措，全力打造珠澳警务合作的新高地。

（一）突出安全理念，营造平安稳定的发展环境

港珠澳大桥建成通车后，珠海公安携手港澳警方及相关职能部门签署《港珠澳大桥三地口岸执法联络协调工作机制》和《港珠澳大桥警务、应急救援及应急交通管理合作协议框架》，打造三地警务、消防、交通管理及应急救援等领域合作的新亮点，有力确保了港珠澳大桥交通安全顺畅，更为下一步警务合作的多元发展奠定了坚实基础。在 2019 年澳门回归祖国 20 周年庆典安保工作中，珠澳警方在上级机关的指导支持下，坚持"一国两制"原则，在可作为空间内寻求广泛共识和重点突破，精诚合作，联合作战，在

诸多警务合作领域创造性地推出了一系列创新安保举措，共同圆满完成了澳门回归祖国 20 周年庆典安保这一"国家任务"，得到了国家安保组的高度肯定，在珠澳警务合作史上书写了浓墨重彩的一笔。在 2020 年新冠肺炎疫情防控工作中，珠海公安立足大局，主动服务，率先与澳门警方建立疫情信息共享机制，全面强化口岸边境管控，全力做好相关人员接收送返隔离以及车辆、物品检查检测防疫工作，优先保障救护、防疫和运送医护人员、药品、民生物资等车辆安全顺畅通行，有力服务保障了澳门疫情防控工作大局。这不仅赢得了澳门社会各界人士的一致肯定，为珠澳警务合作打下坚实的群众基础，更为进一步完善珠澳联手处置涉公共安全等突发事件积累了成功经验。

（二）突出服务理念，以横琴为试点书写合作新华章

一是推动出台便利化政策措施。提升人员往来便利化水平，推动实施湾区居民、华侨和外国人便利使用通行证、普通护照、外国人永久居留身份证，便利签注以及便利办理相关业务等政策。在横琴设置外国人签证受理点，放宽港澳企业聘用外籍人才签证、居留许可停留期限，增加旅游商务签注种类和有效次数，实施外国人"144 小时过境免签"政策，探索优化"144 小时便利签证"措施等。二是优化澳门机动车入出横琴临时牌照管理。简化临时牌照申领手续，对澳门机动车入出横琴临时号牌期满后且不满一年重新申请的，申请人可在网上提交申请材料，经审核后，继续使用原临时号牌入出横琴。截至 2020 年底，已累计向 4542 辆澳门机动车批准入出横琴资格，当前处于资格有效期内可入出横琴的澳门单牌车共 3890 辆。三是发放澳门单牌车临时入境"电子车牌"。澳门单牌车车主可以直接申领"电子车牌"，无须到申报大厅打印纸质的临时入境车牌。车牌有效期从原来的 3 个月延长至 1 年，汽车可以在有效期内多次入出横琴。注册登记 6 年以内的 7 座以下（不含）非营运小微型载客汽车，申领"电子车牌"免于上检测线。"电子车牌"政策实施后，在横琴口岸客车出入境通道通关仅需 30 秒，大幅降低了车辆通关成本，提升了澳门机动车进出横琴的效率，对促进粤澳便

利往来起到了积极作用。四是推动澳门机动车入出横琴政策调整落实。积极推动澳门机动车入出横琴政策调整，澳门机动车入出横琴申请指标从原来的800辆增加至5000辆。同时，不断放宽政策申请条件，从在横琴开办企业的澳门法人扩大至在横琴工作、购房居住、开办企业的澳门居民，赢得了澳门居民的一致好评。

（三）突出共建理念，打造"零距离"珠澳警民伙伴关系

一是进一步完善涉澳项目警务制。探索构建企业知名品牌与知识产权保护的执法协作"直通车"机制，探索推行涉企警情和案件跨境报警与受理新模式。推行"前移＋垂直"服务模式，在港珠澳大桥人工岛、出入境口岸、横琴创新园区等重点区域探索设立服务专窗，为港澳人员、车辆往来提供24小时全流程服务。实行"警务项目制"，按照"涉澳项目推进到哪里，警务服务就跟进到哪里"的工作思路，指定专人全程跟进和服务重大项目、重点企业、重点工程建设，协调办理相关事项，相继启用了"横琴·澳门"青年创业谷警务室、粤澳合作中医药科技产业园警务室，并积极推动"澳门新街坊"项目警务室建设，努力提升公安机关服务澳门经济发展的能力和水平。警务室在做实公安基础业务的同时，致力于探索港澳居民管理、化解三地居民矛盾、人才引进及落户、粤港澳车辆管理等服务举措，进一步提高居民、企业经营者的安全感、幸福感、满意度。二是建立服务澳门的智慧警务室。在新家园小区内建成社区智慧警务室，搭载了3D仿真体验、AR/VR互动新媒体技术，澳门居民可模拟体验三地交通行驶差异、生活习惯差异。通过交互式体验平台，警务工作更加贴近澳门居民需求，警民关系更加亲密和谐。三是提高澳门居民对珠海公安机关的知晓度。通过警察开放日、发展澳门籍志愿警察等活动，宣传推广珠海公安便民业务、内地法律制度、优秀警察先进事迹等，增进澳门居民对内地警察的了解与理解。借助"澳门街坊会联合总会广东办事处横琴综合服务中心"平台举办讲座，针对澳门居民较为关注的单牌车的申办条件、办理流程、"越界"情况，以及港澳台居住证办理等事项进行宣讲解答，助力澳门居民尽快融入内地环境。

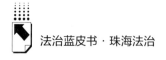

（四）突出共治理念，组建志愿警察澳门中队

珠海公安大胆突破，将澳门元素、湾区效应、公益行动、政府行为、社团组织等要素有机结合，经过制度拟定、前期筹备、人员筛选、面试及审核工作，共募集澳门籍志愿者 17 名，组建了内地首支志愿警察澳门中队。使其融入横琴公安工作，近距离直观感受内地公安机关尊重人权、规范执法、开放先进的执法理念与环境，以及"平安横琴"建设新成果，不断提升澳门同胞对内地公安工作的认同感和参与度。在平等、开放、民主、合作、共赢的基础上，形成目标一体化、利益一体化、行动一体化的警务共同体。

在组建志愿警察澳门中队过程中，珠海公安重点探索解决了几个核心问题。一是制定管理办法。在原有管理制度基础上，重新制定了《横琴分局志愿警察管理办法》，明确澳门籍志愿警察的职责、纪律、权利和义务，以及保障与激励机制、人员招募及退出机制等，力求打造一支规范化、制度化、社会化、专业化的志愿警察队伍。二是制定培训考核计划。统一组织志愿警察澳门中队进行法律法规、警务管理模式、辅助性警务工作的培训考核，帮助其尽快融入横琴社会治安环境和横琴警务工作。三是建立量化工作机制。大胆创新、合理分工，使澳门籍志愿警察的工作目标、岗位职责与横琴警务工作有机融合，保证效率最优、服务质量最优。四是完善保障机制。专门设计并配置志愿警察澳门中队服装和装备，配备"澳门中队"袖套与相应标识，并为每位队员购买保险，不仅便于志愿警察澳门中队更加规范地参与社会治理工作，也提升了志愿警察自身安全保障水平。

三　珠澳警务合作的经验启示

回顾几十年的珠澳警务合作历程，珠澳警方携手并进、互利共赢，打造了跨境区域警务合作的"珠澳样本"。这其中既有地缘优势、形势使然的客观因素，更有赖于中央、省、市各级领导推动落实"一国两制"原则的高远站位，以及珠澳警方先行先试、创新突破的主动作为。总结提炼好珠澳警务合作现有的经验启示，对于新形势下两地警方共同维护珠澳社会大局稳定，乃至推动促进大湾区警务交流合作具有积极意义。

一是遵循"一国两制"原则，求同存异。澳门回归以来，从特别行政区政府到澳门各界社会群众，均树立了正确的国家观念和政治观念，以及对"一国两制"的高度认同感，这成为加强珠澳警务合作的基础和前提，珠澳双方才能在尊重彼此差异的情况下求同，实现互利共赢。多年来，珠澳警方相互信任、相互帮助，在日常工作中建立了深厚友谊，尤其是在高层会晤和学术交流方面，两地合办的"澳门·珠海警务论坛"已成功举办六届，成为两地警务合作的标志性品牌。在警务合作过程中，珠海公安始终牢记确保"一国两制"顺利实施的神圣使命，紧紧围绕"澳门所需"，在重大活动安保、打击跨境犯罪、维护珠澳边境稳定、阻击新冠肺炎疫情、支持澳门经济适度多元发展等方面全力发挥"珠海所能"，以真诚务实的合作态度、高效迅捷的工作作风、实实在在的合作成效赢得了澳门警方的高度信任。正是珠澳两地警方坚守同一份初心、共搭同一个平台、朝着同一个方向使劲，才能共创你中有我、我中有你、携手并进的良好合作局面。

二是顺应世界警务发展潮流，与时俱进。开展区际、区域警务合作是适应世界警务活动合作发展潮流的必然要求。同时，随着警务实践活动的发展，区际、区域警务合作将不断出现新的模式和新的方向，呈现持续、动态的发展态势。从珠澳警务合作实践历程来看，开创"澳门·珠海警务论坛"对于珠澳警务合作具有里程碑式的意义。从时间脉络来看，首届论坛于2010 年举办，这个时间段恰处于国际、国内经济社会发展格局发生深刻变化的转折点，传统犯罪逐渐递减，新型犯罪、跨境犯罪逐渐增多，警务工作面临执法环境改变、犯罪手段升级、管理主体多元等诸多新变量考验。为此，珠海公安因应社会治安形势的不断变化，主动拓展警务合作层次，凝聚珠澳警方合力，有效提升了驾驭复杂治安局势的能力水平。由此可见，珠澳警务合作的"小气候"不能脱离世界警务发展的"大潮流"和我国经济社会高速发展的"大环境"。区域融合趋向越明显，新时代公安工作面临的变量越复杂，警务合作的步伐应当更加快捷，警务合作的层次更应当深化。此外，在当前推进国家治理体系和治理能力现代化大背景下，澳门地区因历史原因和自身特点，在创新社会治理、推动社会协同自治等方面先行一步，形成了特色鲜明、行之有效的社会治理生态。在进一步深化珠澳警务合作进程中，尤其是基于横琴这一粤港澳合作新模式示范区，珠澳警方在社会治理领域互相借鉴先进经验，携手打造共建共治共享社会格局大有可为、前景可期。

三是把握区域治安特点，因地制宜。从运作模式上看，珠澳警务合作可分为平时和战时两种模式。其中，"平时"即在日常工作中开展的跨境合作，多见于打击犯罪、联合整治、水域管控等方面，如针对环澳水域的"点对点"日常联勤巡控机制，针对黑社会性质组织犯罪、有组织毒品犯罪、洗钱、电信诈骗等突出跨境违法犯罪的"雷霆"系列专项打击行动等。"战时"则多见于重大活动安保期间，两地警方围绕核心区域、重点目标协同推进各项联勤安保协作。从建章立制层面看，珠澳警务合作既有长效机制，又有"契约"协作，两者互为补充、共同作用。其中，既有《珠澳口岸警务协作机制》这样经充分酝酿的"一揽子"正式合作机制，也有《刑事科学技术工作合作框架协议》这样"点对点"的单项业务协议，还包括针对扫黑除恶等重要专项工作，以及共同签署形式灵活、追求实效的共识声明。上述务实的操作方法，在满足实战需求的同时，也有效激发了每个作战单元的合作意识和动力，大大降低了合作成本，提高了合作效率。

四 面临的问题与困境

珠澳警务合作历经多年实践，合作层次不断深化，合作范围不断扩展，成效显著，亮点纷呈。但必须承认的是，囿于珠澳两地"一国两制"不同法律体系的独特地缘特征，一些互涉警务工作可创新突破的空间十分有限。在当前大湾区建设加速推进的背景下，珠澳警务合作的整体性和区域性联动特征也愈加明显，所涉及的警务主体、警务类型、警务风格和警务资源更为多元，对两地的警务合作提出了新的更高要求，同时需要解决的现实问题也日趋复杂多变。

（一）人财物流动更为频密，跨境安全防范难度增大，警务合作要求较高

珠海、澳门在粤港澳大湾区建设中承担了打造"澳珠一极"的历史使命，这既是挑战，更是机遇。将来珠澳两地必将对全国乃至全球的人财物产生巨大的虹吸效应，相伴而生的是各种犯罪诱因增多和犯罪概率升高。在区域一体化、治安动态化、犯罪智能化的大环境下，珠澳两地社会治安已经形成了一个密不可分的共同体，且互相联系、互相渗透、互相影响，尤其是电信诈骗、偷渡走私、网络赌博、组织卖淫、制贩毒品、开设地下钱庄洗钱等新型犯罪和跨境、跨区域犯罪将更加突出。跨境刑事治安案件将会大量增多，给两地警务协作增加不小难度，仅靠目前以个案协作为主的警务协作机制，难以应对将来复杂的社会治安形势。

（二）经济社会全面融合发展，跨境政务服务项目增多，警务合作内容扩大

粤港澳大湾区建设的目标之一是建成"具有全球影响力的国际科技创新中心"，而横琴作为全省科技创新"两点两廊"的重要组成部分，将进一步促进澳门企业跨区域布局，大量人员跨区域流动。珠澳两地边境线的客观存在，政府部门承担的出入境管理、跨境车辆管理等跨境政务服务项目逐渐增多，警务协作范围将不断扩大。由于珠澳两地法律体系不同，两地警方所承担的政务服务职能不尽相同，加上澳门地区政务服务职能比较分散，珠海市公安机关需要协调的事项也将增多。两地经济社会的融合发展也进一步提升了两地居民的交流互访需求，受限于国家对入出澳门总体调控政策，开放珠海户籍居民赴澳门个人游"一签多行"政策一直未取得实质性突破，"澳车北上"工作还存在申请条件复杂、门槛过高、手续烦琐等问题，人员车辆便利往来政策需要进一步发力。此外，对于正在筹建的横琴"澳门新街

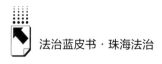

坊"，两地警方面临的管辖权厘定、社区治理模式创新等问题难以回避，也将倒逼警务合作内容进一步扩大升级。

（三）国际地位逐步提升，跨境司法舆论关注度高，警务合作压力增大

广东地缘区位特殊，地处"两个最前沿"，是中国改革开放的先行地和引领者，也是中国和世界联结的最主要枢纽。随着粤港澳大湾区将建设成为继美国纽约湾区、美国旧金山湾区、日本东京湾区之后的第四个世界级湾区，区域地位将不断提升，舆论关注度也将进一步提高，身在其中的澳门、珠海自然也成为境内外关注点之一，两地警务合作将备受关注。

五　未来展望

展望珠澳警务合作的未来，一方面，要坚守初心不变，即两地警方必须始终以践行"一国两制"原则、共同维护珠澳两地长期繁荣稳定、服务澳门融入国家发展大局为基本前提；另一方面，又要与时俱进，将珠澳警务合作置于粤港澳大湾区整体进行谋划推动，不能以邻为壑。在此基础上，应尊重客观现实，按照"先易后难、先服务再合作"的原则，长期打算、重点突破、分步实施、精准施策，逐步深化完善珠澳乃至大湾区警务合作机制，在实践中寻求合作的"最大公约数"，最终形成优势互补、互利共赢、协调联动、快捷高效的警务利益共同体。就珠澳两地警务合作而言，当下应重点做好四方面工作。

（一）强化实战联动，维护珠澳两地社会大局持续平稳

未来，珠澳两地的人流、物流、车流、资金流、信息流都会呈爆发式增长态势，加强珠澳警务合作成为打击跨境犯罪、维护区域治安稳定的必然选择。在此过程中，首先，要秉持"先易后难"的原则，在尊重现有法律差异的基础上，先从较少涉及法律冲突的事项开展警务合作。例如，持续开展

跨境"雷霆行动",在联手打击黑社会犯罪、地下钱庄洗钱等传统犯罪基础上,针对治安形势发展和澳门地区治安实际,将电信诈骗、网络传销、网络非法集资等新型跨境犯罪纳入联合打击范畴。同时,探索推进联合侦办案件机制,根据双方情报适时制订联合行动方案,更加紧密地捆绑作战,更加精确地打击各类跨境犯罪。其次,要进一步完善现行的"点对点"联勤巡控机制,加强港珠澳大桥、两地口岸、相邻水域等重点区域的巡逻管控,强化联勤执法,严厉打击走私、偷渡等违法犯罪行为,全力确保珠澳边境地区治安和谐稳定。此外,以新横琴口岸及综合交通枢纽启用为契机,创新搭建新口岸治安防控平台,预留设立澳门警方工作联络站,全面深化两地警方在重大活动安保、打击防范琴澳跨境犯罪等方面的合作,努力实现警务协作效能的最大化。

(二)强化主动服务,提升珠澳驾驭突发事件能力水平

珠海市公安机关在警务理念、基础设施和科技手段等诸多方面先行一步、成效显著,对大湾区尤其是澳门有一定的辐射影响作用。要充分利用体制优势和科技优势,先服务再合作,立足"澳门所需",发挥"自身所能",竭力服务澳门警方需求,在合作交往中传递内地公安机关的真诚和善意,与澳门警方建立平等互信的兄弟情谊,筑牢夯实珠澳警务的合作根基。要发挥好澳门"大后方"作用,进一步完善现行快速反应机制和联络渠道,及时通报预警涉澳不稳定因素,涉恐、涉跨境犯罪等情报信息,协同化解各类矛盾纠纷,快侦快破各类涉澳重大刑事案件,及时缉拿、移交违法犯罪嫌疑人,全力维护澳门地区社会大局持续稳定。要及时总结联手防疫的成功经验做法,进一步固化完善珠澳涉公共安全紧急通报和信息共享机制,包括口岸管控、检查检疫、送返接收、物质保障等在内的高效协同处置机制,共同筑牢珠澳公共安全防线。从目前港珠澳大桥通行管理情况来看,针对三地警方在工作衔接和协调中的问题,要在《港珠澳大桥三地口岸执法联络协调工作机制》和《港珠澳大桥警务、应急救援及应急交通管理合作协议框架》内,推动珠澳警方定期情报交流,开展联合演练,

适时开展联合巡逻防控和打击整治行动，共同提升珠澳口岸人工岛治安防控工作效能。

（三）强化协同共治，打造珠澳警务合作"横琴样本"

把横琴作为警务合作发展和支持服务澳门的核心承载区，以局部警务合作机制创新为推动珠澳乃至粤港澳警务合作破局探路。一是以横琴粤澳深度合作示范区建设为契机，构建与"澳门新街坊"相适应的社区警务新模式。借鉴澳门社团管理模式，与"澳门街坊会联合总会广东办事处横琴综合服务中心"建立常态化联络沟通机制，不断拓展便民服务领域，提升服务质量，拓宽警务外延，为在横琴工作和生活的澳门居民构建良好的生活环境，提供优质的公共服务。二是用好用活志愿警察澳门中队。持续招募素质高、对祖国认同感强的澳门籍居民加入志愿警察队伍，安排在横琴口岸、粤澳合作中医药科技产业园、澳门新街坊等重点区域协助执勤，辅助珠海公安民警从事治安巡逻防控、矛盾排查化解、大型活动安保、接处警和爱心公益活动。在深度协同配合过程中，培育澳门籍志愿警察逐步成长为琴澳合作建设的宣讲员、调解员、信息员、治安员。在此基础上，继而探索组建"粤港澳志愿警察队伍"，让粤港澳三地居民共同加入横琴群防群治工作，进一步增强港澳居民对祖国的向心力和凝聚力。三是积极推进"澳车北上"工作，以澳门单牌车入出横琴为试点，在可承受范围内，尽可能增加澳门单牌机动车入出横琴指标。在港澳单牌机动车便利入出内地、澳门与内地互认换领机动车驾驶证等政策获公安部授权的基础上，积极寻求上级部门支持，进一步简化相关申请手续，增加澳门机动车入出横琴配额，便利澳门私家车主跨境出行，提升澳门居民来横琴发展的意愿。同时，探索出台澳门客座小型机动车及旅游大巴入出横琴政策，切实为在横琴工作和生活的澳门居民提供优质的公共服务。四是进一步完善企业项目警务制。指定社区民警从项目落地、建设到建成使用，开展全程跟踪服务，通过建立企业和建设单位安全防范指导机制、矛盾纠纷排查化解机制，力争为辖区企业、重点项目尤其是澳门企业在横琴投资兴业提供更加优质的"定制服务"，依法保障澳门企业合法权益，更好地服务澳门企业在横琴发展，切实为推动澳门经济适度多元发展提供实质性支持。落实港澳居民回乡证内地申办工作，探索珠海公共服务均等化项目扩大至港澳居民，让港澳居民充分享受改革红利，进一步增强港澳居民对内地体制和大湾区发展的认可和信心。

（四）强化互动交流，推动珠澳警务合作深度融合

一方面，要全力推动前瞻性警务合作理论研究。理论是实践的基础，实践是理论之源。在强化实践意义的同时更要强化理论对实践的"超越"，理论的重要性在于它能够把握实践规律，凝聚广泛共识，引导实际工作，以理论创新指引带动实践创新。历届"澳门·珠海警务论坛"提出的 24 小时通关、澳门机动车进出横琴等多项警务理论构想，已逐步转化为深化珠澳警务合作、推动珠澳两地经济社会发展的实践成果。目前，珠澳警方在双方警务合作研究方面，无论是研究人员还是研究成果都有一定基础，但限于日常工作、研究水平和影响范围，两地警务理论研究仍处于部分缺位、相对滞后的状态。因此，有必要进一步拓展珠澳警务合作理论研究范围，充分利用社科机构、高校及法学研究院所等外部资源，借脑思考，形成多级次、多层面、相互支撑和连接互动的研究团队，特别是加强不同法域学者与研究机构之间的沟通与对话，切实为我国区际警务合作实践提供明晰指引，助力解决珠澳警务合作实践的"瓶颈"难题。

另一方面，要推动建立完善多层级、全方位的警务合作交流机制。建立警务技能训练交流基地，依托横琴公安分局业务技术用房，划定专用场地作为珠澳警务技能交流基地，推动双方在交通管理、巡逻防控、社区警务、刑事侦查、接处警、治安管控、智慧新警务等方面进行战术性质技能交流。同时，深化推动两地警察协会、警察训练机构的合作交流，通过采取邀请教官授课、两地警察互访培训、构建两地警队专家人才库等形式，为两地警务人员搭建更加广泛的交流及培训平台，并探索两地互认尤其是澳门警队在学历培训、职级晋升中认可内地机构培训资质，推动两地警方深度融合发展。

B.11
粤港澳大湾区推进医疗保障合作探索实践

珠海市医疗保障局课题组*

摘　要：　为推动珠海与港澳医疗保障制度衔接、支持促进粤港澳大湾
区建设发展、主动服务国家全面对外开放，珠海市率先在珠
海市横琴新区、保税区、洪湾片区一体化区域（以下简称
"珠海横琴一体化区域"）探索开展"常住横琴的澳门居民
参加珠海市基本医疗保险试点"，在现有政策架构、经办方
式不调整的基础上，为在珠海横琴一体化区域学习、生活、
创业、就业的澳门居民提供更多便利和保障。未来，还将加
大参保政策的宣传力度，提高政策的知晓率与参与率，并对
标澳门优势提升医保服务，借鉴澳门模式促进医疗资源优化
配置，不断探索和创新推动珠澳两地医疗保障的有机衔接和
融合发展。

关键词：　粤港澳大湾区　珠海横琴一体化区域　珠澳两地医疗保障

一　实践背景

粤港澳大湾区建设是习近平总书记亲自谋划、亲自部署、亲自推动的国
家战略。习近平总书记在党的十九大报告中指出，要支持香港、澳门融入国

---

*　课题组负责人：程智涛，珠海市医疗保障局党组书记、局长。课题组成员：肖钰娟、杜达
俊。执笔人：杜达俊，珠海市医疗保障局医疗待遇保障科副科长。

家发展大局，以粤港澳大湾区建设、粤港澳合作、泛珠三角区域合作等为重点，全面推进内地同香港、澳门互利合作，制定完善便利香港、澳门居民在内地发展的政策措施。2019 年 2 月 18 日，《粤港澳大湾区发展规划纲要》（以下简称《纲要》）正式发布，标志着大湾区建设实现了从战略构想到全面推进实施的新阶段，同时也是大湾区探索推进社会保障深化合作和融合发展的新跨越。《纲要》明确提出："探索推进在广东工作和生活的港澳居民在教育、医疗、养老、住房、交通等民生方面享有与内地居民同等的待遇。""支持珠海和澳门在横琴合作建设集养老、居住、教育、医疗等功能于一体的综合民生项目，探索澳门医疗体系及社会保险直接适用并延伸覆盖至该项目。"珠海市委、市政府高度重视粤港澳大湾区建设、横琴粤港澳深度合作示范区建设，提出要完善社会保障领域制度建设，推动港澳居民在医疗、养老、住房等民生方面享有与本市居民同等的待遇。

（一）坚持以人民健康为中心构建多层次医疗保障体系

珠海市医疗保障局坚持以人民健康为中心，不断锐意改革创新；以健全制度为核心，不断提高保障水平；以参保人需求为导向，不断创新服务理念；以增添百姓福祉为目标，不断支持医疗机构发展；以强化管理为抓手，不断提高基金使用绩效。历经 20 余载，珠海成功构建了多层次多维度的医疗保障体系，在医保"雨露"的滋养下支撑了医疗机构的蓬勃发展、欣欣向荣，实现了医疗保障事业与医疗机构的共同繁荣，实现了医保基金的安全稳定、可持续发展，也切实为百姓增添了获得感和幸福感、安全感。

1996 年珠海成为国家第二批医疗保险改革试点城市，1998 年实施城镇职工基本医疗保险制度改革，建立市级统筹的基本医疗保险制度框架，改革过程中实现了一系列全省乃至全国的创新和领先：率先为全体外来劳务人员建立大病医疗保险制度，用人单位缴费水平低且个人无须缴费（2002 年）；率先为全市未成年人包括外来劳务人员子女、大学生建立医疗保险制度（2006 年）；率先打破城乡户籍壁垒，将新型农村合作医疗与城乡居民基本医疗保险并轨，实现医疗保险城乡统筹（2008 年）；率先为全体参保人建立统筹共济、统一管理、统一待遇的普通门诊统筹制度（2009 年）；率先为全体参保人建立补充医疗保险，珠海医保开始由"基本保障"向"更好保障"迈进（2013 年）；率先实现全民医保"城乡一体，待遇均等"，实行医疗保险"覆盖范围、筹资政策、保障待遇、医保目录、定点管理、基金管理"等方面的"六统一"（2016 年）；作为全国 12 个试点城市之一，率先开展生育保险和基本医疗保险合并实施，实现了医保基金的"四险"合一（2017 年）；率先出台附加补充医疗保险，构建了"基本 + 补充 + 附加补充险 + 医疗救助"的多层次多维度医疗保障体系（2018 年）；等等。20 多年来每次承担的国家、省"试点"以及每个创新出台的"率先"，都为全省乃至全国贡献了自己的智慧结晶和实践经验，切实肩负起经济特区在改革开放中的光荣使命和担当，展现了珠海在医保改革方面的开拓创新精神，凝聚了几代珠海医保人的点滴辛勤汗水。

（二）澳门居民在珠海就医需求大，但保障有空白区域

内地实行社会医疗保险模式，具有权利与义务对等的特点，即只有参保缴费才能享受相应的医疗保险待遇，而且就医时除医保报销外个人仍需承担一定比例的费用。与内地明显不同，澳门实行的是福利性与商业保险相结合的医疗保障模式，且不覆盖境外以及内地就医。截至 2018 年，澳门有医院 5 家，卫生中心及卫生站 11 家，西医/牙医诊所 191 家，中医诊所 109 家，卫生护理服务场所 359 家[1]。澳门医疗最突出的优势在于拥有健全的基层医疗网络，但是只有一家大型公立医院。由于病例较少，医疗资源受限，澳门公立医院在重大疾病等三级优质医疗服务方面存在不足，一些复杂棘手的疾病难以在本地解决，需转至香港或内地医院诊治。而同期珠海市（含市外）签订医疗保险服务协议的定点医疗机构达 427 家，其中医院 55 家，市内有 9 家三级医院且均为公立医院；定点零售药店为 1086 家[2]。显然，珠海的医

---

① 以上数据统计至 2018 年 12 月 31 日。

② 以上数据统计至 2018 年 12 月 31 日。

疗资源更为丰富，尤其是三级公立医院数量较多且已形成了多个省级以上的重点专科。

根据《珠海市人民政府关于印发珠海市基本医疗保险办法的通知》（珠府〔2016〕47号），港澳人员在珠海就业，用人单位可为其参加基本医疗保险，享受珠海市医疗保险待遇；港澳人员子女在珠海市学校或幼儿园就读，可以在学校或幼儿园参加珠海市基本医疗保险二档，参保所需财政补贴由珠海市、区（就读所在区）财政承担，参保后享受珠海市医疗保险待遇。截至2018年底，珠海市港澳人员在内地就业参保人数为3306人，港澳学生参保人数约504人。在珠海市未就业、未就读却在珠海居住的其他港澳居民，则未被珠海市医疗保险制度覆盖，无法参加珠海市基本医疗保险并享受医疗保险待遇。2018年，澳门籍参保人在珠海市门诊待遇享受人次为4408人次，住院待遇享受人次为349人次，基本医疗保险基金支出约341万元[①]。而据当年统计，澳门居民从珠海出入境的人次达5000万之多，在珠海住院达到了1007人次，门诊则高达36589人次。可见，许多常住珠海的澳门居民在珠海就医并未享受珠海基本医疗保险待遇。

（三）横琴新区试点得天独厚

推动珠海与港澳医疗保障制度衔接，是珠海市支持促进粤港澳大湾区建设发展、主动服务国家全面对外开放的一项重大创新改革举措。中国（广东）自由贸易试验区珠海横琴新区片区（以下简称"横琴新区"）是"一国两制"下探索粤港澳合作新模式的示范区，作为内地唯一与港澳有路桥相连的自贸区，横琴新区在内地与港澳合作尤其是对澳合作方面具备先天优势。近年来珠澳多个交流合作项目加速落地横琴新区，2018年在横琴新区办理居住证的澳门居民有近300人，在横琴新区购房的澳门居民有近3800人。未来数年，在横琴新区居住的澳门居民人数将大幅增加，珠海将接纳更多的澳门居民前来居住和就医。2017年10月，珠海市政府印发了《横琴、

---

① 以上数据统计至2018年12月31日。

保税区、洪湾片区一体化改革发展实施方案》，明确将保税区、洪湾片区纳入一体化发展。在珠海横琴一体化区域开展澳门居民参加珠海市医疗保险试点工作，将进一步解决澳门居民的就医便利性问题，为其在珠海就业、创业、居住、生活提供更加切实的保障，更好地鼓励吸引澳门人才参与内地经济、科技、教育、文化等领域创新创业，有力推动经济社会发展，也为其他大湾区城市将常住本地的港澳居民纳入内地医疗保险体系提供借鉴。

二 实践过程

（一）深入开展调研，多方协同推进

2019 年 2 月，珠海市医疗保障局和横琴新区管理委员会（以下简称"横琴新区管委会"）以深化珠澳两地社会保障领域合作为目标，把澳门居民在横琴新区参保作为医保政策研究新课题，委托中国劳动和社会保障科学研究院（以下简称"劳科院"）进行研究论证。

2019 年 2 月 26 日，珠海市医疗保障局和横琴新区管委会组织召开常住珠海横琴一体化区域的澳门居民医疗保障问题调研座谈会，邀请劳科院、澳门卫生局、澳门社会保险基金理事会等单位，以及澳门居民代表参加。会上双方就如何解决常住珠海横琴一体化区域的澳门居民医疗保障问题进行了深入探讨，提出两种思路：一是将澳门的医疗保障制度延伸至珠海，澳门在珠海选定定点医疗机构，澳门居民在珠海定点医疗机构就医的费用通过异地就医直接结算的方式处理，即澳门居民在珠海发生的医疗费用由澳门与珠海定点医疗机构结算；二是澳门居民在珠海横琴一体化区域试点参加基本医疗保险，享受珠海市医疗保障待遇。因连通国家异地就医直接结算系统难度较大、耗时较长，会上珠澳双方达成初步共识，拟出台"允许澳门居民在珠海横琴一体化区域参加珠海市基本医疗保险"的试点政策，筹资由澳门居民个人及澳门政府共担，参保后澳门居民与珠海市参保人享受同等医疗保险待遇，并探索"医疗保险基金承担的澳门居民医疗费用超出其筹资的部分由珠海横琴新区财政适度补贴"的政策。

2019 年 3 月底，劳科院提交常住珠海横琴一体化区域的澳门居民参加珠海基本医疗保险方案，珠海市医疗保障局和横琴新区管委会多次就上述方案细节及重点、难点，征求财政、税务、卫生健康等部门和有关专家的意见，探索方案的可行性和可操作性。2019 年 4 月 9 日，珠海市相关领导会同横琴新区、珠海市医疗保障局、珠海市社会保险基金管理中心相关人员赴澳门调研，就上述方案与澳门政府磋商并达成了初步共识。4 月 18 日，澳门特别行政区行政长官列席立法会全体会议时表示，"特区政府正构思为在广东省生活并已申领内地居住证的澳门市民购买医疗保险，以便澳人尤其是长者更好地融入粤港澳大湾区生活"，并强调"初步计划在珠海先行先试，经评估后，再扩展至其他城市"①。

（二）广泛征求意见，磋商完善政策

2019 年 4 月 19 日至 5 月 6 日，珠海市医疗保障局和横琴新区管委会向社会公开发布《关于常住横琴的澳门居民参加珠海市基本医疗保险试点有关问题的通知（征求意见稿）》，广泛征集意见。其间，关于澳门居民参保所需经费渠道，珠海市与澳门有关部门多次磋商。澳门卫生局提出，财政补贴由澳门政府承担所需的立法流程较长，且根据人力资源和社会保障部 2018 年 10 月 25 日发布的《香港澳门台湾居民在内地（大陆）参加社会保险暂行办法（征求意见稿）》意见②，建议常住珠海横琴一体化区域的澳门

---

① 详见澳门特别行政区政府网站，https：//www. gov. mo/zh‐hans/news/245404/。

② 人力资源和社会保障部 2018 年 10 月 25 日发布的《香港澳门台湾居民在内地（大陆）参加社会保险暂行办法（征求意见稿）》第 9 条规定："各级财政对在内地（大陆）参加城乡居民基本养老保险和城乡居民基本医疗保险（港澳台大学生除外）的港澳台人员，按所在统筹地区城镇居民相同的标准给予补助。各级财政对港澳台大学生参加城乡居民基本医疗保险补助政策按照有关规定执行。"人力资源和社会保障部网站，http：//www. mohrss. gov. cn/SYrlzyhshbzb/zcfg/SYzhengqiuyijian/zq_ fgs/201810/t20181025_ 303522. html。2019 年 11 月 29 日正式稿已印发，相关内容一致，仅从征求意见稿的第 9 条调整至正式稿的第 10 条。人力资源和社会保障部网站，http：//www. mohrss. gov. cn/gkml/zcfg/bmgz/201911/t20191130_ 344467. html。

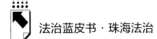

居民参加珠海市基本医疗保险试点所需财政补贴，由横琴新区财政承担，澳门财政负责对符合规定的个人缴费部分进行补贴。为确保试点工作顺利推进，横琴新区同意试点期间澳门居民参保所需财政补贴由横琴新区财政承担。

（三）出台政策文件，创新开展试点

2019 年 6 月 21 日，珠海市人民政府印发《关于常住横琴的澳门居民参加珠海市基本医疗保险试点有关问题的通知》（珠府函〔2019〕226 号），从 7 月 1 日起正式开展常住珠海横琴一体化区域的澳门居民参加珠海市基本医疗保险试点工作，文件有效期三年。2019 年 6 月 26 日，珠海市医疗保障局和澳门卫生局在澳门联合召开新闻发布会①，公布试点方案。

常住珠海横琴一体化区域的澳门居民参加珠海市基本医疗保险试点，在现有政策架构、经办方式不调整的基础上，为在珠海横琴一体化区域学习、生活、创业、就业的澳门居民提供更多便利和保障。常住珠海横琴一体化区域且办理了居住证的澳门居民参加珠海市基本医疗保险，筹资标准与珠海户籍居民一致，由个人和横琴新区财政共同承担②。同时，未办理居住证但在珠海横琴一体化区域购有房产、租用办公用房的就业年龄段内澳门居民，可凭房产证明、租房合同书等资料以灵活就业人员身份参保，其参保所需费用由个人承担③。澳门居民参保后，缴纳的保险费用纳入珠海市基本医疗保险基金统一管理，与珠海市参保人员享有同等医疗保险待遇，且不影响其在澳门享受当地的医疗保障待遇。该政策于 2019 年 7 月 1 日起在珠海横琴一体化区域内先行试点，并将视实施情况逐步推广到全市范围。

珠海还将成立澳门居民参保试点专责工作小组，会同澳门方共同做好两地医疗保障制度衔接及宣传工作，引导符合条件的澳门居民参保。同

---

① 详见澳门特别行政区政府网站 https://www.gov.mo/zh-hans/news/253424/。
② 2019 年社保年度学生和未成年人个人缴费 180 元/年，城乡居民个人缴费 410 元/年，财政补贴均为 590 元/年。
③ 2019 年社保年度最低缴费为 50.64 元/月，年缴费为 607.68 元。

时，组织专家从保障的公平性、权利义务对等、保障力度以及享受待遇的便捷性、参保人体验等方面对试点工作进行评估，评估结果作为下一步政策调整的依据。该政策的出台有助于推动粤港澳大湾区医疗保障合作融合发展。

三　实践成效

常住珠海横琴一体化区域的澳门居民参加珠海市基本医疗保险试点以来，成效初显，社会关注度高，创新引领意义重大。截至2019年12月底，常住珠海横琴一体化区域非就业澳门居民参保人数近400人，普通门诊统筹签约177人，共41人享受门诊统筹待遇，15人享受住院待遇。

（一）切实解决跨境医保问题，为澳门居民添福祉

珠海横琴一体化区域是澳门居民居住的集中地，未来数年其居住人数还将大幅增加，试点工作为澳门居民来珠海横琴一体化区域学习、就业、创业、生活提供便利和保障，切实解决澳门居民跨境医保问题。澳门街坊会联合总会对试点政策高度认可，常住珠海横琴一体化区域的澳门居民对试点政策赞不绝口，试点给澳门居民多了一项选择，给澳门居民的生活带来更多便利，参加珠海医保让他们更加安心，幸福感倍增。2019年，多家新闻媒体如《羊城晚报》[①]、澳视澳门[②]等就报道了不少澳门居民在珠海就医的案例，如澳门居民黄女士在珠海诊断并进行鼻咽癌根治性同期放化疗联合靶向治疗，澳门居民陈先生因患肝癌在珠海成功做了肝移植手术，他们在获得珠海优质医疗服务的同时，因其均参加了珠海医保，也享受到较高的医保待遇。

---

① 详见羊城晚报网站，http：//ep. ycwb. com/epaper/ycwb/html/2019－12/19/content＿4＿219300. htm。
② 详见腾讯视频，https：//v. qq. com/x/page/u3012n3xbg8. html？ptag＝qqbrowser。

（二）创新优化经办服务，首创"政银医"合作模式

为了让澳门居民参加医保流程更加清晰、更加便捷，珠海市首创"政银医"合作模式①，实现澳门居民在珠海横琴一体化区域"一站式"参保。自2019年7月1日实施常住珠海横琴一体化区域的澳门居民参加珠海基本医疗保险试点工作以来，珠海市医疗保障局积极协调珠海市社会保险基金管理中心、国家税务总局珠海市横琴新区税务局、横琴新区社会事务局、中国银行横琴分行、珠海市人民医院横琴新区综合门诊部等部门，优化参保、缴费、办理社保卡、选择门诊统筹定点等办理流程，并授权中国银行横琴分行作为"一站式"服务部门，使原来要跑4个部门、耗时20余个工作日的业务，缩减至只跑一次便可完成全部手续。这种跨界业务的深度合作，开创了"政银医"合作新模式，对深化粤澳医疗保险服务乃至其他领域合作具有积极的示范意义。

（三）社会关注度极高，示范引领效果显著

2019年是新中国成立70周年、珠海建市40周年、澳门回归20周年和《纲要》颁布之年，同时也是珠海市医疗保障局组建成立之年，常住珠海横琴一体化区域的澳门居民参加珠海市基本医疗保险试点政策出台引发了社会的高度关注。

（四）医疗资源优势互补，促进大湾区医保政策融合发展

澳门主要采取免费医疗、发放医疗券和疾病津贴等方式，建立了比较完善的医疗保障制度，但也存在公立医疗资源短缺、等待时间长等不足。与澳门医保制度衔接，能更好地发挥各自医疗资源优势，促进医保政策的相互学习借鉴、相互补充配套、相互协调发展。2019年7月8日，试点政策实施

---

① "政银医"合作模式即将原来需在政府职能部门、银行、医疗机构分别办理的事项，通过将协议授权和"让数据多跑路"整合在一起，实现一站式集中办理的创新合作模式。

才一周，澳门科技大学受澳门卫生局委托，来珠海调研珠澳两地医疗保障制度体系，为澳门医保制度谋求优化变革，加深了两地互认互信，也为进一步做好相关政策的衔接、延伸甚至融合打下了良好基础。

（五）探索总结实践经验，为港澳台居民融入内地提供借鉴

在珠海横琴一体化区域率先开展这一试点，为其他大湾区城市将常住本地的港澳居民纳入内地基本医保制度提供了借鉴经验，也为国家出台港澳台居民参加内地医保提供了良好的地方实践经验。此外，医保政策试点也为养老、就业、教育等更多社会政策的协同创新提供了宝贵经验。

四　展望

2019 年 11 月 29 日，人力资源和社会保障部、国家医疗保障局联合印发《香港澳门台湾居民在内地（大陆）参加社会保险暂行办法》，明确规定在内地（大陆）居住且办理港澳台居民居住证的未就业港澳台居民，可以在居住地按照规定参加城乡居民基本医疗保险。在大湾区其他地市还在努力研究如何落实国家政策时，珠海市已经根据试点经验，于 2019 年 12 月 31 日印发了《关于贯彻落实香港澳门台湾居民在珠海市参加基本医疗保险有关问题的通知》（珠医保〔2019〕64 号）。将在珠海就业及就读的港澳台居民已纳入珠海医保的基础上，自 2020 年 1 月 1 日起，全市范围内持居住证的非就业港澳台居民均可参加珠海医保。未来，在支持促进粤港澳大湾区建设发展方面，作为医疗保障部门，除了要全力落实港澳台居民参加内地医疗保险的政策之外，还应在两地医疗保障的深化合作和融合发展方面作出更多积极努力和创新探索，大力促进两地民生融合，为港澳台更好融入国家发展大局提供有力保障。

（一）做好宣传工作，全力落实国家政策

惠民政策出台后，必须做好政策宣传工作，才能让政策真正落地和体现

政策的价值。根据港澳台居民的活动特点有针对性地进行宣传①，如可以通过开展专题医保政策宣讲甚至到澳门进行宣传，印发宣传手册以及设置电子屏在海关各关口、房产交易中心等多种方式，进一步加大港澳台居民参保政策的宣传力度，让有需要的港澳台居民知晓政策并积极参与，让更多港澳台居民实实在在受益，让国家政策落地生根、化为福祉。

（二）对标澳门优势，进一步提升医保服务

参保的核心吸引力除了医疗保障水平高低外，享受的医疗保障服务优劣也是非常重要的，好政策需要好的服务来支撑，尤其是在"互联网＋"时代，医保智能化水平也必须同步跟进。除了在珠海横琴一体化区域开创了"政银医"合作新模式外，新冠肺炎疫情期间，珠海市医疗保障局积极推进居民参保全程通办、学生学籍证明改为承诺书，并实施医保业务"电话办""延期办""网上办""邮寄办"等新模式，均获得良好效果。下一步要对标澳门的优势服务体系，探索将珠海横琴一体化区域"政银医"一站通模式向全市推广并延伸到澳门，同时继续优化办事流程、简化证明材料，"让数据多跑路、群众少跑腿"。不断推动智慧医保建设，全面推动医保电子凭证在珠海市推广应用，逐步实现从"持卡就医"向"无卡就医"的跨越。推进"云医保处方平台"建设使用，更好满足人民群众在处方共享、在线复诊、远程医疗、线上支付、慢性病管理等领域日益增长的医疗卫生健康需求，切实为参保人提供更优质、高效的医疗保障服务，不断提升参保人的获得感。

（三）借鉴澳门模式，促进医疗资源优化配置

医疗保障作为世界难题，在大湾区的医疗保障合作发展中还需要更多的探索和创新。对比澳门的医疗保障体系发现，澳门的老龄化率为11%，珠

---

① 详见宣传视频，https：//haokan. baidu. com/v？ vid ＝8444304562330288486&pd ＝ bjh&fr ＝ bjhauthor&type ＝ video。

海为 13%，但澳门每千人口住院病床仅 2.4 张，珠海达到 5 张；与此同时，澳门的平均住院率为 6%，珠海为 14%；澳门 65 岁及以上老人的年住院率为 30%，而珠海退休职工的年住院率则高达 45%。个中原因是多方面的，但也反映了其中医疗资源配置的问题。澳门医疗最突出的优势在于拥有健全的基层医疗网络，虽然澳门只有一家大型公立医院，但是澳门的社区医院覆盖到各个街区，11 个社区卫生中心及卫生站构成澳门基层医疗服务大网，保证居民能够得到快速、及时的医疗服务。此外，澳门成熟的家庭医生制度，较好地实现家庭医生与专科医生的上下转诊和连续性诊疗；家庭医生制度和社区医院一起有力地撑起基层医疗体系。下一步，珠海市医疗保障局要加强与澳门卫生局的沟通联系，继续深入研究澳门医疗保障体系尤其是医疗资源配置的有效经验，结合珠海实际，与卫生行政部门一起进一步优化医疗资源配置，实现强基层，发挥医疗保障的经济杠杆力量，促进分级诊疗模式形成，并不断探索和创新推动珠澳两地医疗保障的有机衔接和融合发展。

B.12
横琴新区加强与澳门规则衔接
促进要素跨境流动的创新实践

珠海横琴新区发展改革局课题组*

摘　要：　横琴新区成立以来，始终秉持建设横琴的初心，注重促进澳门经济适度多元发展，在法治建设、立法创新、促进人员及要素高效便捷流动等方面，积极与澳门方、上级部门互动，加强与澳门规则衔接，促进要素跨境流动。下一步，横琴新区将重点围绕推进与澳门制度规则衔接和联通贯通融通、携手澳门推动立法创新、加快打造趋同澳门国际化法治化便利化营商环境、探索横琴与澳门专业人士执业资格单方认可及互认、携手澳门开展法治宣传普及等方面开展工作。

关键词：　粤澳合作　要素跨境流动　法治化营商环境

横琴新区成立以来，全面推进依法行政、加快推动法治建设，锐意进取、开拓创新，积极改进工作，为横琴新区的发展提供了有力的法治保障，各项工作取得较显著成效。横琴新区在法治建设、立法创新、促进人员及要素高效便捷流动等过程中取得诸多成绩，并加强与澳门方、市人大常委会、市司法局在法治工作上的互动，积极消除规则障碍，提升法治建设质量。

---

*　课题组负责人：李秀雄，横琴新区发展改革局副局长。课题组成员：尧猛祥、黄智霖、孟佳洺禾。执笔人：尧猛祥，横琴新区发展改革局制度资源科科长；黄智霖，横琴新区发展改革局制度资源科职员；孟佳洺禾，横琴新区发展改革局制度资源科职员。

横琴新区注重促进粤港澳大湾区人员及要素高效便捷流动，同时始终秉持建设横琴的初心，注重促进澳门经济适度多元发展，不断破除两地人员流动、资金流动、货物流动、信息流动中的制度障碍和壁垒。在两地不同法域、两种税制背景下始终探索规则衔接、法治创新，在促进与澳门要素高效便捷流动方面成效明显。

一 人员流动规则衔接：促进港澳专业人士跨境执业

横琴新区以便利港澳专业人士跨境执业为导向，以旅游、建筑等重点领域为切入点，研究制定香港、澳门专业人才跨境执业规则；探索设立粤港澳三地联营机构，对香港及澳门旅游、建筑专业资质予以单方认可，推动粤港澳规则制度衔接融通和经贸往来。

1. 首创港澳建筑及相关工程咨询企业资质和专业人士执业资格单向认可

横琴新区根据《粤港澳大湾区发展规划纲要》提出的"试点允许取得建筑及相关工程咨询等港澳相应资质的企业和专业人士为内地市场主体直接提供服务"政策要求，以试行港澳工程管理模式的实践成效为基础，将涉港澳建筑领域立法事项纳入珠海市人大常委会 2019 年立法计划，率先组织起草《珠海经济特区横琴新区港澳建筑及相关工程咨询企业资质和专业人士执业资格认可规定》法规草案，于 2019 年 9 月 27 日经珠海市第九届人民代表大会常务委员会第二十三次会议审议通过，并于 2019 年 12 月 1 日起正式施行。根据该地方性法规，已获得香港、澳门建筑及相关工程咨询资质的企业和专业人员，向横琴新区建设主管部门提出申请并经备案后，可直接为区内市场主体提供服务，无须再对相关资质进行转换。

2. 率先实现港澳旅游行业专业人士单向认可

广东省人力资源和社会保障厅、广东省文化和旅游厅于 2019 年 9 月联合印发了《香港、澳门导游及领队在珠海市横琴新区执业实施方案（试行）》，标志着横琴片区率先实现港澳旅游行业人才单向认可。该方案允许港澳已获得有效导游证或领队证的导游和领队，在参加横琴旅游主管部门组织的岗前培训及认证后，即可便利换证并在横琴新区片区内执业。同时，横琴新区认真落实该方案要求及市人大常委会相关立法计划部署，牵头起草《珠海经济特区港澳旅游从业人员在横琴新区执业规定》法规草案，于2020年9月29日经珠海市第九届人民代表大会常务委员会第三十二次会议审议通过，并自2020年12月1日起施行。本次立法是珠海市运用经济特区立法权，将规划纲要和建设方案赋予横琴的改革措施予以法治化的具体实践。规定致力于促进港澳旅游从业人员在横琴高效、便捷流动，减少执业障碍、拓宽工作渠道，为粤港澳三地创新规则衔接提供了法律依据和制度保障，也为粤港澳大湾区旅游行业深度融合奠定基础。

3. 与港澳合作设立联营律师事务所

为推动粤港澳三地法律合作，探索在法律领域扩大对港澳开放的有效路径，横琴新区率先与香港、澳门的律师事务所合作，成立全国首批、珠海首家内地与香港合伙联营律师事务所及全国首家内地与港澳合伙联营律师事务所，首开内地与港澳跨区域、跨法域合作先河，让内地与港澳三地不同法域的融合和协同发展成为现实，为"一国两制"下三地法律对接融合提供了有益经验。2015年1月，人和启邦（横琴）联营律师事务所挂牌成立，是中国首批试点的内地与港澳联营律师事务所。2016年1月，中银—力图—方氏（横琴）联营律师事务所挂牌成立，由中银律师事务所、澳门力图律师事务所和香港方氏律师事务所三家律师事务所联营设立。2020年1月16日，广东省司法厅正式批准澳门黄显辉律师事务所加盟人和启邦（横琴）联营律师事务所并更名为人和启邦显辉（横琴）联营律师事务所，正式成为粤港澳三地联营的律师事务所。横琴成为全国第一个能提供内地、香港、澳门三法域以及英美法、大陆法跨法系服务的地区。联营律师事务所成立后发展迅猛，并催生出一批提供跨境法律服务的专业律师。同时，横琴将不断深化粤港澳合伙联营律师事务所试点，探索多元化法治保障路径，营造具有横琴特色、与国际接轨的创新驱动法律服务环境。

二 资金流动规则衔接创新：探索跨境 人民币业务运营新模式

为促进跨境资金有序、合规流动，推动金融业务创新工作，横琴新区积极开展跨境双向人民币资金池业务和跨境人民币资金集中运营业务，通过设置跨境双向人民币资金池、境外发行人民币债券募集资金回流、推动自由贸易账户落地、跨境住房按揭、提高境内企业境外放款额度等方式创新跨境人民币业务运营新模式，有效提升了企业合理配置境内外资金能力，助力人民币国际化进程。

1. 设置跨境双向人民币资金池业务

2016 年 4 月，横琴新区正式办理发放境外人民币贷款业务。2016 年非公开发行公司债券募集资金顺利落地，推出国内首个交易所市场发行且主体与资产均属海外的熊猫债业务，为交易所发行债券探索出了新的资金管理模式。2019 年，全市共有 3018 家外贸企业采用人民币结算，占外贸企业总数的 45.8%，人民币结算已成为企业规避汇率风险的重要选择。

2. 境外发行人民币债券募集资金回流模式

通过扩大个人跨境人民币业务范围、优化跨境双向人民币资金池管理，便利区内企业调回境外发行人民币债券资金、简化境外企业境内发行债券资金境内使用管理、鼓励区内银行向境外发放人民币贷款。在推进外汇管理改革、促进贸易投资便利化方面，进一步简化外汇资金池管理，支持中小跨国公司集中经营管理境内外成员企业资金，拓宽融资渠道。鼓励和支持本地区银行根据实际需要和审慎原则，向境外机构和境外项目发放人民币贷款。在严格审查借款人信贷和项目的背景下，再发放境外人民币贷款。跨境人民币贷款已成为粤澳合作产业园等澳门投资项目最重要的跨境融资渠道。

3. 首创跨境住房按揭贷款

在中国人民银行广州分行支持下，横琴新区于 2016 年探索开展跨境住房按揭业务试点，允许港澳居民在境外银行办理住房按揭贷款后在横琴新区用于购买商品房，前提是依法合规地将资金调入，为港澳同胞在横琴置业提供便利。

4. 提高境内企业境外放款额度

2015 年 2 月 28 日，国家外汇管理局广东省分局正式作出《关于在珠海横琴新区实施资本项目改革创新问题的批复》，对进一步简化和改进直接投资外汇管理政策等进行先行先试，允许区内企业向境外与其具有股权关联关系的企业放款，其累计境外放款额度不得超过其所有者权益的 50%。确有需要超过上述比例的，由外汇局审核办理。对扩大境内企业境外放款规模的做法予以试行，即将原规定的境内企业对外放款额度上限为放款企业所有者权益的 30% 调整到 50%，为境内企业支持境外关联公司发展提供便利。

三 货物流动规则衔接：推动货物跨境高效流通

为适应珠澳两地互联互通要求，横琴新区采取多种措施，不断提升货物通关效率。

1. 横琴口岸实施"合作查验、一次放行"通关查验新模式，提升货物等通关查验效率

将港珠澳大桥珠澳口岸旅检通道"合作查验、一次放行"查验模式推广拓展到横琴口岸货车等全部通道，小客车和货车通道珠澳查验单位位于同一"一站式"联合查验区域执法，两地海关采用在各自出境一侧共享海关大型集装箱检查系统，并将搭建共享数据传输平台，按各自查验标准查验无误后放行。在此基础上，横琴口岸将继续试点，推动查验机制进行更大力度的创新，逐步实现更为便捷的查验模式。横琴口岸及综合交通枢纽工程总投资约 84.2 亿元，建筑面积约 56 万平方米，将于 2021 年底前陆续建成通关。建成后口岸日通关货物将从当前约 4083 吨提高到 1.5 万吨，口岸整体通关能力提升，通行效率更高、投入查验人力资源更少，届时横琴口岸将成为国内最先进智能便捷的现代化口岸。

2. 实行货物"分线管理"的特殊监管模式

按照既有利于横琴开发和货物等进出方便，又有利于加强监管的原则，横琴口岸设置和通关制度实行分线管理。"一线"管理承担对进出境人员携带的行李物品和交通运输工具载运的货物的重点检查功能，承担对进出横琴货物的备案管理功能等；"二线"管理主要承担货物的进出境报关、报检等查验监管功能，并承担对人员携带的行李物品和交通运输工具载运的货物的检查功能。总体上放宽货物进出口贸易管制，实行更简便的备案管理。在货物通关监管方面放宽限制，保税、免税货物在"一线"实行备案管理加重点检查，进口备案货物免领配额、许可证等。

3. 首创 CEPA 框架下粤港澳商品食品等通关便利化模式

为贯彻落实 CEPA 协议，进一步提升货物贸易开放水平，有效促进粤港澳大湾区城市群贸易合作，横琴新区充分利用毗邻港澳优势，积极对标国际贸易规则体系，探索在供澳建材、花卉苗木、进口食品等领域实施货物通关便利化措施，逐步实现粤港澳三地口岸联检单位信息互换、监管互认、执法互助的高效便捷通关模式。

一是通过实施供澳建材"一次申报、分批出境"通关模式，对大批量、品质单一且风险较低的供澳建材等货物，允许企业当日提前一次性申报，海关根据实际出口货物情况分批验放出境，实现了即到、即验、即走。

二是针对珠澳小商品品种繁多等特点，通过实施商品"简化归类、汇总申报"通关模式和启动旅游购物出口监管模式，对同一提单下的多项商品进行合并归类，允许珠澳小商品通过简化归类、汇总申报等方式快速通关。

三是通过签署合作备忘录，拱北海关与澳门市政署共同建设供澳花卉苗木内地隔离检疫圃，建立输澳苗圃认可制度和"检疫前推，合作监管"新模式，解决了过往供澳花卉苗木需在拱北海关和珠澳口岸分别进行检疫查验才可运输至澳门等影响通关效率问题。

四是通过实施"进口食品检验前置"监管模式，进口商可在产品装运前自愿委托境外有资质的检验机构，按照我国食品安全标准要求对拟出口到

161

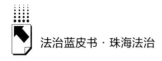

我国的食品进行检测。认可由澳门符合资质的第三方检验机构对食品质量安全及中文标签进行检验并出具的检验证书或检测报告，入境口岸检验检疫机构将其作为进口食品合格评定依据之一，实现快速验放。

四 信息流动规则衔接：打造信息跨境共享平台

打通多种信息交流渠道，打造信息跨境共享平台，及时共享境内外资讯，实现互信互利，降低交易成本。

1. 消费信息跨境共享

横琴新区消费者协会与澳门特别行政区政府消费者委员会进行合作，建立琴澳两地消费信息实时共享机制。为打通横琴消协和澳门消委会的信息交流渠道，横琴新区多次邀请澳门消委会、澳门餐饮行业协会、两地诚信店等代表召开座谈会，及时共享境内外消费资讯，加强跨境消费维权合作理论研究，针对两地消费热点发布相关报告和消费警示。通过深化消费信息跨境共享，营造良好的消费环境，改善了消费者特别是游客的消费体验，起到刺激消费、拉动经济的作用。同时，进一步推动澳门与横琴在诚信建设、信息共享、企业交流方面的合作，实现协同发展、互利共赢。

2. 搭建跨境"信易得"服务平台

横琴新区与澳门建立战略合作关系，借鉴澳门"诚信店"信用体系建设的成功经验，创新采用微信小程序形式作为前端用户入口，将"信易+"项目的应用从线下拓展到线上移动端，搭建起"信易+"公共服务平台。平台可接入横琴本地及澳门地区的诚信商户等各类诚信主体，并导入珠海市个人信用分作为重要参考依据。"信易得"作为该平台下的子系统，通过运用信用核查、信用承诺、信用信息共享、守信联合激励和信用评价等措施，有效筑起"信易+"公信力和激励主体守信"防火墙"。依靠"信易得"构建的集合化应用场景，及其与市级公共信用信息共享平台之间建立的信息共享机制，一方面为公共信用信息提供了统一的应用出口，另一方面则促进了商户和市民在"信易得"平台中产生的信用行为、信用评价等信用信息统一归集。

3.建立跨境公证服务"直通车"

2018年9月25日，中国法律服务（澳门）公司横琴公证服务窗口在横琴新区综合服务中心挂牌，建立内地与澳门公证服务"直通车"。横琴公证处指派工作人员协助中国法律服务（澳门）公司为在横琴新区投资的澳门企业及在横琴工作生活的澳门居民，提供证前咨询、受理、证中办理情况跟踪以及证后送达等服务。横琴公证处工作人员代中国法律服务（澳门）公司接收当事人提交的资料，并及时将收取当事人的相关资料移交给中国法律服务（澳门）公司。中国法律服务（澳门）公司公证员负责对所收材料的真实性进行审核并出具公证书，再由横琴公证处工作人员将公证书送达申办公证的当事人或需要使用公证书的部门，使在横琴投资的澳门企业及在横琴工作、生活的澳门居民，无须返回澳门即可办理澳门公证事务。

五　横琴与澳门方、市人大常委会、市司法局
在法治工作上的互动情况

为更好地贯彻落实中央战略意图，配合澳门实现经济多元化发展，横琴新区与澳门方及市人大常委会、市司法局紧密互动，消除规则障碍，提升法治建设质量。

（一）与澳门政府法治部门等互动情况

接待澳门法务局的多次立法调研来访。在横琴新区与澳门方的座谈中，明确了横琴与澳门法律规则对接的一些重要内容。相关立法调研重点包括：资格互认方面，进一步促进港澳专业人士和注册人士到横琴执业；社会民生方面，以立法解决港澳与内地的社保制度未能对接、社会福利不能跨境携带的问题；金融互通方面，如何以立法破解金融制度、资金流通、业务合作、监管协调等方面存在的诸多困难，进一步促进澳门发展特色金融等。

确保横琴的港澳法律专家小组必须有澳方代表。目前横琴新区已聘请澳

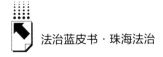

门立法会委员、澳门执业律师担任专家小组成员，每年通过定期会议研讨两地法治合作、规则融通等问题。

在关于横琴的专项立法中，市人大常委会带领横琴新区充分听取澳门方意见。相关立法均由市人大常委会领导带队到澳门相关法治部门、政府主管部门、行业协会进行立法调研、专项座谈，如《珠海经济特区横琴新区港澳建筑及相关工程咨询企业资质和专业人士执业资格认可规定》《珠海经济特区横琴新区金融发展条例》等。

在横琴制定惠澳政策文件（主要以规范性文件形式体现）过程中，横琴新区充分听取澳门方意见。比如，在澳资产业园开现场办公会、与澳方投资者和创业者开展面对面座谈、发放问卷调查表、走访澳资企业等。

利用《珠海经济特区横琴新区条例》法治保障相关规定，横琴新区吸纳大量港澳法律专业人士担任横琴国际仲裁机构仲裁员。目前设在横琴的珠海国际仲裁院发布国际化的"仲裁员名册"中，澳门特别行政区仲裁员人数为内地仲裁机构之最，达到41名；香港特别行政区仲裁员达到37人，极大地促进了涉港澳民商事法律纠纷在横琴解决。

其他如利用横琴新区发展咨询委员会、横琴自由贸易试验片区专家委员会平台，以及珠海经济特区法治协同创新中心的法治论坛，与澳方法律界知名人士深入开展业务交流。

（二）与市人大常委会、市司法局等互动情况

横琴每年度均向市人大常委会报送立法需求，供市人大常委会适时决定是否纳入运用经济特区立法权的年度地方立法计划。

根据市人大常委会的工作部署，及时总结回顾市人大常委会为横琴立法的执行情况。同时，也适时组织第三方机构对涉及横琴的地方立法实施情况进行评估，作为今后相关法规立改废释的依据。在法律适用方面遇到疑难时，为精准理解立法意图，及时向市人大常委会请示，市人大常委会也给予及时指导。

在横琴政府规范性文件制定和实施过程中，一方面，提请市司法局进行

备案审查，做到改革于法有据；另一方面，通过市一级出台《珠海市法制局支持广东省自贸区横琴片区建设法制十条》等文件，建立横琴立法联系点，支持鼓励横琴在立法权限范围内对接港澳营商制度、对接国际投资和贸易通行规则，将改革创新措施及时通过法规和规章等形式上升为立法。

六　对于横琴与澳门规则衔接之展望

2021年是"十四五"规划开局之年，习近平总书记曾连续两年指出："当前，特别要做好珠澳合作开发横琴这篇文章，为澳门长远发展开辟广阔空间、注入新动力。"[①]"积极作为深入推进粤港澳大湾区建设……加快横琴粤澳深度合作区建设。"[②] 横琴将携手澳门共同履行开展珠澳合作的重要职责，深化琴澳两地法治领域和关键环节改革与开放，将着重开展以下重点工作。

1. 推进与澳门制度规则衔接和联通贯通融通

以加快推动横琴粤澳深度合作区建设为牵引，参照国际贸易自由港标准，探索建立与国际高标准投资和贸易规则相适应的制度规则。

加强粤澳两地法律和管理体制对接、政策协调与规划衔接，探索优化拓展横琴"分线管理"政策，实现"一线"深度放开、"二线"严格管住管好。争取实施高度开放的投融资体制，努力破除粤澳合作的体制障碍和政策壁垒，促进资源要素跨境自由有序流动及优化配置。

2. 携手澳门推动立法创新

充分利用珠海经济特区立法权，加快横琴新区条例修订工作，加快推动"横琴国际休闲旅游岛建设条例"等多部地方性法规制定。加强与澳门法治工作互动，提升法治建设质量。

3. 加快打造趋同澳门国际化、法治化、便利化营商环境

构建粤澳共商共建机制，组建横琴粤澳深度合作区开发新机构，统筹加

[①] 习近平总书记在庆祝澳门回归祖国20周年大会暨澳门特别行政区第五届政府就职典礼上的讲话。

[②] 习近平总书记在深圳经济特区建立40周年庆祝大会上的讲话。

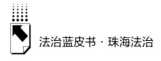

快横琴机构改革步伐。大力保护市场主体，激发市场主体活力，严格落实扶企政策，积极落实各项利好政策，切实为企业纾困解难，深化政务服务工作，探索打造企业服务"智慧精准一张网"。

4. 探索横琴与澳门专业人士执业资格单方认可及互认

横琴新区可根据区域发展的功能定位和实际情况，争取澳门中医药、会计等专业资质的单方认可，出台相关政策推动澳门青年在横琴新区创业就业，促进粤港澳大湾区范围内重点领域人才、高层次人才、急需紧缺专业人才互动交流和合作，积极响应大湾区资源互助共享，鼓励澳门人才积极投身粤澳深度合作区建设和发展。

5. 携手澳门开展法治宣传普及

以在横琴普及澳门和内地相关法律为目标，联合澳门有关部门开展法治宣传。对在横琴经营的澳门企业和在横琴工作、生活的澳门居民，充分保障其对法治工作的知情权和监督权。

B.13
横琴新区探索推进澳门单牌车
入出横琴的实践与创新

珠海横琴新区商务局课题组 *

摘　要：　澳门机动车入出横琴，是广东自贸试验区横琴片区深入贯彻
落实国务院《横琴总体发展规划》及《粤澳合作框架协
议》，推动粤澳合作创新发展的一项丰硕成果，是对跨境车
辆管理的一项创新尝试。横琴自贸片区通过推动粤澳两地政
府部门出台相关政策，建设信息化管理系统，并持续进行政
策调整，优化办事体验，实现在横琴投资、购房、务工的澳
门居民及澳门企业所拥有的澳门非营运小型载客汽车可经横
琴口岸便利入出横琴。该政策是中央惠澳措施的重要体现，
对于促进粤澳经济繁荣发展，深化珠澳口岸改革创新，提高
通关效率，降低通关成本，促进珠澳便利往来起到积极
作用。

关键词：　澳门机动车入出横琴　粤澳合作　要素跨境流动　营商环境

　　为加快横琴新区开放开发进程，促进粤港澳紧密合作、澳门经济适度多
元发展，方便澳门居民在横琴投资、就业，促进澳门与横琴协同发展、创新

---

　*　课题组负责人：张军，珠海市横琴新区管理委员会商务局口岸办公室主任。课题组成员：卓
然、邱迪灏、万博靖、谭子安、肖豪。执笔人：卓然，珠海市横琴新区管理委员会商务局澳
门机动车入出横琴申报大厅主任。

发展,《横琴总体发展规划》及《粤澳合作框架协议》均明确提出关于开放澳门牌照交通运输工具从澳门入出横琴并在横琴行驶的事项。为贯彻落实该政策,2016 年 6 月 21 日经粤澳两地政府授权,珠海市人民政府和澳门特别行政区政府保安司签署《关于澳门机动车辆入出横琴的协定》(以下简称《协定》),该协定作为澳门机动车入出横琴的框架性文件,明确了"分步实施、有序推进"的开放策略,以及"由政府主管部门实施准入审批管理、口岸查验部门实施进出境备案管理、各有关部门依据各自职权实施管理,并通过沟通协调和联系配合机制推进综合治理"的管理模式,为后续各部门制定管理办法奠定基础。珠海在探索澳门单牌车入出横琴的实践道路上,不断创新,完善相关管理政策,切实把这项惠澳政策落实好,使澳门居民真正从中受益。

一 澳门单牌车入出横琴的工作举措

(一)第一阶段:开放澳门机动车入出横琴首阶段申请条件

2016 年 12 月 12 日,广东省人民政府正式发布《澳门机动车入出横琴管理暂行办法》(有效期 3 年),明确对入出横琴的澳门机动车及其驾驶员参照临时入境机动车进行管理。珠海市人民政府也正式发布《澳门机动车入出横琴管理细则》,明确申请条件、办理流程、通行管理模式等实施细节,标志着澳门机动车入出横琴政策正式落地实施。拱北海关紧接着公布《拱北海关关于澳门机动车入出横琴监管办法(试行)》,澳门机动车入出横琴第一阶段政策措施正式启动。

在澳门机动车入出横琴新区政策制定阶段,珠澳双方在协商制定申请条件时,澳方提出考虑到新政策出台,需要对琴澳两地口岸通行能力、外围道路交通流量的影响进行评估,应对首批入出横琴新区的机动车数量进行限制。在此原则下,经珠澳双方协商一致,第一阶段开放的申请条件有所限制,规定为:①入出横琴的澳门机动车所有人在横琴注册设立至少一家独立法人公司，在横琴纳税额前 100 家并承诺五年内不迁出横琴，可以申请 3 个以内机动车入出横琴指标，并办理机动车临时入境牌证；②取得横琴新区土地的澳门公司及其法人，可以申请 3 个以内机动车入出横琴指标，并办理机动车临时入境牌证。按该条件测算，整体申请量不会超过 400 辆。

该政策实施后，横琴新区商务局工作人员进行了采访调查，由于符合条件的申请人已有两地车牌车，以及临时入境机动车号牌入出横琴有效期仅为 3 个月等，澳门商户和澳门居民对申请澳门单牌车入出横琴新区普遍热情不高，第一阶段仅办理 34 辆。

（二）第二至第四阶段：依需求逐步开放澳门单牌车申请条件和配额总量

经珠澳双方多次协商，2017 年 12 月 20 日，澳门机动车入出横琴政策申请条件进一步放开，不仅完善了第一阶段两项申请条件，而且规定在横琴新区购房、在横琴新区注册登记的企业务工、作为特殊人才引进或作为与横琴新区政府部门有合作协议的澳门机构派驻横琴新区工作人员的澳门居民均可以申请澳门单牌车入出横琴新区，以进一步满足澳门居民和澳门企业使用需求。在开放申请条件的同时，横琴新区与澳门政府协商决定扩大第二阶段配额政策，将配额总量从第一阶段的 400 辆扩大为 800 辆。

2018 年 10 月，澳门单牌车申请数达到 800 辆的满额配额总量。经横琴新区与澳门政府部门协商一致，决定实施澳门机动车入出横琴第三阶段配额政策，配额总量扩大为 2500 辆（新增 1700 辆），并于当年 12 月 20 日正式开放有关申请。

2020 年 7 月 8 日，第三阶段 2500 辆的配额总量再次满额。横琴新区经与澳门政府部门进一步沟通协商，决定于 7 月 20 日开放第四阶段配额政策，将配额总量扩大为 5000 辆（新增 2500 辆）。2020 年 8 月 16 日，广东省人民政府对已到期的《澳门机动车入出横琴管理暂行办法》进行修订，并重新印发《澳门机动车入出横琴管理办法》（有效期 5 年），进一步保障了符合现行条件的有需要往来横琴的澳门机动车辆入出横琴。

（三）推动澳门机动车入出横琴综合管理系统建设，持续优化办理流程

1. 建设统一申报平台，推进"单一窗口"建设

为满足对入出横琴的澳门机动车实施信息化管理的要求，做到"让数据多跑路，让群众少跑腿"，为澳门车主提供更加便捷和人性化服务，2015年 10 月，横琴自贸片区启动了澳门机动车入出横琴综合管理系统建设项目，并于 2016 年 12 月正式投入使用。本系统的建设思路是打破政务系统业务壁垒、数据壁垒，改变了过去政府部门系统各自为政、数据交换共享的模式，通过统一平台办公办事，变数据共享为数据湖，实现平台即数据，再将审批后数据推送至各部门专网系统，实现域内标准统一、域外交换共享。主要做法如下。

按"单一窗口"模式建设网上业务受理门户，在线公开办事指南。申请人统一在线注册提交申报材料，避免申请人需要向准入审批部门、号牌发放部门、口岸查验单位多次提交材料的烦琐程序；并可实时查询办理进度，及时获知审批结果和下一步办事指引。

建设统一审批受理平台，将相关政府部门的审批工作统一纳入平台，形成多部门审批联动，通过合理安排办理流程将资格审查、验车、申办临时入境机动车牌证、备案等手续有机组合，大大提升政府工作效率，同时最大化节约办事群众办理时间，减少跑动次数。

澳门机动车入出横琴综合管理系统与公安交管部门、口岸查验单位业务系统通过搭设专线、地方电子口岸平台中转等方式，实现各相关部门对车辆及其所有人、驾驶员的审批、备案、进出境数据和信息的共享，保障各单位系统数据的实时性与一致性。

建立各部门共同维护的诚信记录系统，供主管部门实施准入审批时参考。

2. 对澳门机动车入出横琴综合管理系统重构升级，多维度提升用户体验

2018 年 12 月，横琴新区积极响应国务院办公厅公开发布的《"互联网＋政务服务"技术体系建设指南》，结合粤澳两地政府部门出台的相关政策，积极推进网上政务服务平台建设，完成澳门机动车入出横琴综合管理系统的重构升级，有效优化了政府服务，方便澳门企业及群众办理申请。主要做法如下。

第一，从大数据关联审批到 App 掌上办事，节省了业务办理时间。澳门企业、居民享受澳门单牌车入出横琴政策，在最初办理申请资格时需填报的数据高达 70 项，需要走访多个业务部门才能获取相关申报材料。澳门车主初次申办业务需要来回横琴和澳门高达 5 次，续期申报 3 次，流程复杂，跑动频繁。为此，横琴新区商务局牵头前往工商局、人社局、不动产登记中心、国土局等业务部门进行调研，以签署保密协议、搭建数据通道等形式，实现申报材料自动获取，减少办事跑动。例如，资格申请所需资料在申请者提交申请时，会根据申请者的证件信息从工商局、人社局、不动产登记中心、国土局等业务部门自动获取，不仅保证了所获取数据的准确性和真实性，而且部分申请者的资格只需要在网上提交资料审核，由系统自动判定即可。在此基础上，横琴新区还开发了澳门机动车入出横琴综合管理系统移动端 App，澳门车主使用 App 实现全流程办事，办理通知从移动互联网设备自动获取，符合现代人手机自助办事习惯。优化办理流程后，澳门车主只需前往横琴进行一次当面审核即可完成澳门机动车入出横琴资格和临时入境机动车牌证申办，无须频繁跑动窗口，大大节省了办事时间，提升了办事效率。

第二，资格确认电子化，提升了数据安全性。根据申办业务流程，单牌车涉及驾驶员和车辆信息变更时，车主需携带一张经过横琴新区管委会和横琴交巡警大队盖章的纸质资格确认函到澳门海关办理单牌车手续，但纸质确认函存在保存困难、携带不方便的问题。

针对这一问题，横琴新区及澳门海关协调推出《澳门机动车入出横琴资格确认函》电子化方案，即横琴新区管委会和横琴交巡警大队审核后，

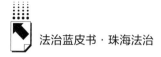

综合管理系统形成电子资格确认函。通过 CA 认证技术，在确认函上加盖横琴新区管委会和横琴交巡警大队电子公章，确保资格确认函的真实性、完整性、不可篡改性以及不可抵赖性。

资格确认函电子化可以有效减轻管委会和交警窗口人员审批工作，无须下载确认函进行打印，无须执行手动盖章操作，同时也可减轻澳门海关人员审批工作。如需出示确认函，可直接在澳门单牌车 App 上下载出示，数据安全性更高、更便民。

3. 澳门单牌车边检备案资料联网，实现备案工作自动化

2019 年 4 月，横琴新区实现了对澳门单牌车边检备案资料的联网自动化传输，通过实时自动传输取代了原先由边检工作人员在澳门机动车入出横琴综合管理系统与边检系统间人工批量导出、导入数据的备案方式，进一步提高澳门机动车入出横琴备案工作效率。

4. 实现澳门单牌车在国际贸易"单一窗口"平台海关备案申报自动化

2019 年 5 月，横琴新区经与拱北海关、珠海市口岸局、广东省电子口岸和珠海市电子口岸通力合作，成功通过广东电子口岸平台与"单一窗口"标准版公路运输工具的数据通道实现澳门单牌车海关备案申报，建立完善数据安全管理制度，确保"单一窗口"数据安全。此次打通海关运输工具管理系统备案数据传输通道，标志着澳门单牌车海关备案已实现全程在国际贸易"单一窗口"平台进行；也标志着澳门单牌车海关备案业务整体纳入粤港澳大湾区跨界车辆信息管理综合服务平台，成为该平台首项实际开展的业务。

（四）延长临时入境机动车牌证使用有效期，简化审批手续

在澳门机动车入出横琴政策制定阶段，根据公安部批复，内地交通管理部门对澳门单牌车依据《临时入境机动车和驾驶人管理规定》（2006 年 12 月 1 日发布，中华人民共和国公安部令第 90 号，以下简称"公安部 90 号令"），使用临时入境机动车号牌和行驶证（以下简称"临时牌证"）进行管理，其中规定"临时入境机动车号牌和行驶证有效期应当与入境批准文

件上签注的期限一致，但最长不得超过三个月。临时入境机动车号牌和行驶证有效期不得延期"。3个月有效期且到期后需要申请换领的规定，极大地影响了政策初期澳门民众的申请意愿。为解决该问题，珠海市公安局经向上级部门申请，两次实现对该政策的突破。

第一次突破：在临时牌证有效期维持3个月不变的前提下，使用同一张牌证的期限延长至1年。2018年6月1日，珠海市车管所对入出横琴的澳门单牌车推出临时牌证一年一换，每3个月有效期到期后只需要网上申请牌证续期并前往验车机构进行车辆唯一性检查的便利政策。该政策使临时牌证更换时间延长为1年，在1年资格有效期内每3个月申请一次牌证续期，1年后再进行换领牌证。该管理模式避免申请者频繁往返琴澳办理换领牌证手续，大幅减少了澳门单牌车使用成本。

第二次突破：试点临时入境机动车牌证电子化。根据公安部交管局《关于推行公安交管服务经济社会发展　服务群众企业6项措施的通知》（公交管〔2019〕465号），珠海市车管所于2019年11月起正式对澳门机动车入出横琴试点临时入境机动车牌证电子化，电子临时入境机动车牌证有效期为1年。

临时入境机动车牌证电子化试点实施后，澳门单牌车申请临时牌证时只核发电子临时入境机动车牌证，交警不再发放纸质牌证，因此取消澳门单牌车新增入境申请、延期申请中打印临时牌证环节，申请者只需在交警备案环节备案电子临时入境机动车牌证。电子临时入境机动车牌证初次申领的1年有效期与资格有效期相等，有效期内可以多次入出横琴使用，其间无须办理任何手续，大大便利了澳门单牌车入境横琴。

（五）制订促进澳门单牌车申请便利化措施

2019年11月4日起，澳门单牌车的车主及车辆信息不变的情况下，在资格有效期和临时牌证有效期到期后，可保留原号牌不变申请延期，且免予到交警窗口进行面审；属7座以下（不含）非营运小型客车，适用新车6年免检政策，但每年必须到验车中心进行机动车唯一性检查。

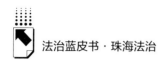

二 取得成效

（一）优化区域资源配置，促进琴澳便利交通

澳门机动车入出横琴政策的落地实施，体现了国家、广东省和珠海市对澳门发展的大力支持和积极配合，也是横琴新区政府落实中央政府惠澳政策、推动社会各界参与区域融合发展的重要举措和积极行动。相关政策内容的不断深化，以及通关管理的持续优化，必将进一步便利两地人员的往来交流，对区域资源配置予以优化，促进粤澳特别是珠澳的经济互补合作，增进两地的民生福祉，提升区域合作层次，从而提升整个区域的综合竞争力。

（二）澳门机动车入出横琴办理数量节节高升

澳门机动车入出横琴政策于2016年12月20日正式实施以来，第一阶段仅34辆车办理；2017年12月20日第二阶段申请条件放开后每月增加约100辆，至2018年10月申请数达到800辆的配额总量后涨势停滞；2018年12月开放配额总量至2500辆后，继续以每月约100辆的速度增加，至2020年1月起受疫情影响涨势放缓，其后于澳门单牌车驾驶员出入境可豁免隔离的政策推出后，开始呈较快增长态势，每月增加约250辆（见图1）。截至2020年底，已累计向4078辆澳门机动车发放入出横琴资格，当前处于资格有效期内可入出横琴的澳门单牌车共3452辆，并有500余辆澳门单牌车正在办理申请，充分体现了该政策的惠民程度。

（三）办理澳门机动车入出横琴申请所需时间大幅减少

为分析实施多项申请便利化措施、打通各单位备案系统数据传输通道后的改革成效，横琴新区商务局对澳门单牌车2019年1月的新增入境申请各环节所需时间、延期申请各环节所需时间和2019年12月的新增入境申请各环节所需时间、延期申请各环节所需时间的数据进行了统计（见表1和表2）

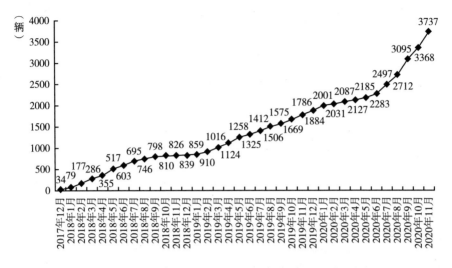

图1 澳门机动车入出横琴累计办理完成数量

资料来源：澳门机动车入出横琴综合管理系统中2017年12月至2020年11月办理完成新增入境申请的澳门单牌车数量。

表1 新增入境申请所需时间

申请环节名称	1月			12月			平均处理时长缩减比（%）
	处理个数（个）	处理总时长（小时）	平均处理时长（小时）	处理个数（个）	处理总时长（小时）	平均处理时长（小时）	
资格审核	107	172933	1616.20*	174	3011	17.30	98.93
交警预审	268	8264	30.84	239	2704	11.31	63.31
入境验车	134	37651	280.98	66	9238	139.97	50.18
验车资料审查	131	984	7.51	65	320	4.92	34.46
交警面审	129	24311	188.46	42	3412	81.24	56.89
管委会签章	128	669	5.23	40	150	3.75	28.25
海关备案	142	38621	271.98	46	1574	34.22	87.42
海关检验检疫备案	142	4899	34.50	46	716	15.57	54.88
边检备案	137	2208	16.12	39	42	1.08	93.32
备案补正	15	270	18.00	7	30	4.29	76.19
打印临牌/交警备案	127	21416	168.63	38	301	7.92	95.30
入境装卡	126	7065	56.07	17	1424	83.76	-49.39

续表

申请环节名称	1月			12月			平均处理时长缩减比（％）
	处理个数（个）	处理总时长（小时）	平均处理时长（小时）	处理个数（个）	处理总时长（小时）	平均处理时长（小时）	
各单位审批所需时间总计（除资格审核、入境验车、交警面审、入境装卡）	—	77331	553	—	5837	83	84.98
新增入境申请所需时间总计	—	146358	1078	—	22922	405	62.41

资料来源：澳门机动车入出横琴综合管理系统中2019年1月与2019年12月办理完成的新增入境申请相关统计数据。

＊1月新增入境申请资格审核平均处理时长达1616.20个小时，是因为在2018年10月时，单牌车第二批申请配额800辆已满，有许多申请长时间停留在资格申请阶段，所以大大增加了平均处理时间，因该数据偏差太大，不具备参考价值，故在数据处理时将其剔除。

表2　延期申请所需时间

申请环节名称	1月			12月			平均处理时长缩减比（％）
	处理个数（个）	处理总时长（小时）	平均处理时长（小时）	处理个数（个）	处理总时长（小时）	平均处理时长（小时）	
资格审核	192	6827	35.56	175	1654	9.45	73.42
交警预审	190	4141	21.79	146	737	5.05	76.84
入境验车	190	25898	136.31	66	9772	148.06	－8.62
验车资料审查	188	1152	6.13	64	133	2.08	66.09
交警面审	180	37371	207.62	60	9	0.15	99.93
管委会和交警签章	178	847	4.76	51	130	2.55	46.43
海关备案	182	10179	55.93	51	1513	29.67	46.96
海关检验检疫备案	182	3525	19.37	51	794	15.57	19.62
边检备案	182	3083	16.94	51	66	1.29	92.36
备案补正	5	1927	385.40	0	0	0.00	100.00
打印临牌/交警备案	177	17631	99.61	50	163	3.26	96.73

续表

申请环节 名称	1 月			12 月			平均处理 时长缩减 比（％）
	处理 个数（个）	处理总时 长（小时）	平均处理 时长 （小时）	处理 个数（个）	处理总时 长（小时）	平均处理 时长 （小时）	
各单位审批所需时间总计（除入境验车、交警面审）	—	49312	645	—	5190	69	89.32
延期申请所需时间总计	—	112581	989.41	—	14971	217.13	78.05

资料来源：澳门机动车入出横琴综合管理系统中 2019 年 1 月与 2019 年 12 月办理完成的延期申请相关统计数据。

新增入境申请、延期申请中的入境验车时间、交警面审时间，新增入境申请中的入境装卡时间，是车主视自身情况、主观控制的。所以，在统计整理数据时，将新增入境申请、延期申请总体时间分为两类：一类是不计算车主主观控制部分的流程审批时间，仅计算政府内部系统审批时间，即表中的新增入境申请各单位审批所需时间总计（除资格审核、入境验车、交警面审、入境装卡）和延期申请各单位审批所需时间总计（除入境验车、交警面审）；另一类是直接计算整个流程所用时间，不考虑是否受车主主观控制时间影响，即表中的新增入境申请所需时间总计和延期申请所需时间总计。

从表 1 和表 2 统计的数据对比结果发现，新增入境申请海关备案时间缩短了 87.42％，新增入境申请边检备案时间缩短了 93.32％，新增入境申请打印临牌/交警备案时间缩短了 95.30％，新增入境申请各单位审批所需时间总计（除资格审核、入境验车、交警面审、入境装卡）缩短了 84.98％，新增入境申请所需总体时间缩短了 62.41％。延期申请交警面审时间缩短了 99.93％，延期申请海关备案时间缩短了 46.96％，延期申请边检备案时间缩短了 92.36％，延期申请打印临牌/交警备案时间缩短了 96.73％，延期申请各单位审批所需时间总计（除入境验车、交警面审外）缩短了 89.32％，延期申请所需时间总体缩短了 78.05％。可见，澳门机动车入出横琴政策在实施通关便利化措施，打通查验单位、交警系统备案数据传输通道后，查验单位备案、交警面审、交警备案的审批时间大幅缩短,审批效率大幅提高,澳门居民申请澳门机动车入出横琴新增入境申请、延期申请的办事时间大幅缩短。

三　未来展望

(一)进一步放宽澳门单牌车入出横琴申请条件

分析当前实施的申请条件,整体思路是奖励对横琴发展作出贡献的部分澳门商户和澳门居民,对有意向使用澳门单牌车的人来说,附加成本非常高,对推动澳门民众在琴澳间自由交通的作用有限。因此,应当推动澳门单牌车对全体成年澳门居民开放申请,无附加条件,按照总量控制、分类实施、先到先得的原则逐步放开;同时,为保障已对横琴作出贡献的部分澳门居民利益,原有条件继续保留,并划出部分配额总量供其申请。

与此同时,为便利"粤澳(横琴)深度合作区"设立后政府人员琴澳两地通行,新增申请条件允许澳门公务车辆办理澳门单牌车入出横琴,促进在深度合作背景下政府层面更加紧密地沟通协调。

(二)进一步开放澳门单牌车参与公共交通、特色交通发展

澳门与珠海交通的融合有助于加快形成区域协调发展新格局,有效促进澳门经济多元发展。《粤港澳大湾区发展规划纲要》提出,"进一步完善澳门单牌机动车便利进出横琴的政策措施,研究扩大澳门单牌机动车在内地行驶范围";《横琴国际休闲旅游岛建设方案》中亦有规划安排,"深入实施澳门车辆便利进出横琴,探索澳门旅游大巴途经横琴口岸,在横琴岛主要景点接送旅客"。与此同时,近年来不断有澳门人大代表、政协委员提出开放澳门电召车、公交巴士入出横琴的意见、提案。开放澳门单牌电召车、公交巴士、旅游大巴等公共交通工具入出横琴,鼓励民众乘坐公共交通工具来往两地,可将澳门单牌车带来的便利通关体验惠及琴澳全体民众;从口岸区域道

路交通流量考虑，亦可达到降低拥堵风险、提高通关效率的效果。

　　根据《横琴总体发展规划》，"澳门牌照交通运输工具从澳门进出横琴可根据双边协议优先适用原则，由广东省政府根据国务院授权与澳门特区政府签订相关协定，就澳门机动车进出横琴事宜作出规定"，并未对入出横琴的澳门单牌车辆类型作出限制。考虑到《协定》规定入出横琴的澳门机动车仅限澳门非营运小客车，分阶段有序放开澳门旅游营运车辆、电召车、公务车等单牌车入出横琴需要对《协定》进行修订和调整，需先行推动粤澳两地政府重签《协定》，将入出横琴的澳门单牌车范围扩大至所有澳门牌照机动车辆，具体可申请的车辆类型通过申请条件进行细化和约束，以实现两地资源高效配置流通。

司法建设

Judicial Construction

B.14
珠海法院防范化解银行业金融风险的
实践与创新

珠海市中级人民法院课题组*

摘　要： 珠海法院积极履行审判职能，在金融审判领域精准施策，防范化解金融风险。通过分析近四年金融案件审判的基本情况和特点，总结珠海法院在创新金融审判机制、延伸金融审判职能、促进金融和实体经济良性循环、加强金融审判调研以及加强金融审判指导等方面的突出做法，并对未来优化金融审判工作提出建议。

关键词： 金融审判　银行业金融风险　司法改革　营商环境

---

* 课题组负责人：詹洁，珠海市中级人民法院民事审判第二庭庭长。课题组成员：孙永红、徐烽娟、马翠平、张榕华、李苗、崔拓寰、崔巍、王茵叶。执笔人：崔拓寰，珠海市中级人民法院研究室法官助理；崔巍，珠海市中级人民法院民事审判第二庭法官助理。

近年来，珠海法院坚持以习近平法治思想为指导，深入贯彻党的十九大、第五次全国金融工作会议精神，充分认识到金融是国家的核心竞争力，金融安全是国家安全的重要组成部分。金融制度是经济社会发展中重要的基础性制度，增强立足司法职能服务保障金融业健康发展的责任感、使命感，切实履行各项审判职责，发挥审判职能作用，妥善审理金融案件，防范化解金融风险，积极延伸拓展审判职能，改善和提升珠海营商环境，服务珠海经济发展，为把珠海打造为粤港澳大湾区重要门户枢纽、珠江口西岸核心城市和沿海经济带高质量发展典范，保障实体经济平稳健康发展提供有力的司法保障。

一 珠海涉银行业金融诉讼案件的基本情况

（一）2017年以来涉银行业金融诉讼案件基本情况

1. 收结案情况及起诉标的额

四年来，珠海市法院金融案件收案数量增长迅猛。2017 年两级法院收案 2224 件，2018 年收案 3464 件，比 2017 年增长 55.76%；2019 年收案 5125 件，比 2018 年增长 47.95%；2020 年收案 8245 件，比 2019 年增长 60.88%，是 2017 年全年收案数的 3.71 倍。2017~2020 年珠海两级法院金融案件收结案数量及标的额见表 1、表 2。

2017 年两级法院新收涉银行金融案件（2224 件）占全部民事案件（24288 件）的 9.2%，占全部新收案件（51606 件）的 4.3%。2018 年两级法院新收涉银行金融案件（3464 件），占全部民事案件（27304 件）的 12.8%，占全部新收案件（54650 件）的 6.3%。

2019 年两级法院新收涉银行金融案件（5125 件）占全部民事案件（32995 件）的 15.53%，占全部新收案件（65830 件）的 7.79%。2020 年两级法院新收涉银行金融案件（8245 件）占全部民事案件（37796 件）的 21.81%，占全部新收案件（73338 件）的 11.24%。

表1　珠海两级法院金融案件收结案数量及标的额

单位：件，元

年度	收案	结案	收案标的额
2017 年	2224	2062	3956130335
2018 年	3464	3571	2769277430
2019 年	5125	5012	5470353112
2020 年	8245	8023	3071013905
小计	19058	18668	15266774782

表2　各法院金融案件收结案数量及标的额

单位：件，元

单位	年度	收案	结案	收案标的额
珠海市中级人民法院	2017 年	122	123	2428402523
	2018 年	138	163	993540955
	2019 年	140	134	2960882433
	2020 年	114	113	1170606658
	小计	514	533	7553432569
横琴新区人民法院	2017 年	47	46	151779581
	2018 年	96	67	203717613
	2019 年	109	107	225310625
	2020 年	102	94	103497130
	小计	354	314	684304949
香洲区人民法院	2017 年	1990	1833	1337593209
	2018 年	3178	3286	1401437109
	2019 年	4813	4650	2261497706
	2020 年	7852	7659	1696201769
	小计	17833	17428	6696729793
金湾区人民法院	2017 年	19	19	36896927
	2018 年	16	15	59045862
	2019 年	30	25	71667783
	2020 年	75	73	41641259
	小计	140	132	209251831
斗门区人民法院	2017 年	49	41	1458095
	2018 年	40	40	111535891
	2019 年	45	42	49574667
	2020 年	102	84	59067089
	小计	236	207	221635742

2. 金融案件类型

涉银行金融类案件中数量居前列的案件类型主要为信用卡纠纷、金融借款合同纠纷、借记卡纠纷。2017 年 1 月至 2020 年 12 月，两级法院新收信用卡纠纷 11571 件，占涉银行民事案件（19058 件）的 60.71%；金融借款合同纠纷 7246 件，占 38.02%；借记卡纠纷 87 件，占 0.46%。银行卡纠纷（包括信用卡纠纷和借记卡纠纷）和金融借款合同纠纷合计占涉银行民事案件的 99.19%。其他类型合计占 0.81%，主要包括储蓄存款合同纠纷、保证合同纠纷、抵押合同纠纷、金融不良债权转让合同纠纷等。

（二）珠海金融诉讼案件特点

金融诉讼案件主要呈现以下特点。

1. 案件增长迅猛，新类型案件不断出现

2017～2010 年，珠海市法院金融案件收案数量增长迅猛，2020 年的收案数是 2017 年的 3.71 倍。从案件类型来看，银行卡纠纷、金融借款合同纠纷案件数量均呈现大幅度增长态势。2020 年，银行卡纠纷案件比 2017 年增长 298.09%，金融借款合同纠纷案件比 2017 年增长 157.72%。随着金融新产品的推出和互联网的广泛运用，法院受理的新类型金融案件不断出现，如金融委托理财纠纷、保理合同纠纷、涉互联网金融纠纷、金融衍生品交易纠纷、黄金租赁合同纠纷、网上贷款纠纷等，审理难度加大。

2. 简易程序适用比例不高

适用简易程序审理案件可以缩短审理期限，提高审判效率，但金融案件由于被告不到庭等因素，简易程序适用比例偏低。以香洲区人民法院为例，2017 年至 2020 年该院审结金融案件 17477 件，适用简易程序 3771 件，金融案件适用简易程序的比例为 21.58%，普通程序适用比例为 78.42%。2017 年至 2020 年香洲区人民法院民事案件结案 64434 件，适用简易程序 32299 件，适用简易程序的比例为 50.13%。该院金融案件适用简易程序比例比全部民事案件适用简易程序比例低 28.55 个百分点。

3. 金融案件调解、撤诉结案难

由于金融机构一般不愿意调解，加上大部分金融案件的被告下落不明或拒不到庭，金融案件难以调解撤诉结案。以金融案件办理数量最多的香洲区人民法院为例，2017 年至 2020 年该院审结金融案件 17477 件，调解结案 701 件，调解率为 4.01%；撤诉结案 1093 件，撤诉率 6.25%。调解加撤诉率（以下简称"调撤率"）10.26%。

4. 案件事实清楚、证据充分，金融机构胜诉率高

银行对外贷款通常会履行严格的审批程序，保留完整书面资料并做好档案管理。对于被告到庭参加诉讼的，一般对借款事实都认可，但称没有还款能力，希望银行方面给予延期还款或者减免利息。此外，由于金融借款合同纠纷中公告送达率较高，被告不到庭参加诉讼的情况居多，在银行的诉讼请求符合约定且未违反法律规定的情况下，法院往往根据银行提供的证据材料支持其诉讼请求。

5. 案件与经济周期变化具有一定的相关性和滞后性

金融借款合同纠纷案件的数量与社会经济发展状况相关，但相关性显现有滞后性。滞后性体现在，经济形势下滑时往往会伴随着不良贷款率上升，但出现不良贷款后金融机构一般会首选自行催收，若效果不佳或者没有效果，在一定时间后才会采取诉讼手段。即使银行决定采取诉讼手段收回不良贷款，往往需要先经过银行内部的多重评估和审批。因此，金融借款诉讼案件的产生一般滞后于不良贷款发生，短则数月，长则一年左右。

二 珠海涉银行业金融审判中发现的问题及矛盾

（一）发现的问题

1. 贷款材料混乱不规范

不少金融机构在贷款审批、发放等过程中，存在对相关材料审核把关不严的问题，如借款合同编号和借款借据中载明的借款合同编号不一致、纸质

合同编号与信贷管理系统中的合同编号不一致、抵押备案合同与当事人手上的合同不一致、部分材料未装入贷款材料卷宗等。又如，担保人发生变化，但贷款材料卷宗中的相关资料并未替换，案件起诉到法院后仍将原担保人列为当事人，而未将变更后的担保人列为当事人，从而严重影响金融债权的实现。

2. 对合同主体身份审查不严

在金融借款合同纠纷案件中，借款合同、保证合同上的签名和手印经鉴定后并非借款人、保证人所签名和捺印的情形仍时有发生。在案件审理中，借款人、保证人对合同上的签名和捺印提出异议时，需要对签名或捺印的真实性进行司法鉴定，如经鉴定借款合同、保证合同上的签名和捺印并非借款人、保证人的，那么该借款人、保证人无须承担责任，将严重影响金融机构债权的实现。

3. 个别银行对提高信用卡额度资信审查不够严格

在审理信用卡纠纷案件中发现，有个别银行对持卡人资信审查不严，一起案件在未对持卡人的资信能力进行审查、持卡人也未提供任何担保的情况下，银行业务员将 16 名养殖户的信用卡额度大幅提高，其中一名养殖户的信用额度由最初的 1000 元提升至 80 万元（800 倍），造成部分透支本金 15 万元未能归还，形成诉讼。

4. 保证金质权设定不当

在存在保证金质押担保的金融借款业务中，当发生被担保的债务人不履行偿债义务或出质人应承担担保责任的其他情形时，银行有权从保证金专用账户中直接扣划保证金，以清偿债务。但有些银行对保证金质押担保设定或操作存在瑕疵或不规范，未将保证金特定化，未移交金融机构占有等，从而导致债务人不履行债务时，金融机构不能以该保证金优先受偿，无法实现保证金质押担保的初衷。

5. 贷款提前到期或解除合同通知工作不到位

在金融借款业务中，金融机构与借款人通常约定如贷款期间发生借款人未按约偿还本息等约定情形，金融机构有权主张贷款提前到期或解除合同。

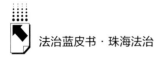

但在金融审判中发现，有些金融机构未向主债务人发送贷款提前到期或合同解除通知，或者金融机构虽进行通知，但未能提交相应证据。

6. 贷款催收工作存在不足

在部分贷款业务中，金融机构未选择在贷款逾期第一时间提起诉讼，而是采取向借款人或担保人发送"催收通知书"等形式，以保留其对借款人或担保人享有的权利。然而，在金融审判工作中发现，金融机构的贷款催收工作存在瑕疵，如未妥善保存催收送达回证、未及时连续催收、撤诉后未催收等，导致金融债权的实现受到不利影响，或超过诉讼时效。

7. 格式条款被认定无效

银行的借款合同存在一些格式条款，该部分格式条款有时会因为违反法律强制性规定、约定优先事项不明以及免除责任等，而被认定为无效条款。

8. 举证瑕疵被驳回

主要包括因提供伪造变造的证据、证据间相互矛盾、证据不充分不完整等，而被驳回诉讼请求。

9. 送达地址约定不明，债权回收周期长

银行作为原告的金融案件往往因作为被告的借款人、保证人故意躲债、下落不明而导致送达不能，严重影响后续程序的开展。

10. 合同约定内容不明确

金融机构在与借款人和担保人签订合同时，存在合同内容约定不明确的情形，如约定诉讼送达地址为"最近联系的送达地址"、约定保证期间为"债务履行期间"或"主债务本息还清时为止"、约定夫妻共同还款责任为"同意处分夫妻共同财产"等。

（二）需解决的矛盾

1. 司法资源供给不足与社会日益增长的司法需求的矛盾

因法官员额编制有限，审判辅助人员配备不足且流动性大，部分法院尤其是城区法院案多人少矛盾突出。首先，珠海司法资源总体供给不足，不能完全适应审判执行工作的需要，在一定程度上制约着金融案件审判执行的质量和效率。其次，司法资源的配置在不同法院之间并不平衡，由于法官隶属于某一特定法院，法官任命手续烦琐，法官和审判辅助人员等审判资源难以临时在不同法院之间调剂使用。个别案件较多的法院，由于审判资源供给不足及考核需要，存在限制金融案件立案数量的情况。部分案件未能得到及时审理、判决执行周期长、执行到位率低问题突出。

2. 法院内设机构改革与金融审判执行专业化的矛盾

调研发现，不少银行建议法院成立专业化金融审判和执行团队，专司金融案件的办理。银行的专业化服务需求与法院内设机构改革存在一定程度的紧张关系。珠海横琴新区人民法院成立时起即不设审判庭。按照上级部署的省以下法院内设机构改革的要求，香洲区人民法院设 10 个内设机构，金湾区人民法院和斗门区人民法院分别设 8 个内设机构，多个民事审判庭被合并。由于内设机构数量的限制，设置金融法庭目前条件并不成熟。珠海金融审判执行专业化暂时只能通过专业合议庭或者审判团队的形式来实现。在成立金融审判团队的香洲区人民法院，由南湾法庭的 1 个合议庭（3 名法官）办理金融案件；全市法院执行局都尚未成立金融案件执行团队。金融案件增长迅猛，其他类型案件数量也很大，金融案件分流到其他业务庭审理存在一些困难；即使临时分流到其他审判团队，也可能与金融审判团队在审理方式、审判尺度、审判思维方面存在不一致的问题。

3. 司法效率不高、司法成本较高与金融案件要求及时、低成本处理需求的矛盾

司法效率不高、司法成本较高，而金融案件要求及时、迅速、低成本处理，法院诉讼程序冗长，判决和执行周期长、成本高，影响了银行接近和利用司法资源的积极性。

4. 执行难问题突出与金融债权足额、快速实现的矛盾

当前，执行工作与"切实解决执行难"目标和人民群众期待相比还有差距。在某些地区，执行难问题仍然存在甚至还较为突出。少数金融案件存在执行周期长、执行到位率低、当事人提出执行异议情况普遍、执行异议审

查周期长、终本结案比例高等问题，执行工作不能完全适应金融案件债权足额、快速兑现的要求。

三 珠海法院金融审判工作主要做法

（一）创新金融审判机制，提升金融审判质效

1. 成立专业审判团队，大力推动金融案件快速处理

香洲区人民法院于2017年3月组建了专门审理涉银行等金融机构金融类案件的专业审判团队，将金融案件集中在南湾法庭，牢牢抓住简案快审、繁案精审的核心思路，优化审判资源配置。该团队自成立以来法官结案数量年年创历史新高，在该院法官结案榜中长期居前三位，且与组团前一年相比，该团队平均审限缩短了33%，发改率仅为1%，审判质效得到提升，对金融审判专业化进行了有益的探索。金湾区人民法院推行审判团队改革，于2018年5月施行《关于进一步完善审判团队运作模式的意见（试行）》，通过选拔组建27个审判团队，其中民商事审判团队8个，实现每名员额法官各配备1名助理和1名书记员，并择优选拔进入审判团队的合同制辅助人员。争取党委政府支持，落实了审判辅助人员待遇，大大提高了工作积极性，稳定了审判辅助人员队伍。斗门区人民法院建立了以"司法推动、创新驱动、化解互动、防控联动、服务带动、督导促动"为主要内容的金融商事审判"六动"工作法，对金融活动中证据的收集、保存、使用、规范等环节如何操作提供指引，为金融消费者识别金融风险、提升防范金融风险能力提供建议，通过诉前调解、诉调对接化解金融纠纷。珠海市中级人民法院成功审理涉及多家银行债权的金某航公司案件，及时化解金融风险，获得广东省高级人民法院记功表彰。

2. 强化金融行业调解机构建设，构建"一站式"矛盾化解机制

横琴新区人民法院与"北京融商一带一路法律与商事服务中心暨一带一路国际商事调解中心"签署《建立诉讼与调解相衔接多元化纠纷解决机

制合作协议》，构建诉前委派调解和诉中委托调解的诉调对接机制。为发挥专业资源优势，加强立案前委派调解、立案后委托调解工作，香洲区人民法院在南湾法庭设立金融纠纷调解工作室，并邀请珠海市金融调解委员会派固定调解员在工作室驻庭调解，进一步优化诉调对接工作。金湾区人民法院创建金融审判速裁庭，对银行卡纠纷速裁速决。斗门区人民法院与区工商联、区金融服务中心成立商事诉调对接工作室，统筹多种资源，高效化解金融纠纷。

3. 推进金融审判信息化建设

香洲区人民法院针对金融审判类型化、集中化、大量化等特点，研发"金融类案智审平台"，实现规范金融案件诉讼标准、批量智能化审案、电子签名和盖章、裁判文书自动生成、智能送达全程在线办案等功能，使用该平台可高效审理信用卡、金融借款、小额贷款等各类金融案件，防范化解金融风险。香洲区人民法院通过该平台，法官操作个案平均用时 15 分钟，比传统操作速度提高 3 倍，书记员工作量减少 70%，实现类案标准化、流程自动化、系统智能化、平台数字化和信息可视化。

（二）加强金融审判调研，提升审判专业化水平

为加快审理金融诉讼案件，大力保护金融债权快速实现，珠海法院积极开展金融审判调研工作，完成对审判工作具有重要参考价值的多项高质量调研报告，调研成果成效显著。例如，珠海市中级人民法院完成"关于民事诉讼中电子数据证据规则的调研""关于珠海法院防范化解银行业金融风险工作的调研"等多项课题，其中"关于民事诉讼中电子数据证据规则的调研"被省高级人民法院评为 2018 年度全省法院优秀调研成果。横琴新区人民法院完成"众筹融资法律问题研究""优化法治化营商环境——横琴自贸区案件司法观察报告""关于自贸区案件审判的调研——以自贸区新兴金融商事案件审判为视角"等课题，其中前两项分别荣获全市法院课题特等奖和一等奖。

横琴新区人民法院还制定《涉港澳民商事案件诉讼风险特别提示》和《涉自贸区审判实务指南》，提示涉港澳当事人正确行使诉讼权利，避免或

减少诉讼风险，进一步增强司法透明度。该院就涉自贸区案件的立案与送达、审理、执行、审判和审判延伸工作等五方面制定规范，为自贸区诉讼提供指引，打造专业化、精品化的涉自贸区案件审判模式，推动建立国际化、市场化、法治化营商环境。金湾区人民法院为创造提供更优质的司法环境，利用金湾区营商环境分析系统平台①开展业务培训、发布典型案例及进行调查研究。该院撰写的《金湾区民商事诉讼与社会经济发展势态比对研究》《以民商事审判前沿理论引导市场运行　营造公平透明法治化的营商环境》等调研报告，深入研究金融审判中常见的刑事与民事交叉问题及行政与民事交叉问题，形成案例，入选《中国审判案例要览》和《中国法院年度案例》。

（三）加强金融审判指导，维护司法公信力

珠海市中级人民法院（以下简称"珠海中院"）多措并举，加强金融审判指导工作。2019年5月，珠海中院民二庭召开全市法院金融审判工作座谈会，两级法院法官进行交流。珠海中院连续多年到基层法院开展业务指导，加强对二审发回重审和改判案件的分析和研判，重点分析发改原因，统一裁判尺度，提高审判质量。两级法院加强审判管理，充分发挥审判委员会、法官会议的作用，发挥集体智慧，防止随意裁量，做到同案同判，维护司法公信力。珠海中院编写并发布3万余字的《珠海法院涉银行业金融案件审判工作白皮书》，为金融机构系统梳理了经营活动中的法律风险点，并给出具体的防范建议，有效帮助金融机构完善内控管理制度，建立金融风险防控协调机制。

珠海两级法院虚心向兄弟法院和金融部门学习，坚持"走出去"和"请进来"相结合，香洲法院金融审判团队赴深圳福田区人民法院就金融审判人员配置、智能化建设、文书简化、优化送达、多元化纠纷解决机制等方面取经，金湾区人民法院领导带队赴上海徐汇区人民法院学习和交流金融审判业务，工作思路更加开阔。

① 金湾区营商环境分析系统2018年3月正式上线运行，在全国率先探索基于大数据环境量化评价，创建营商环境评价模型。

（四）延伸金融审判职能，提升金融风险防范能力

为促使金融机构防范金融风险，完善金融安全防线和风险应急处置机制，珠海市法院通过各种形式积极延伸金融审判职能。通过举办研讨会与金融监管部门紧密联系，主动引导，促使金融机构正确形成及完善行业规则，从根本上降低诉讼发生的可能。例如，香洲区人民法院与珠海市银行业协会、珠海市金融业诚信与社会责任促进会、珠海市金融纠纷人民调解委员会通过建立金融工作交流微信群、发送司法建议、召开联席会议、开展金融诉讼风险法律防范知识讲座等多种形式，建立了长期、稳定的对接工作机制。横琴新区人民法院与横琴金融局通过相互走访，调研新兴金融和跨境金融情况。2019年10月，珠海市法官协会、珠海市银行业协会联合召开珠海市金融风险防范化解研讨会，全市法院审理金融案件的法官、银行监管机构代表以及各大银行和金融机构的代表共120余人参加研讨会。2019年12月，珠海市金融业诚信与社会责任促进会、珠海市金融纠纷人民调解委员会向香洲区人民法院赠送致谢牌匾，盛赞该院金融审判工作。

珠海针对金融审判中所发现和梳理的有关金融实务问题，通过司法建议的方式，加强金融消费风险提示。珠海中院在案件审理中发现，银行对金某航公司的授信总额过度膨胀，银行取得的担保形同虚设，该公司及其法定代表人行为可疑等问题，依法及时向珠海市金融服务办公室提出要求金融主管部门切实防范金融风险等司法建议。斗门区人民法院针对案件审理过程中发现的银行卡盗刷问题，与中国农业银行斗门支行就建立银行卡盗刷风险防范和处理机制进行座谈，建议银行加强安全保障和交易监控，建立资金盗刷应急处理机制，防止损失扩大。香洲区人民法院在审判中发现个人联保贷款存在问题，向中国邮政储蓄银行珠海分行发出《关于防范个人联保贷款风险的司法建议书》，建议规范个人联保贷款流程、完善"小额贷款联保协议书"和"小额联保借款合同"相关内容、建立贷款人还款或再次贷款时及时将变动情况向其他联保人告知的机制，以防范和化解个人联保贷款的金融风险，促进个人联保贷款的良性发展。该份司法建议得到了该分行回复，并

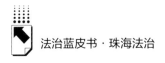
被评为全省法院优秀司法建议，同时也引起中国人民银行广州分行、广东省高级人民法院对于银行联保贷款业务的高度关注。

（五）优化营商环境，促进金融和实体经济良性循环

珠海法院以服务实体经济为出发点和落脚点，通过深入企业调研、开展"院企互动"、提供法律服务、规范实体经济融资方式、缓解企业融资难融资贵问题等多种形式引导和促进实体经济持续健康发展，着力优化营商环境，促进金融和实体经济良性循环，从源头上防范企业融资可能引发的金融风险。

金湾区人民法院充分利用金湾区营商环境分析系统中的营商环境评价模型，对该区民商事诉讼与社会经济发展态势开展比对研究，以做好民商事审判为抓手引导市场健康运行，营造公平透明法治化的营商环境。斗门区人民法院制定《推进粤港澳大湾区法治化营商环境建设实施方案》，从打造高效便民的司法服务、维护市场交易秩序、缓解融资难融资贵问题、完善市场主体救治和退出机制、推进矛盾纠纷源头治理、切实兑现企业胜诉权益、营造健康产业发展环境等8个方面，推出25项新举措，以改善营商环境。该院探索"院企互动"发挥司法职能，有效回应司法需求。该院与富山工业园、新青科技工业园联合开展"法律服务进企业"活动，为园区企业在市场、融资、转型等方面提供法律意见。该院在总结2016年至2019年9月涉民营企业民商事审判经验的基础上编制了《民营企业法律风险防控白皮书》，提示民营企业在民商事活动中的法律风险并提出防控建议，为民营企业健康发展提供司法支撑和服务，从源头上降低民营企业融资风险。该院还针对案件审理中发现的经营管理漏洞发出涉企司法建议，推动企业从"事后维权"向"事前预防"转变。

四　继续深化金融审判工作的对策建议

（一）充分发挥法院法治保障功能

充分发挥人民法院在国家治理体系和治理能力现代化中的职能作用，提

高法治保障能力，妥善审理金融案件，服务中心工作，守住不发生系统性金融风险的底线。坚决贯彻党中央关于防范化解金融风险的重大决策部署，确保在司法环节不诱发系统性、区域性金融风险。加强与金融监管机构、金融机构的沟通协调，延伸司法职能。针对金融审判中发现的问题，及时向金融监管部门和金融机构提出司法建议，督促有关机构加强管理，规范内部工作。建立常态化的沟通协调机制，及时互通情况，群策群力，共同防范化解金融风险。

（二）健全金融风险防控协调机制

防范化解金融风险是系统性工程，需要建立健全及时反映风险波动的信息系统，完善常态化风险信息共享、预警以及联动协调工作机制。金融监管机构、政府相关部门和司法机关要共同肩负起防范金融风险的职责和使命，建议由政府相关部门牵头、金融监管机构负责，整合资源，建立人民银行、金融监管机构、金融机构、公安、法院等共同参与的金融风险防控联动体系，加大部门协作力度，明确职责分工，搭建固定的信息沟通交流平台，定期召开金融风险分析联席会议，补齐监管短板，协同防范，步调一致，分工协作，合力做好金融风险防控工作。

（三）推进金融纠纷多元解决机制建设

加强与金融监管机构及金融机构的沟通协调。建立常态化的沟通协调机制，及时互通情况，听取意见，共同促进金融案件公正高效办理。充分发挥金融行业协会、金融消费权益保护协会对金融纠纷化解的促进作用，在金融纠纷案件中引入行业协议调解工作机制，加强金融纠纷案件的非诉调解。整合解决纠纷的社会资源，加大非司法处置力度，充分发挥仲裁委、公证机关化解金融纠纷的作用，加快解决金融纠纷。要进一步加强诉调对接工作，合理调配、整合审判资源，努力做好诉前调解与立案、审判衔接工作，完善金融案件繁简分流机制，充分发挥速裁团队快速审理功能，大力缩短金融案件的处理时间，加快金融债权的实现，为确保金融稳定贡献力量。

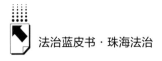

（四）加强司法体制改革和智慧法院建设

深化司法体制改革，建立适合金融案件高效迅速处理的专业化审判和执行团队，提高审判和执行的质量和效率。建议基层法院指定专业化审判团队负责审理金融案件。要配强审判力量和辅助人员，真正通过"术业专攻"实现案件办理提质增效。加强法律和金融业务学习，加强对新类型案件和疑难问题的研究；依托大数据、云计算、人工智能、物联网等信息技术，从智慧审判、智慧执行、智慧服务和智慧管理四个方面推动智慧法院建设，加强审判执行信息资源整合和防范化解金融风险的公共需求精准对接。加强金融风险监测预警平台建设，强化司法大数据对金融风险态势发展的评估和预测预警作用，揭示案件背后的矛盾发展规律，研究解决具有普遍性、趋势性的法律问题，为区域性、行业性、系统性金融风险的防范预警和重大决策提供信息支持和科学参考。

（五）做好金融案件的执行工作

深化执行体制机制改革，健全完善执行工作长效机制，做好金融案件的执行工作，切实解决执行难问题，最大限度兑现金融债权。

珠海法院将继续坚决贯彻党中央关于防范化解金融风险的重大决策部署，发挥人民法院在国家治理体系和治理能力现代化中的职能作用，切实履行审判职责，加强金融审判执行团队建设，不断提升金融审判执行的专业化、现代化水平，加强与金融监管机构及金融机构的沟通协调合作，共同防范化解金融风险，维护金融安全，为把珠海打造成为粤港澳大湾区的重要门户枢纽、珠江口西岸核心城市和沿海经济带高质量发展典范提供有力的司法保障。

B.15
公安派出所刑事侦查活动检察
监督工作的思考与完善

珠海市人民检察院课题组*

摘　要：　党的十八大以来，中央高度重视全面依法治国包括对执法司法活动的监督工作。十八届四中全会召开后，中办国办联合下发通知要求，"建立对公安派出所刑事侦查活动监督机制"。习近平总书记就加强新时代公安工作强调了六个方面问题，其中重要一条就是"严格规范公正文明执法"，要求"完善执法权力运行机制和管理监督制约体系，努力让人民群众在每一起案件办理、每一件事情处理中都能感受到公平正义"。进入新时代，人民群众对公正司法的期待成为美好生活需求的重要组成部分。本文立足珠海市侦查监督工作室的实际运作情况，探讨如何完善公安派出所的刑事侦查活动监督机制，以期对司法实践有所裨益。

关键词：　检察机关　刑事侦查　检察监督　公安派出所

一　检察机关对公安派出所刑事侦查活动
监督工作概要

（一）监督内容

学界认为，检察机关对公安派出所刑事侦查活动监督的内容和范围主要

---

* 课题组负责人：刘韵倩，珠海市人民检察院第三检察部副主任。课题组成员：李尔冰、陈霞。执笔人：陈霞，珠海市人民检察院第三检察部检察官助理。

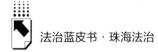

包括以下几个方面：一是对公安机关应立案而不立案问题的监督，二是对公安机关不应该立案而立案问题的监督，三是对侦查违法活动的监督①，四是对刑罚执行的监督，五是对公安派出所人员的渎职等职务犯罪行为的查办②，六是引导侦查取证③。当下，珠海市检察机关开展对公安派出所刑事侦查活动监督工作已覆盖以上的六个方面，具体包括：①立案监督，即对公安机关应当立案侦查而不立案，不应当立案侦查而立案侦查，以及行政机关移送公安机关涉嫌犯罪案件立案侦查情况的监督；②侦查活动监督，即对公安机关采取刑事拘留、取保候审、监视居住等限制人身自由强制措施的情况，采取讯问、询问、勘验检查、鉴定、辨认等侦查行为的情况，采取查封、扣押、冻结等财产性强制措施的情况，以及对检察机关提出的提前介入意见、捕后继续侦查取证意见、补充侦查意见的落实情况的监督。

（二）监督原则

对公安派出所刑事侦查活动的监督，应遵循以下原则。一是职权法定原则，检察机关在监督的范围、方式、途径、职权等方面都要依照法律规定实行。二是有限监督原则，不随意拓宽法定监督范围，不越位干预。三是重点监督原则，检察机关在对公安派出所的监督中，应注重公正与效率相统一④，对普遍存在、屡次不改、直接影响案件的问题进行重点监督⑤。四是监督与配合并重原则⑥。

珠海市检察机关对公安派出所监督的工作体现了以上几个原则。例如，

---

① 参见郭秋杉《论检察机关对公安派出所监督机制的构建》，《法学理论》2012 年第 26 期。

② 参见李栋《公安派出所刑事侦查活动监督机制研究》，《中国人民公安大学学报》（社会科学版）2017 年第 5 期。

③ 参见梁艳《探索对公安派出所刑事侦查活动监督机制的完善——以 P 县人民检察院改革试点工作为例》，《广西政法管理干部学院学报》2017 年第 5 期。

④ 参见于丽艳、杨文《检察机关对公安派出所监督机制研究》，《河北法学》2012 年第 4 期。

⑤ 参见梁艳《探索对公安派出所刑事侦查活动监督机制的完善——以 P 县人民检察院改革试点工作为例》，《广西政法管理干部学院学报》2017 年第 5 期。

⑥ 参见"检察机关对公安派出所监督机制研究"课题组《检察机关对公安派出所监督机制实证研究》，《人民检察》2013 年第 9 期。

问题导向原则，与重点监督原则有异曲同工之处，强调从群众反映最强烈、问题最严重的领域着手，以求监督实效。又如，加强协作配合与相互制约原则，体现了依法监督、有限监督、监督与配合并重的精神。除此之外，市检察机关在该专项工作中增设因地制宜原则，注重立足本土刑事侦查工作实际情况发现问题和解决问题。

（三）监督方式

国内检察机关对公安派出所监督主要有七种比较典型的模式。一是驻所检察官办公室模式，浙江省宁波市检察机关、江苏省常州市检察机关等地采取了该模式。二是片区检察官模式，如重庆市江北区人民检察院采取该模式，对公安派出所开展刑事执法监督工作。三是镇街（社区）检察室模式，如2016年上海市检察机关建立了45个社区检察室，对全市公安派出所刑事执法活动和监外执行活动实行监督覆盖。四是在公安局（分局）派驻检察官办公室，如甘肃省景泰县检察院、河南省滑县检察院等成立了检察官办公室，强化对公安机关的侦查监督工作。五是在公安局（分局）设立派驻侦查监督办公室，如四川省南部县检察院、河北省赤城县检察院等基层院采取了这一做法。六是设立内设联络员（小组），定期开展日常法律监督①，如上海市嘉定区人民检察院采取了这一做法。七是会商模式，如广东东莞、肇庆等地区采取了驻点与会商相结合模式。

目前，珠海市检察机关对公安派出所的监督主要采取了侦查监督工作室、巡回监督和会商监督三种模式。其中，侦查监督工作室设立于各个派出所，检察机关定期到公安派出所提前介入侦查、查询办案情况、参加案件讨论、召开联席会议等。巡回模式，指检察官对划定片区以检查、定期巡查等方式进行监督。会商模式，指检察机关根据工作需要或应公安机关邀请，与辖区内公安派出所及有关部门建立案件会商机制，依托列席会议、通报情

---

① 参见章蓉、陆宋颖、李兴军《检察机关对公安派出所监督模式的思考与探索》，《福建警察学院学报》2018年第5期。

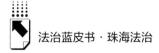

况、业务培训等方式开展针对性、系统性的类案监督。总之，对照上述七种典型模式，珠海的侦查监督工作室模式与各地采取的派驻检察官办公室、派驻侦查监督办公室大同小异，巡回模式与片区检察官模式类似，而会商模式则是对前两种监督模式的补足，推进监督的全覆盖。

二 检察机关对公安派出所刑事侦查活动监督的必要性和可行性

（一）检察机关法律监督的职能定位

《宪法》第134条规定，人民检察院是国家的法律监督机关。《刑事诉讼法》第8条规定，人民检察院依法对刑事诉讼实行法律监督，第100条规定了在审查批准逮捕工作中纠正公安机关违法侦查活动的权力，第113条对公安机关开展立案监督作了规定，第134条规定了人民检察院可以派员参与复验复查。《人民检察院组织法》第20条规定，人民检察院对诉讼活动实行法律监督。《人民检察院刑事诉讼规则》第256条对人民检察院适时介入侦查活动作了规定，第562～564条对立案监督作了规定，第567条对侦查活动监督作了规定。《公安机关办理刑事案件程序规定》第6条明确规定，公安机关进行刑事诉讼，依法接受人民检察院的法律监督。因此，人民检察院对公安派出所刑事侦查活动进行监督，是法律所赋予的工作职能。同时，为实现检察机关与侦查机关在刑事诉讼中的权责平衡，检察机关享有对侦查权的控制权，也是诉讼规律的必然要求①。

（二）提升办案质效的社会需求

侦查阶段是刑事诉讼中控制犯罪与保障人权两种利益最容易冲突的阶段②，而随着警权下沉，公安派出所的办案量不断增多，成为办案的"主力

① 参见司郑巍《派驻检察室对公安派出所监督机制研究》，《中国检察官》2015年第9期。
② 参见宋英辉、吴宏耀《刑事审判前程序研究》，中国政法大学出版社，2002，第112页。

军"。一方面，我国检察机关从最高人民检察院到地方各级检察机关的设置，与公安机关的设置基本相对应，但对应于公安机关基层派出所的检察机关处于缺位状态，导致存在监督盲区，检察机关的监督只有下沉并延伸至基层派出所，才能适应监督的需要①；另一方面，尽管派出所的总体执法水平不断提高，但受制于警力不足、素质参差不齐、专业化水平不高等因素影响，部分公安派出所民警在办案中还不同程度存在证据意识薄弱、取证能力不足、办案不够规范等问题。近年来，个别冤假错案的频频披露严重影响司法公信力。检察机关对公安派出所的刑事侦查活动开展监督，将以审判为中心的诉讼制度改革要求传导至侦查前沿，引导一线民警牢固树立以审判为中心的执法理念，促使其提升办案能力和执法水平，从而在源头上加强监督制约、确保严格执法、促进公平正义，实现政治效果、法律效果、社会效果有机统一。

（三）已厘清的几个问题

一是摸清公安派出所执法数量和执法质量情况，在开展对公安派出所监督工作时，检察机关对公安派出所监督的范围、力度应与派出所承担的刑事执法任务、数量和执法质量相当，从而确定好监督的方式和重点。例如，珠海市公安局前山派出所、口岸派出所、南屏派出所办理案件量大、执法办案问题较为突出，珠海市人民检察院（以下简称"市检察院"）第一、第二、第三检察部将另派员派驻监督指导，助力基层检察院对派出所刑事侦查活动的监督工作。二是检察机关内部有关职能部门协调配合，如珠海市由市检察院统筹推进，各区人民检察院成立工作专班并明确责任领导，各级检察机关同步派出联络员负责对派出所相关案件办理的衔接工作。三是落实其他配套保障，为检察机关开展刑事侦查活动监督工作提供必要的便利。例如，珠海市公安机关由派出所提供办公场所，挂置统一制作的牌匾标识，配置办公工具，配齐配强派出所法制员，配合检察官开展监督工作。

---

① 参见孙曙生、沈小平、陈平《检察机关对派出所刑事执法监督的法理分析与制度构建》，《西南政法大学学报》2011 年第 4 期。

三 珠海市检察机关对公安派出所刑事侦查活动监督的实践探索和现实困境

（一）实践探索

1. 推进情况

2019 年 8 月 16 日，市检察院根据省检察院与省公安厅联签文件《广东省人民检察院 广东省公安厅关于规范对公安派出所刑事侦查活动监督工作的意见》的精神，与珠海市公安局会签了《珠海市人民检察院 珠海市公安局关于推进侦查活动监督构建新型检警关系工作实施方案》。另外，市检察院根据考察学习的情况制定了《侦查监督工作室工作细则》《侦查监督工作室检察官履职规范》等相关制度，后各区根据辖区实际选择性制定了相应的试行文件，如珠海市香洲区人民检察院制定了《珠海市香洲区人民检察院关于推进对公安派出所刑事侦查活动监督工作实施初步方案》及《珠海市香洲区人民检察院关于推进对公安派出所刑事侦查活动监督工作实施办法（试行）》等。

珠海市检察机关对公安派出所刑事侦查活动监督工作分为三阶段推进。第一阶段：试点期（2019 年 6 月至 12 月），全市研究选取前山派出所、南屏派出所、金鼎派出所、红旗派出所、平沙派出所、城南派出所、白蕉派出所、新青派出所、坭湾派出所以及横琴分局 10 个试点。以上 10 个公安派出所均为办案量大、执法办案问题较为突出的重点所，故采取驻所监督模式，员额检察官固定每周半天的时间，定期到派出所提前介入侦查、查询办案情况、参加案件讨论、召开联席会议等。第二阶段：2020 年 1 月，市检察院与市公安局商定推出第二批试点，并将治安、经侦、刑警 3 个支队纳入，实现了对市、区两级一线办案单位的同时派驻监督。疫情期间，派驻检察官与民警通过微信、电话等日常沟通联络提前介入、引导取证工作。第三阶段：2020 年 3 月，市检察院根据全市各公安派出所的案件数量和执法办案情况，经征求各基层院与公安机关的意见，最终确立了对 4 个支队和 17 个派出所实行驻点监督、12 个派出所实行巡回监督、15 个派出所实行会商监督的全市监督格局。2020 年 5 月，全市公安派出所刑事侦查活动监督工作正式全面推开。

2. 工作内容

一是查看办案台账和公安警务综合（以下简称"警综"）系统，登录广东省警务综合应用平台对派出所的警情、案件情况进行了解。二是提前介入案件，对疑难、复杂案件从侦查方向、主要证据的收集、法律适用提出侦查取证建议。三是捕前分流和诉前分流工作，对于犯罪嫌疑人不构成犯罪、没有社会危险性或者犯罪情节轻微的，引导公安机关做好捕前分流工作；对于批捕后发现犯罪嫌疑人不构成犯罪、没有社会危险性或者犯罪情节轻微的，引导公安机关做好捕后变更强制措施、诉前分流工作。四是跟踪取证和落实监督工作，监督公安机关对取证意见和规范执法建议的执行情况，了解侦查活动监督意见建议的落实情况。五是数据收集工作，对接该专项工作的联络员定期收集派出所各项刑事数据并上报。六是调阅案件资料，针对公安机关报送信息数据的具体情况，调阅相关案件材料，重点监督应当立案而不立案、不应当立案而立案，违法适用查封、扣押、冻结等财产性强制措施，违法适用限制人身自由强制措施、随意变更强制措施等情形。七是日常监督的其他事宜。

3. 工作成效

自侦查监督工作室设立以来，两项监督工作虽仍待加强，但部分监督数据已有一定改善。截至 2020 年 8 月 29 日，共提前介入案件 34 件，实现捕前分流案件 13 件，发现并监督立案 10 件，发现并监督撤案 2 件，口头纠正违法案件 10 件，发出书面纠正违法通知书 4 份，发出检察建议 5 份，发出侦查活动监督通知书 4 份。部分公安派出所的办案质量有所提升。为确保数据的代表性，以设立时间最长的第一批侦查监督工作室试点为例，对其挂牌成立后的不捕率和各项逮捕数据进行统计发现（见表 1），不捕率比挂牌前低的派出所占六成，但不捕率一直稳步下降的派出

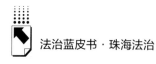

所仅占二成（白蕉和坭湾派出所），且部分派出所的不捕率有时甚至达到较高水平（见图1）。

表1 第一批驻点所各季度不捕率统计（2019.09~2020.08）

单位：%

序号	驻点	挂牌前（2019.01~08）	2019.09~12	2020.01~03	2020.04~06	2020.07~08
1	横琴分局	25.8	16	12.5	25	0
2	城南所	10.9	38	0	20	0
3	白蕉所	26.18	21.95	5	0	0
4	新青所	4	0	40	0	33.3
5	坭湾所	37.8	6.7	0	0	0
6	前山所	25.8	34.9	25	25	25
7	南屏所	35.5	21	15.8	43.5	25
8	金鼎所	39	29.3	0	31.6	40
9	红旗所	17.5	35	57.1	16.7	0
10	平沙所	17.5	35	63.6	7.1	0

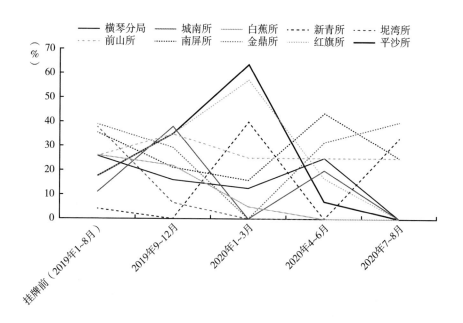

图1 各驻点所侦查监督工作室成立前后不捕率折线

对以上试点派出所不捕案件的理由进行分析后发现，不捕理由占比最大的是证据不足，占 74.74%，其次是无社会危险性，占比 22.10%（见图 2）。可见，除了对部分案件证据认定标准存在分歧的原因外，一方面，侦查人员捕前取证不到位；另一方面，检察机关引导侦查取证工作也有待增强。

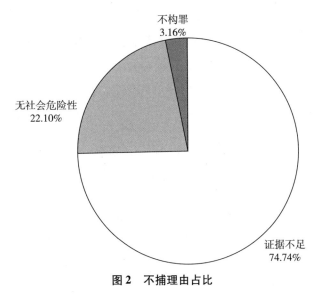

图 2　不捕理由占比

（二）现实困境

一是监督线索发现难。首先，开展监督工作的途径比较狭窄，侦查监督工作室值班检察官大部分时间以坐班的形式进行，且坐班时间主要用于帮民警答疑解惑，目前还无法做到查看办案的流程和全貌，监督的全面性、深入性、有效性还不够，难以真正发现公安派出所执法中的源头性、根本性、基础性问题。其次，出于公安机关信息保密的需要，目前警综系统的共享存在一定阻碍，值班检察官目前暂时是借用派出所民警的 Key 登录警综系统，且部分派出所未能及时将案卷材料录入警综系统，部分侦查活动中存在的问题也无法在案件系统中显示，导致检察官获取信息不全面，监督深度难以满足现实需要。再次，部分派驻检察官的监督水平有待提高，对违法、瑕疵证据的辨别能力不强,被动式通过案件审查发现问题多,主动式发现线索的监督少。最后,由于受疫情影响,前期各项工作重心有所转移,监督工作力度也被削减。

二是监督深度不够,部分工作流于形式。以数据报送工作为例,目前各基层院的联络员负责督促派出所每周书面通报刑事发案、报案、受案、不立案、破案、适用和变更强制措施、撤案、释放等信息,每月报送立案、不立案、刑拘未报捕、撤案等案件的简要案情和理由,各基层院的联络员每月初向市检察院报送派出所的各项刑事数据和有关监督数据。一方面,这两块数据统计表有所交叉和重复,加重了派出所联络员的工作负担,在警力不足、案件繁多的情况下,该项工作的执行力会减弱,导致对这些数据的复核与审核不严,有时数据出现前后矛盾情况;另一方面,派驻检察官对数据背后所蕴含的问题挖掘不够,失去了数据统计最初的意义。

三是考评考核制度有待完善。目前,对各区院工作台账的抽查、通报情况和典型案例等工作都有待深入,亦未将对派出所刑事侦查活动监督工作中提前介入、立案监督和侦查活动监督的情况纳入检察官绩效考评及区院考核指标,干警参与监督的主动性与积极性有待进一步增强。

四是工作范围把握难。侦查监督工作室设立后,试点派出所对值班检察官十分支持,但同时也出现在刑事案件的定性和证据情况把关上过度依赖检察官的现象,而对于案件的定性和把关,严格意义上属于公安机关法制部门(珠海公安机关案审部门现已并入法制部门)的工作职能范围。如果值班检察官越俎代庖,不仅违背设立侦查监督工作室的初衷,也不符合新型检警关系发展的方向。

五是检警办案理念分歧。检察机关案件办理要求是"可捕可不捕,不捕;可诉可不诉,不诉",但公安机关考核的重点仍是立案数、批准逮捕数,导致侦查机关办案人员重视有罪和罪重的证据,忽视无罪和罪轻的证据。对所谓"可捕可不捕"的案件,侦查机关通常会提请批准逮捕。2020年全市刑事案件不捕率居高不下,说明提请逮捕的案件质量不高,"以捕代侦""以捕代罚"的问题较为严重。

四 完善检察机关对公安派出所刑事侦查活动 监督工作的纾解路径

（一）拓展多渠道线索来源机制

一是丰富监督方式。检察机关的监督方式应该多样化、灵活化、机动化，既包括一般的阅卷和调取系统数据、资料，也包括走访当事人、受理举报，以及参与公安机关的案情分析会、通报会等，注重在办案或检查中发现、上级交督办、投诉举报中反映的违法问题。

二是建立例行巡查和专项巡查相结合的巡查机制。主动深入公安派出所办案一线，定期或不定期对公安派出所在立案、侦查环节的执法活动进行巡视、检查，特别是对审讯监控录像、留置室使用、扣押物品、强制措施变更等执法环节中的常发易发问题开展监督，并视情况抽查案卷。

三是协同公安机关，继续着力解决信息共享的问题。依托信息技术，推动建立刑事案件信息共享平台，获取监督信息，拓宽案源渠道。例如，无锡市 B 区检察院经与公安、法院协调，建立公检法信息共享平台，将平台系统接入公安视频网，建成侦查审讯监督专线，对公安派出所的审讯实时监控。

（二）构建多层次的监督纠正机制

一是完善全程动态监督机制①，改变传统"点对点"监督方式，以审查逮捕为界点，将刑事侦查监督向捕前、捕后延伸。一方面，落实不立案、刑拘未报捕、撤案等案件的报备制度；另一方面，完善对检察机关发出文书的督促落实与跟踪反馈机制，对发出的"要求说明立案理由通知书""要求说明不立案理由通知书""通知立案书""通知撤销案件书""逮捕案件继续侦查取证意见书""不批准逮捕案件补充侦查提纲""纠正违法通知书"

---

① 参见邱华锋《公安派出所刑事侦查活动监督机制的完善》，《检察调研与指导》2019 年第 2 辑。

"侦查活动监督通知书""检察建议书"等法律文书的落实情况进行跟踪，可要求公安机关每月通报反馈一次进展情况，确保检察监督的刚性。

二是建立侦查监督工作室轮岗机制，有效避免检察人员长期在某个派出所工作所导致的人情案、关系案、金钱案，确保侦查监督工作室检察官廉洁从检，规范履职。

三是充分发挥新版侦查监督平台的功能，指导驻所检察官全面熟悉操作手册和监督事项，进一步依托侦查监督平台把从对派出所监督工作中发现的线索转化为监督成果。

（三）规范提前介入和案件指导机制

以审判为中心的刑事诉讼制度改革要求坚持证据裁判原则，做到以证据为核心。为提升基层派出所的刑事案件侦办质量，一方面，根据引导侦查情况，有针对性地开展类案监督，对辖区内高发的刑事案件研究形成证据标准指引；另一方面，充分发挥捕诉一体的优势，加强对引导侦查意见的督办落实，确保介入侦查和引导取证的方向更准、效果更实，实质性推动以审判为中心的刑事诉讼制度改革。

（四）完善与公安派出所的协作配合机制

第一，改进数据报送工作。保留每周督促派出所报送有关数据工作，但在月底不再重复要求派出所再次报送发案、报案、受案、不立案、破案等各项基础数据，其他诸如每月报送不立案、刑拘未报捕、撤案等案件备案工作暂时不变。

第二，畅通日常沟通渠道，保持良好互助协作。检察机关每月定期向公安机关通报侦查活动监督中发现的问题，对问题进行分类汇总，并根据具体的违法行为提出相关的整改意见。每半年定期召开联席会议，建立案件点评机制，将存在问题全面反馈给公安机关，共同研究整改方案。

第三，以培训为依托切实提高对派出所监督工作水平。对警综信息平台的操作不熟是制约监督工作水平的重要因素，通过举行专题培训、经验交流等方式加强对该项工作的督促与指导，不断加强检警队伍专业化职业化建设。

第四，推动建立科学合理的考评机制。检察机关可在基本办案数量、质量基础上，将检察官监督的质量、数量纳入考评体系，并适当加大考评权重系数，如对监督立撤案数、纠正漏捕、书面纠正违法等情况赋予合理的考核评分值，以激励检察官将侦查活动监督作为一项重要的日常性工作。公安机关同步建立相应的考核机制和奖励机制，但是数据考核制度应当给予缓冲期、适应期，以最大限度地增强检警打击犯罪的合力，提升办案水平，规范执法行为。

B.16
金湾区加强行政非诉执行
检察监督调研报告

珠海市金湾区人民检察院课题组*

摘　要：　行政非诉执行检察旨在通过规范行政执法行为、提升行政执
　　　　　行效率，促进依法行政，防止社会治理漏洞。珠海市金湾区
　　　　　人民检察院重点在交通执法、自然资源和执行领域开展专项
　　　　　监督，系统审查案件240余件，对发现的不规范执法司法问
　　　　　题，向行政机关和审判机关发出类案检察建议督促依法履
　　　　　职，促进相关领域社会综合治理，此举发挥了行政检察既维
　　　　　护司法公正，又监督和促进依法行政"一手托两家"的职能
　　　　　作用。

关键词：　行政非诉执行　行政检察　行政执行监督

一　行政非诉执行监督概况

（一）行政非诉执行监督及其法律依据

行政非诉执行监督，是指行政机关作出行政处罚后，当事人在法定期限
内未提起行政诉讼或行政复议，但又不履行已经生效的具体行政行为所确定

---

　　*　课题组负责人：李中原，珠海市金湾区人民检察院党组书记、检察长。课题组成员：杨平、
　　李军、张健、肖子杰。执笔人：张健，珠海市金湾区人民检察院综合业务部科员。

的义务，行政机关向人民法院申请强制执行的，人民检察院对执行活动进行检察监督的工作①。

人民检察院作为国家的法律监督机关，是由我国宪法有关司法权力配置模式和司法权力运作方式决定的②。《人民检察院组织法》明确规定，人民检察院是国家的法律监督机关③。《人民检察院行政诉讼监督规则（试行）》明确规定，人民检察院通过办理行政诉讼监督案件，监督人民法院依法审判和执行，促进行政机关依法行使职权，维护司法公正和司法权威，维护国家利益和社会公共利益，保护公民、法人和其他组织的合法权益，保障国家法律的统一正确实施④。

（二）行政非诉执行监督必要性

1. 行政非诉执行监督促进人民法院公正司法、行政机关公正执法

审判监督是法院通过行使审判权对行政行为进行司法评价，从而达到司法监督的目的，其仅限于个案的评价，在实践中被动性的特点较为明显。行政机关各领域普遍存在行业内部执法规范化考评机制，对加强规范化和提高执结率具有一定的积极作用，但行业内部的考评机制普遍存在"自我监督"特点，在实践中容易"自我妥协"⑤。行政非诉执行监督是检察机关对行政行为、法院裁判行为和执行行为的监督，属于主动监督，通过行政非诉执行监督来督促行政机关在某一领域对某一类或几类突出的问题进行集中整改⑥。

---

① 根据广东省人民检察院 2020 年 9 月印发的《广东省检察机关行政非诉执行监督办案指引》第一章，行政非诉执行监督的概念。

② 参见杨东文《浅论行政非诉执行的检察监督》，《法制与社会》2015 年第 8 期，第 135～136 页。

③ 根据 2019 年 1 月 1 日施行的《人民检察院组织法》第 2 条之规定。

④ 根据最高人民检察院 2016 年 4 月 15 日公布实施的《人民检察院行政诉讼监督规则（试行）》第 2 条之规定。

⑤ 参见许中缘、颜克云《论检察机关对行政执法的法律监督》，《湖南社会科学》2015 年第 4 期，第 64～68 页。

⑥ 参见张相军《以行政非诉执行监督为突破口做实行政检察工作》，《检察日报》2019 年 5 月 27 日，第 3 版。

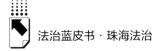

2. 行政非诉执行监督促进"四大检察"全面协调发展

根据《人民检察院组织法》第 20 条之规定,人民检察院享有八项职权,其中四项法律监督职权中,有两项涉及行政非诉执行检察监督:对诉讼活动和判决、裁定等生效法律文书的执行工作实行法律监督。① 行政非诉执行是《行政诉讼法》第八章规范的行政诉讼执行活动的重要内容之一,属于行政诉讼活动的组成部分。因此,检察机关加强行政非诉执行监督,对于做实行政检察,促进"四大检察"全面协调发展,实现宪法和检察院组织法对人民检察院的性质定位具有重要意义②。

3. 行政非诉执行监督满足群众司法需求,促进社会治理

近年来,在基层检察院民行部门普遍存在行政非诉执行案件逐年上升的情况,公民权利意识和法律意识越来越强,非诉执行案件成为现阶段行政诉讼中的一项重要工作,案件数量逐年增加、执行难度越来越大。由于立法上对行政非诉执行案件的规定比较原则和笼统③,有些领域存在一些深层次的社会因素,行政机关和人民法院在案件处理过程中容易出现一些困惑,导致执结率不高,群众的正常司法需求不能得到满足,一些地方甚至发生信访闹访事件。2017 年,最高人民检察院收集全国人大代表意见,其中一项就是反映行政机关作出行政处罚后,申请法院强制执行的执结率很低。为此,最高人民检察院充分调研后,在 2018 年以贯彻落实党的十九届三中全会精神为契机,把内设机构改革作为检察工作创新发展的突破口,将行政检察从传统民行检察中独立出来,开始在全国检察机关开展行政非诉执行检察专项工作④。

---

① 根据 2019 年 1 月 1 日施行的《人民检察院组织法》第 20 条之规定。
② 参见最高人民检察院检察长 2019 年 3 月 12 日在第十三届全国人民代表大会第二次会议上的工作报告。
③ 参见郭洪作、蔡元国《关于行政非诉执行案件审执情况的调查与思考》,《法制与社会》2013 年第 3 期,第 80~81 页。
④ 参见最高人民检察院检察长 2018 年 7 月 26 日在大检察官研讨班结束时的讲话。

二 金湾区检察院开展行政非诉执行监督的实践

2019 年，珠海市检察机关在全市开展非诉执行检察工作部署，从裁定不予受理、不予强制执行、终结本次执行案件着手，先后在重点民生领域如交通执法、食品药品、自然资源和执行领域，尝试性开展专项监督工作。2017 年 7 月至 2020 年 8 月，珠海市全市法院受理行政非诉执行案件 2237件；法院裁定不予受理和不予强制执行案件 190 件，法院执行局立案执行1719 件，其中终结本次执行案件 246 件，执行到位 1011 件，未能执行 708件。金湾区检察院开展行政非诉执行监督的实践如下。

（一）开展交通领域专项监督，助力执法机关依法行政

2019 年，金湾区检察院调取了珠海市行政非诉执行集中管辖以来全市被裁定的不予受理和不予执行的案件，从中梳理分析发现，交通执法领域存在问题较为突出。对此，金湾区检察院调取了该领域 20 多件案件进行系统审查，发现一个突出的问题，那就是在危险物品运输领域，执法机关只对违法司机进行处罚，却未对经营者进行核查和处罚。这种处罚行为多年来均被法院裁定不予强制执行，执法机关却依然按照习惯作出处罚，执法和司法相互背离的情况比较突出。金湾区检察院通过系统审查、听取法院和行政机关意见，了解执法现状，提请市检察院向市交通执法机关发出检察建议要求整改，市交通执法机关予以全部采纳。

（二）开展自然资源领域专项监督，助力执行机关清拆违建

金湾区检察院调取了近年来自然资源领域违建案件 38 件，该批案件均被法院裁定准予强制执行后仍然长期未得到有效执行。通过调卷审查、听取意见，发现该领域违建拆除难度非常大，到了执行阶段强制拆除违建成本高、风险大，容易引发信访维稳事件。执行机关在人手少、任务重的情况下，往往优先执行其他案件。在充分考虑上述情况后，金湾区检察院向执行

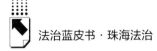

机关发出督促履职的检察建议，督促执行机关采取措施推进该领域案件的执行，同时协调地方政府配合完成清拆工作。截至目前，38件案件全部进入执行程序，多起案件得到有效执行，已执行面积1.01万平方米。

（三）开展执行领域专项监督，发出类案建议得到采纳

金湾区检察院调取了全市行政非诉执行集中管辖以来执行机关作出终结本次执行的案件180件。经过系统审查，发现在执行各个环节存在不同程度的不规范行为。在充分听取执行机关意见后，依法向执行机关发出规范执法的类案检察建议，得到执行机关全部采纳。

三　金湾区检察院行政非诉执行监督面临的现实困境

金湾区检察院对行政非诉执行监督工作进行了有益的尝试，取得了一定的监督效果，检察官办理行政非诉执行监督案件的经验被收录进《广东省检察机关行政非诉执行监督办案指引》，在全省印发推广。但该项工作毕竟还处于初步探索阶段，加之行政行为本身存在质量问题，也给金湾区检察院开展行政非诉执行监督带来一些困难。

（一）行政行为存在质量问题影响行政非诉执行监督效果

行政机关申请的一些行政非诉执行案件存在质量不高、程序不规范的问题。从统计数据来看，2017年7月至2020年8月，金湾区法院受理行政非诉执行案件2237件，其中裁定不予受理和不予强制执行案件190件，占比8.5%。主要集中在超期申请强制执行、送达程序违法、适用法律错误等方面，导致案件被法院裁定不予受理或不予强制执行。行政行为本身存在质量问题导致行政非诉执行监督的效果不明显。

（二）执行机关怠于执行加剧行政非诉执行监督难题

行政非诉执行案件与日俱增，法院执行任务重，执法力量相对薄弱，加

之行政非诉案件处理难度较高，现有人员配备和法律素质配备与案件数量、质量等方面的要求还有较大差距①，造成法院对一些案件不想、不能执行。有些案件成因复杂、时间跨度大、牵涉面广，法院在审执过程中既要依法执行，维护行政执法行为的权威性，也要充分考虑地方实际情况，还要考虑执行手段、执行方法可能会对被执行对象造成的影响。部分行政机关对行政非诉执行监督不认同，存在抵触情绪，对检察院上门调取案件卷宗不积极配合，也给监督带来一定困扰。检察院开展行政监督工作主要靠沟通协调、提出检察建议，与其他监督机制未能很好地融合，检察建议的刚性、约束性较弱，监督方式比较单一。

（三）案件存在客观上的执行不能，导致行政监督可能出现信访维稳事件

有些案件自身的性质也影响了执行成效。一些案件性质特殊，如果简单以违法违规进行行政非诉执行，其阻力相当大且容易引发群体性事件。以珠海市斗门区自然资源领域的违建案件为例，部分违法建筑物属于未经审批而搭建的住宅，在之前的搭建过程中因为没有相关批文，有关行政机关已经责令拆除，但违法人依旧违规搭建并最终搭建完成。这种情况下，检察机关开展行政执行监督，督促行政机关以相关建筑物违法违规而进行拆除，容易造成信访维稳事件，影响经济社会大局稳定。

（四）行政行为难执行导致部分领域出现社会治理漏洞

行政权作为社会治理中极为重要的一项公共权力，涉及社会治理方方面面，行政权的合法规范有效运行，直接影响社会治理的效率和水平。而当某一领域的行政处罚行为得不到有效执行，就极有可能在该领域形成系统的社会治理漏洞。2017 年至 2019 年 6 月，珠海市裁定不予受理和不予强制执行

---

① 参见郭洪作、蔡元国《关于行政非诉执行案件审执情况的调查与思考》，《法制与社会》2013 年第 3 期，第 80～81 页。

案件50件，其中涉及交通执法领域案件23件，检察院在办理该领域系列案件中发现，长达数年间行政机关与司法机关就同一类问题执法标准不一，导致该领域的同类违法行为均难以被惩处，并且这种执法和司法标准不一状况在该领域会长期存在，类似违法行为经常发生，社会治理漏洞因此形成。在自然资源领域违法违建的情况非常普遍，已经成为一种突出的社会问题和社会现象。从自然资源执法到执行各环节也不同程度存在怠于履职的情况，必然导致该领域的违法违建情况得不到妥善解决。

四 加强行政非诉执行监督工作思路及制度构建

（一）围绕党委政府中心工作，开展行政非诉执行监督

检察工作是政治性很强的业务工作，也是业务性很强的政治工作，任何时期，检察工作都不能偏离党委政府的中心工作。检察权是监督权，其主要价值是保障法律的正确实施。党委政府的中心工作都是关乎社会民生的热点问题，是在充分调研的基础上，在某一时段需要集中力量办的大事。围绕党委政府的中心工作开展行政非诉检察工作，不仅是政治立场的问题，也是检察工作的内在价值需要。所以，行政非诉执行检察工作的落脚点和着力点应放在依法保障行政权的正确实施上。金湾区检察院将行政非诉执行监督的工作重点放在交通领域、自然资源领域、执行领域，这些都是社会关切的重点难点热点，关系到群众的切身利益，以此围绕群众急难愁盼的问题，扎实开展行政非诉执行监督，让公平正义以人民群众看得见的方式实现。

（二）强化沟通协调配合，树立双赢多赢共赢工作理念

最高人民检察院要求检察机关充分运用政治智慧、法律智慧和监督智慧，创新监督方式，强化监督举措，以新的理念促进监督工作取得新进展。坚持双赢多赢共赢，敢于监督、善于监督，更加积极主动地履行监督职责，这为深化行政非诉执行检察监督工作提供了根本遵循。从监督本意看，实行

行政非诉执行检察监督的目的不是追究行政机关和法院的责任，而是要避免追责情况的发生，促进行政机关和法院加强依法履职。开展行政非诉执行监督，建立常态化沟通联络机制十分必要①。检察院应主动加强与行政机关、法院的协调沟通，从检察长、分管检察长到科室负责人、承办检察官，定期走访相关单位开展调研座谈，把行政非诉执行监督工作的重要意义讲清楚。树立开展检察监督是为了实现双赢多赢共赢的工作理念，只有三方凝聚共识，消除分歧，才能为更好开展行政非诉执行监督工作奠定良好的基础，为社会治理营造良好的环境。

（三）建立联动工作机制，促进行政监督工作行稳致远

目前行政诉讼监督规则对非诉执行检察工作规定非常宽泛，各地检察机关与行政机关探索联签制度性文件，以文件或者会议的方式开展行政非诉执行检察工作。执行制度也缺乏必要的刚性和强制性，更多是依靠行政机关的内部自觉执行。检察机关对行政机关提出检察建议后，行政机关是否落实，落实的情况如何，检察机关如何进一步督促检察建议得到落实，没有具体法律规定。工作成效主要是靠与行政机关的沟通，如果行政机关不予理会、怠于履行职责，由于欠缺必要的制度性规定，检察院缺乏足够的方式保证行政非诉执行检察工作落到实处②。在法律规定中动辄添加追究当事人责任的做法不仅粗暴，且容易授人以柄。从工作实践看，绝大部分行政机关还是非常配合检察机关的工作，没有必要单独为了检察工作的便利而轻易授权。建议将行政非诉执行检察监督工作纳入整个监督体系，完善与监察委的联动工作机制，明确与人大报告和政府、政协通报等机制，通过现有的监督手段即可满足工作需要。

总体来看，社会治理是一项长期的系统工程，行政非诉执行检察机制的

---

① 参见张相军《以行政非诉执行监督为突破口做实行政检察工作》，《检察日报》2019 年 5 月 27 日，第 3 版。

② 参见姜广俊、张西明、刘玲《完善对基层人民法院行政非诉执行检察监督途径的思考》，《中国检察官》2019 年第 23 期，第 51～53 页。

介入，必然有助于社会综合治理。目前金湾区检察机关通过一定时期的类案审查方式，对防范出现社会治理漏洞起到了非常积极的作用。尤其在大湾区建设的大背景下，很多创新制度在实践中都有待检验。接下来，应进一步做实做强珠海行政检察工作，助推社会治理能力和监督体系建设，为粤港澳大湾区建设贡献珠海检察力量和检察智慧。

B.17

"类案＋检察建议"：横琴刑事检察
监督新模式

珠海横琴新区人民检察院课题组*

摘　要：　横琴新区人民检察院深耕监督主业，打造工作亮点，以个案为依托，以自行补充侦查为基点，与侦查部门良性互动，深挖类案背后多发的普遍问题，通过锻造精细化的监督模式，创设动态监督体系，集成监督云数据，形成"类案＋检察建议"工作模式，实现监督与被监督者的共赢格局，为刑事检察工作提供了新鲜的"横琴经验"。为进一步发挥类案监督的实践价值和司法功效，检察机关还要在调查核实、集体问诊、工作联动、落实监督意见等方面将检察建议做实、做专、做优、做好，为推进新时期检察工作提供有益的理论和实践探索。

关键词：　类案监督　检察建议　刑事检察　检察体制改革

在司法实践中，刑事检察监督多以个案形式展开，纠正违法通知书、检察建议等监督手段普遍运用于具体个案，尤其在侦查活动监督中，监督工作往往是对某一案件中发现的问题"头痛医头，脚痛医脚"，呈现一种零敲碎打式的具体监督，缺乏以点带面的整体性和综合性效果。由点到面、从个案监督向类案监督转变，发挥检察监督的引导作用，促进侦查机关全面提高侦查

---

* 课题组负责人：韩平，珠海横琴新区人民检察院副检察长。课题组成员：曾命辉、丁莹莹、史月迎。执笔人：丁莹莹，珠海横琴新区人民检察院检察官助理。

水平，是推进"以审判为中心"诉讼制度改革的内在需要和重要内容。2018年10月26日，第十三届全国人民代表大会常务委员会第六次会议修订《人民检察院组织法》，首次将"检察建议"与"抗诉""纠正意见"并列为人民检察院行使法律监督职权的重要手段。检察建议这种中国特色社会主义法律监督形式，与类案监督这种特殊方式具有必然的契合性和融通性，对于检察机关提高法律监督能力、增强法律监督实效具有重要意义。

一　横琴检察机关"类案＋检察建议"方式的实践

据统计，2013年12月20日挂牌成立以来，珠海横琴新区人民检察院（以下简称"横琴检察院"）办理的刑事案件中，偷越边境类案件占总数的48%。在全面推进"以审判为中心"的刑事诉讼制度改革背景下，横琴检察院以此类案件为切入点，积极开展"类案＋检察建议"的初步实践。

（一）以个案为依托，深挖类案背后的共性问题

横琴检察院在办理大量偷越边境类案件中发现，此类案件多为有组织、有预谋的犯罪，嫌疑人反侦查能力较强。每次运送偷渡人员数量较少，被抓获后法院判处法定刑多为1年以下有期徒刑，部分侦查人员存在畏难情绪，办案积极性不高，导致侦查阶段收集的证据不够扎实。侦查过程容易暴露以下问题。一是言词证据固定不充分。以证人证言为例，在运送他人偷越边境类案件办理过程中，偷渡人员是证实案情的关键证人，但其对办案机关有较强的抵触心理，特别是在行政处罚执行完毕后，当事人不愿配合办案机关取证的现象屡见不鲜。例如，横琴检察院办理的李某某、陈某某运送他人偷越边境一案①

---

① 基本案情：被告人李某某、陈某某在他人的安排下欲运送他人偷越边境前往澳门。2017年2月1日14时许，被告人陈某某驾驶一辆黑色别克商务车将郑某甲、陆某某从珠海度假村酒店接至珠海横琴二桥附近一处海边。随后李某某驾驶一艘"三无"木质小船运送郑某甲、陆某某从珠海偷越边境前往澳门，并拨打电话联系澳门接客人员；陈某某协助李某某启动发动机，并在该船上望风及打电话联络接应。18时许，该小船行至珠海十字门对开海域（113°31′46″E、22°10′36″N）时被广东省公安边防总队海警第一支队执勤干警当场抓获。

中，对证人陆某某所做笔录仅有两份，内容简单，不能全面反映案情，缺少对指认陈某某犯罪行为的关键信息。在陆某某行政处罚执行完毕后，办案人员虽多次联系其取证，但其始终不予配合，影响案件办理。二是客观证据的搜集有待加强。例如，物证作为客观存在物，不能自明其义，须经办案人员发现、识别、挖掘其与案件事实的客观关联，才能发挥其证明作用。如果侦查机关对运送他人偷越边境类案件涉案船舶等物品所作的检查笔录及扣押笔录过于简单，仅对船舶的结构、颜色等进行描述，拍摄照片也仅能反映木船的外形等信息，部分案件甚至没有对船舶拍摄照片，导致物证无法与在案证据相印证，则物证不能充分发挥应有的作用。三是缺乏"双向取证"的证据意识。横琴检察院办理的韦某某运送他人偷越边境一案①中，在案证据较少，对偷渡人员杨某某所做笔录仅有一份，内容简单，且在行政处罚执行完毕后杨某某不配合侦查机关取证。在案言词证据呈现"一对一"证据形式。韦某某在审查起诉阶段翻供，辩称自己是偷渡人员，杨某某系运送者，到达澳门后将通过微信绑定的银行卡转账 3000 元给杨某某。在后续侦查中，虽然韦某某再次认罪，但本案合理怀疑尚未排除，如韦某某当庭翻供，案件审理必将陷入被动局面。

（二）以自行补充侦查为基点，提高侦查监督公信力

侦查活动监督应当以自行补充侦查为基点，由被动走向主动，由静态走向动态，提高侦查监督公信力。在树立"双向取证"证据意识工作中，横琴检察院选取前文提到的韦某某运送他人偷越边境案作为典型案例，开展自行补充侦查。针对韦某某关于"其是偷渡人员，到达澳门后将通过微信绑定的银行卡转账 3000 元给杨某某（偷渡人员，行政处罚执行完毕后多次联系均不配合调查）"的辩解，横琴检察院通过调取韦某某银行账户交易流水明细，证实其微信绑定的全部银行卡总余额仅 103.18 元，其辩解没有现实

---

① 基本案情：被告人韦某某在他人的安排下欲运送他人偷越边境前往澳门。2017 年 7 月 5 日 2 时 30 分许，韦某某驾驶充气橡皮船运送杨某某从珠海偷越边境前往澳门，在珠海市横琴新区边防警戒区 19 号 B 哨地段被边防执勤哨兵当场抓获。

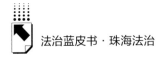

可能性，成功排除韦某某的无罪辩解。横琴新区人民法院在韦某某运送他人偷越边境案开庭审理当日，由审判员和人民陪审员组成的合议庭即对韦某某作出有罪判决。

（三）以调研、座谈为核心，实现侦检部门良性互动

横琴检察院不仅邀请侦查机关全程参与自行补充侦查，还多次与侦查机关召开座谈会，就案件侦查工作反映的问题进行深入交流与探讨。例如，在李某某、陈某某运送他人偷越边境一案中，横琴检察院在审查逮捕、审查起诉、自行补充侦查、法庭审判等多个阶段与侦查机关座谈交流，就制作讯问笔录、询问证人、固定物证、提取电子数据及视听资料、完善扣押程序等多个问题进行了深入探讨。在案件判决生效后，侦查机关不仅主动与横琴检察院就妨害边境管理秩序类案件侦办过程中遇到的难点问题进行交流，还邀请横琴检察院检察官前往侦查机关调研，双方再次就妨害边境管理秩序类案件证据收集情况进行探讨，并就横琴区域内妨害边境管理秩序类犯罪多发地带进行现场查看，切实提升该类案件取证工作质量和效率，侦检双方良性互动，有助于有效打击犯罪。

（四）以点带面，扩大法律监督实效

横琴检察院自2013年12月挂牌以来，就破坏边境管理秩序类案件，共向侦查机关发出纠正违法通知书6份、检察建议13份、犯罪侦查活动监督通知书2份。2017年，横琴检察院承办检察官又结合典型案例，总结了妨害边境管理秩序类案件证据收集工作中的常见问题，向广东省公安边防总队海警第一支队、广东省公安边防总队第五支队、珠海市公安边防支队等部门，先后发出侦查监督检察建议6份，不仅从个案角度对具体的取证问题提出建议，还从类案角度提出针对性建议，并制作了《运送他人偷越边境类案件证据收集指引》《偷越边境类案件证据收集指引》等文书，力求达到"举一反三"、以小见大的法律效果。此外，横琴检察院结合办案实际，起草了《珠海横琴新区人民检察院办理妨害边境管理犯罪案件的特点与对策

建议》《主动补查证据，以点带面强化类案监督等检察情况反映》等，供珠海市横琴新区管理委员会参考。

二　类案监督模式下深入推进检察建议实体化运作

通过以妨害边境管理秩序类犯罪为切入点进行类案监督检察建议初步实践，横琴检察院积极总结经验，逐步探索在非法捕捞水产品罪、拒不支付劳动报酬罪等多类案件办理中类案监督模式下的检察建议实体化运作。

（一）类案监督模式下的检察建议实体化运作已初见成效

自 2009 年 12 月 16 日横琴新区挂牌成立以来，作为中国内地改革开放的最前沿阵地，珠港澳三地经济融合和人员往来加快，各项基础设施及大型工程建设项目如火如荼。在此背景下，运送他人偷越边境以及自行偷越边境等妨害边境秩序案件、非法捕捞水产品案件、拒不支付劳动报酬案件及危险驾驶（醉酒驾驶）案件多发。横琴检察院检察官根据承办案件的类型及特点，统筹规划，分工负责，对上述案件开展类案监督的检察建议工作。截至 2020 年底，横琴检察院已发出运送他人偷越边境、偷越边境等妨害边境秩序案件类案监督检察建议 4 份，非法捕捞水产品类案监督检察建议 3 份，拒不支付劳动报酬类案监督检察建议、危险驾驶类案监督检察建议各 1 份。此外，根据刑事案件办理工作实际，横琴检察院还发出盗窃类案监督检察建议及电信诈骗类案、非法采矿类案、掩饰隐瞒犯罪所得类案、性侵类案监督检察建议各 1 份。2019 年 6 月，经过梳理总结类案监督工作，横琴检察院编纂印发了《珠海横琴新区人民检察院类案监督及取证指引》，汇集了类案监督工作的思路、方式方法、经验材料及科研成果，全面反映了横琴检察院对类案监督检察建议实体化运作的探索。

（二）持续推进、与时俱新，"类案"检察建议监督活力得到强化

横琴检察院在开展监督工作过程中，及时跟进立法司法新动态，快速发

现侦查监督活动的新问题，调整类案监督检察建议，增强监督活力。横琴检察院对非法捕捞水产品类案的监督工作可作为这方面例证。2016 年 12 月，横琴检察院检察官在承办李某甲、李某乙非法捕捞水产品案件时发现，侦查机关在办理此类"两法衔接"案件时缺乏对行政执法与刑事司法程序区别的认识，尚未树立将行政证据转化为刑事证据的意识。针对此种情况，横琴检察院及时发出类案检察建议，要求侦查机关树立证据转化意识。2018 年 7 月 12 日，广东省海洋与渔业厅、省公安厅、省人民检察院共同研究决定，印发《关于加强广东省海洋与渔业涉嫌犯罪案件移送和办理工作的意见》，从加强组织领导、严格执行案件移送程序、加强部门协作、完善制度建设等多个方面对海洋与渔业涉嫌犯罪的移送办理作出了规定。2018 年 11 月，横琴检察院检察官在承办姚某某非法捕捞水产品案件中，立即结合该意见的最新规定，向侦查机关发出《非法捕捞水产品类案件检察建议（二）》，从落实上级要求、依法履行职责，深挖线索、提升案件打击效果，优化移送程序、提升案件办理效率，树立程序意识、严格遵守办案规则四个角度对侦查机关侦办工作作出指引。目前，横琴检察院对非法捕捞水产品类案监督工作仍在持续进行中。

（三）正向激励、良性互动，"类案"检察建议监督效果落到实处

横琴检察院开展类案监督检察建议工作，以引导侦查机关注重客观性证据取证工作为重点。以李某某、陈某某运送他人偷越边境一案的侦查监督工作为例，一是主动邀请侦查机关参与个案自行补充侦查工作，检察机关通过查看涉案扣押木船，核实该船发动机启动后在舱室内外交流或接听电话声音辨析度等方法科学固定物证，有效降低案情认定对言词证据的过度依赖，从而完善该案证据体系，其全过程得以一一展现，用行动将"重客观、轻主观"的证据理念传递给侦查机关。二是在增强侦查机关理解与认可的基础上，多次与侦查机关召开座谈会，就妨害边境秩序类案件侦办中的笔录制作、证人询问、物证固定、电子数据及视听资料提取等多个问题进行了深入

交流与探讨。三是持续跟进类案侦办情况，及时肯定侦查机关对检察建议的落实工作。横琴检察院持续跟进侦查机关对妨害边境秩序类案侦办情况，还应邀前往侦查机关调研考察，就横琴区域内运送他人偷越边境、偷越边境案件多发地带进行实地考察，就侦查机关在案件侦办过程中遇到的难点问题进行探讨，肯定其侦办工作的改进情况，形成良性互动。

三　"类案＋检察建议"刑事检察监督方式的优势

从横琴检察院工作实际来看，从类案视角出发开展侦查活动监督工作，在充分发挥检察建议"建议"属性的同时，能够将今后的"纠错对象"转化为当前的"建议对象"，不仅有效破解传统侦查活动零散化、事后化、柔性化等难题，还能将就事论事的个案监督转化为标本兼治的类案监督，充分发挥检察监督杠杆作用，扩大监督实效。

（一）锻造精细化监督模式，检察建议"柔中带刚"

检察机关的个案监督受时空束缚明显，且多局限于个案案卷材料，无法通过"对比"分析发现问题及原因，造成监督关注点停留于表面，监督效率低。类案监督模式下的检察建议监督得益于研究样本数量大、监督时效性强、涉及面广，能够精准地发现问题，又得益于业务实践经验和大数据的支撑，因而提出的解决建议于法有据、合情合理，可行性、操作性强。类案监督模式助推检察建议在说理性和可行性上实现质的飞跃。同时，由于类案监督模式下的检察建议着眼于解决一个方面、一个领域、一个时期执法司法管理工作，影响力大。

（二）创设动态监督体系，检察建议生命力强

个案监督，是对已经完结的个案事项的监督，监督对象的完结状态，决定了监督工作的静止状态，具有天然的滞后性。而类案监督模式下的检察建议，其监督对象是一类案件，监督对象"数据库"的不断变化，决定了其

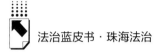
在监督个案的基础上，能够及时发现趋向性问题，掌握发展的动向，实现监督体系的"新陈代谢"，具有强劲生命力。刑事法律关系的不断变化，集中体现于各类新型犯罪的不断涌现，使得刑事侦查、起诉、审判工作面临新挑战。作为法律监督机关，检察机关的监督工作也处于不断发展变化之中，只有创设动态监督体系，才能与时俱进。

（三）集成监督云数据，检察建议走上"快车道"

2015 年 12 月 16 日，侦查活动监督平台正式在广东省上线运行。平台的上线运行标志着检察机关法律监督工作与信息化运用大趋势的融合已经展开，奠定了类案监督模式下检察建议监督"云数据"的基础。以各地检察工作实际为基础的检察监督"云数据"，通过"类案监督"模式实现个性化定制，将规范化与精细化相结合，同时，通过细分监督事项，运用一个时期的类案数据，科学反映案件侦查人员工作具体情况。这种"精耕细作"的检察建议监督模式，能够助推检察建议质效提升，走上监督"快车道"。

（四）打造监督与被监督共赢格局，检察建议采纳率高

检察机关与侦查机关虽然是监督与被监督的关系，但进一步提升办案质量，维护国家法律权威，是侦查机关与检察机关的共同目标。"抗诉"及"纠正意见"对个案的纠错式监督，容易凸显监督关系中的对立面。而类案监督模式下的"检察建议"，不再简单追求对监督对象的否定性评价，而更多地着眼于如何有效利用"类案"大数据，发现多发性、普遍性的问题。这种监督模式能够倒逼检察机关换位思考，从被监督者的角度深入分析论证，查找问题原因，提出对策建议，指引作用明显，彰显监督关系中的统一性，从而赢得被监督者的认同，提高了检察建议采纳率。

四　问题与展望

随着"类案监督＋检察建议"工作模式的开展，其实践价值和司法功

效正在彰显和发挥，但司法实践中存在的难题和困难也不容忽视。例如，"类案监督＋检察建议"涉及问题广、难度大，想要把检察建议做实、做好、做专、做优，对检察机关的大局意识、政治站位及提高收集线索能力、分析调研能力等，均有很高要求。

（一）调查核实，做实监督的"定盘星"

做实"类案监督＋检察建议"工作的关键是调查核实。由于类案监督模式要求检察机关在日常案件审查中做好侦查活动违法线索的收集工作，深挖个案背后的类案问题，调查核实工作就必须整体谋划、有序进行，办案人员发现线索后"放一放""攒一攒"的准备工作必不可少。但为避免一"放"就"攒"不起来的问题，建议把"类案监督＋检察建议"作为重点工作来抓，针对工作实际与地区特点，设置固定的牵头部门，并完善常态化工作机制。同时，理论研究部门也要做好配合，定期汇总调查核实情况，及时制发类案检察建议。

（二）集体问诊，做专监督的"压舱石"

做专"类案监督＋检察建议"工作的关键是集体问诊。随着我国司法体制改革的逐步深入，检察官员额制已日趋完善，"谁办案，谁负责"的原则已深入人心。然而，类案监督要求数据库样本数量多，单一检察官办案案件样本远远不能满足类案监督的需求，要想精准把脉类案问题，发挥类案监督模式的优势，办案检察官集体问诊必不可少。建议进一步完善员额检察官联席会议制度，定期集体研究探讨案件办理新情况，全面梳理相关问题理论争议，聚焦重点，集思广益，确保类案监督检察建议观点权威，亦避免对同类问题出现不同检察建议，自乱阵脚。

（三）上下联动，做优监督的"航船舵"

做优"类案监督＋检察建议"工作的关键是上下联动。"类案监督＋检察建议"涉及范围广、问题难度大，特别是社会治理类检察建议，要求检

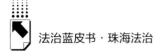

察机关政治站位高、大局意识强。同时，由于各地行政机关管理体制不一，执法权限地方特色明显，要想精准解决类案问题，上下联动尤为重要。建议检察机关在发出类案监督检察建议前，重点研判问题根源，必要时及时汇报请示，拓宽办案思路，争取业务指导与支持，扎实推进检察监督。

（四）凝聚共识，做好监督的"强引擎"

落实监督意见，关键是要在类案监督中以"双赢、多赢、共赢"法律监督理念为指引。首先，要做好沟通。类案检察建议是以检察院名义向侦查机关发出的监督意见，根据实践经验，通过侦检联席会议首先进行沟通和铺陈，更有利于与办案人沟通的顺畅进行。其次，要做好跟踪监督。监督意见发出后，要及时了解负责落实的部门、人员，询问侦查机关对相关问题和意见是否有异议，追踪落实举措和进度。最后，联合举办法治讲座等也是有效的落实手段，可以出检察长、资深检察官直接就监督意见进行讲解、培训，以达到提升监督效果的目的。

B.18
珠海市斗门区公安机关"两法衔接"的
现状、问题与对策

珠海市公安局斗门分局课题组*

摘　要：　2014年珠海市第八届人大常委会第二十二次会议通过《珠海经济特区行政执法与刑事司法衔接工作条例》，这是国内首部关于行政执法与刑事司法"两法衔接"的地方性法规。该条例施行以来成效明显，但在移交、审查、侦查办案等环节仍存在问题。本文以珠海市斗门区公安执法实践为视角，对珠海市基层公安机关"两法衔接"的现状和问题进行剖析，并就完善"两法衔接"工作组织领导、推动条例修订、健全案件审查机制、优化办案流程、强化办案协作和提高案件办理质量等提出建议。

关键词：　行政执法　刑事司法　基层公安　"两法衔接"

"两法衔接"是执法办案实践中对各行政执法部门的行政执法与司法机关的刑事司法衔接工作机制的简称，所谓"两法"指行政执法和刑事司法，即各行政执法部门将在行政执法过程中发现的涉嫌犯罪的案件及线索依法移送司法机关（本文探讨对象为移送公安机关的案件及线索），人民法院、人

---

* 课题组负责人：谭代雄，珠海市公安局斗门分局政委。课题组成员：赵承鑫、毛强、胡文浩。执笔人：赵承鑫，珠海市公安局斗门分局法制大队副大队长、三级警长；毛强，珠海市公安局斗门分局法制大队四级警长；胡文浩，珠海市公安局斗门分局法制大队三级警长。

民检察院、公安机关对刑事司法活动中发现应当给予行政处罚的案件及线索移送行政执法部门予以处理的办案工作机制。2014 年，习近平总书记在中央政法工作会议上指出，"行政执法和刑事司法存在某些脱节"，希望"通过加强执法监察、加强行政执法与刑事司法衔接来解决"。"两法衔接"工作机制是贯彻落实党的十九大提出的严格执法、公正司法的具体举措，对于规范行政执法与刑事司法具有重大现实指导意义。通过行政和刑事两种手段的衔接、契合，有利于形成打击违法犯罪的合力，有利于维护社会公平正义和稳定安全。但是，由于各种复杂因素的影响，"有案不立、有案难移、以罚代刑"等问题一直是"两法衔接"工作实践中的老大难问题，一定程度上削弱了对违法犯罪行为的打击力度，也影响了执法公信力，对"两法衔接"的理论和实践形成不可回避的挑战。

一 "两法衔接"工作机制的发展及基层公安机关运行的现状和成效

从法治进程来看，"两法衔接"可以追溯到 20 世纪 90 年代。1996 年 10 月 1 日起施行的《行政处罚法》第 7 条第 2 款规定："违法行为构成犯罪，应当依法追究刑事责任，不得以行政处罚代替刑事处罚"；第 22 条规定："违法行为构成犯罪的，行政机关必须将案件移送司法机关，依法追究刑事责任。"2001 年 7 月国务院公布实施了《行政执法机关移送涉嫌犯罪案件的规定》，明确要求行政执法机关对涉嫌构成犯罪，需要给予刑事处罚的案件必须向公安机关移送，并接受人民检察院监督。为进一步规范和完善"两法衔接"工作机制，2011 年 12 月，珠海市制定出台了《珠海市"两法衔接"工作办法》《珠海市"两法衔接"工作联席会议制度》以及《珠海市"两法衔接"信息共享平台运行管理办法》等多个规范性文件。2012 年 1 月，珠海市建成"两法衔接"信息共享平台并正式联网运行，该平台覆盖市区两级行政执法和刑事司法机关，是广东省第一个市区两级联网的平台。在立足于"两法衔接"办案实践、总结正反两方面经验的基础上，

2014 年 11 月珠海市人大常委会通过了《珠海经济特区行政执法与刑事司法衔接工作条例》（以下简称《条例》）。这是我国首部关于"两法衔接"的地方性法规，标志着珠海市"两法衔接"工作在立法建设方面走在了全国前列。

基层公安机关作为联结行政执法和刑事司法案件移送的"桥头堡"，在办理"两法衔接"案件中发挥了重要的主力军作用。以珠海市公安局斗门分局（以下简称"斗门分局"）为例，从 2014 年至 2020 年共受理行政机关移送案件 261 宗，移送案件的机关包括人社部门、市场监管部门、税务部门、卫健部门、自然资源部门、农业部门、渔政部门以及交通部门等 12 个部门。其中，人力资源和社会保障局、人民法院和食品药品监督管理局移送案件的数量位列前三位，约占移送案件总量的 70%。斗门分局根据《条例》及珠海市相关工作规定，建立健全"两法衔接"工作机制，明确由公安分局法制部门归口对接、统筹办理"两法衔接"案件，初步建立起日常办案协作会商机制，以及重大案件公安提前介入、证据明显缺失案件退查机制，"两法衔接"案件办理取得了良好的法律效果和社会效果。

一是有力打击了涉黑涉恶等违法犯罪行为。2014 年以来，其他行政机关积极向斗门分局反馈、提供相关违法犯罪线索，探索联动作战，有效增加了公安机关打击违法犯罪的宽度、维度和力度。在近期的扫黑除恶专项斗争中，斗门分局通过办理"两法衔接"案件，打掉恶势力犯罪集团 1 个、一般犯罪集团 1 个，追赃减损人民币 5008.5 万元（其中追回欠薪人民币 1666.5 万元），有力打击了突出的违法犯罪。

二是有力维护了社会主义市场经济秩序。自 2014 年以来，市场监督管理部门（含 2018 年机构改革之前的工商、质监、食品药品监督部门）移送的案件数量呈逐年递增趋势，且移送案件总量历年来一直排名前三。2020 年度斗门分局全年接收"两法衔接"案件 57 宗，其中市场监督管理部门移送达 28 宗，占比近 50%。斗门分局通过深化打击食品药品等领域伪劣商品违法犯罪，尤其是对 2020 年涉疫情防控物资制假售假等犯罪行为的严厉查处，有力维护了市场正常经济秩序，保障了疫情防控期间市场经济秩序的有

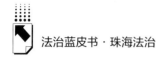

序恢复。办理的税务部门移送的梁某某等人涉嫌逃税案，依法追回欠缴税款351431.02 元，有效维护了市场秩序。

三是有力保障了民生。斗门分局始终坚持以人民为中心的执法理念，把反映群众愿望、维护群众利益落实到各项执法工作中。对行政部门移交的拒不支付劳动报酬、涉食品安全等攸关民生的违法犯罪线索高度重视，侦破效率高，仅 2020 年斗门分局由"两法衔接"渠道依法办理拒不支付劳动报酬案 13 宗，涉及劳动者 300 余人。斗门分局办理的珠海市某线路板有限公司拒不支付劳动报酬一案，就为 69 名劳动者追回劳动报酬共 733607.4 元。斗门分局与市场监督管理部门积极沟通、主动作为，依法严厉打击生产销售有毒有害食品、生产销售不符合安全标准的产品等犯罪活动，全力保障民生。在肖某非法占用农用地案中，责令肖某限期整治复绿，恢复獭山村长山生态功能，还百姓绿水青山；在某电池有限公司涉嫌污染环境案中，公安机关促使该公司赔偿全部环境损失费用，修复生态环境。

四是有力维护了社会稳定。对涉及人员众多、诉求反映强烈、极易引发群体性事件的环境污染、村委会集体或村委会负责人非法采矿或倒卖转让土地使用权等案件，斗门分局坚持疏导与打击相结合的方式，打击极少数、震慑中间数、教育大多数，引导各相关方合理表达诉求，妥善处置群体性事件于萌芽，在法治框架内有理、有力地化解社会矛盾。

五是有力支持了行政执法与管理。斗门分局通过"两法衔接"实际工作有效地发挥了纠错功能，在确保公正司法的前提下也有力地支持和促进了行政机关依法行政。在某门诊部强迫交易一案中，斗门分局发现卫健部门行政管理环节存在漏洞、出现管理行为不当，及时向其发函引导规范执法、堵塞执法漏洞，有力支持了行政执法与管理。

二 珠海市"两法衔接"工作存在的主要问题及原因

实践中，相当一部分"两法衔接"案件的办理质量并不高，表现为查不下去、捕不下来、诉不出去、判不下来，案件办理呈现"高开低走"的不正常现象。以 2017 年 1 月至 2019 年 12 月为例，在此期间，斗门分局审查立案的"两法衔接"案件总数为 86 宗，其中立案 81 宗，立案率为 94.19%。但部分案件仍因各种原因处于立而不侦或调证搁置的空挂状态。其间，斗门分局呈请检察院批准逮捕的"两法衔接"案件有 18 宗，其中不予逮捕的有 7 宗，不批准逮捕率为 38.89%，远远超过了同期斗门分局全部案件不批准逮捕率 18.4%；移送检察机关审查起诉的"两法衔接"案件中不予起诉的案件数为 19 宗，占立案总数的 23.46%，不起诉率高达 61.29%，而同期斗门分局案件不起诉率为 10.08%；法院判决总数为 12 宗，仅占立案数的 15.58%。"两法衔接"的不予逮捕率和不予起诉率均远远高于正常水平，反映了"两法衔接"在实际工作中存在不少短板和问题。

（一）案件审核不足，立案较为仓促

"两法衔接"案件通常由各个部门的市一级行政机关向珠海市公安局"两法衔接"办公室移送，再通过后者向各个公安分局办案部门移送案件，其中每次移送前对行政机关移送的案件审查不足，未能从源头上杜绝不合格和低质量案件的流入。案件被转至各个公安分局办案部门后，办案部门因为各种压力照单全收，在未经实质审查的情况下一一立案。公安机关审查"两法衔接"案件的时间总共只有三天，经过珠海市公安局"两法衔接"办公室再到各个分局，一般都已经过一两天，办案部门审查案件时间过短，审查往往流于形式。存在因部分同级行政机关审查超过追诉时效而不予立案，或在追责或其他压力下随意立案等情况。比如，一宗 8 年前的非法采矿案件中，公安机关在扫黑除恶中发现一名曾经因非法采矿被某部门行政处罚过的嫌疑人符合刑事追诉标准，遂对该名犯罪嫌疑人予以刑事拘留。某部门得知后匆忙将相关案件移送公安机关，避免被追责，全然不顾案件是否符合立案条件。

（二）移送案件证据薄弱，无法适应刑事案件审判标准

行政部门移送的案件离刑事证据要求普遍存在较大差距。很多行政部门往往只提供一份笔录、一纸鉴定就草草移送公安机关要求立案，未能全面、

客观收集证据；也不注重证据之间的客观统一性，未能排除证据之间的矛盾。还有的行政机关办案人员往往以情况说明代替鉴定结论，以照片代替现场勘验检查，以言词证据代替实物证据。公安机关在立案后，面对粗糙的证据现状，只能敦促行政机关补充后移送，但由于很多证据具有时效性，待补充时已近灭失，犯罪行为难以认定。例如，在一宗销售有毒有害食品案中，某部门在对菜农菜地抽查的过程中发现有剧毒农药"硫丹"残留，随即将此案移送公安机关。但由于"硫丹"广泛见于杀虫剂，犯罪嫌疑人辩称其从未使用过上述农药，可能是其他菜农使用后飘至其菜地。办案人员在某部门所拍摄的现场照片中发现疑似嫌疑人使用"硫丹"农药后遗留的药瓶，但向某部门询问上述证据去向时，对方表示当时没有及时收集。办案人员马上讯问嫌疑人药瓶下落，其称早已丢弃。最终，此案被移送审查起诉后，检察机关决定不予起诉。

（三）证据转换标准模糊，各方莫衷一是

由于各种历史、文化原因，我国目前证据立法比较滞后，涉及"两法衔接"中关于证据转换的相关规则更是少之又少，且往往是原则性、笼统性的规定，实践中极易导致行政机关和司法机关因适用产生分歧。2018年最新修订的《刑事诉讼法》第54条第2款规定："行政机关在行政执法和查办案件过程中收集的物证、书证、视听资料、电子数据等证据材料，在刑事诉讼中可以作为证据使用。"这是"两法衔接"最重要也是效力最高的证据规则，但仍属原则性、指导性规定，行政机关和司法机关在实践中还是难以统一把握。比如，在一宗生产、销售伪劣产品案中，嫌疑人涉嫌销售不具备合格产品标准的玉石，被某部门当场查获。该部门认为该案涉嫌刑事犯罪，遂向斗门分局移送。斗门分局和该部门对被后者扣押玉石的处理产生了分歧，该部门认为应该全部移送公安机关处理并由公安机关重新扣押，公安机关认为行政机关已扣押并完成鉴定，无须将涉案玉石移送公安机关。斗门分局向法院咨询以上问题，法院认为公安机关应该接收上述涉案玉石并办理刑事扣押。

（四）行政机关与公安机关配合不足，公安机关在侦办中独木难支

执法实践中，很多"两法衔接"案件因涉及专业性、技术性问题，公安机关非常需要各个行政部门的协助。尽管在立法层面有2001年国务院公布实施的《行政执法机关移送涉嫌犯罪案件的规定》，但对于行政执法机关的权责义务规定并不完备，没有进一步明确将案件或线索移送公安机关之后的责任或配合义务。《条例》第10第2款规定："公安机关对移送的涉案物品以及与案件有关的其他材料应当接收，在侦查中发现行政执法机关没有将涉案物品或者有关证据移送的，可以要求其移送。"这是仅有的提及在移送案件后行政机关义务的法律依据，但并未规定违反上述条款的法律后果。在实践中无法有效执行，其他行政执法机关不配合的现象时有发生。一些行政部门法制力量较为薄弱，法制股（科）编制仅为一两个人，有的部门甚至没有专门的法制人员配置，有的将案件移送给公安机关后撒手不管。此外，有的公安机关对"两法衔接"相关法律法规了解不深不透，也不懂得充分运用上述条款督促行政机关补齐案件证据材料，造成案件空挂。

三 健全完善"两法衔接"工作机制的对策建议

针对存在的问题及原因，可通过加强组织领导、修订完善《条例》、规范权力运行、推进制度创新等措施，进一步提高"两法衔接"案件办理水平，实现行政机关和司法机关的高效衔接，使工作能顺畅运转。

（一）加强组织领导，确保权责统一

"两法衔接"工作是一项系统工程，涉及的部门较多。虽然《条例》第3条明确"人民法院、人民检察院、公安机关、行政执法机关、监察机关、政府法制部门应当依法履行职责，互相配合，保证法律法规的正确实施"，但到底由谁统筹则未能明确，这也是立法本身的局限。因此，在新形势下推动"两法衔接"工作，必须切实加强"两法衔接"工作的组织领导，将其

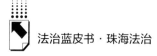
纳入全面依法治市、依法治区工作体系，在强化统筹督导与考核奖惩工作方面重点发力，积极探索"两法衔接"工作机制的公众监督、舆论监督等群众监督和检察机关的检察监督、纪委监委的监察监督等专门机关的监督机制，促进"两法衔接"双向流转、全链条运行。确保在及时查处打击犯罪的同时，倒逼行政执法机关积极、主动、充分地行使行政管理权和行政处罚权，切实防止懒政怠政、养痈成患、积非成习，全面提升良法善治效能。

（二）规范案件移送，提高立案质量

一方面，要秉持刑事谦抑原则。行政执法机关应当精准把握法律内涵，严格区分罪与非罪、此罪与彼罪的界限，谨慎审视一般行政违法行为是否达到需要追究刑事责任的程度。检察机关要充分行使法律监督职能，既要防止行政执法机关有案不移、以罚代刑和公安机关有案不受、受案不立，也要加强对"两法衔接"案件移送前的指导，敦促各方严格执行移送案件的实体标准和证据标准，从源头上审查过滤，防止借"两法衔接"滥用刑事手段，也为案件有效处理打下坚实的基础。另一方面，要合理调整审查时限。根据2015年《公安部关于改革完善受案立案制度的意见》和2017年《广东省公安机关改革完善受案立案制度的实施意见》相关规定，建议修改《条例》中关于移送案件后初查时限的规定：公安机关的立案审查期限一般不超过三个工作日；相关犯罪线索需要进一步查证的，立案审查期限一般不超过七个工作日；重大疑难、复杂或涉众型案件，经县（市、区）级以上公安机关负责人审批同意后，立案审查期限可延长至30日；其他法律、法规、规章等对立案审查期限另有规定的，从其规定。公安机关要严格立案标准，对立案证据欠缺应当补查的退回补查，对于不符合立案条件的要敢于不予立案并说明理由。

（三）加强考核培训，切实提高执法质量

建议通过修改《条例》，在各个行政机关内部建立长效、可操作的针对"两法衔接"案件执法质量考评制度，由检察机关统筹实施，各个行政机关

在内部对案件进行考评,将结果定期报检察机关汇总,再由检察机关视执法问题情况,通过检察建议、纠正违法通知书、通报等形式,为纪检部门依法依规问责提供依据。严格执行最新修改的《行政处罚法》规定,要求新入职的行政机关案件审核人员必须具有法律职业资格。定期对参与办理"两法衔接"案件的司法机关办案人员和行政机关办案人员进行法律知识、理念、方法的专业培训,将法治理念贯穿于"两法衔接"办案的始终,不断提高办案人员的专业素养,减少因法律观念分歧而导致的各种障碍。

(四)健全协作机制,确保无缝衔接

改变现有的各个市一级部门对口市公安局的移送模式,通过各个区一级部门向各区公安分局移送案件,从而减少移送案件过程中所耗费的时间,也可以加强各个部门之间的沟通,保证合力办好案件。建立案件联办员制度,建议行政机关在移送"两法衔接"案件的同时,指定案件联络员,随时回应公安机关对案件专业问题的问询、鉴定、勘验等各种要求,共同参与公安机关对案件的办理。

B.19
粤港澳大湾区背景下商事仲裁机构深化改革的实践探索

珠海仲裁委员会课题组 *

摘　要：　在推进粤港澳大湾区建设的背景下，珠海仲裁委员会立足自身发展需要，探索深化体制机制改革方向和路径，确立了坚持公益性质的原则，调整了仲裁机构的名称，建立起以理事会为核心的现代法人治理结构，赋予仲裁机构自主权，构建了全方位的监督体系，设立仲裁事业发展基金等，并以立法方式对改革成果予以规范和巩固。改革将明显提高珠海仲裁机制运行的灵活性和自主性，更加符合国际惯例以及仲裁自身发展规律，实现机构发展的破局和嬗变，提升区域化法治建设水平，助力推动商事仲裁行业的变革进步。

关键词：　粤港澳大湾区　商事仲裁　商事仲裁现代法人治理模式

我国商事仲裁行业在过去20多年间快速发展、壮大，商事仲裁的社会价值和法律价值迅速提升。但现有仲裁制度的弊病和问题也暴露无遗，如对商事仲裁的法律属性认识混乱、仲裁机构性质和定位不明、仲裁活动的独立性和专业性不强、商事仲裁的行政化色彩过于浓厚、仲裁活动的规范性和仲裁队伍的专业化程度不高、仲裁机构运作管理体制僵化等。这些问

---

*　课题组负责人：王瑞森，珠海仲裁委员会主任。课题组成员：王刚、吴锋。执笔人：王刚，珠海仲裁委员会党组成员、综合部部长；吴锋，珠海仲裁委员会仲裁秘书。

题制约着我国商事仲裁行业的发展。为满足和适应市场主体快速增长的法律服务需要以及对多元化纠纷解决机制的需求，有效接轨国际仲裁规则并在国际商事仲裁的发展变革中获得一席之地，深圳国际仲裁院、海南国际仲裁院等国内多家仲裁机构一直在积极探索商事仲裁制度及仲裁机构体制机制改革。在此背景下，珠海仲裁委员会也立足自身发展需要，不断探索深化体制机制改革的方向和路径，以求在日趋激烈的行业竞争态势中站稳脚跟并谋求发展壮大。

一 改革背景

（一）大湾区商事仲裁机构改革的政策与时代背景

2018 年 12 月 31 日，中共中央办公厅、国务院办公厅印发《〈关于完善仲裁制度 提高仲裁公信力的若干意见〉的通知》（中办发〔2018〕76 号）（以下简称《若干意见》），鼓励各地仲裁委员会在政策指导下，结合仲裁工作的规律和特点，积极探索推进内部管理机制改革，深化与港澳台仲裁机构合作，以更好地服务国家开放和发展战略，服务"一带一路"沿线国家和地区投资贸易争议解决法律制度和机制建设，服务粤港澳大湾区建设，为新一轮商事仲裁体制机制改革提供了坚实的政策依据。2019 年 2 月 18 日，中共中央、国务院印发《粤港澳大湾区发展规划纲要》（以下简称《规划纲要》），支持大湾区完善国际商事纠纷解决机制，建设国际仲裁中心，加强粤港澳仲裁及调解机构交流合作，服务粤港澳经贸纠纷仲裁调处。鼓励大湾区商事仲裁机构在湾区建设、机构交流和改革创新中发挥作用。2020 年 1 月 23 日，广东省委全面深化改革委员会印发《广东省完善仲裁制度 提高仲裁公信力实施意见》（粤改委发〔2020〕4 号）（以下简称《实施意见》），鼓励加快推动商事仲裁制度改革创新和仲裁委员会内部治理结构完善，提高仲裁服务国家全面开放和发展战略的能力。

珠海仲裁委员会作为中国自贸区仲裁合作联盟和粤港澳大湾区仲裁联盟的重要成员单位，作为2013年由珠海市启动实施法定机构改革工作的试点单位之一，一直致力于通过法定机构改革，解决发展中面临的困境，优化机构资源的配置效能，以有效适应机构发展和行业变革的需要。

（二）上一轮改革与成效

珠海仲裁委员会1999年挂牌成立，机构内设综合部、立案部、仲裁部、珠海仲裁委员会横琴新区办事处（加挂"珠海国际仲裁院"牌子）等部门，第五届仲裁委员会有仲裁员581人。截至2020年10月，受理各类案件总量突破1万件，受案标的总额突破180亿元，其中涉外案件涉及美国、日本、荷兰、比利时及中国台湾、香港、澳门等20多个国家和地区。珠海仲裁委员会现为内地拥有澳门籍仲裁员最多的仲裁机构，也是目前受理涉澳案件最多的仲裁委员会。

珠海仲裁委员会在启动法定机构改革试点工作以前是公益类事业单位。2013年，珠海市确定将珠海仲裁委员会纳入法定机构改革试点单位，实行员额管理，既不按行政单位设置行政级别，也不按事业单位设置管理岗位职级，而是创建公共执行机构管理序列，原市属行政机关、事业单位（含参公单位）、国有企业等人员进入珠海仲裁委员会的，保留个人档案中原有身份（不占原单位编制），但均实行员额管理。机构内设执行部门和派出部门，核定领导职数。以机构性质和人员管理序列的调整变更为开端，珠海仲裁委员会将试点改革工作的范围辐射到内部管理体制、前沿性制度创新、区域合作的深化拓展以及仲裁文化研究等体制改革的诸多方面，形成一系列改革创新成果。

一是优化内部管理。珠海仲裁委员会总结提炼了历年来的仲裁工作实践经验或例常性做法，制定或重新修订了《专家咨询委员会工作规范》《珠海仲裁委员会组庭工作规范》《办案秘书工作规范》《珠海仲裁委员会仲裁员报酬管理办法》《仲裁员和秘书互评规范》等一系列规范制度，实现以制度管人管事，提升机构管理工作的规范化水平，此外还开发优化信息系统，提高办公办案效率，优化案件管理系统、绩效考核管理系统、网上移动办公系统等。

二是开启改革创新，制定《珠海国际仲裁院仲裁规则》，发布国内首部临时仲裁规则——《横琴自由贸易试验区临时仲裁规则》。在现行法律框架下最大限度地与国际接轨，采用中文、英文、葡文三个版本，明确当事人可选择包括澳门法律在内的解决纠纷的准据法，并可协议选择使用英语或葡语审理案件①。临时仲裁规则在我国仲裁发展进程中具有里程碑意义。

三是实现国内首创，建立小额消费纠纷仲裁机制，建立国内首个互联网金融仲裁平台。在借鉴澳门消费仲裁经验的基础上，创新小额消费争议快速仲裁制度，建立以"诚信承诺＋仲裁代理＋免费仲裁＋先行赔付"为特点的小额消费纠纷仲裁机制②。建立的互联网金融仲裁平台被列为广东自贸区30个"制度创新最佳案例"之一。

四是完善多元化纠纷解决机制。珠海仲裁委员会与珠海市法学会共同成立了"珠海市法学会粤港澳大湾区仲裁研究会"，并联合珠港澳相关部门成立"珠港澳商事争议联合调解中心"和"横琴新区国仲民商事调解中心"，共同推动大湾区法治创新工作。

经历法定机构试点改革工作及部分探索性改革深化措施后，珠海仲裁委员会的机构性质转变为"法定机构"，编制内人员实行员额管理，机构内部的人员与业务管理更加制度化和规范化，有效解决了机构原有的体制机制僵化、队伍人员老化等一系列问题；机构内创新氛围日趋浓厚，经验提炼总结成果和机制创新成果越来越丰富，推动了机构近年来的快速发展。2014～2019年，珠海仲裁委员会共受理案件8018宗，受案标的总额119.16亿元，占成立以来受案标的总额的70%左右，法定机构试点改革工作成效显著。

---

① 参见朱鹏景《珠海国际仲裁规则出台：开启仲裁机构制定专门仲裁规则先河——珠海仲裁委三年推多项改革创举，打造珠海仲裁品牌》，《南方都市报》2015年12月2日，第ZC05版。

② 参见朱鹏景《珠海国际仲裁规则出台：开启仲裁机构制定专门仲裁规则先河——珠海仲裁委三年推多项改革创举，打造珠海仲裁品牌》，《南方都市报》2015年12月2日，第ZC05版。

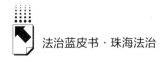

二 问题与困境

（一）改革不彻底，仲裁机构的发展面临新的问题

珠海仲裁委员会推行法定机构试点改革工作，成效显著，初步实现预定目标。但是，由于没有上位法的支持，系列配套政策也没有出台，珠海仲裁委员会的改革试点悬于半空，上下两难，很多问题仍然无法解决。

一是珠海仲裁委员会的"法定机构"属性和"公执"人员身份属性不明，无法在制度实践中与相关政策有效承接。"法定机构"在国家机构属性分类体系中缺少对应的类别，既不能归入行政机关也不能归入事业单位，同时也未能实现企业化管理和财务上自收自支，试点改革后机构性质不明。"公执"人员管理序列在现有的国家人事管理类别中缺少对应的类别归入和政策衔接。机构属性和人员身份属性不明，导致机构与个人皆无法以国家承认的组织形式和人员身份来承接如养老、车改、职业年金等诸多政策。而人员身份属性与职业保障性政策的承接困难，大幅降低了对高素质专业化人才群体的吸引力。

二是在珠海仲裁委员会内部同时存在"行政编""事业编""其他""政府职员""合同制员工"五种不同的人员身份编制，不便于管理，不利于维护队伍稳定。干部"孤岛"现象严重，进入法定机构的人员原则上只能在法定机构间流动，难以招聘到高素质人才，现有专业法律人才大多是合同制员工，而且人才流失严重。

这些问题实质上阻碍了珠海仲裁委员会对优质人才的吸引力，无法培养稳定的高素质人才队伍，制约了机构竞争力的进一步提升、人力资源的释放和机构内持资源的优化配置，深化珠海仲裁委员会的体制机制改革是突破当前困境的必然选择。

（二）仲裁事业迅速发展，机构现状与治理需求存在差距

回顾珠海仲裁委员会的改革历程，行政主导性贯穿着其改革探索的每一

步。《仲裁法》立法措辞模糊，虽将仲裁独立性的特征和仲裁机构独立第三方地位写入立法，但并未明确仲裁机构的属性。受制度运行的惯性影响，仲裁机构对机构行政化的适应、习惯与依赖，同行政机关对仲裁机构的渗透、管理或干预在不同程度上并行存在，这有违商事仲裁的制度定位和设立宗旨。坚持商事仲裁的民间性/非政府性、独立性、公益性和非营利性，是国际商事仲裁制度实践的通行做法①，也基本能代表仲裁立法者、业界和学界对仲裁制度属性的普遍认知②。但由于面临的市场环境、行政依赖度、机构仲裁事业发展阶段和区域性机制改革工作的统筹部署情况不同，国内各地仲裁机构的法律属性表现多样，行政机关、行政性事业单位、实行企业化管理的事业单位、免税的公益组织、法定机构等不一而足，差异化存续；部分仲裁机构基于对机构或人员现实利益的考虑，对仲裁机构行政事业单位属性有所倾向或坚持③。但国内仲裁机构发展到一定程度必然促使仲裁制度及仲裁机构改革回归其制度设立本位和初衷。珠海仲裁事业近年来发展迅速，珠海仲裁委员会当前的运作管理模式与治理需求差距日益加大，对体制机制的变革需求愈加强烈。

三 改革的必要性及可借鉴性

（一）必要性

1. 提升仲裁机构治理效能，以有效承担起大湾区建设的使命和担当

法治建设是大湾区发展建设的制度性保障，由于粤港澳三地分属不同法域，法律原则和理念以及法治传统存在差异，在三地经贸往来中，缺乏

---

① 参见赵莉《我国仲裁机构的管理模式研究》，上海交通大学公共管理硕士学位论文，2009。

② 参见肖峋《在仲裁机构民间化建设座谈会上的发言》，《北京仲裁》2007 年第 4 期；《2019 上海国际仲裁周"仲裁机构改革与治理"分论坛综述》，搜狐网，https：//www. sohu. com/a/ 310263882_ 646904。

③ 参见陈福勇《我国仲裁机构现状实证分析》，《法学研究》2009 年第 2 期。

行之有效的司法保障机制是大湾区建设在法律层面存在的困境。仲裁作为国际通行的争议解决模式，具有灵活、保密、快捷等多方面的优势，可有效解决大湾区建设中所产生的民商事纠纷，也可突破粤港澳合作中体制机制方面存在的一些障碍。《规划纲要》提出，"完善国际商事纠纷解决机制，建设国际仲裁中心，支持粤港澳仲裁及调解机构交流合作，为粤港澳经济贸易提供仲裁及调解服务"。粤港澳大湾区建设的推进，对仲裁工作提出了新的要求，也为仲裁机制发挥更大作用提供了广阔的舞台。珠海仲裁委员会地处大湾区重要节点城市和粤澳深度合作示范区建设的最前沿，仲裁工作迎来了新的使命。深化推进珠海仲裁委员会的体制机制改革，吸收借鉴国内外特别是港澳地区优秀仲裁机构治理模式和经验，提升珠海仲裁委员会的机构治理效能，对进一步加强国际合作，建设符合粤港澳三地商事仲裁服务需求的国际仲裁机构，建设国际仲裁高地，助力大湾区建设国际化、法治化营商环境等方面都将起到广泛积极的推动作用。在"一国两制三法域"的背景下，结合全面深化与港澳制度、机制和规则的互认、共生、融合和衔接，在充分发挥国际商事仲裁在"跨境执行""国际通行"等方面的特色优势，积极探索发展符合粤港澳三地商事纠纷争议解决需求的仲裁和调解等多元化争议解决合作新方式，推进大湾区构建共建、共治、共享社会治理格局，改革后的珠海仲裁委员会都将有更大贡献和作为。

2. 建立现代化的仲裁机构法人治理模式，符合澳珠合作的价值取向

澳珠两地目前正致力于推动横琴粤澳深度合作示范区建设，构建粤澳双方共商共建共管的体制机制，探索在民商事法律适用、贸易等领域深化改革扩大开放，打造与国际规则高度衔接的营商环境，助力澳门经济适度多元发展①。深化珠海仲裁委员会体制机制改革，建立现代化的仲裁法人治理模式，有助于加强整合澳珠仲裁资源，发挥仲裁在澳珠经济社会发展中的重

---

① 参见顾阳《国家发展改革委：支持横琴设立粤澳深度合作区》，《经济日报》2019年12月21日。

要作用，进一步连通和服务澳珠地区与葡语系国家间的经贸往来、制度合作和纠纷调处，具有拓展深化经济开放的战略意义和重要的经济、法律价值。

3. 适应国际化的业务发展和专业化的人才需求，破除机构发展的困局

珠海仲裁委员会作为辐射粤港澳程度较深、近年来业务增长较快、改革创新力度较大的特区仲裁机构，加上粤港澳大湾区多家规模以上仲裁机构并存带来的激烈的竞争压力，其仲裁事业发展程度与阶段在业内是比较靠前的。珠海仲裁委员会的年度受案量和受案标的额不断攀升，受案范围不断扩展，大标的案件、社会影响力较大案件、疑难复杂案件或新类型案件的受理频率越来越高，在粤港澳大湾区发展建设的背景下，涉港澳台以及涉外案件数量逐年增多，业务发展对于机构的独立性、专业性、开放性和人才队伍的专业化、国际化等要求越来越高，对机构的治理模式和人才的聘用管理模式等均提出了严峻的挑战。

为进一步应对案件业务处理的需要，满足市场主体的仲裁服务需求，满足区域经济发展和接轨国际化的需要，保障仲裁机构长远稳健发展，珠海仲裁委员会有必要在法定机构试点改革成果的基础上进一步深化改革，使商事仲裁回归独立性，明确仲裁机构的非营利法人定位，激活仲裁制度的内生性动力和仲裁机构的资源使用效能，建立起仲裁机构现代法人治理模式，这也是现阶段珠海仲裁委员会深化体制机制改革的方向性选择。

（二）优秀仲裁机构改革经验的调研考察与启示

为使改革工作在设定层面科学合理地寻求更好的改革效果，在充分考虑自身法定机构试点改革的历史背景和基础上，珠海仲裁委员会于改革正式启动前对境内外优秀仲裁机构进行了实地调研。

调研发现，深圳国际仲裁院作为国内首家实现法定机构改革的仲裁机构，改革建立起了以理事会为核心，决策机构与执行机构相分离，决策、执行、监督有机统一的法人治理机制，健全了多元化的争议解决机制和全

方位的仲裁监督体系。它是国内首个由所在市人民政府为仲裁机构改革制定地方政府规章的机构，2012 年 11 月深圳市人民政府公布的《深圳国际仲裁院管理规定（试行）》明确，"深圳国际仲裁院是不以营利为目的的法定机构，作为事业单位法人独立运作"，并系统规范了机构改革内容①。2020 年 8 月 26 日，深圳又通过行使特区立法权，以制定地方性法规的方式，完善了深圳国际仲裁院的机构治理模式，巩固了机构改革成果。其开创和形成的一系列制度改造经验和改革创新成果引领了国内商事仲裁行业体制机制改革的浪潮。

此外，海南国际仲裁院于 2018 年也开启了机构改制工作，努力探索建立以理事会为核心的法人治理机制。根据《海南省贯彻落实〈关于完善仲裁制度　提高仲裁公信力的若干意见〉的具体措施》，海南国际仲裁院是依据《仲裁法》设立的社会公益性法定机构，作为非营利法人独立运作。仲裁庭依法独立审理案件，除依法接受司法监督外，不受任何机构或者个人干预。在海南"全省一盘棋，全岛同城化"的全省统一规划、开发和管理体系下，作为重点工程部署展开，海南国际仲裁院的机构层级定位较高，海南省政府对海南国际仲裁院的仲裁体制机制改革支持力度很大，在防止领导干部干预、插手案件和探索仲裁回避制度、机构人员聘用管理与薪酬制度、整合机构业务资源、对接或融入区域经济与基层治理方面制订了一些创新性支持举措。

上述两家仲裁机构的改革经验，为珠海仲裁委员会提供了重要的启示，即仲裁机构所在地党委政府对改革的支持力度，在既有的改革基础上深化拓展、制衡监督相结合的现代法人治理结构，相对自主的人员、财务管理制度和薪酬管理制度，多方位的监督体系是现阶段深化仲裁体制机制改革的重要着力点。在此基础上，珠海仲裁委员会结合改革经验和发展实际形成了具有自身特色的深化体制机制改革方案。

---

① 参见吴斌、漆染《创新法人治理模式：深圳国际仲裁院的探索》，《中国机构改革与管理》2015 年第 4 期，第 26～27 页。

四　珠海仲裁委员会深化体制机制改革的
实践探索和机制创新

为抓住新一轮深化改革的契机，珠海仲裁委员会于 2019 年 7 月至 8 月，在珠海市人民政府有关领导的牵头组织下，会同市有关部门组成联合调研组，拜访了广东省司法厅，组织到深圳市、重庆市和港澳地区调研并形成调研报告。2019 年 11 月，珠海仲裁委员会将改革调研情况和改革建议向市委市政府作了汇报，市领导和相关部门一致认为珠海仲裁委员会应当深化体制机制改革，可以借鉴深圳国际仲裁院经验，创新体制激励机制。深化珠海仲裁委员会体制机制改革的建议在获得肯定后，珠海仲裁委员会组织起草改革方案（草案），草案在经广泛征求意见并多次调整修改后，参与各方基本达成共识，2020 年 7 月 22 日珠海市委全面深化改革委员会通过改革方案。方案主要规定了仲裁院的机构性质、治理结构、运作机制以及理事会、执行机构、监事会的职责等内容。在改革创建新的法人治理模式的同时，展现了一系列制度创新亮点。根据《若干意见》和《实施意见》要求，珠海市政府将改革方案报广东省政府审批，经广泛征求广东省政府相关部门意见，改革方案已于 2020 年 12 月 14 日获省政府批复同意实施。《珠海国际仲裁院条例》也走完相关程序提交珠海市人大审议。

（一）坚持仲裁机构的公益性质

粤港澳大湾区作为国家战略，是国家致力打造的世界级经济平台，也是实践法律、经济制度创新的重要平台。商事仲裁作为可跨越多元法域障碍的纠纷解决机制，相关体制机制改革和制度创新需要紧紧依靠地方党委和政府的支持、保障和协调。珠海仲裁委员会深化体制机制改革的探索将始终坚持党对仲裁工作的全面领导，坚持以习近平新时代中国特色社会主义思想为指导，牢牢把握仲裁工作的中国特色社会主义方向，努力建成党委领导、政府组建、机构法定、机制灵活、监督到位、公正高效的仲裁工作新格局①。结合国内外坚持仲裁机构公益性、非营利性的通行做法，继续坚持珠海仲裁委员会的公益性质。运用仲裁机构的专业优势，提升其服务实体经济、服务基层治理的社会价值，对企业、学校和社区开展常态化公益咨询或普法宣传，自觉承担起仲裁机构的社会责任。保障仲裁机构、仲裁庭在案件业务处理中的中立地位，提升廉洁度，加强对仲裁队伍的培训和监管，推进仲裁行业诚信体系建设，探索建立对机构工作人员或仲裁员违规违法行为的不良行为记录制度或追责惩戒制度，探索引入仲裁行业第三方评估机制，对复杂新型案件扩大对专家咨询制度的运用，规范完善仲裁回避制度。在仲裁机构公益性质的保障机制探索中不断提升仲裁制度公信力，塑造仲裁机构的品牌声誉，提升行业影响力。

（二）建立现代化的仲裁机构法人治理结构

珠海在深化商事仲裁体制机制改革中，综合考量历史改革的经验和行业变革的趋势，明确了珠海仲裁委员会的机构属性和治理结构。

其一，改革方案规定珠海仲裁委员会同时使用珠海国际仲裁院（以下简称"仲裁院"）的名称，今后对外主要使用珠海国际仲裁院名称。这一变化反映了该轮体制机制改革与《仲裁法》相衔接的同时，进一步凸显仲裁机构和仲裁事业的开放性和国际化，也与珠海加快建设横琴粤澳深度合作区、深化粤港澳合作的经济战略发展需要相匹配。

其二，方案确定仲裁院属性为非营利法人机构，依法独立开展工作。仲裁院建立以理事会为核心的法人治理结构，实行决策、执行、监督分立并有效衔接的治理机制。设立理事会作为仲裁院的决策机构，负责确定发展战略规划以及行使重大事项决策权。理事长、副理事长、理事由境内外法律界、工商界和其他相关领域的知名人士担任，专兼职相结合并经推选产生。其中

---

① 参见张维、买园园《司法部明确新时代仲裁事业改革发展目标：2022年全球性区域性中国仲裁品牌基本树立》，法制网，http://www.legaldaily.com.cn/judicial/content/2019-04/02/content_7818815.html。

包括香港特别行政区、澳门特别行政区在内的境外人士不少于1/3，法律、经济贸易领域专家不少于2/3，从而明确理事会的法定性、专业性和国际性。仲裁院理事会可以成立规则制定委员会、仲裁员资格和操守委员会、财务监督与薪酬评估委员会等专门委员会，专门委员会承担相应工作，并向理事会提供有关工作报告，作为理事会有关决策的依据和基础。仲裁院作为执行机构的运行主体，可以根据需要设立必要的内设机构、分支机构和工作岗位。仲裁院院长为仲裁院的法定代表人，负责管理仲裁院的日常工作，承担《仲裁法》和规则赋予的仲裁案件管理职责，对理事会负责并报告工作。仲裁院院长、副院长人选或者罢免意见由理事会提出，按照干部管理权限和程序报市委市政府决定任免。在仲裁院设立监督审计委员会作为监督机构，独立行使监督审计权。理事会和监督审计委员会每年均需向市政府汇报工作，真正实现决策、执行、监督的有效制衡。这种法人治理结构的设计，对于仲裁机构而言，对外有利于弱化和消除地方保护、行政干预，对内有利于降低内部人控制以及提高仲裁业务运行的去行政化程度，同时有助于实现仲裁机构的民主决策、公共监督与高效运转，也更加符合国家关于深化仲裁机构体制机制改革的总体精神。

（三）通过立法为仲裁体制机制改革提供支撑和保障

湾区经济带具有较高的开放性和国际化产业协作程度，是优质资本、技术和人才的聚集地。粤港澳大湾区同样是对泛珠三角地区完备的经济体系、庞大的高技术人才群体以及广阔的粤港澳三地市场的优化整合区。商事仲裁基于当事人授权而发起，其仲裁活动具有天然的可跨越法域与国界的基因与优势。珠海作为粤港澳大湾区重要节点城市、珠江口西岸核心城市，享有连接港澳的地理优势和可行使经济特区立法权的制度优势。仲裁院的仲裁业务自起步以来便烙上了国际化和开放性的印记，承担制度创新的责任与使命。

借助本次深化体制机制改革的机会，方案在确立争端解决原则的同时，对一些具体创见性的争端解决机制进行总结和吸纳。一是创新性地规定仲裁院在推进临时仲裁中的作用，以立法的形式固定已取得的重大改革

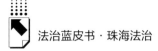

创新成果。例如，规定仲裁院可根据约定或者请求，为临时仲裁提供指定仲裁员、确定管辖权、决定回避、指派仲裁秘书、保存案卷等相关服务。二是创新性地规定名册外选定仲裁员的情形，即当事人在仲裁院仲裁员名册外选定粤港澳大湾区其他仲裁机构的仲裁员的，经仲裁院确认后，视为有效选定。涉港澳案件当事人在粤港澳大湾区仲裁机构的仲裁员名册外选定香港籍、澳门籍人士担任仲裁员的，经仲裁院综合审查并确认其资质后，视为有效选定。三是要积极探索国际投资争端仲裁解决机制，以服务"一带一路"建设。

此外，为使体制机制改革的全套方案和相关创新成果取得更大的稳定性、权威性和示范效应，改革实施主体将就改革方案寻求地方立法的支持，通过机构所在地市行使经济特区立法权，为仲裁机构的体制机制改革制定专门的地方性法规，完善和巩固新的仲裁机构治理模式和制度创新成果，从立法规范、规则完善和机制运行等多个方面保障特区仲裁的独立、公正，提高仲裁公信力和仲裁机构的行业竞争力。

（四）赋予仲裁院更大的自主权

作为内地外向度最高的经济区域和对外开放的重要窗口之一，粤港澳大湾区将建立起区域内产业高度融合、与港澳地区深度融通的开放性经济体制。区域内市场互联互通水平正在不断提高，生产要素的便捷流动越来越高效，仲裁机构在应对市场变化和行业竞争的压力中，需要对机构内持和外联资源进行越来越灵活、自主、高效的整合配置和运用。在此形势下，仲裁院的改革方案扩大了机构在人事及财务上的自主权。一方面，明确了执行机构的财务管理权限。仲裁院实行经营服务性收费，财务独立核算。仲裁院独立管理自有资产，禁止其他机构和个人挪用仲裁院的资产和经费。另一方面，明确了执行机构人事管理权限。仲裁院可以根据工作需要确定岗位设置以及工作人员的职位调整、聘任和解聘等事项，按照聘用合同进行管理。自主确立内部机构设置和人员薪酬体系，建立以专业化、国际化、市场化为导向，严进宽出、能上能下、开放灵活的全员市场化人员聘用管理机制和具有行业竞争力的薪酬体系，突出体现关键岗位、高层次人才、骨干人员的贡献和价值。这对于提升仲裁机构对高素质、专业化人才的吸引力，构建维护具有长效竞争力的人才队伍，培育和丰富仲裁机构最为宝贵的人力资源财富意义深远。

（五）健全完善全方位的监督体系

伴随机构自主管理权限的扩大，方案配套建立起全方位的监督管理体系。在内部监督体系上，由决策、执行、监审机构实现相互间监督制衡，在执行机构中加强党组织领导和监督；在外部监督体系上，包括纪委监委监督、人大监督、政府监督、法院依法开展司法监督和社会监督，在不违反仲裁保密审理原则的前提下实行信息公开制度。不同于其他仲裁机构将监督权与决策权交由理事会合并行使，理事会的决策没有相应的监督机制，仲裁院的改革方案设计了决策权、执行权、监督权完全独立的治理结构，决策和执行均纳入监督范围，仲裁机构常态化的监督作用的发挥主要依赖常设且独立的监督审计委员会。市政府在仲裁院设立监督审计委员会作为监督机构，行使监督审计权。监督审计委员会独立开展工作，监审长、监督审计委员会委员由市政府聘任。监督审计委员会可以列席理事会和执行机构有关会议，监督检查重大事项的决策和重要制度的制定及执行情况，监督检查执行机构执行理事会决策情况，监督检查执行机构的财务工作情况等。建立机构决策与执行活动常态化监督机制，是仲裁体制机制改革的重要创新和突破，这对有效防止监督流于形式意义重大。内外完善的监督体系，将机构的管理运行、收支预决算晾晒在阳光下，保障和展现仲裁机构的廉洁透明、公正高效。

（六）设立仲裁事业发展基金

为保障机构仲裁事业的平稳健康发展，便于制定实施长远性的发展战略或规划，方案明确需根据机构每年度收支核算后的结余资金，按一定比例提取，设立仲裁事业发展基金，其资金用于机构仲裁事业长期健康发展事项。

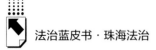

仲裁事业发展基金的设置，是建立仲裁体制机制改革成果长效保障机制的重要组成部分。

五　结语

推进新一轮珠海仲裁机构体制机制深化改革，严格按照《若干意见》和《实施意见》的政策精神和要求，在粤港澳大湾区建设背景下，在积极借鉴境内部分优秀仲裁机构改革经验的基础上，结合机构自身改革历史和现阶段发展实际循序展开，力求改革模式结构科学、机制创新和功能提升到位，有助于打破机构自身所处困境和发展瓶颈，促使仲裁事业迈入新的发展阶段，推动商事仲裁行业的变革与进步；有助于推进珠海"二次创业"，深化珠澳创新融合，提升粤港澳大湾区法治建设水平和优化大湾区国际化、法治化、便利化营商环境，改革前景及成效值得期待。每一次改革都是事物发展道路上的阶段性突破，仲裁院"永远走在路上"的改革实践探索，是改革创新的特区精神永葆青春的彰显。

社 会 治 理

Social Governance

B.20

"平安＋"指数：市域社会治理的
珠海探索与启示

中共珠海市委政法委员会和珠海市公安局联合课题组＊

摘　要：　在市域层面推进国家治理体系和治理能力现代化，探索具有
　　　　　中国特色、时代特征、市域特点的社会治理新模式，已成为
　　　　　时代发展新主题和社会治理新课题。珠海以"国家长治久
　　　　　安、社会安定有序、人民安居乐业"为目标导向，积极构建
　　　　　具有珠海特点的"平安＋"市域社会治理指数工作机制，该
　　　　　机制以市域层面各类平安"大数据"为支撑，以拓展平安
　　　　　加、平安嘉、平安家、平安佳等"四个JIA"内涵为着力点，
　　　　　依托丰富全面的内容体系、科学完备的方法体系、立体有效

＊ 课题组负责人：王建军，中共珠海市委政法委员会专职委员；邓文，珠海市公安局党委委
员、副局长。课题组成员：谭学录、李荣帅、谢健儿、陈海宁、王棵、上官宇程。执笔人：
王棵，珠海市公安局警令部考核及专项办公室副主任；上官宇程，珠海市公安局警令部考核
及专项办公室四级警长。

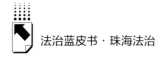

的应用体系，推动珠海形成"党委领导、政府主导、社会协同、公众参与、制度保障"的市域社会治理新局面，为"中国之治"提供可复制可推广的珠海样本。

关键词： 市域社会治理　"平安＋"指数　社会安全

党的十九大以来，习近平总书记就推进国家治理体系和治理能力现代化提出了一系列新思想、新理念、新战略，作出了一系列重大决策部署。党的十九大报告提出了打造"共建共治共享"的社会治理格局，加强社会治理制度建设、提高社会治理"四化"水平和加强四个体系建设的明确目标。为顺应社会主要矛盾的深刻变化，加快落实中央关于推进社会治理现代化的总体要求，中央政法委提出了推进"市域社会治理现代化"的工作部署。党的十九届四中全会进一步明确指出，要加快推进市域社会治理现代化，完善党委领导、政府负责、民主协商、社会协同、公众参与、法治保障、科技支撑的社会治理体系。

"市域社会治理现代化"是一个全新的治理理念，各地市需结合自身实际，因地制宜地开展探索。在此背景下，珠海市委政法委、市公安局与中山大学成立课题组，以中央政法委提出的市域社会治理理念为切入点，借鉴"互联网＋"思维，构建"平安＋"市域社会治理指数（以下简称"平安＋"指数），为市域社会治理现代化探索珠海路径、打造珠海样本。本文拟通过分析"平安＋"指数工作体系的建构历程和创新实践，从而获得关于推进市域社会治理现代化的理念和经验启迪，以期为其他城市在市域层面提升治理能力提供有益借鉴。

一　新时期珠海城市发展面临的治理风险和挑战

珠海是全国较早开展平安创建的城市之一，早在 2013 年珠海市就发布

《中共珠海市委、珠海市人民政府关于全面创建平安珠海的意见》，就全面创建平安珠海提出一系列举措，并在社会治理领域开展了"平安细胞创建""平安指数""物业城市""翠香街道议事厅"等一系列富有特色和成效的创新实践，努力打造"平安珠海"，共建共享品质之城。近年来，珠海在以平安建设为核心的社会治理方面虽然取得了一些成绩，但同时也面临诸多新风险、新挑战，归纳而言，主要体现在以下几个方面。

（一）社会发展迅速，社会治理任务依然较重

珠海市位于珠江西岸，作为国内最早设立的经济特区之一，珠海整体经济水平较高，开放、包容、进取的城市特性吸引着越来越多的外来人口和投资企业，这在提升珠海城市发展活力的同时也滋生了各种社会不安定因素。随着港珠澳大桥的开通，粤港澳大湾区建设走向深水区，三地经贸活动日益频繁，人财物跨境流动愈加活跃，区域制度、人口结构、文化等均发生深刻变化，由此带来社会治理工作的环境、对象、方式也将随之改变。此外，以大数据、互联网、人工智能为特征的现代科技迅猛发展，给社会治理的未来增添了新的未知变量。

珠海作为大湾区中"路通港澳"的重要结点，在未来的社会治理进程中，出现的问题形式将越来越新、速度越来越快、可供参考的范例越来越少，而留给我们去解决问题的时间却越来越短。在这种新常态下，传统治理模式已无法适应现有社会发展的需要，必须探索新的治理理念和治理方式。

（二）参与主体单一，共同治理合力相对较弱

社会治理是一项长期、复杂的系统工程，只有坚持多元主体共同治理，尽可能调动各参与主体的积极性、主动性、创造性，各负其责，各尽其能，才能最大限度形成治理合力。长期以来，社会治理被狭隘理解为政府的职责，忽视了社会要素在治理上的主体角色，治理主体的行政化、单一化趋势明显，加上共建共治参与渠道的匮乏，总体上看，社会组织和广大群众参与社会治理的热度不高、意愿不强，多元共治的效能未得到充分彰显。

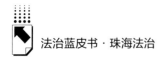

（三）共治意识缺失，协同治理局面尚未形成

社会治理涉及众多党政部门，受部门利益固化、专业领域局限、沟通链条冗长等因素的影响，部门间协作难度较大，容易造成治理资源浪费、治理过程粗放、治理效能偏低。在珠海早期的社会治理实践中，有些干部群众对治理现代化认识不透、把握不准，缺乏高度的共识意识，导致一些单位经验主义泛滥、惯性思维严重，仍延续老观念、运用老方法推进工作；一些部门在社会治理中缺乏全局性视角和整体性思维，存在"多一事不如少一事""只做会做的，不做应做的"，造成有些领域重复治理，有些领域则出现治理"真空"；部门间"信息孤岛"和"数据壁垒"的困局依然未破，"各吹各号，各唱各调"的问题依旧突出，协同治理局面尚未形成。

（四）考评抓手缺位，社会治理动力明显不足

考评机制的缺位导致动力机能的缺失，因此导致治理过程中管理乏力、成效不佳等问题。考核多集中于定性指标，定量、动态、实时的指标缺乏，使得评估结果的准确性、客观性不足；考核方式以正向激励为主，缺少反向倒逼机制的加持，造成考核的牵引作用发挥不足；考核对象多以单位（组织）为主体，奖惩措施难以落实到个人，对干部自身的刚性约束不足。

二 构建指数工作体系：珠海社会治理模式的递进式发展

（一）因势谋变，首创"平安指数"，探索珠海社会治理新路径

党的十八大之后，珠海开始加强和创新社会治理的探索。2013 年，珠海市委市政府领导在全市平安建设工作会议上提出了"建立平安指数，向

社会公布，更加科学地评价和引导全市平安建设"的工作思路，以期通过构建"平安指数"这一社会治理创新手段，将社会治理与平安建设完美融合起来，解决过去平安建设中一直存在的"缺少具体评价指标来直观反映、衡量地区平安建设的成果"和"缺少地方党委政府和公安机关等部门协同作战的平台"这两个老大难问题①。

珠海市于2013年10月成立平安指数研发课题组，正式组织开展平安指数项目攻关。项目研发过程中，课题组立足于近年来公安机关在社会治理方面积累的丰富经验和珠海社会实际情况，明确了指数的攻关方向和整体架构；同时，积极寻求外部支持，与中山大学等高校达成合作协议，共同开展课题合作，深入全市各镇（街）调查研究，广泛吸收社会各界意见和建议。经过一年多的攻关，通过大数据、相关性分析、模型实证等手段，综合分析测算和反复筛选，课题组最终选取了违法犯罪警情、消防安全、交通安全、城市管理等4项与群众生活感受最密切、影响最直接的指标，并以此为基础建立了"平安指数"。

2014年11月1日，"平安指数"正式通过《珠海特区报》《珠江晚报》对外发布，珠海成为全国首个每日发布镇（街）平安状况量化指数的城市。2014年12月1日，"平安指数"微信客户端正式启用，市民能够像通过PM2.5数值了解空气污染程度一样，通过"平安指数"实时、便捷、直观地了解到珠海市各区、镇（街）的平安状况。2015年1月，珠海借助市平安建设平台，建立了以各区、镇（街）党委政府为主体，各相关职能部门共同参与的平安指数应用机制。2018年5月1日，通过对前期平安指数进一步优化和完善，发布了更加科学和符合民意的新版"平安指数"。

"平安指数"发布以来，受到珠海各级地方党委政府的高度重视，成为各区、各镇（街）党政一把手每天必看的工作数据。依托指数预警情况，各相关部门能够针对性地加大辖区社会治安综合治理的力度和投入。近几年

---

① 参见章宁旦《"五位一体"机制汇聚平安建设合力》，光明网，http：//legal. gmw. cn/2019 -12/09/content_ 33386102. htm，最后访问日期：2020年10月28日。

来，珠海整体违法犯罪警情数、道路交通事故数、火灾数和城市管理事件数均呈连续下降趋势。在华南理工大学政府绩效评价中心发布的广东省法治政府绩效满意度报告中，珠海社会治安指标得分位列全省第一，被誉为广东省最有安全感的城市。

（二）顺势而为，增创"平安＋"指数，打造市域社会治理新模式

2019 年，习近平总书记在中央政法工作会议上提出了"加快推进社会治理现代化、努力建设更高水平的平安中国"的时代命题，中央政法委提出了"市域社会治理现代化"的重要概念。市域社会治理是国家治理在市域范围内的具体实施，是国家治理的重要基石，在国家治理体系中具有承上启下的枢纽作用①。为更好地因应时代要求，回应民生关切，珠海市把市域社会治理作为社会治理现代化的切入点，以优化升级平安指数为突破口，在"平安指数"的基础上构建起"平安＋"市域社会治理指数。"平安＋"指数是以市域层面各类安全"大数据"为支撑，由内容体系、方法体系、应用体系等"三大体系"构成，具有平安加、平安嘉、平安家、平安佳等"四个 JIA"内涵，能够全面反映全市各镇（街）社会治理水平的综合工作机制②。"平安＋"指数代表平安建设与社会治理的融合发展，是珠海平安创建转型发展的创新举措，不论是对营造更符合人民期待的社会环境，还是打造现代化的社会治理体系都具有非凡意义。这也标志着珠海从"治安好、犯罪少"的"小平安"创建转变为政治、经济、文化和社会各方面全方位覆盖的"大平安"建设。

作为宽领域、多层面的社会治理机制，"平安＋"市域社会治理指数与以往"平安指数"相比，意涵更为丰富，功能更加强大，机制更加完善，是为珠海市平安创建工作营造新气象、激励新作为的关键利器。

---

① 参见陈一新《推进新时代市域社会治理现代化》，中国社会科学网，http：//www.cssn.cn/shx/shx_ bjtj/201807/t20180717_ 4504592. shtml，最后访问日期：2020 年 10 月 28 日。
② 参见郭翔宇《探索社会治理新样本 珠海发布"平安＋"市域社会治理指数》，搜狐网，http：//www. sohu. com/a/356847086_ 362042，最后访问日期：2020 年 10 月 28 日。

1. 以人为本，创建内涵丰富的内容体系

"平安＋"指数以"国家长治久安、社会安定有序、人民安居乐业"为目标导向，内容涵盖社会稳定、生态安全、安全生产、社会共建、治安指数、文明指数、城市管理、社会正气、市民诉求、食药安全、交通安全、消防安全、消费评价、社会保障等 14 个一级指标和 28 个二级指标，涉及 16 个职能部门，发布方式分为日度指数和月度指数①。

（1）日度指数

由 7 个一级指标、12 个二级指标组成，以每日指数形式发布，具有城市平安现状"晴雨表"的作用，让市民直观感受区域平安状况（见表 1）。

表 1   珠海"平安＋"指数日度指数涉及指标及分值

序号	目标导向	一级指标	分值（分）	二级指标	权重（%）
1	国家长治久安 社会安定有序 人民安居乐业	治安指数	30	违法犯罪警情	50
				电信诈骗	50
2		交通安全	15	交通事故数	50
				交通拥堵指数	50
3		食药安全	15	食品投诉数	50
				食品抽检数量	30
				食品抽检合格率	20
4		生态安全	10	预警指数	50
				空气质量指数	50
5		城市管理	10	城管事件数	100
6		市民诉求	10	12345 投诉量	100
7		消防安全	10	消防事故数	100

（2）月度指数

由 14 个一级指标、28 个二级指标组成，以月度报告形式发布，通过科学赋分，全方位、多角度评价全市各区、各镇（街）平安建设成效，推动提升各层级社会治理能力（见表 2）。

---

① 参见章宁旦《"五位一体"机制汇聚平安建设合力》，光明网，http://legal.gmw.cn/2019 -12/09/content_ 33386102. htm，最后访问日期：2020 年 10 月 28 日。

表2　珠海"平安+"指数月度指数涉及指标及分值

序号	目标导向	一级指标	分值（分）	二级指标	权重（%）
1		治安指数	15	违法犯罪警情数	40
				电信诈骗警情数	40
				命案死亡人数	20
2		社会稳定	10	群体性事件数	80
				信访数	20
3		安全生产	10	安全生产事故数	50
				安全生产事故死亡人数	50
4		食药安全	10	食药品安全指数	80
				食药品安全事故数	20
5		交通安全	10	交通事故数	40
				交通拥堵指数	40
				交通事故死亡人数	20
6	国家长治久安 社会安定有序 人民安居乐业	消防安全	5	消防事故数	80
				消防事故死亡人数	20
7		生态安全	5	预警指数	40
				空气质量指数	40
				生态环境指数	20
8		社会共建	5	市民评议参与率	80
				市民评议赋分	20
9		社会正气	5	见义勇为事例数	50
				人民调解成功数	50
10		社会保障	5	吸毒人员社区管理	40
				严重精神障碍患者管理	30
				劳动监察管理	30
11		文明指数	5	文明指数	100
12		城市管理	5	城管事件数	100
13		市民诉求	5	12345 投诉数	100
14		消费评价	5	投诉数	100

2. 科技支撑，打造科学完备的方法体系

"平安+"指数以数学建模、社会统计学、云计算、大数据分析及处理等技术为支撑，结合珠海智慧城市建设现状，运用权重模型、标准差测算等科学方法，搭建信息共享平台，形成跨层级、跨部门、跨业务的全数字评价体系，打造"智慧一张网、数据一片云、治理一盘棋"的社会治理格局，实现对各区、各镇（街）社会治理能力的协同管理和量化评价。

（1）科学建模

课题组对全市 24 个镇（街）常住成年居民进行随机访谈，涵盖治安、消防、交通、城管、食品、生态、身心、自我等 8 个方面 44 个问题，共收集 1205 份有效问卷。通过 SPSS 软件对数据进行分析及信度效度检验，初步获得"平安 +"指数的入围指标；综合运用模糊评价法、回归分析法、变异系数法、层次分析法、专家多轮判断矩阵打分等数学建模方式，构建"平安 +"指数的权重模型①。

（2）精准测算

在测算方法上，采取了纵横比相结合的方法，即各类指标既以全市平均值为标准进行横向比较，又与其自身历史数据进行纵向比较，横比、纵比各占 50% 的权重。在计算方式上，鉴于各项指标历史数据呈现正态分布的特征，因此引入标准差概念，即当日数据在平均值 ±1 个标准差内浮动的，得分为 80 ±20 分；低于 1 个标准差的得满分 100 分，高于 4 个标准差的得 0 分。与原来固定 ±20% 幅度进行计算的方式相比，标准差计算法更具科学性和理论支撑，更能真实反映地区平安状况。

（3）智能应用

依托云计算、大数据分析及处理技术，以数据标准化为引导，以服务应用为目标，打通公安网、政务网、互联网通道，汇集公安、应急、城管、市场监督、信访、自然资源、卫健、12345 服务热线等信息数据资源，实现数据资源的深度整合，建立了统一、开放的"平安 +"指数信息系统，开发了一键发布、查询统计、数据分析、事件热力图、态势感知、趋势预测等实用模块，全市各级平安工作者可以依托该系统开展查询统计、研判分析、指令下达和任务反馈等工作。该系统为社会治理提供了有效的智能化支撑，充

① 参见章宁旦《让数据"变量"成为治理"增量" 以"平安 +"指数为牵引打造市域治理"珠海样本"》，新华网，http：//www.xinhuanet.com/local/2020 - 12/24/c_ 1126899523. htm，最后访问日期：2021 年 1 月 3 日。

分发挥了"智治"作用。

3. 优化机制，构建系统高效的应用体系

"平安 +"指数应用体系，主要包括对外发布指引和对内推动工作两方面，从市域层面进一步加强和创新社会治理，完善党委领导、政府负责、民主协商、社会协同、公众参与、法治保障、科技支撑的社会治理体系。

"平安 +"指数加入了一套以各区、镇（街）党委政府为主体，各相关职能部门共同参与，集指数构建、科技保障、发布统筹、宣传共建、研判排查、预警整改、约谈挂牌、考核激励八大机制于一体的工作制度。依托该工作制度，各单位可以结合每日、每月指数情况以及市民反映的平安问题有针对性地开展分析研判，统筹协调各方力量开展整改，更加精准、系统地解决存在的问题，做实基层治理。同时，通过"季考核，年评定"，以动态化考评为着力点，实现情况发布、研判整改、约谈考核的闭环管理，有效串联社会治理各项工作，推动实现部门联动、问题联治和平安联创，全面打造"共建共治共享"社会治理格局[①]。

三 立足"四个 JIA"内涵，"平安 +"指数体系的协同化运作及其初步成效

从平安指数到"平安 +"市域社会治理指数，从"治安好、秩序佳"的"小平安"，到涵盖政治、经济和社会等各领域的"大平安"，新指数具有"四个 JIA"的丰富内涵以及"1 + N"的宽广外延，将为珠海市迈向社会治理现代化注入强大动力。

（一）"平安 +"寓意平安"加"，内容做加法

一是指标维度做加法。在综合考量指标的平安建设关联度、数据对接

① 参见章宁旦《让数据"变量"成为治理"增量" 以"平安 +"指数为牵引打造市域治理"珠海样本"》，新华网，http：//www.xinhuanet.com/local/2020 - 12/24/c_ 1126899523. htm，最后访问日期：2021 年 1 月 3 日。

可行性和民意调查支持率的基础上，将原有涉及两个职能部门的 4 个指标扩展到涵盖治安、食药、交通、环境等 16 个职能部门的 14 个一级指标和 28 个二级指标。相较于以往单一、片面的评价标准，"平安＋"指数多元、综合的评测模式能更有效地验证各地区开展社会治理与平安建设的成效，打破了传统"以治安判平安"的狭隘平安观，科学引导各镇（街）立足全局、因地制宜、综合施策，深入推进区域平安建设，不断提升社会治理能力。

二是参与主体做加法。"平安＋"指数将越来越多的职能部门纳入市域社会治理平台中，有效解决了之前存在的部门间参与不够、界限不清、职责不明等问题，在市域范围内打造权责明晰、有序协同、上下联动、平安联创的共治局面。

三是整体效能做加法。依托统一、开放的"平安＋"指数信息平台，全市各级平安工作者可以便捷开展查询统计、研判分析、指令下达和任务反馈等工作，"平安＋"指数已经成为一线决策者的掌上"智库"。智能化手段的综合运用能够使信息数据"变量"成为社会治理"增量"，真正为基层治理工作提质、增效、减负。

（二）"平安＋"寓意平安"嘉"，考核有嘉勉

"平安＋"指数工作制度，以考核嘉勉为动力引擎，充分发挥考核评价的指挥棒作用。在市级层面，强化"主导者"角色，做实对区镇的奖励嘉勉、惩戒问责等措施，嘉奖"积极作为、争先进位"的区镇，惩戒"不思进取、退位靠后"的区镇。通过考核问责，进一步压实区镇的"执行者"职责，倒逼各级平安工作者依托新的智能应用系统，实时掌握基层治理状况，及时发起研判整改，更好地实现对风险隐患的敏锐感知、快速预警和及时化解，切实保障压力精准传导，整改有力有效。

"平安＋"指数发布后，金湾区印发《关于进一步做好金湾区"平安＋"市域社会治理指数工作的通知》，进一步完善了具有金湾特色的"平安＋"指数预测、预警、预防、督导、会议机制。2020 年，金湾区共发布

"平安+"指数日度总结2511期,月度分析报告12期,召开区级分析研判会4次、专题研判会2次,重点围绕"指数"预警的问题,"把脉问诊、对症下药"。例如,针对红旗镇生态安全指数连续低于全市平均分的情况,及时下发了《金湾区"平安+"市域社会治理指数提醒函》,并联合区生态环境分局到红旗镇开展专项督导,红旗镇积极落实相应整改措施,整改成效显著。

(三)"平安+"寓意平安"家",共建好家园

党的十九届四中全会提出"建设人人有责、人人尽责、人人享有的社会治理共同体"。只有把广大群众动员起来、组织起来、凝聚起来,让共建的主体更加多元、让共治的渠道更加广泛、让共享的成果更加普惠,才能真正使社会治理现代化的探索实践始终顺应时代潮流、符合发展规律、体现人民意志。"平安+"指数以智慧化平台为支撑,在依托报纸、电台、网络等媒体对外发布的基础上,新增了微信公众号"平安共建"通道,市民不仅可以实时、便捷地获取平安生活资讯和安全防范提示,还能通过"平安共建"通道参与平安建设、评价平安工作、反映平安问题。"平安共建"让群众更有参与感、获得感、认同感,让"平安+"指数更加"接地气""有活力""可持续"。

针对"平安+"指数所预警的辖区内诈骗案件较为突出的情况,斗门区白蕉镇积极开展防范诈骗专项宣传活动,先后组织辖区中小学师生共800余人在人流密集街道通过打标语牌、横幅以及派发防诈骗宣传资料等方式进行宣传。同时,开发并上线"平安白蕉"学习小程序,该小程序包含防诈骗、禁毒、消防等方面知识,每个知识点各设置25道题目,群众用手机操作在线答题;小程序还设置了学习情况排行榜来提升广大群众运用"平安白蕉"小程序学习的积极性和活跃度①。截至2020年底,"平安白蕉"小程

---

① 参见蒋欣陈、刘梓欣、林郁鸿《撬动"软硬"资源激活治理细胞——多方合力共奏珠海基层社会治理"交响乐"》,南方日报网,http://epaper.southcn.com/nfdaily/html/2020-10/22/content_7909,最后访问日期:2020年10月28日。

序参与单位超过 300 个，关注量达 3.5 万人，超过 8.8 万人次进入系统学习，累计 1.47 万人完成了学习，有效提升了群众的安全防范意识，取得了良好的社会反响。

（四）"平安＋"寓意平安"佳"，治理创佳绩

"平安＋"指数发布以来，各级地方党委政府以指数为牵引、以问题为导向，深入推进重点区域和重点问题整治，着力补短板、强弱势、激活力、抓落实，有效提升了基层社会治理水平，治理成效初步显现。

高栏港经济技术开发区根据治安指数预警反馈，依托"雪亮工程"，投入 4600 万元强化了辖区治安视频监控系统，新增高清机位 615 个，整合接入技防村居、社会单位监控 1600 余路，构建了全天候的治安防控体系，技防能力大大提升，社会治安整体状况明显好转。香洲区以消防指数为牵引，创新工作机制，通过对小型场所加装"简易消防措施"、群租房开设逃生窗和配置逃生软梯、"消防安全知识进社区"等专项活动，有效降低辖区火灾隐患、减少人员伤亡。2020 年以来，香洲区未发生一起因火灾致死致伤警情。香洲区香湾街道办以指数为依托，从与群众生活息息相关的犯罪警情、城市管理、交通安全等方面入手，对辖区老旧及无物业管理的开放小区、人流密集场所，通过加装高清摄像头、视频门禁、车辆识别管控等智感安防系统，成立单车巡逻队，提升人防、技防、物防水平，违法犯罪警情由 2019 年的 417 起减少到 2020 年的 269 起，同比下降 35.5%；城市管理事件数从 5～7 月的月均 329 件，下降到 8～11 月的月均 240 件；交通事故数较 2019 年同比下降 21.3%。

四　珠海构建"平安＋"市域社会治理
指数的总结与经验启示

市域层面具有较为完备的社会治理体系，具有解决社会治理中重大矛盾问题的资源和能力，是将风险隐患化解在萌芽、解决在基层的最直接、最有

效力的治理层级①。对于如何推进市域社会治理现代化问题，国内还处于理论探讨和实践探索阶段。珠海系统建构的"平安＋"指数工作体系，对其他城市推进市域社会治理现代化具有较大的启发和借鉴意义。

（一）突出市级层面主导，实现系统治理、整体治理

党的领导是中国特色社会主义制度的最大优势，推进市域社会治理现代化必须充分发挥党的统领作用和组织优势。"市域社会治理"概念的提出，是要推进社会治理体系创新的重点从区（县）一级向市一级转移，突出市级层面在地方社会治理过程中的"主导者"角色，推动各项决策部署在全市域一贯到底、落地生根。珠海在构建"平安＋"指数工作体系过程中，始终坚持党对市域社会治理现代化的核心领导作用不动摇，充分发挥市一级党委政府的统筹谋划作用，积极营造党委政府与其他治理主体良性互动的制度环境，通过优化市域社会治理组织体系、提升市域社会治理核心能力，逐步形成市、区、镇（街）三级党委主导，上下贯通、职责明确、高效联动的治理格局。

（二）注重标准体系建设，实现科学治理、协同治理

长期以来，社会治理工作缺少具体标准来直观反映、衡量一个地区的建设成果，这也使得基层治理的实效性难以显现，工作机制的有效性难以评判，各部门工作的积极性难以调动。因此，珠海市欲借"平安＋"指数建设构建起一套科学指标，以数字形式展现社会治理实绩，从而实现统一化、立体化监管，确保各区、镇（街）将平安建设工作落到实处。同时，配套制定了《珠海"平安＋"市域社会治理指数工作制度》，规定了"平安＋"指数的指标构建机制、科技保障机制、发布统筹机制、宣传共建机制、研判排查机制、预警整改机制、约谈挂牌机制、考核激励机制等具体内容，进一

---

① 参见陈一新《推进新时代市域社会治理现代化》，中国社会科学网，http：//www.cssn.cn/shx/shx_ bjtj/201807/t20180717_ 4504592. shtml，最后访问日期：2020 年 10 月 28 日。

步细化了操作指引，明确了执行标准，规范了实施细则，增强了不同社会治理主体之间的整体性、系统性、协同性，实现了指数体系运行有章可循、有据可查、有规可依。

（三）坚持以人民为中心，实现共同治理、全域治理

党的十九届四中全会指出，"人民群众是最广泛、最活跃的社会治理主体"，加快推进新时代市域社会治理现代化必须重视和保障人民在社会治理实践中的地位和作用。珠海"平安＋"指数搭建了一系列良性互动平台，能够让所有关心、关注、关怀社会治理的单位、组织和个人，通过"平安随手拍""平安亮眼睛""珠海平安指数"微信公众号等多种途径参与其中，充分调动和发挥群众的积极性、主动性、创造性，在集思广益、共商共议、群策群力中为"平安珠海"、"平安湾区"乃至"平安中国"建设凝聚强大合力，为构筑"共建共治共享"社会治理新格局打下坚实的群众基础。

（四）加强智慧化创新，实现数字治理、智慧治理

习近平总书记指出："推动城市管理手段、管理模式、管理理念创新，让城市运转更聪明、更智慧。"① 在大数据时代，政府数据和社会数据的高效采集、有效整合、深化应用，为市域层面社会治理的稳步推进提供了保障。

作为国内探索"平安＋"治理指数模式的先行城市，珠海注重依托大数据建立市域社会治理的智慧大脑，形成高效、便捷的信息化治理手段。以大数据为支撑，"平安＋"指数通过广泛汲取民意需求，助力治理精准化；通过不断优化指标体系，实现治理科学化；通过坚持强化考核督导，确保治理实效化。指数体系打破了原有地方治理格局中的数据壁垒，实现了数据资源的多方向整合和全方位共享，为市域社会治理提供了强有力的科学支撑。

---

① 详见习近平总书记在深圳经济特区建立 40 周年庆祝大会上的讲话。

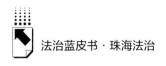

五 对"平安+"市域社会治理指数未来发展的展望

从 2014 年的"平安指数"到 2019 年的"平安+"指数,珠海对社会治理模式的大胆探索和实践,破解了社会治理中的一道道难题,持续激发社会活力。不断增强治理能力是解决不断发展变化的新治理问题的关键,只有全面、客观总结机制运行过程中的经验和不足,在不断的自我革新中自我优化、自我完善、自我强大,才能让珠海在探索市域社会治理的道路上步伐更加坚实、过程更加务实、成果更加殷实,让市域社会治理现代化之路行稳致远。

(一)完善指标体系,让指标更能契合实际

将"指数"作为市域社会治理现代化的总牵引,指标选取的科学性决定了治理方向的准确性、治理方式的有效性和治理效能的持续性。指标体系的构建并非一劳永逸,而是需要随着社会的发展不断调适。

指标的选取必须坚持以问题为导向、以民意为标尺,深入基层调研、深入群众取经。社区(村居)是联系群众、服务群众的神经末梢,能够及时、敏锐地感知群众的操心事、烦心事、揪心事。未来,可以依托珠海疫情防控期间社区化管控方面的优秀实践经验和成熟数据架构,以全市 328 个社区(村居)为基础单元,构建以民意主观评价、矛盾纠纷化解、网格化管理和公共服务水平等为主要数据指标的社区(村居)指数,配合整体指数体系引领珠海逐步健全市、区、镇(街)、社区(村居)四级社会治理工作机制,进一步完善上下贯通、层层推进的四级纵向治理架构,让市域社会治理多元主体协同共治氛围更加浓厚,最终形成多元主体共建共治的生动局面。

(二)拓宽群众参与渠道,让治理更加贴合民意

"共建共治共享"的社会治理共同体是市域社会治理现代化的重要标志。只有坚持多元主体协同治理理念,不断拓宽群众作为社会治理核心要素

参与社会治理的渠道，才能最大限度凝聚广泛民意，形成治理合力。

未来，珠海可以依托"平安＋"指数微信公众号"市民评分"和"问卷调查"功能，以社区（村居）为单位，开展常态化平安民意测评活动，通过压实责任和强有力的考核，每月广泛组织各级干部群众为辖区平安状况打分，每季度组织专业调查团队前往各社区开展安全感、满意度民意调查，积极发挥民情观察员平台作用，全面提升珠海平安创建知晓率，获取最实时、最精准的社情民意，进一步增强社区的社会黏性和成员归属感，让群众成为社会治理的最大受益者、最广参与者、最终评判者。

（三）强化运行保障体系，让指数始终充满活力

一是强化组织保障。继续依托市委平安办，构建常态化运作的领导体系，抓好"平安＋"指数相关工作的总体布局、统筹协调、整体推进。二是强化经费保障。在财政预算中预留专门经费，确保"平安＋"指数运行、维护、宣传等方面工作稳步有序推进。三是强化队伍保障。"平安＋"指数体系的运行涉及众多单位和领域间的协作以及技术、数据保障等复杂工作，既需要相关业务部门在沟通对接上给予配合，也需要一批专业人员在技术保障上提供支持，在队伍选择上要坚持综合考评、从优选择，确保指数运行各环节顺畅高效。四是强化督考保障。要将"平安＋"指数评价结果纳入党委政府对各级各部门年度考核指标体系，以严考促落实，确保治理成果的落地、转化、扩大。五是强化法治保障。充分利用珠海经济特区立法权，加强相关社会治理领域地方立法，建立健全符合珠海发展实际的社会治理制度规范，以法律规范推进市域社会治理，确保指数评价体系和运行机制有法可依。

B.21
粤港澳大湾区建设背景下
珠海公共法律服务体系建设实践和探索

珠海市司法局课题组*

摘　要：　近年来珠海以构建适应大湾区建设服务体制机制为目标，深
　　　　　入推进粤港澳大湾区公共法律服务体系建设，升级法律服务
　　　　　平台，整合法律服务资源，增强法律服务协同，探索法律服
　　　　　务新模式，初步形成了资源配置不断完善、法律服务需求有
　　　　　效满足的公共法律服务生态圈。但与大湾区有关城市相比，
　　　　　仍存在一定短板。未来建议以提供粤港澳大湾区最优质法律
　　　　　服务为目标完善制度设计，构建合作交流平台，深入推进仲
　　　　　裁、公证体制改革，积极加强对外开放和经贸活动法律服
　　　　　务，加大公共法律服务基础设施的保障力度。

关键词：　粤港澳大湾区　珠澳合作　公共法律服务　涉外法律服务

一　引言

党的十八届四中全会明确提出，"建设完备的法律服务体系，推进覆盖城乡居民的公共法律服务体系建设"。习近平总书记多次作出重要指示，要求公共法律服务要做到"两快、两全"①、"覆盖城乡、便捷高效、均等普

＊　课题组负责人：李红平，珠海市司法局党组书记、局长。课题组成员：邱东红、管会珩、苏莉莉、冯朗。执笔人：冯朗，珠海市司法局公共法律服务管理科科长。
①　加快整合律师、公证、司法鉴定、仲裁、司法所、人民调解等法律服务资源，尽快建成覆盖全业务、全时空的法律服务网络。

惠"。2019 年，中共中央办公厅、国务院办公厅印发《关于加快推进公共法律服务体系建设的意见》，对新时代推进公共法律服务体系建设提出更高要求。十九届四中全会通过《中共中央关于坚持和完善中国特色社会主义制度、推进国家治理体系和治理能力现代化若干重大问题的决定》，再次明确要"完善公共法律服务体系"建设。

构建具有珠海特色的公共法律服务体系，是深入学习贯彻习近平总书记关于以人民为中心发展思想的重要论述以及粤港澳大湾区、公共法律服务体系建设重要讲话、重要指示批示精神，全面贯彻落实依法治国方略的实际行动，是认真贯彻落实省委、省政府工作部署和市委工作要求，积极探索实践珠澳深度合作新模式，全面做好珠澳合作开发横琴这篇文章的具体举措，对于抢抓"双区驱动"重大历史机遇，积极建设澳珠极点，营造法治化营商环境，以优异成绩迎接珠海经济特区成立 40 周年具有十分重要的意义。

为进一步深化珠海市公共法律服务体系建设，服务保障粤港澳大湾区建设，2019 年 8 月以来，珠海市司法局以问题为导向，研究制订专题调研工作方案，成立调研工作领导小组，通过走访座谈涉港澳企业、金融机构及各有关单位，发放调查问卷，了解周边城市情况等调研方式，认真梳理珠海公共法律服务的供给现状，摸清珠港澳企业、居民对公共法律服务的需求，找准珠海公共法律服务在粤港澳大湾区建设中的定位，并为统筹协调涉港澳公共法律服务工作，推动涉港澳公共法律服务多元化、专业化，加强涉港澳公共法律服务保障力度提出可操作的解决方案。

二 珠海公共法律服务工作现状

（一）升级法律服务平台，提升法律服务功能

一是升级四级实体平台①建设。市、区、镇（街）、村（社区）4 级实体平台有效对接网络平台、语音平台，全业务、全时空为企业、群众提供"一

---

① 市、区公共法律服务中心，镇（街道）公共法律服务工作站，村（社区）公共法律服务工作室。

站式"公共法律服务。二是不断增强涉外法律服务功能。成立全国首家港澳中小企业法律服务中心,建立"一带一路"法律服务大数据库、海上丝绸之路法律服务基地、中拉企业法律服务中心,为港澳企业走进来、大湾区企业走出去提供法律服务和保障。三是有效开展信息化应用。2020年在"粤省事""最珠海"上线"疫情法律服务"模块、"中小企业法律服务"专区、"珠海公共法律服务"微信小程序等,提供线上法律服务11264人次,积极助力企业和群众依法精准防疫、有序复工复产。同年,12348公共法律服务语音平台为珠海110引导群众提供法律咨询、化解矛盾纠纷共10222人次。

(二)整合法律服务资源,满足粤港澳大湾区建设需求

一是引进内地及港澳高端律师资源,成立两家"三地联营"律师事务所,充分发挥港澳律师专业优势,为企业走出去参与"一带一路"建设及国外企业到珠海横琴投资提供专业法律支持。二是积极协调推进涉外民商事公证便利化。压缩公证审批流程,全力推动全城通办,实现进驻"粤省事",成立"服务粤港澳大湾区公证宣讲团",主动与中国法律服务(澳门)公司合作设立横琴公证处涉澳服务窗口,为横琴的澳门企业、居民办理公证提供便利。同时,积极开展知识产权公证服务,为港澳企业知识产权的创造设立、运用流转等各环节提供公证服务和事前事中事后的全方位保护。三是开展仲裁国际化改革。相继制订国内首个临时仲裁规则,国内首创小额消费纠纷仲裁机制,开发国内首个互联网金融仲裁平台等。四是建立涉港澳矛盾纠纷多元化解机制。组建"一带一路"国际商事调解中心(珠海调解室),通过线上与线下等方式为20个国家、城市和20个省市提供国际商事调解服务。率先设立国内首个涉港澳纠纷人民调解委员会,与澳门街坊总会横琴综合服务中心建立公共法律服务衔接、转介机制,积极推动珠澳两地建立家事调解、金融纠纷调解交流合作平台。

(三)增强法律服务协同,提高公共法律服务社会参与度

进一步拓宽法律援助覆盖面,将居住在珠海的经济困难港澳台人士纳入

法律援助范围，率先实现证明事项承诺制，刑事案件律师辩护法律援助实现100%覆盖。与高校建立公共法律服务产学研合作关系，成立国内首个大学生公共法律服务社团、公共法律服务联盟，协同开展理论研究、服务合作和人才培养。健全完善非诉讼纠纷解决机制，开展基层纠纷隐患排查，完善人民调解、行政调解、司法调解联动工作机制，拓展医疗、婚姻、劳动、金融等领域行业性专业性人民调解网络。2020年全市调解纠纷10879件，调解成功率99.6%，涉及金额5.3亿元。

（四）创新法律服务模式，打造全国最优营商环境

积极参与"一带一路"和"粤港澳大湾区"公共法律服务建设，在全省率先完成公共法律服务实体平台建设，率先制定法律服务领域市场主体信用分类监管办法，率先出台律师事务所为企业提供公共法律服务事项补贴办法，率先落实聘请律师担任村（居）法律顾问全覆盖，率先聘请中国社会科学院法学研究所、港澳法律专家担任政府法律顾问和行政复议委员会委员。首选行政复议解决行政争议的达80%，复议后提起诉讼的仅10%。律师、公证、调解、仲裁等通过法治服务保障对港珠澳大桥、旧城改造、疫情防控等重大项目均作出了积极的贡献。2020年，全市各公共法律服务实体平台共提供法律咨询、法律服务75729宗/次，提供知识产权公证服务238件，办理涉港澳公证3396件，同比增长0.3%。省司法厅公布的每万人法律咨询服务热度指数中，珠海多次位列全省各地市之首，初步形成了资源配置不断完善、法律服务需求旺盛的"线上30秒、线下半小时"公共法律服务生态圈。

三　珠海公共法律服务存在的问题

（一）　穗深港澳等地公共法律服务的经验借鉴

1. 公共法律服务建设注重统筹设计，具有较强的前瞻性

广州市人大常委会出台《关于加强法律服务工作促进粤港澳大湾区建

设的决定》，打造全国公共法律服务最便捷城市，建设现代法律服务业强市。市政府出台《创建全国公共法律服务最便捷城市的实施方案》，推出"四大目标""十大创新项目""百条工作举措"，全力打造全国最便捷的公共法律服务制度。深圳市将公共法律服务体系建设作为法治建设的重要内容，努力打造新时代中国特色社会主义法治先行区等。

2. 公共法律服务的信息化应用程度较高

广州在全国率先上线运行"智慧公证""智慧矫正""羊城慧调解"等项目，首推全国线上"秒办公证"模式，实现经公证的继承类不动产登记"不见面审批"。委托腾讯公司开发智能机器人、自助法律服务一体机，提供 24 小时自助查询。

3. 注重服务资源的整合和公共法律服务清单的制订

深圳市律师行业率先在国内推出法律服务产品目录，向市民提供了包括 23 个模块、200 多个产品的法律服务清单，通过"菜谱"点单方式，更加便捷高效地满足市民对公共法律服务的需求；成立了前海"一带一路"法律服务联合会，以互联网模式整合全球华语律师资源，以"前海法智论坛"等各种跨境交流平台为牵引，构建法律服务联盟等。

4. 法律服务的专业化和国际化程度较高

香港地区拥有成熟的法律体系、庞大的法律专业平台、专业的国际法律服务人才队伍，法律服务的国际化专业化优势十分明显。

5. 较为重视发挥社会力量开展公共法律服务工作

澳门利用社团发达的社会特点，由社团承担公共法律服务工作，充分发挥社会力量的主观能动性积极参与公共法律服务工作，对政府公共法律服务工作起到很好的补充作用。

（二）差距和存在的问题

1. 公共法律服务制度设计有待加强

一方面，缺乏统筹和整体制度设计。公共法律服务体系建设的整体思路还没有完全形成，缺乏统一的工作机制和标准，各业务条块仍存在各自为战的现象，资源和数据未完全有效汇集，工作中还缺乏需求导向，各区各部门公共法律服务粤港澳大湾区建设呈现"摸着石头过河"和"八仙过海，各显神通"的探索试行状态，难以凸显系统性和科学性。另一方面，公共法律服务的管理运行机制有待完善。一是缺乏一套健全完善的公共法律服务标准体系。服务标准、质量标准、管理标准和数据标准有待明晰，服务方式规范化、服务流程简约化、服务质量目标化和管理工作精细化有待优化。二是绩效评估机制不完善。村居法律顾问行之有效的定期评价机制有待向其他公共法律服务领域推广，普法工作等长期性基础工作缺乏科学、客观、可信度高的评价体系，容易出现制度建设状况好于制度实施状况，依据客观数据进行的评价好于公众满意度调查的背离现象，亟须用行政以外的评估手段来衡量。三是部门联动服务工作仍然欠缺。行政复议、调解、行政裁决、行政诉讼的常态化衔接联动机制尚未有效建立，在构建多元化纠纷解决机制中的积极作用还有进一步发挥的空间。四是公共法律服务差异化的协调激励机制有待建立。珠海律师在履行办理法律援助案件、村居法律顾问、信访值班等公共法律服务工作中，绝大部分工作是由青年律师担任，资深大律师参与度低。而大湾区营商环境的建设和优化，需要经验丰富的律师参与，以解决青年律师的管理经验和业务水平与现实需要的差距问题。

2. 公共法律服务"知晓率"、"首选率"和"满意率"有待提高

自省司法厅公布全省 12348 语音平台法律咨询服务热度指数（法律咨询总量/常住人口数 × 10000 × 100%）以来，珠海持续位居全省各地市之首，从侧面反映了珠海市公共法律服务网络的群众知晓度、信任度较高，市民遇事信赖法律并积极寻求法律途径解决。但与司法部和省司法厅关于"提高公共法律服务的知晓率、首选率和满意率，发挥公共法律服务品牌化效应"的要求仍然存在不小差距。

3. 公共法律服务供给未能完全满足社会和群众的服务需求

一是市级公共法律服务中心资源整合优化的范围仍然较窄。目前市公共法律服务中心仅整合了法律咨询、法律援助、律师服务、行政许可、仲裁等

现场服务，业务量较大的公证服务未能进驻窗口，行政复议、人民调解、司法鉴定等也仅提供指引服务。二是传统服务类型萎缩，新型服务类型开拓迟缓。传统类服务受人口基数和政策影响较大，受赠不动产个人所得税公证、公派出国留学公证、赠与公证等被取消。伴随着互联网应用推进和"放管服"改革发展，市场出现了新的需求和变化，传统服务模式未能跟上新型法律服务业务的发展。三是公共法律服务提供主体和供给方式仍然单一。提供主体和供给方式仍以司法行政机关和政府服务为主，全市公证机构体制滞后，公证员年龄结构偏大，后备队伍缺乏；司法鉴定机构偏小偏散，执业司法鉴定人在10人以下的司法鉴定机构有5家，占全市总量的83%。四是高端法律服务人才和涉外法律服务人才短缺。基于地域的特殊性，珠海相对于广州、深圳等地而言，人才聚集效应较为薄弱，难以吸引高端法律服务人才。2018年8月31日司法部公布的"全国千名涉外律师人才库入选名单"中，珠海仅有六名律师入库，涉外法律人才缺口较大。

4. 公共法律服务资金投入不足

珠海公共法律服务的政府投入偏低，且主要集中依靠司法行政部门的专项资金补给，不利于粤港澳大湾区公共法律服务工作的全面推进。一是实体平台建设经费缺乏。市公共法律服务中心依托原法律援助服务大厅及市司法局1楼部分功能室建立，窗口非临街一层，受场地和地理位置的影响，在法律服务资源整合、群众办事交通便捷程度等方面，与另外临街选址建设单独公共法律服务中心的惠州等兄弟城市存在明显差距。二是行业性专业性人民调解保障经费偏低。各区一般仅对调解案件每件给予50~300元案件补助，专职调解员也只列入一般辅助类社会管理协管员，薪酬待遇未能与工作的专业性和化解重大社会矛盾的贡献相匹配。

5. 信息化程度较低，壁垒突出，借助网络平台提升服务效能的空间还很大

根据省司法厅语音平台和网络平台由省负责统一建设的模式，2018年以来，珠海市有效对接12348广东法律服务网，积极组织社会法律服务资源上线提供服务，及时办理网络平台公共法律服务工单。相关工作得到省司法

厅的充分肯定，但由于信息化、智能化建设工作过于依赖省司法厅，缺乏主动开拓意识，未能结合珠海实际开发本地化个性化网上服务功能。此外，公共法律服务各业务的信息化壁垒突出。以公证为例，各公证机构信息系统各自独立、互不联通、数据不能共享，各公证处为群众提供的"网上办证"界面不尽相同。在普法方面，虽然进行了一些有益的信息化探索，但仍以摆摊设点、印发资料、灌输式讲座、派送宣传品等传统形式为主。总体而言，未能跟上新媒体新技术发展的步伐，目前远落后于广州、深圳、惠州等兄弟城市。

四　推动促进粤港澳优质公共法律服务 体系建设的工作建议

（一）以提供粤港澳大湾区最优质法律服务为目标，进一步完善全市公共法律服务体系建设

一是宽视野、高标准统筹谋划公共法律服务体系建设。在支持澳门经济适度多元发展、推动珠海"二次创业"加快发展的谋篇布局中强化法治理念，将公共法律服务体系建设纳入国民经济和社会发展规划，突出规划引领，出台《关于加快推进公共法律服务体系建设的意见》及相关工作规划等文件，明确发展思路、目标、重点和战略措施，加快全市法律服务业发展。二是加强公共法律服务立法。在《关于优化珠海市营商环境的决定》的基础上尽快制定出台"珠海国际仲裁院条例"等地方性法规，进一步研究公证、调解等具体公共法律服务内容立法的可行性和必要性，就成熟的具体工作开展立法调研，推动地方立法，加强公共法律服务有关领域的规则制定、政策衔接、资源配置等。三是将公共法律服务内容纳入粤港澳大湾区和"一带一路"建设工作体系。整合律师、公证、调解、仲裁、法律援助和司法鉴定等公共法律服务资源，在劳动争议、知识产权、环境保护、金融、商事等领域创新公共法律服务内容、形式和供给模式，逐步建立全覆盖法律服

务网，让企业和群众切实享受到更加便捷的公共法律服务，优化粤港澳大湾区市场化法治化国际化营商环境。

（二）构建符合粤港澳大湾区建设需要的公共法律服务合作交流平台

一是建立珠港澳公共法律服务的沟通协调机制和交流合作平台。加强与澳门法务局、中国法律服务（澳门）公司、澳门律师公会、澳门司法援助委员会、澳门调解仲裁管理部门、澳门街坊总会等部门的联系沟通，建立律师、调解、仲裁、法律援助、法律查明等法律服务合作长效联系机制，为有关法律服务机构进驻横琴提供平台和优惠便利。二是推动珠港澳法学理论界、实务界交流合作。构建三地跨领域专家学者交流的平台，聚焦大湾区建设中遇到的法律问题，不定期开展法治论坛、法治讲座，为更好地推进大湾区建设提供前沿理论支持和政策建议。三是协调推进涉港澳民商事公证便利化，拓展公证便民举措。充分利用中国法律服务（澳门）公司与横琴公证处在横琴新区综合服务中心合作设立的"公证服务窗口"，积极争取上级司法行政部门的政策支持，通过推动数据共享，探索公证服务延伸等方式，为港澳居民、企业提供更为便捷的公证服务。四是深化珠港澳三地之间的调解合作。以横琴新区为试点，发展完善商事调解工作机制，整合珠港澳商事调解服务资源，积极培育跨三地商事调解组织，搭建商事调解平台，积极推动调解服务进一步加强与国际及港澳规则的衔接，根据《联合国关于调解所产生的国际和解协议公约》的标准和要求，不断完善珠海市商事调解工作规则，为大湾区民商事主体提供快捷、高效、经济、灵活的纠纷调解服务。五是建设珠海市法治综合实践教育基地。结合现有的法治资源，使用港澳居民熟悉的语言和宣传方式，通过情境式融入式法律服务体验，帮助港澳居民、企业便捷了解内地法律规定，掌握寻求法律解决问题的主要途径，积极回应在珠港澳企业、居民的法律服务需求。

（三）以仲裁和公证体制改革为突破口提升公共法律服务质量

一是推进仲裁体制改革。对标对表深圳，大胆开展仲裁体制改革，打造珠海国际仲裁中心，制定出台"珠海国际仲裁院条例"，在珠海仲裁委员会加挂珠海国际仲裁院牌子，建立理事会制度，理顺机构设置和人员编制问题，实行决策与执行分离、激励与制约有效、监督与保障有力的治理机制。二是进一步推进全市公证机构体制机制改革创新。积极贯彻落实《省司法厅 省委编办 省财政厅 省人力资源社会保障厅印发〈关于事业体制公证机构体制机制创新优化的实施意见〉的通知》（粤司〔2019〕118号），总结横琴公证处合作制改革经验，加快推进公证机构体制机制创新优化，鼓励条件成熟的事业体制公证机构向合作制或登记设立的事业单位等性质进行转变，加快公证员队伍建设，解决好部分地区公证法律服务资源不足的问题，充分发挥公证在服务大湾区建设中的作用。

（四）积极为对外开放和经贸活动提供公共法律服务

一是加快推进涉外法律服务的有效供给。健全涉外法律服务方式，推进"一带一路"、粤澳深度合作区建设法律服务工作和粤澳法律服务交流合作。组织开展澳门地区相关法律法规及政策研究，探索建立涉澳法律查明中心，为内地查明澳门地区乃至葡语系国家法律提供辐射服务。支持联营律师事务所发展，吸引更多港澳律师来珠海试点执业，支持境外律师事务所来珠海设立代表机构。整合涉外法律服务资源，完善涉外法律服务项目，组建涉外公共法律服务团队，成立涉外法律服务联盟。二是加强涉外法律服务人才的培养。建立涉外律师人才库，加大高层次涉外法律服务人才引进力度，打造涉外律师人才培养的升级版，加强与高校、境内外高端科研机构培训合作，对珠海市行政区域工作的境外高端法律人才和紧缺法律人才给予补贴以及保障性住房、子女入学、医疗保障等方面的优惠政策。三是提高为民营企业提供公共法律服务的质量。拓展创新律师、公证、调解服务民营企业工作，防范法律风险，维护民营企业的合法权益。四是不断提高法律援助的工作质量。完善法律援助对象经济困难标准认定机制，拓宽法律援助覆盖范围，加强法律援助案件质量监管，完善案件质量评估体系，推进涉港澳居民法律援助服务工作，加强珠澳两地法律援助审查工作的衔接合作。

（五）加大公共法律服务的保障力度

一是在横琴设立珠港澳（涉外）公共法律服务中心。统筹整合全市涉外法律服务资源，引进专业涉外法律服务人才，以法律咨询、法律援助和调解为基本职能，将律师服务、公证服务、行政复议、司法鉴定、国家统一法律职业资格考试、仲裁服务、商事调解以及其他行业性专业性调解等职能纳入中心服务内容，同时整合港澳中小企业法律服务中心、海上丝绸之路法律服务基地，为在珠海工作生活的港澳居民、生产经营的港澳企业提供一门式、差异化、精准式的优质公共法律服务。二是升级打造珠海市公共法律服务中心。以珠海公证处重新调整办公用房为契机，积极选取新址并给予财政保障，整合进驻公证、律师、法律援助、调解、仲裁、司法鉴定、行政复议等各类法律服务资源，打造要素完备、功能齐全、便捷高效的市级公共法律服务实体平台。三是加快珠海特色公共法律服务信息化和网络平台建设。进一步深化全市公共法律服务的互联网、大数据、人工智能等现代科技应用，构建珠海特色公共法律服务信息化体系，打造全市一体化公共法律服务线上平台，提升珠海公共法律服务的整体效能。通过科技手段，引导公共法律服务全面进驻"粤省事""粤商通""最珠海"，积极推进珠海智慧司法建设，加大公共法律服务各业务的数据共享、业务协同，打造公证、司法鉴定区块链，充分利用公共数据资源，"让数据多跑路，群众少跑腿"，司法机关、政府部门、企业、群众通过 PC 端和移动终端可方便快捷地获得高品质法律服务，推动全市法律服务能力的跨越式创新发展。四是加大公共法律服务的政府购买投入。不断健全以政府投入为主、社会筹资为辅的多渠道经费保障机制。建立健全政府购买基本公共法律服务制度，将基本公共法律服务纳入政府购买服务指导性目录，对政府向社会公众提供的公共法律服务和政府履职所需辅助性法律服务的具体范围和内容实行指导性目录管理。进一步扩大公共法律服务产品的政府采购范围，根据法律服务事项类型、合理成本等因素不断提高律师担任政府法律顾问、村居法律顾问及律师参与涉法涉诉信访值班的补贴标准，提高行业性专业性人民调解案件的补贴标准、法律援助律师办案和值班的补贴标准，制定政府部门采购公证、律师、司法鉴定等服务的产品目录和操作流程。

B.22
斗门区法律顾问进村居工作的
实践与前景展望

珠海市斗门区司法局课题组[*]

摘　要：　法律顾问进村居工作是加强基层社会治理的一项重要举措，更是一项普惠性的民生工程。近年来，斗门区法律顾问进村居工作在助力法治村居、平安建设、基层治理等方面开展了一系列探索并取得成效。针对工作中的不足与困难，为进一步提升基层治理法治化效能，斗门区不断探索法律顾问进村居工作在制度、内容和形式上的创新和优化，在服务质量上的改进和提升。通过建立法律顾问人才库，进一步对焦服务需求，全面推动法律服务重心向基层转移，打造高质量、精细化的法律服务产品，为营造共建共治共享的社会治理新格局贡献斗门司法行政力量。

关键词：　法律顾问进村居　法治村居　基层社会治理　矛盾化解
　　　　　公共法律服务

党的十九届四中全会《中共中央关于坚持和完善中国特色社会主义制度、推进国家治理体系和治理能力现代化若干重大问题的决定》提出，"构

---

* 课题组负责人：管博，珠海市斗门区司法局党组书记、局长；武涛，珠海市斗门区委政法委副书记。课题组成员：刘春明、赵寿康、李月明、邱怡颖。执笔人：邱怡颖，珠海市斗门区司法局办公室科员。

建基层社会治理新格局"，为加强和创新基层社会治理提供了科学指引。创新推进法律顾问进村居工作是贯彻落实党的十九大，特别是十九届四中全会关于加强和创新基层社会治理的重要部署，是积极响应全面依法治国要求的重要体现，更是全面加快推进公共法律服务体系建设，助力新时代基层社会治理能力现代化的重要举措。近年来，斗门区深入贯彻落实中央、省、市、区关于加强基层社会治理的重要部署，主动适应法治社会建设大局，深入推进法律顾问进村居工作，引导律师在参与基层社会治理、助力粤港澳大湾区建设和乡村振兴战略中发挥法律专业优势，构建适合斗门经济社会发展的基层法律服务网，积极打造新时代斗门区法律顾问进村居2.0升级版，努力形成"斗门经验"，推动具有"斗门特色"的法律顾问进村居工作向规范化、标准化和品牌化方向纵深发展。

一 基本情况

截至 2020 年 12 月，珠海市共有 328 个村居，斗门区 6 个镇（街）共有 129 个村居，占全市村居总数的 39.33%，其中有社区 28 个，行政村 101 个，行政村数量为全市第一，斗门区村居呈现基数大、农村数量多、分布散的特点。为推动社会治理重心向基层下移，斗门区积极谋划部署，2014 年开始启动法律顾问进村居工作，通过政府购买服务的形式聘请专业律师担任村居法律顾问，目前已实现对全区所有村居法律服务的全覆盖。2014 年至 2018 年，斗门区村居法律顾问聘请工作均实行一年一次招投标；自 2019 年起，为保证村居法律顾问服务的连续性和稳定性，开始实行三年一次招投标。2014 年以来，斗门区村居法律顾问的队伍不断发展壮大，最初只有 34 名村居法律顾问，截至 2020 年 12 月底，全区已有 55 名村居法律顾问，越来越多的律师加入村居法律顾问队伍，成为斗门区加快推进基层社会治理法治化进程的重要力量，为法治斗门、法治村居建设发挥了积极作用。

二 工作举措与成效

（一）建立"组织领导＋机制保障＋经费落实＋标准统一"四位一体的工作体系，夯实法律顾问进村居工作基础

自法律顾问进村居工作开展以来，斗门区深入贯彻落实以人为本、法治为民的理念，坚持村居法治建设与法治创新并举，探索法治服务基层社会治理创新的新思路、新举措，从组织领导、机制保障、工作经费以及服务标准方面进行统一，不断夯实法律顾问进村居工作基础，已形成一套规模有效的工作体系，逐步探索实现规范化、标准化的"斗门经验"，并向行业示范引领延伸，以不断强化管理、优化服务和形成长效机制。

1. 加强组织领导、坚持顶层推动，确保服务的专业化

斗门区在坚持既有做法、巩固已有成效的基础上，致力于提升法律顾问进村居工作的质量和专业化水平，立足实际，不断加强顶层设计，坚持顶层推动。一是加强组织领导，强化管理和优化服务。成立了法律顾问进村居工作领导小组，并指定专门机构负责统筹、组织、指导和协调推进该项工作；实施领导挂点督导制度，制定《斗门区法律顾问进村居工作方案》，每季度对全区法律顾问进村居工作进行抽查，通报工作情况，对发现的问题及时督促整改。二是每年初印发法律顾问进村居工作方案，制定工作计划，形成了"年初有方案部署，月度有跟踪通报，季度有督导督查，半年有评估考核，年底有汇报总结"的常态化工作机制。及时公开工作进度和成效，总结、推广好的经验做法，协调和解决新情况新问题，指导村居法律顾问因地制宜开展法律服务，提高服务的针对性。

2. 健全工作机制、规范服务行为，确保服务的规范化

一是实行"7＋6＋5"工作模式。斗门区对村居法律顾问实行定期服务、重点服务、信息公开、工作例会、工作日志、工作报告、考核评估等"七项工作制度"，确保村居法律顾问做到人人有职责、事事有程序、干事

有标准、过程有记录、工作有回访、工作有考核等"六个有"，要求法律顾问进村居服务情况做到登记工作时间、登记工作地点、登记服务对象、登记服务内容、登记跟踪服务等"五登记"。"7＋6＋5"工作模式有效地规范了村居法律顾问的服务行为。二是通过招标选聘、考核评估严格把关律师素质。斗门区先后研究制定并出台了《斗门区法律顾问进村居项目评估办法》《斗门区法律顾问进村居工作市场化案件补贴暂行办法》等规范性文件，重点从招标选聘、考核评估等方面加强对律师素质的把关，规范选聘程序、严格选聘标准，确保服务专业化；同时，将群众的满意度，律师的服务时长、服务事项、服务业绩、服务效果与考核直接挂钩，强化对村居法律顾问工作效果的考核评估及其考核结果的运用，有效提高了法律顾问进村居工作的法律服务质量。三是健全工作机制和举措，确保法律服务工作规范发展。斗门区针对法律顾问进村居工作建立部门联席会议制度，建立村居重大事项法律顾问审核把关机制，完善村居矛盾纠纷发现与化解、重点村居法律服务和村居法律顾问与村居警官工作联席会议等机制，确保法律顾问进村居工作有组织、有章法、有实效。为加强村居法律顾问工作档案的规范化管理，斗门区印发了《斗门区司法局关于村居工作台账分类归整说明》，要求分类归整工作档案，落实值班日志制度，统一规范档案封面格式，建立和完善基础工作台账，进一步规范了法律顾问进村居工作。

3. 强化经费保障、提高经费标准，确保服务的持续化

为保障村居法律顾问工作持续有效开展，斗门区着力建立和完善工作经费保障机制。一是通过区财政专门划拨经费，为全区村居配置电脑、档案柜、意见箱、宣传栏等硬件设施设备，印制了律师便民服务名片，配置工作台牌等，协调村居委会为村居法律顾问提供值班场所和办公桌椅，为法律顾问开展工作提供"硬件"保障和便利。二是实行服务费与市场化案件补贴相结合，确保法律顾问进村居经费保障到位。在市、区财政的全力支持和保障下，斗门区村居法律顾问的工作经费标准从最初的每村居每年0.3万元逐步提高至2020年的2万元，为全市最高。仅此一项，斗门区每年安排经费就高达161万元。从2019年起，法律顾问进村居专项经费还被纳入斗门区

绩效重点评价项目，每年由区财政局组织第三方专家组对该经费项目进行绩效考评。在考评中，法律顾问进村居工作的村居民问卷调查满意度高达97.38%，该项财政支出体现了良好的社会效益。三是适时调整激励补贴方案。为调动村居法律顾问工作的主动性和积极性，从 2017 年起斗门区司法局大力推行市场化案件补贴，并结合实际，印发了《斗门区法律顾问进村居工作市场化案件补贴暂行办法》，特别对村集体经济组织重大事项方面的法律服务规定了具体的补贴标准，并将市场化案件补贴纳入年度财政预算，每年斗门区在业务经费中安排此项预算均高达 30 余万元，并确保专款专用。近两年，村居法律顾问申请市场化案件补贴的金额呈逐年增加趋势，补贴数额增加背后反映的是村居法律顾问服务成效的不断提升。

4. 统一服务内容、优化服务流程，确保服务的标准化

为确保村居法律顾问的服务质量，切实提升法律顾问的服务水平，斗门区统一全区服务标准，将村居法律顾问的服务方式、服务项目、服务时间、服务要求等内容进行条目式细化并写进村居法律顾问合同，要求法律顾问严格按照合同约定的内容完成规定动作，每月不少于 3 个半天到村居开展工作（其中安排半天走访村居和群众）。同时，在每个村居设置村居法律顾问宣传栏，公开律师的基本信息和服务项目等，要求律师选择和确定方便村居和群众咨询且相对固定的时间，通过公示栏公示，提高群众的知晓率。通过对全区法律顾问实行统一要求、统一标准、统一流程的"三统一"服务，确保服务的标准化。

（二）建立"精准式 + 即时式 + 跟踪式"的全方位法律服务模式，提升基层社会治理法治化效能

法治村居是国家法治建设体系的末梢环节，是加强基层社会治理的"最后一公里"，做好"最后一公里"的法律服务任重而道远。斗门区在加强基层社会治理创新、深化法律顾问进村居工作中，探索"精准式 + 即时式 + 跟踪式"全方位法律服务模式，有效提高了服务的"精准度"、注重了服务的"时效性"、确保了服务的"延续性"，有效发挥了村居法律顾问参

与基层社会治理的示范带动效应，为助力基层社会治理创新注入了法治动力。

1. 以"精准式"加强法律服务的针对性

一是建立村居民"自主下单"的服务新模式。为村居法律顾问印制便民服务名片，将律师的姓名、联系方式、服务内容等印制在便民服务名片上派发给村居民，引导村居民在律师值班时间外通过电话、微信、QQ等方式自主下单寻求法律帮助。律师接到村居民的服务需求后，与村居民约定时间，上门有针对性地提供法律服务。这是村居法律服务从"为民服务"到"精准服务"的深化探索，使"订单式"法律服务更加精准贴合民生需求，从而逐步实现政府主导的法律服务供给模式向村居民自觉依靠法律途径解决问题的良好法治模式的转变。二是建立村居"两委"与村居法律顾问良性互动的法治模式。一方面，村居重大决策事项均由法律顾问审核把关，村居"两委"在村居公共管理、重大决策中主动咨询律师的意见或建议，推动逐步形成以法治思维和法治方式管理公共事务。2019年以来，村居法律顾问共审核村居合同305份，出具法律意见书219份①。另一方面，村居法律顾问在做好值班走访、提供法律咨询、开展法治宣传等基本服务的基础上，积极主动参与到村居"两委"换届、农村集体资产股份合作制改革（以下简称"股改"）、村规民约起草修订等重大事项中，为村居重大决策提供法律意见、重大经济合同审核把关等，当好村居"两委"的"参谋助手"，协助村居"两委"从源头上防范把控法律风险，真正做到基层社会治理模式从"事后补救"到"事前预防"的根本性转变。

近年来，斗门区村居法律顾问助力基层社会治理的优势逐渐凸显。村居法律顾问对焦农村集体产权制度改革、集体资产交易管理、村居法治体检等工作，在助力基层社会治理方面提供有针对性的服务。2019年，村居法律顾问积极参与斗门区农村集体产权制度改革试点工作，发挥专业优势，积极配合区、镇两级政府细化股改方案与章程，固化村民权益，从根本上减少矛

---

① 以上数据统计至2020年12月，数据来源于"一村（社区）一法律顾问工作统计表"。

盾纠纷，推动斗门区农村股改顺利完成，助力斗门区成功入选第二批全国农村集体产权制度改革试点典型单位。在斗门区农村集体资产交易管理工作中，村居法律顾问参与起草了《珠海市斗门区农村集体资产交易管理细则（试行）》，对"三资"管理平台的材料进行法制审核，防范把控法律风险。在2019年开展的村居"法治体检"中，村居法律顾问重点针对村居制度的规范化建设、土地承（发）包合同、村居存在的隐患及可能引发的重大群体性事件等方面"把脉问诊"，为每一个村居出具一份法治体检报告，指导村居进行整改，为建设法治村居奠定了良好的法治基础，村居法治化水平明显提升。截至2020年12月底，斗门区有127个村居在创建省级"民主法治村居"方面已100%达标。

2. 以"即时式"实现法律服务的实效性

斗门区行政村数量居全市第一，农村问题错综复杂，涵盖范围多而广，不少疑难问题涉及历史成因复杂久远，导致不同利益群体冲突交织出现各种基层矛盾纠纷。如处理不慎，极易引发信访维稳事件，影响基层和谐稳定。为此，斗门区以基层社会治理为切入点，加强"枫桥经验"移植，让更多的村居法律顾问履行社会责任，将他们吸纳入人民调解委员会，指导他们参与人民调解案件和涉法涉诉信访案件的办理，充分发挥律师释法明理的专业服务，将信访群众"及时稳住"，引导群众理性维权，通过法律途径将矛盾纠纷就地化解，实现"矛盾不上交、平安不出事、服务不缺位"的目标。据统计，近三年斗门区矛盾纠纷调解受理率均达到100%，调解成功率高达99%，大大降低了基层社会治理成本，成为提高斗门区化解矛盾纠纷效率的重要举措，有效发挥了村居法律顾问在推动基层社会治理、维护基层和谐稳定中的积极作用。

为更好地助力平安斗门建设，村居法律顾问在区政府的指导下，将宣传扫黑除恶工作贯穿于法律服务之中，对涉黑涉恶势力犯罪案件进行辩护代理，在老百姓心中树立正义的形象，使村民切实感受到村居法律顾问带来的"法律安全感"，给其以信任感，在潜移默化中增强了村民的法治意识和法治观念。自2018年扫黑除恶专项斗争工作开展以来，斗门区共有11名村居法律顾问参与了 16 宗扫黑除恶案件代理。

3. 以"跟踪式"提升法律服务的延续性

村居法律顾问是推进基层社会治理法治化进程的重要力量。斗门区注重挖掘村居法律顾问潜能，发挥村居法律顾问在处理重大矛盾纠纷中的"减压阀"作用，指导村居法律顾问参与涉集体利益与公共利益冲突的重大矛盾纠纷和群体性案件的化解，对矛盾纠纷隐患提供全程"跟踪式"法律服务。按照"提前介入、分步化解"的工作思路，斗门区建立了"政府主导、村居律师协助"的工作机制，将法治理念贯穿矛盾化解的全过程，组织村居法律顾问依法化解各方矛盾纠纷，引导村居民通过法律途径维护自身合法权益。自 2019 年以来，村居法律顾问参与调解纠纷 64 宗，处理群体敏感案件 8 宗①。例如，在斗门区某重点工程征地补偿纠纷案中，因村集体利益与公共利益发生矛盾冲突引发重大维稳问题，村居法律顾问积极介入，以第三方中立角色在村民、村委会和镇政府之间搭建沟通平台，通过专业、精深的法律知识，实事求是、客观中立的工作方法，以理服人、换位思考的服务技巧，依法化解村民、村委会与基层政府之间的矛盾，最终圆满解决纠纷，并取得同类案件中极为少见的村民（股民）大会全票通过镇政府方案的结果，实现政治效果、法律效果和社会效果的有机统一，实现社会稳定与经济发展双赢。该案例于 2020 年被广东省法学会评定为全省优秀案例。

（三）强化"村居 + 司法所 + 律师团队"三方联动，促进法律服务资源有效投放

斗门区重点村居数量约占全市重点村居总数的 1/3，针对斗门区重点村居存在历史遗留的敏感、棘手问题，斗门区建立了"村居为主体、律师团队为主抓、司法所协助"三方联动的工作模式。村居"两委"积极配合司法所做好前期的调研摸底工作，立足村居实际，协助司法所摸清问题所在，详细制订重点村居法律服务需求清单。律师服务团队在充分了解村居现状、

---

① 以上数据统计至 2020 年 12 月，数据来源于"一村（社区）一法律顾问工作统计表"。

村情民意的基础上，抓住农村社会治理的主要问题和主要矛盾，贴合重点村居的实际需求，量身订制法律服务产品方案，提供对标式法律服务，对村居"疑难杂症"各个击破。司法所通过定期走访、交流座谈、跟踪督导、召开研讨会等形式掌握工作进展情况，搭建村居与律师团队之间的有效沟通桥梁，及时了解工作推进中的困难，并每年根据实际情况适时调整法律服务清单，确保重点村居法律服务实效。工作中，充分发挥三者的主观能动性，各司其职，又通力合作，通过协调联动机制，凝聚强大的工作合力，共同解决农村的"疑难杂症"。

经过四年的精心治理，斗门区重点村居法律服务工作取得了一定的成效和突破。2019年第一批重点村居已顺利摘除"重点村"帽子，白蕉镇某村300多户村民因道路施工爆破受影响房屋修葺赔偿事件成功解决；井岸镇某村土地合作开发项目收益（人民币1.08亿元）圆满分配；困扰了斗门镇某村十来年的水改问题取得突破性进展，顺利签订了水改协议，截至2020年底，工程项目加紧施工。第二批四个重点村的法律服务工作也陆续取得阶段性进展。对重点村居法律服务工作的推进，进一步升级优化了法律顾问进村居工作，在法治框架下实现了对斗门区村居存在的历史遗留老大难问题"减增量、去库存"的目标。

（四）依托"互联网+"大数据平台，"线上+线下"多元结合，为群众提供便捷高效的服务体验

为不断满足群众便利化的服务需求，斗门区始终坚持与时俱进、开拓创新，依托"互联网+"大数据平台，创新工作形式，实行村居法律顾问"前台坐班+网络服务"双轨制运行、"线下+线上"双结合的服务模式，为群众提供更便捷高效的法律服务体验。将传统线下服务延伸到线上平台，把"线下前台坐班"与"线上及时答疑"结合起来，把"走访入户"与"远程服务"结合起来，实现法律顾问在村居"前台接单"与"后台服务"的无缝对接，从而实现由"线下跑"到"网上通"的突破，由线下村居全覆盖到线下线上多元服务的转变，让村民足不出户即可轻松享受免费便捷的法律服务。

特别是新冠肺炎疫情期间，斗门区引导村居法律顾问积极履行社会责任，确保特殊时期服务不间断、"不打烊"，灵活调整服务方式，探索线上法律"云服务"模式，借互联网之便，将网上服务变成主流，村居法律顾问坚持每月至少8小时的服务时间，通过电话、微信等方式主动联系村居"两委"了解遇到的法律问题和情况。同时，村居法律顾问还通过电话、QQ、微信、网络视频等非现场服务方式远程为村民提供"一对一"法律服务，线上解决村民法律问题，线上宣讲法规政策。村居法律顾问通过网络远程服务，切实满足群众即时法律服务需求，斗门区法律顾问进村居工作已从最初的"有形覆盖"升级到"有效覆盖"。据统计，2020年1～12月，斗门区村居法律顾问累计值班4644次，走访入户1545次，接待群众来访咨询4312批次15709人，接受电话咨询424次，开展法治宣传活动662场次①。

三 存在问题分析

斗门区法律顾问进村居工作取得了一定成效，为创新基层社会治理注入了新的活力，促进了社会治理的法治化、规范化、现代化，但工作中还存在一些不足和困难亟待解决。

一是村居法律顾问在把握基层实际需求方面仍做得不够，未能与时俱进，服务创新能力不强，村居法律顾问的专业优势未能充分发挥。

二是工作进展不平衡。村居法律顾问的能力水平参差不齐，个别法律顾问业务能力有待提高，服务水平离群众对法律服务的新需求新期待还有一定的差距。村居法律顾问的选聘与淘汰机制需进一步完善，村居"两委"和村居民与司法行政机关对村居法律顾问的选择无主动权。

三是法律顾问进村居工作的"软硬件实力"有待进一步提高。"软实力"方面主要表现在：法律顾问进村居工作的宣传力度有待进一步加强，一些村居"两委"干部对法律顾问进村居工作的支持力度有待进一步提高。

---

① 数据来源于"一村（社区）一法律顾问工作统计表"。

"硬实力"方面主要表现在：市场化案件补贴标准偏低，应用信息化服务工作的能力不强，很多工作仍依赖传统的人工模式。

四 未来展望与建议

斗门区将以习近平新时代中国特色社会主义思想为指导，在上级的业务指导下，紧紧围绕全区经济社会发展的中心工作，努力适应新时代基层社会治理的新要求，满足基层人民群众的新期待新需求，不断深化法律顾问进村居工作，推动专业法律服务重心向基层下移，着力打造高质量、精细化的法律服务产品，进一步提升法律顾问进村居工作的品牌形象。

（一）建立法律顾问人才库，提高案件补贴标准，以专业化为根本促进法律顾问进村居工作的全面升级

1. 建立法律顾问人才库

改变传统律师事务所指派律师担任法律顾问的方式，建立法律顾问人才库，由村居"两委"和村居民自主选择律师，建立相应的淘汰机制，动态调整服务村居法律顾问，形成有效竞争机制；进一步完善考核评估办法，建立考评激励机制，加大对村居法律顾问的表彰奖惩力度，提高村居法律顾问的积极性与主动性。

2. 提高律师案件补贴标准

扩大补贴申领范围，对案件补贴增加调处矛盾纠纷三次未成功的可申领补贴的标准，除案件补贴外，考虑将交通费纳入补贴申领范畴。完善相关政策支撑，尝试探索通过村居支付额外有偿服务费的形式以减轻财政资金支付的压力。

（二）对焦精准需求，探索科技支撑，以信息化为基础推动基层社会治理能力的现代化

1. 对焦精准需求，拓展"精准式"法律服务向基层延伸的深度

进一步探索村居"两委"、村居民与律师三者良性互动的法治模式创

新，村居"两委"和村居民根据实际需求精准"下单"，村居法律顾问以需求为导向，因地制宜地提供针对性的"精准式"法律服务；适当改变传统前台"打卡"坐班的服务方式，动态调整值班时间，完善律师在值班时间外通过电话、QQ、微信等形式为村民提供服务来折抵值班时间的相关制度；引导法律顾问加强基层走访，对焦精准需求，为群众提供更多"一对一""面对面"的精准式服务，实现从"前台被动接单"到"上门主动服务"的转变。

2. 探索科技支撑，拓展"互联网+"线上"即时式"服务的广度

大力推行"现场服务"与"远程服务"相结合，"线下+线上"的服务模式，充分利用电话、QQ、微信、视频、语音等形式为村民提供远程"即时"服务，使村居法律服务不受空间和时间的限制，让法律服务更及时、零距离。充分利用各类业务系统，拓展线上服务功能，依托一村居一法律顾问工作信息管理系统、公共法律服务网络平台和12348电话平台，探索实现信息管理系统登记"线下"服务工作情况和"线上"提供法律咨询服务的有机结合。强化科技支撑，探索科技化应用代替传统人工统计数据的模式，以提高工作效率。

3. 强化预防治理，进一步提升"跟踪式"法律服务效果

进一步聚焦村居重大事项、历史遗留等疑难问题，重点针对信访维稳、征地补偿、"三资"管理、土地承发包、外嫁女等方面的问题，指导村居法律顾问对重大民生事项提供一站式全程"跟踪式"法律服务，强化问题的跟踪和反馈，把法律服务贯穿到村居治理的全过程，将了解掌握的重大社情民意和重大纠纷隐患及时向党委政府报告，协助党委政府从源头上、根本上预防和减少社会矛盾的发生，起到"超前预防"的作用。

（三）培树先进典型，创新法治宣传，以法治为核心推动形成基层社会治理文化

1. 总结先进经验

收集总结典型案例和先进经验，推动形成法律顾问进村居工作的"斗

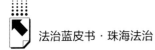

门经验"，提高村居法律顾问的群众知晓率，扩大品牌影响力。探索律师事务所党支部与服务村居党支部结对共建制度，协助村居加强法治建设和基层党组织建设，将法律服务融入党建活动，将法治宣传融入村居事务管理、矛盾纠纷化解等法律服务过程。

2. 创新法治宣传

创新普法宣传方式，除传统"线下"宣讲的形式外，大力推动"线上"微信群"即时"普法，增强普法时效，扩大普法的覆盖面。创新宣传载体，探索通过法律短视频、法治漫画、法治短剧、法治微电影、法治文艺演出等群众喜闻乐见、生动活泼的形式提高普法宣传的效果，让老百姓有更多的体验感和获得感，推动形成以法治为核心的基层社会治理文化，助力基层社会治理模式的升级。

B.23
打造城乡社区治理"珠海样板"的探索与实践

珠海市民政局课题组*

摘　要：　珠海市将城乡社区治理作为推进市域社会治理现代化的工作重点，完善政策措施，创新体制机制，强化顶层设计，凝聚治理合力，搭建社区综合平台，丰富社区服务内涵，有效夯实了社区治理基础，并选取自治支点，撬动社区治理的实现路径，打造社区生活共同体，形成可借鉴、可复制、可推广的社区治理和服务创新"珠海样板"。未来，珠海将以点带面推广样板经验，推进城乡社区空间营造，健全基层群众自治机制，以社会化培育社区治理主体，以专业化增强社区治理能力，以智慧化提升社区治理效能，以标准化巩固社区治理成果，以湾区化丰富社区治理元素，推动形成具有珠海特色、时代特征的城乡社区治理"珠海模式"。

关键词：　城乡社区治理　社区生活共同体　社会治理

一　背景

党的十九届四中全会提出，坚持和完善共建共治共享的社会治理制度必

*　课题组负责人：陈耀平，珠海市民政局党组书记、局长。课题组成员：梁翠乔、夏四海、杨柳、陈磊。执笔人：杨柳，珠海市民政局基层政权和社区治理科副科长；陈磊，珠海市民政局办公室四级主任科员。

须"构建基层社会治理新格局"。十九届五中全会提出,"完善共建共治共享的社会治理制度"。城乡社区是社会治理的基本单元,深入推进城乡社区治理现代化,构建富有活力和可持续发展的新型城乡社区治理体系,是创新社会治理机制、维护社会和谐稳定的重要基础。珠海市贯彻落实党中央治国理政新理念新思想新战略,按照中央和省关于社会治理工作有关部署,将城乡社区治理作为推进市域社会治理现代化的工作重点,完善政策措施,创新体制机制,强化顶层设计,凝聚治理合力,完善城乡社区治理体系,提升基层公共服务水平,努力将党的路线方针政策落实到"最后一公里",初步形成具有珠海特色的城乡社区治理格局,推动珠海共建共治共享社会治理格局走在全省乃至全国前列。

近两年,珠海市委、市政府高度重视城乡社区治理工作,连续推出重磅措施。《关于加强和完善城乡社区治理的实施方案》(珠字〔2019〕6号)提出,打造城乡社区治理"珠海模式"的目标任务。《珠海市城乡社区治理示范点建设工作方案》(珠民〔2019〕151号)提出,实施46个城乡社区示范点建设,打造可借鉴、可复制、可推广的社区治理和服务创新"珠海样板"。《关于构建基层社会治理新格局的实施意见》(珠委办字〔2020〕5号)提出全方位、立体化、多层次发展布局,力争到2021年底基本形成重心向下、资源整合、智慧互联、一体协作的最具合力基层社会治理体系。

二 实践与成效

珠海市以46个城乡社区为示范点全力推进基层党组织建设、法治建设、综合服务平台建设、社区协商、村规民约(居民公约)修订、人居环境改善、"三社联动"、"智慧社区"建设、融入大湾区特色等9项任务,高标准高要求打造社区治理"珠海样板",带动全市城乡社区治理整体性、系统性、科学性推进。

（一）创新体制机制，强化各级统筹联动

市、区是城乡社区治理的决策主体，镇街是城乡社区治理的核心责任主体和主要组织者、实施者。为了进一步加强市、区各级在城乡社区治理中的联动，珠海在市、区两级建立由书记召集的联席会议制度，加强对城乡社区治理工作的统筹谋划和协调部署；在镇街成立由党（工）委书记负总责的工作组，负责各项工作落实，形成党委领导、政府负责、部门协同、齐抓共管的工作格局。以镇街行政管理体制改革为契机，通过扩权赋能强化街道党工委统筹协调能力。合理下放区级管理职权，统筹优化镇街党政机构，着重强化镇街在加强党的建设、统筹村（居）发展、实施公共管理、组织公共服务、维护公共安全等方面的职能。强化镇街统筹分配资源自主权，推动镇街财政资金体制改革，整合投入镇街和社区涉及基层社会治理的财政资金（综合管理类、政务服务类和公共服务类），统一标准规范下放，强化镇街统筹使用财政资金的自主权。建立镇街统筹使用资金工作机制，明确资金投入城乡社区及其他城乡社区治理领域的使用范围、标准及项目申报流程、要求等。成立镇街"社区慈善公益基金"，鼓励有条件的村（居）成立"社区基金""村级慈善基金"，用于社区慈善和公益性社区服务，形成城乡社区治理"资金池"。例如，珠海市香洲区吉大街道辖区爱心企业家倾力出资，与吉大街道办、珠海市慈善总会联合发起成立了"吉大坊间公益慈善基金"，定向捐赠善款用于吉大街道辖区自治组织的培育发展，在退役军人、新时代文明实践、城市精细化管理、社区协商等诸多领域发展培育自组织队伍，此外还贡献了其创办的珠海市坊间信息科技有限公司技术平台，助力吉大街道实现"社区居委会、社会组织、自组织、爱心商家、社区居民"五方联动的"互联网＋自组织培育"模式，践行自身"社会企业"模式的责任和使命。

（二）拓展公共空间，搭建社区综合平台

充足的社区公共服务设施是开展各类城乡社区治理工作的基础条件。为解决城乡社区公共服务设施不足、分布零散、功能单一、资源浪费等问题，

经市政府同意，珠海市民政局印发《加快城乡社区综合服务平台设施建设工作方案》（珠民〔2020〕34号），将社区用房配建要求纳入土地使用权出让合同，明确社区用房配建面积和布局原则等，避免场所零碎化。通过移交新建小区社区用房、配建已建小区社区用房、利用闲置公共资源、共享社区公共空间等方式推进全市城乡社区综合服务设施建设，拓展场地空间，集约设置功能。目前全市328个城乡社区中，50%以上的社区正通过新建、旧房改造、移交闲置公共用房、整合空间等方式克服社区用房短缺困难，切实解决了珠海市城乡社区公共服务设施空间不足、分布零散、功能单一等问题。同时，珠海着力探索社区公共空间综合利用机制，提升社区公共空间使用率，统筹各职能部门在镇街、社区建设的党员活动室、养老服务设施、市民艺术中心、卫生服务站、妇儿活动中心、残疾人康园中心、警务室、文化服务中心、退役军人服务站等公共服务设施，破除部门壁垒，共享公共服务空间，增设服务功能。优化党群服务中心空间设置，推动"两委"干部前移到大厅前台，实行开放式、集中式办公，集约更多空间用于公共服务。例如，珠海市金湾区南水镇南水社区辖区内常住人口2万人，其中户籍人口3000余人，外来人口16000余人。由于社区外来人口较多，缺乏固定的活动场所和设施，属于典型的"陌生社区"。社区居委会广泛征求居民、社工、社会组织等意见建议，在区、镇两级政府大力支持下，把原镇养老院改造为南水社区睦邻中心，占地面积1000平方米、建筑面积1200多平方米，设置残疾人康复、社会救助、居家养老、长者饭堂、心理辅导、文化娱乐、育幼、教育、卫生、慈善等社区服务功能，切实增强了居民的幸福感、归属感。

（三）坚持民生保障，丰富社区服务内涵

珠海市按照城市社区不少于10项服务功能、农村社区不少于8项服务功能的标准，建设具有法律咨询、养老、育幼、教育、康复、心理、文娱、卫生健康等服务功能的综合服务平台。城乡社区以"民主法治村（社区）"创建活动为抓手，搭建社区公共法律服务实体平台，化解居民矛盾纠纷，提

升基层法治化水平。目前，全市镇街已全部实现辖区内人民调解成功率不低于96%，示范点社区全部实现"一村（社区）一法律顾问"。国家第五批居家和社区养老服务改革试点城市建设在珠海全力推进，2020年8月19日，珠海智慧养老信息平台正式投入运营。该平台以"智慧颐养，福满珠海"为价值理念，依托"互联网＋""物联网＋"，集成市、区、镇（街）、村（居）各级各类养老服务资源，通过电话热线、门户网站、微信小程序、手机App等渠道，精准对接个人、家庭、社区、机构养老服务需求，实现顾问咨询、生活照料、紧急救援、康复护理、健康管理、精神关爱、文娱教育等全方位养老服务供给。平台还可对居家上门服务实现全过程管理，对全市所有养老服务设施、服务组织进行实时监控，有效解决监管问题，真正实现高效、优质、安全的"云端养老"。为推动大湾区建设中的社区治理，珠海在横琴新区、香洲区辖区港澳居民较集中的社区，借鉴港澳基层治理经验，引导港澳居民参与社区议事协商，融入本地社区生活，探索创新湾区社会治理联动模式。横琴新区横琴镇小横琴社区引入澳门街坊会联合总会，按照澳门社会服务标准，为居民提供社区家庭、养老、儿童等社会服务。作为澳门首个在内地开展的社会服务中心，澳门街坊会联合总会广东办事处横琴综合服务中心（以下简称"街总横琴中心"）秉持爱国爱澳及粤港澳大湾区生活融合的理念，为在横琴新区生活的澳门及内地居民提供同质化服务。2020年疫情期间，街总横琴中心积极与居委会沟通协调，为在横琴新区的1105名澳门居民进行社区报备登记，并开发打卡报备小程序，简化流程，助力社区抗疫。截至2020年10月底，街总横琴中心共服务15121人次，举办活动489场，跟进居民个案78起，处理社区维权求助36起，街总横琴中心充分发挥了琴澳融合的桥梁作用。

（四）加强队伍建设，夯实社区治理基础

完善的城乡社区治理体系得益于基层政府管理人员与社区队伍的支持协作，以社区书记为"领头羊"的社区力量强弱程度直接决定了社区治理的水平与质量。珠海市加强调整优化基层组织设置，选优配强基层党组织带头

人，大力推行"三个一肩挑"，强化党组织领导地位。持续整顿软弱涣散基层党组织，加强村（社区）"两委"干部及村民小组长队伍建设，推动基层组织建设更加规范，政治功能和组织力更加突出。例如，横琴新区党委领导班子挂点社区强化基层党建工作，确保情况层层掌握，问题层层落实。银鑫花园解决了物业管理混乱的"老大难"问题，小横琴社区党委实现软弱涣散党组织"摘帽"，被确定为"横琴镇党建示范社区"；荷塘社区三塘党支部、富祥湾社区旧村党支部被确定为"横琴镇模范党支部"，切实发挥了党建示范社区治理作用。为了加强基层人才规范化管理，完善基层人才选拔、录用、考核等机制，加强社工队伍和志愿者队伍建设，珠海市出台《关于加强社会工作专业岗位开发与人才激励保障工作方案》，拓宽社会工作职业发展空间，并探索建立"时间银行""志愿积分"管理机制，有效促进了社区自我服务。驻区单位全面铺开党组织，在职党员到街道社区"双报到"工作。2020年疫情期间，640多个单位党组织、5.3万余名在职党员参加一线防控工作，为打赢疫情防控阻击战提供了坚实保障。例如，南屏镇华发社区辖区内有六个居民小区，有来自37个国家和地区的外籍居民632人、港澳居民1842人，是典型的候鸟型移民社区，仿如一个小"联合国"。华发社区坚持以党建引领、多方协同、群众参与的治理模式，提供经费支持和场地支持，致力于自组织培育和发展，培育体育、书画、合唱、舞蹈等社区自组织18个，挖掘了大量积极热情的社区能人，引导居民参与社区治理。疫情防控期间，华发社区积极发动会外语的居民担任志愿者翻译，与社区医生、社区警察、社区志愿者组成"3＋1"防控小组，及时做好居家隔离居民的生活服务，让外籍居民深切感受到中国的社区关怀以及中国特色社会主义制度的优越性。2020年以来，华发社区处理矛盾纠纷案件超过50例，群众满意度不断提高，大大促进和谐社区建设，取得了良好的社会效果。

（五）选定自治支点，激发社区治理活力

基层工作林林总总、千头万绪，珠海市将选取自治支点作为撬动社区治理的实现路径，打造社区生活共同体。自治支点是能够调处人际或邻里冲

突、促进社区联系、促进互帮互助、促进居民参与的关键点，具有三个特点：关联性，能够将多种利益主体连接在一起；撬动性，能够激发更多的人和资源参与；变化性，随着时间流逝、治理水平的提高，可以重新转化、再度开发。珠海以社区协商为支点，制定协商制度、议事规则，规范社区协商形式，建设村（居）民议事厅和线上议事平台，推动社区、住宅小区、楼栋等多层次协商，落实"四议两公开"。示范点社区每月至少有一次协商活动，有效撬动社会资源，切实解决大量居民关心关注的矛盾问题。社区协商以修订和完善村规民约、居民公约为支点，广泛征集民意，按照流程开展村规民约和居民公约修订工作，形成合法合规、可自我约束和务实管用的公序良俗，促进居民自我管理、自我监督；或者以项目建设为支点，会同专家团队实施"基石工程"，指导示范点社区策划"一居一品"特色项目，社区结合自身实际重点围绕社区服务、社区经济、社区环境、社区平安、自组织培育等领域打造项目，激发社区自治活力。例如，香洲区翠香街道钰海社区辖区内有7个老旧小区，因小区面积小、户数少，一直没有物业公司愿意进驻管理，脏乱差现象严重。钰海社区党委充分发挥居民自治作用，针对小区特点，量身打造具有特色的自我管理模式，改善小区居住环境，提升小区自治水平。其中，路桥小区在社区党委的指导下，通过民主选举选出了5名议事代表，并以楼栋为单位，建立每栋楼不少于5人的楼道自治备案组，共同参与小区自治管理。路桥小区居民自筹70%的经费开展楼道改造①，8个改造的楼道一次性通过社区议事代表组成的验收小组的审核验收。公汽宿舍小区一单元党支部成员牵头发起安装电梯的建议，并挨家挨户了解居民意愿，对个别反对的住户进行耐心沟通，最终筹得46万元用于电梯安装。截至2020年9月，钰海社区党委累计组织召开居民议事代表大会8次，解决问题22个，真正实现了"大家的事情大家管、大家的事情大家办"。

（六）推广特色亮点，营造"百花齐放"氛围

在示范点社区建设过程中，涌现出一大批在公共服务、空间营造、社区

---

① 路桥小区楼道改造共花费 129459 元，其中居民自筹 89459 元，占比近 70%。

协商、社区文化、自组织培育等方面亮点纷呈、特色突出、成效显著的样板社区。珠海及时总结提炼特色社区经验，广泛推广，引导全市城乡社区相互借鉴、相互学习、相互促进。

香洲区翠香街道康宁社区整合辖区资源，将辖区分成4个网格，建立"一网格一特色"的网格党群服务站，充分发挥"党群共治""三联三＋网格法"优势，为居民提供优质服务，形成党员和群众密切联系、机构和居民良好互动、居民和居民友好相处的自治空间。针对第一网格小区长者多的情况，党群服务站大力开展老人日托服务、健康养老照护、爱心饭堂、爱心面包等项目；针对第三网格小区残疾人、儿童和青少年较多的情况，党群服务站设置残疾人日间照料中心、残疾人康复中心，家风家训传承室，儿童滑梯、乒乓球桌、羽毛球场，为党员群众提供多元化的社区服务，切实维护了群众利益。

金湾区三灶镇海澄村改造村委会物业场地，集中建设运作党群服务中心、文化活动中心、居家养老服务站、家庭综合服务中心、村卫生服务中心、妇女儿童之家等，满足居民多样化服务需求，提升居民获得感、幸福感、安全感。高新区唐家湾镇淇澳社区建设社区学院，根据居民需求开办实用型、技能型、文化型和实践型等多类课程，帮助居民劳动就业，促进邻里和谐友善，营造文明友好乡风等。斗门区百蕉镇虾山村举办"走街串户寻美食"主题客家文化美食节，与超过35户村民进行长期合作，提供超过50种客家传统小吃，吸引过万名游客参加，2020年带动村民增收近70万元。经过四年的品牌培育，虾山村客家文化美食节"食乐虾山"成为虾山村乡村旅游的一张名片。

三 实现城乡社区治理"珠海模式"的前景展望

目前珠海市示范点社区建设工作已取得一定成效，但与工作目标还有一定差距，在建设过程中也反映了珠海目前社区治理存在的短板和不足，亟须尽快解决。一是镇街统筹整合能力不足，在促进城乡社区整体发展、推动社区基础建设、加大社区服务供给、提升购买服务能力等方面，未能给予必要的支持、指导和监管。二是综合服务平台功能不完善，公共服务供需结构不平衡。城市社区普遍场地分布零散，空间狭小，服务功能不集中；而农村社区场地设置不合理，空间浪费严重，设施条件较差，党群服务中心行政化色彩仍然存在。三是新型共建机制有待健全，传统工作模式仍待扭转。各级各部门习惯于按照条条框框办事，统筹联动、协同谋划、一体推进基层社会治理的模式还未形成。四是社会参与意识淡薄，社区自治氛围不浓。作为移民城市，居民普遍缺乏社区认同感、归属感，自治意识不强、参与意愿不足，习惯"搭便车"享受权利，不愿承担自治义务责任。

为此，今后打造城乡社区治理的珠海样本，还需要做好以下工作。

（一）以点带面推广示范点经验，形成社区治理"珠海模式"

在推动完成46个城乡社区示范点建设任务的基础上，进一步条块结合推进基层党建、社区法治、社区协商、公共服务、三社联动等社区治理工作任务。分类总结并大力推广城乡社区治理示范点经验，下足社区治理"绣花功夫"，探索具有时代特征、区位特点、珠海特色的创新社区治理"珠海模式"，擦亮珠海特色创新品牌，努力把社区治理的"盆景"打造成充分展现珠海特色的亮丽"风景"，为广东加快实现共建共治共享社会治理格局走在全国前列提供珠海经验。

（二）推进城乡社区空间营造，实现"15分钟党群服务圈"全覆盖

依托城乡社区党群服务中心，从设施和功能两个方面加快推进社区空间营造。一方面，加强设施建设，以每百户居民不低于30平方米为基本目标推进全市城乡社区综合服务设施建设，拓展场地空间，集约设置功能。做实社区党群服务中心，弱化行政色彩，强化公共服务，将其打造成集政治功能、服务功能、教育功能、资源整合功能于一体的党建阵地和为民服务主平

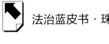

台。另一方面，融合功能要素，构建公共服务空间，集养老、育幼、康复、文化等各种服务功能于一体，延伸服务辐射广度和幅度，形成"15分钟党群服务圈"。

（三）健全基层群众自治机制，实现"社区生活共同体"全覆盖

发挥经济特区立法优势，把基层自治领域各方面纳入法治化轨道。加强社区自治制度建设，完善"三社联动"机制、社会组织发展、村（居）民议事平台建设等相关政策，健全村（居）民会议、村（居）民代表会议、议事会、网络协商等民主协商平台，推动社区自治工作制度化、规范化、程序化、法治化。充分发挥党组织在基层自治中的领导核心作用，推进村（居）民小组规范化建设，选优配强村民小组带头人，加强村民小组资产管理，充分发挥居民小组长在基层自治中的作用。完善议事协商制度，搭建民诉对接、民愿反馈、民事调解及议事协商平台，共商社区发展愿景，提升居民文化共识，促进邻里关系协调，形成基层自治氛围。塑造社区生态空间，整合社会组织、社区自组织、社工机构、社区基金会、志愿者等各类资源，促进多元主体参与基层治理，打造友好和谐、共生发展、相互促进的社区生活共同体。

（四）建设社区治理信息平台，实现"智慧社区"全覆盖

充分引入科技手段，利用云计算、互联网、大数据、人工智能等现代信息技术，建设具有数据集成、政务办事、公共服务、议事互动等功能的基层社会治理智慧平台。以社区居民的获得感、幸福感、安全感为出发点，通过智能技术提供党建、政务、法律、娱乐、教育、医疗及生活互助等多种便民服务，引导居民广泛参与议事协商、志愿服务，促进邻里互助、守望相助。以互联互通技术为支撑点，推动市—区—镇街—社区四级一体化建设，实现各项社区治理任务精准落地，构建简约高效的基层社会治理体系，促进治理能力现代化。与智慧城市衔接，回应社会发展需要，统筹各类服务资源、数据资源、科技资源，提升城乡社区治理智能化、专业化、精细化水平。目前

香洲区福石社区、南村社区、海湾社区、康宁社区四个社区正在开展试点建设工作。

（五）建立城乡社区治理标准，实现社区治理可持续发展

在国家城市可持续发展标准化的大背景下，结合珠海城镇化发展实际情况，紧跟社区治理发展步伐，推进城乡社区治理标准化建设。通过标准化的手段和工具，将组织机构、基层党建、文明实践、社区事务、社区服务、队伍建设等方面的城乡社区治理工作实践经验和探索创新固化下来，建立符合珠海实际，覆盖城乡社区治理全过程，具备可操作性、适用性和先进性的城乡社区治理与可持续发展标准体系，巩固珠海城乡社区治理改革成果，优化公共服务、调节社会关系、激发社会活力，提升城乡社区治理"珠海模式"标准化水平。

B.24
香洲区向社会购买人民调解服务
化解劳资纠纷的实践与探索

珠海市香洲区劳动人事争议仲裁院课题组 *

摘　要：　珠海市香洲区劳动人事争议仲裁院以营造粤港澳大湾区良好
　　　　　法治环境为重点，依托多元纠纷解决机制和特邀调解工作机
　　　　　制，在劳动人事争议案件立案庭设立调解中心，引入不同行
　　　　　业、不同专业、不同年龄段的人民调解员参与立案前调解工
　　　　　作，探索调解分流及调解与仲裁对接机制，将劳资纠纷处理
　　　　　关口前移、重心下移，切实以仲裁便捷高效的独特优势和人
　　　　　民调解的专业服务，高效保障劳资双方合法权益，有效将矛
　　　　　盾化解在源头和基层。未来还将在调解员专业化、调解联动
　　　　　机制、优化调裁流转环节、高效推进仲裁庭审方面继续探
　　　　　索，以法治化打造劳动仲裁特色品牌，共同助力湾区法治建
　　　　　设，共创仲裁工作新格局。

关键词：　劳动仲裁　人民调解　购买服务　机制创新

　　党的十八届四中全会提出，"完善仲裁制度，提高仲裁公信力"。仲裁
作为现代公共法律服务体系的重要组成部分，让人民群众切实感受到纠纷解

---

* 课题组负责人：陈祖耀，珠海市香洲区劳动人事争议仲裁院院长。课题组成员：韩足芳、钟
　思、赖全、徐晓菲。执笔人：赖全，珠海市香洲区劳动人事争议仲裁院办公室主任；徐晓
　菲，珠海市香洲区劳动人事争议仲裁院仲裁一庭庭长。

决服务更加便捷是党和国家赋予的使命。珠海市香洲区劳动人事争议仲裁院（以下简称"香洲区仲裁院"）顺应时代需求，以加强服务建设为抓手，借鉴北京、深圳等地仲裁机构做法和香洲区人民法院诉调中心工作模式，整合调解资源、创新调解方式，通过向社会购买人民调解服务的方式，特邀人民调解员参与立案前调解，有效减轻双方诉累，也赢得了双方满意，为珠海经济社会发展提供精准司法服务，为奋力推动珠海特区"二次创业"贡献更多更优的法治力量。

一 背景与问题

香洲区仲裁院自 2014 年成立以来，始终坚持法治引领，以构建和谐稳定劳动关系为目标，以公平公正、高效廉洁办案为原则，积极稳妥、高质高效处理各类劳动争议案件。其中，2014 年至 2019 年，全院收案 17864 宗，立案受理 15322 宗，办结案件 15202 宗，调撤结案 8793 宗，调撤率近 60%，年平均累计结案率 90.1%，法定期限结案率 100%，累计结案金额 27846 万元。2020 年，受新形势、新变化的影响，香洲区仲裁院积压和新收案件呈现"井喷式"增长，案件类型新颖或疑难复杂，致使劳动人事争议仲裁工作面临前所未有的新挑战。为有效促进区域劳动关系和谐稳定，着力推进法治营商环境建设，打造珠海仲裁服务新高地，香洲区仲裁院立足实际谋创新，探索建立向社会购买人民调解服务，化解劳资纠纷的新机制。

（一）案件总量大幅增长且有持续增长的趋势

2020 年因案件管辖范围调整，原属珠海仲裁委员会管辖的案件下沉至香洲区仲裁院，造成香洲区仲裁院案件量大幅上涨，上半年香洲区仲裁院受理原市属管辖案件 649 件，占立案总数的 31.4%。受新冠肺炎疫情影响，全球国内生产总值萎缩、需求减少、贸易和投资明显下滑，经济下行压力加大，致使部分企业经营困难引发欠薪纠纷。2020 年上半年，香洲区仲裁院共收案 2296 宗，立案受理 2063 宗，同比分别上升 65.2%

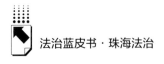

和 68.8%。面对防疫"新常态"，劳资纠纷仍呈现持续、高发态势，全年收案 4853 宗。

（二）群体性纠纷案件数量、人数呈现"双增长"

2020 年，香洲区仲裁院立案受理群体性劳动仲裁案件 67 宗，涉案 1557 人，同比分别大幅上涨 63.4% 和 72%。受疫情影响，部分企业因各种原因无法继续经营，关停并转及裁员现象增多，导致劳动者集体维权要求工资和经济补偿。例如，珠海市香洲某制衣厂劳资争议涉案人数 163 人，珠海经济特区某化学有限公司涉案人数 133 人，涉案金额均高达 1000 万余元。部分企业未精准领会国家、省和市关于新冠肺炎疫情的相关政策精神，未依法保障劳动者在春节延长假、延迟复工、停工停产及被依法隔离等期间的工资权益，造成群体性劳动仲裁案件增多，此类案件占比高达 30%。

（三）案件类型新颖或疑难复杂，审理难度增加

随着粤港澳大湾区建设的加速推进，港澳与内地法治观念、文化等方面的差异凸显，涉港澳企业在本地申请劳动争议仲裁逐步出现新问题，成为仲裁事业助力港澳融入国家发展大局的工作堵点。例如，粤港澳三地工作人员累计工作年限的合并认定问题，因企业年金引发的劳资纠纷，等等。受新冠肺炎疫情影响，20 余类新型劳动纠纷凸显。例如，疫情下用人单位不能依法及时与劳动者订立或续订书面劳动合同的认定纠纷，疫情下"共享用工"借出单位、借入单位和劳动者三方法律关系的界定问题，用人单位因受疫情影响停工停产如何支付职工工资待遇，等等。这类纠纷是疫情下企业存在的共性问题，涉及面广、影响范围大，常常合并发生，而劳资双方对新问题的认知滞后不仅易引发群体性事件，而且增加了审理难度。

案多人少矛盾一直是制约仲裁事业发展的壁垒，案件数量激增以及审理难度加大更是给仲裁机构带来庭审压力，导致案件处理质效降低，双方对立情绪扩大，增加社会不稳定因素。面对严峻形势，香洲区仲裁院积极作为，最大限度地压实工作责任，增加安排每日庭审数量，特殊时期在给

予调休的前提下，将原先一室一日两庭，改为一室一日四庭，并将调解庭临时调整为仲裁庭，充分利用工作日晚上和周末时间加班开庭，庭审案件数量由每日6宗增加为16宗。同时，根据各庭室的工作职责，对每人办理案件的数量进行量化分解，要求全员办案且设定月人均处理案件量，但是仍然未能做到清理积案和办理新案同步走、两不误。为进一步提升案件处理质效，香洲区仲裁院引入热爱调解、操守规范、特长明显的人民调解员参与立案前调解工作，力争缩短平均审限，有效促进当事人服判息诉。

二　运作模式与效果

立案前调解是指香洲区仲裁院收到当事人劳动人事争议仲裁申请后，正式立案前，经当事人申请或同意，由特邀调解员在法定期限内优先开展立案前调解工作，促使矛盾纠纷解决在立案前。经过半年的谋划设计和筹备推进，调解人员、资金、场所均已落实到位。自2020年10月起，香洲区仲裁院全面启动立案前调解，具体运作模式如下。

（一）设立调解中心，强化制度保障

香洲区仲裁委调解中心设在香洲区仲裁院立案庭，由专人负责立案前调解及联络指导。设置办公室、调解室、候庭区等功能室，配备饮水机、一次性水杯等便民设施。实行制度公示上墙，调解员持证挂牌上岗，办公桌上统一摆放调解员姓名牌，营造出浓厚的调解氛围。

2020年8月28日，香洲区劳动人事争议仲裁委员会审议通过《劳动人事争议立案前调解工作规程》，并制定《特邀调解员管理办法》《特邀调解员办案补贴方案》等内部管理文件，从制度上规范适用立案前调解案件的范围，建立特邀调解员回避制度，明确调解员的工作规范、服务标准，并制定统一格式的调解日志、调解笔录、调解书、撤诉申请书等模板，要求调解员及时跟进案件并填写相应表单，使得立案前调解管理制度化、流程化、标准化、数据化。以回避制度为例，香洲区仲裁院参考仲裁员回避规则，建立

特邀调解员回避制度，规范调解员的次级案件分配原则，明确特邀调解员自行回避或者依当事人申请回避的情形：是本案当事人或者当事人、代理人的近亲属的；与本案有利害关系的；与本案当事人、代理人有其他关系，可能影响公正调解的；私自会见当事人、代理人，或者接受当事人、代理人的请客送礼的。同时，规定特邀调解员在参与调解后，不得就同一劳动人事纠纷或者相关纠纷的仲裁程序中作为任一方当事人的代理人、证人、鉴定人以及翻译人员等，也不得为当事人或者其代理人联系和介绍律师。因调解员回避或调解员因自身原因无法继续履行职责的，调解员退出该案件的调解，由立案庭按照随机原则变更调解员。

（二）选聘人民调解员，建立特邀调解员库

劳动调解工作涉及面广、专业性强，调解中心选聘具有法律知识和调解经验的人大代表、政协委员、律师、人民陪审员、基层法律服务工作者以及热爱调解事业的人社、工会、社区工作者、志愿者等群体，承接人民调解服务。香洲区仲裁院与香洲区人民法院建立共享调解员合作机制，双方签订共享特邀调解员备忘录，实现共享调解员资源、共同联合培训、参与裁审对接等目标。同时，香洲区仲裁院还通过登报公告、网上报名及组织推荐等方式进行公开招募，自行选聘特邀调解员，逐步建立有劳动人事仲裁特色的调解员库。截至2020年10月，香洲区仲裁院已聘任特邀调解员77名，成为香洲区仲裁院调解工作的重要补充力量。2020年12月，在特邀调解员中，大学本科及以上学历59人，占总人数的76.6%；律师29名，占总人数的37.7%；离退休人员19人，占总人数的24.7%；有港澳学习工作经历人员10人。香洲区仲裁院会重点针对特邀调解员的业务能力、工作时间、上期调解成功率、当事人投诉情况、年度综合考评等情况作出合理工作安排。例如，安排有港澳学习工作经历的人民调解员对涉港澳企业进行针对性调解，以弥补企业在文化方面存在的认知偏差，有效提高调解成功率。

（三）确立调解引导分流机制，实现案件科学合理分配

为全面贯彻"预防为主、基层为主、调解为主"的工作方针，香洲区仲裁院对于预受理的仲裁案件，先行采用调解的方式处理，具体由立案庭负责案件引导分流及立案前调解管理工作，推行劳动争议调解建议书制度。对于部分案件事实清楚、标的额低于5万元、双方当事人均可取得联系的案件，一律进入立案前调解程序。对于案件标的额超过5万元、双方当事人均有调解意愿的案件，依申请或征得双方同意后导入立案前调解程序。对涉农民工、"三期"女职工、伤残病人等弱势群体的劳动争议案件，强化立案前调解，亦是帮助弱势群体最快速、直接、有效解决争议的选择。同时，除明确进入立案前调解程序和不宜进入立案前调解程序的两类案件外，其他案件由当事人自愿选择立案前调解程序，在调解过程中权利处分自愿、终止调解程序自愿，并不会因为未立案而限制当事人诉讼权利，且立案前调解设定时限要求，有效杜绝久调不决。

人民调解力量的立案前介入，有助于及时发现双方劳资纠纷中存在的问题，通过对当事人明法析理，使其选择正确的仲裁主体和解决方式或者直接于立案前解决矛盾，减少当事人时间和金钱消耗，节约应诉成本。调解质效的提升，也有效缓解了仲裁机构案件持续攀升的应诉压力和案多人少矛盾。根据香洲区仲裁院以往60%的调撤率测算，通过向社会购买人民调解服务的方式，预计可分流2000余宗案件至立案前调解，若调解率能达50%，即可减少20%的仲裁庭审。

（四）获得专项经费保障，落实调解补贴激励

在香洲区委区政府的领导和支持下，香洲区仲裁院已落实每年50万元的立案前调解专项经费。人民调解员的补贴采取以案计发的方式发放，对于依法调解办结（含调解后撤回仲裁申请）的案件，按300元/宗给予补贴；对于调解不成功的案件，按100元/宗给予误工、通信和交通补助。人民调解员的补贴按月考核兑现。每月15日前由负责立案前调解的工作人员统计

上月特邀调解员的办案数和成功调解案件数，并填写"特邀调解员办案补贴审批表""调解案件补贴领取单"报仲裁院审批后发放。通过落实案件补贴政策，调动人民调解员工作的积极性，激发人民调解员队伍的活力，有效发挥了人民调解维护社会稳定"第一道防线"的基础性作用。

三　存在问题

向社会购买人民调解力量参与提供立案前调解服务，具有减少双方诉累、最大限度实现双方满意、高效便捷处理纠纷、提升仲裁公信力等优势，但也存在人民调解员管理困难、立案前调解与仲裁对接不畅、调解工作联动机制不健全等问题，从而制约了该项工作的高效开展。

（一）人民调解员管理存在困难

一是人民调解员权益保障不足。特邀调解员的补贴采取以案计发的方式，补贴依据是调解案件数量，人民调解员如果遇到需要前往仲裁机构开会、培训学习、交流案件等情形，仲裁机构则无其他经费为人民调解员购买意外保险或商业保险，致使人民调解员来往仲裁机构的人身安全无法得到充分保障。

二是人民调解员素质和能力有待进一步优化提升。选聘的人民调解员人数较多且来自不同行业，仲裁机构只能尽到合理限度的形式审查，无法全面、实质性地掌握各人民调解员的实际情况。因人民调解员的年龄、工作、学历、背景相差很大，调解能力也参差不齐，调解员的素质只能在调解实践中不断提升。

三是人民调解员培训缺乏系统性。随着社会发展，案件处理过程中新情况、新问题层出不穷，要实现定分止争的目标，需要与时俱进地对人民调解员开展系统性培训。现有人民调解员人数较多，且来自不同行业，给集中性、长时间的脱产培训带来了困难，也会影响到人民调解员的调解水平和案件的调解效果。

（二）立案前调解与仲裁对接不太顺畅

一是容易导致"案中生案"。有些案件的劳动用工关系和基本事实不易查清，受客观条件限制，人民调解员无法进行全面细致的庭审调查，因而在未充分查清案件事实的情形下组织双方调解，不仅增加了调解难度，而且可能会滋生其他仲裁案件，导致"案中生案"。

二是立案前调解的公信力一定程度上受损。部分用人单位缺乏诚信意识，在与劳动者达成立案前调解后并不主动履行，导致案件进入人民法院强制执行程序，使得整个纠纷解决过程延长，削弱了当事人对立案前调解的信赖程度，影响立案前调解的公信力。

三是降低了仲裁庭审阶段的调解率，增加了审理难度。部分案件因立案前调解不成而进入仲裁审理阶段之后，双方当事人在庭审阶段的对抗会更为激烈而导致矛盾激化，给案件审理工作带来了更大困难和压力，尤其是涉群体性、工伤待遇或女职工"三期"内的工资待遇等特殊案件，往往造成庭审阶段的调解率有所下降，也增加了审理难度。

（三）调解工作联动机制有待进一步加强

我国法定调解制度包括司法调解、人民调解和行政调解。立案前调解属于人民调解的一种形式，并非一项独立的法律制度，联合人民调解组织、其他行政部门参与调解联动，多元化解决纠纷是立案前调解工作机制的一个重要特点。实践中，劳动人事纠纷的处理权大多向仲裁、法院集中，导致其他纠纷解决机构缺乏参与调解联动机制的积极性和主动性，加之缺乏相应的人力、物力和制度支持，调解工作联动机制不能有效建立，也大大增加了庭审裁判压力，一裁两审的司法程序导致劳动人事纠纷的处理期限过长，矛盾激化。目前，香洲区仲裁院与香洲区人民法院建立共享调解员机制，与香洲区劳动监察部门建立了联动工作机制，但仍未能很好实现调解联动。

四　未来展望

香洲区仲裁院会继续围绕"努力让人民群众在每一个司法案件中都感受到公平正义"目标，自觉服务改革发展稳定大局，把加强立案前调解建设作为工作主线，充分发挥人民调解基础性作用和仲裁准司法制度优势，优化推动粤港澳大湾区劳资领域治理体系和治理能力现代化，打造具有珠海特色的劳动争议处理标杆。

（一）以专业化提升立案前人民调解员队伍素质

一是加强对人民调解员的选聘工作，重点选聘离退休的法律工作者担任人民调解员，同时大力推进港澳籍调解员聘任工作，充分发挥港澳代表人士的独特作用，助力珠海融入粤港澳大湾区建设。二是强化专业培训，除按规定开展人民调解员初聘培训和年度培训外，还要不定期开展专业知识学习，通过组织经验交流、培训指导、仲裁庭旁听、现场观摩等灵活多样的方式，加强对人民调解员劳动法律知识、社会公德、调解方法和技巧等方面的培训。三是加强实践锻炼，在充分尊重人民调解员个人意愿的基础上，适时邀请人民调解员参与感受仲裁不同阶段的纠纷处置工作，有效提高其处置化解矛盾纠纷的实战能力。四是对人民调解员进行定期考核，实行动态管理，提升调解员的专业化水平，对不能履行职责的及时调整出人民调解员队伍，逐步打造一支素质修养高、业务知识精、调解能力强的专业化调解员队伍。

（二）以多元化深化立案前人民调解联动机制

积极推动香洲区仲裁院与市区两级法院的裁审对接。人民调解员在案件调解过程中发现，法院和仲裁在法律适用或者裁判标准上存在差异，及时相互反馈，通过定期开展工作座谈会、开展联合培训，统一劳动人事争议裁审理念、思路和标准，共享调解资源、共享调解信息。同时，与劳动监察、工会、信访、住建等部门建立联动合作机制。加强部门间协调合作，形成工作合力，逐步在本辖区内建立健全人民调解组织网络，搭建劳动人事纠纷立案前调解工作平台，确保劳动人事纠纷在仲裁前都能经过调解过滤，保证纠纷当事人一旦进入香洲区仲裁院处理环节，就能在第一时间掌握当事人的动态信息，有针对性地开展立案前调解工作。在处理重大、复杂、敏感及涉群体性劳资纠纷案件时，激活各方力量参与劳资纠纷化解，源头介入，主动参与，互通信息，促进纠纷化解在基层，实现共治共享、合作共赢的目标。

（三）以规范化优化调裁案件流转环节

一是制定业务操作手册，规范案件流转文书，明确流转审批权限，细化案件流转程序，不定期召开调裁案件流转工作会议，及时总结经验，分析问题，制定对策，理顺立案前调解与仲裁审理对接机制。二是不断配齐调解中心人员队伍。立足工作需求，增加调解中心人员配备，既保证有专人负责信息输入、统计、报送等工作，又有专人对先行调解案件的调解期限进行跟踪、提示、督促和监督，并按要求对期满未调解成功的案件及时转入庭审阶段，杜绝超期调解现象。三是实行一案一负责制度。每名调解员对每个案件制作专门台账以有效反映调解进程，实现"阳光调解"；重点跟进未调解成功流转进入审理阶段的案件，加强与案件承办仲裁员的沟通交流，总结归纳未调解成功的症结点。

（四）以高效化辅助仲裁庭审进程

一是实现立案前调解与审理资源共享。针对立案前调解阶段双方提供的证据，要求人民调解员及时做好笔录，记载当事人对证据的意见。对于调解终结未达成调解协议的案件，调解员在征得当事人同意后，可以书面形式对调解过程中双方无争议的事实进行记载并经双方当事人签字确认，避免同一事实在庭审过程中被重复举证、质证，提高审理效率。同时，调解员可根据当事人陈述或提交的书面意见、调解情况、证据交换情况等，初步归纳当事人的争议焦点，形成书面材料，供仲裁员审理时参考。二是加强调裁对接。以立案前调解为样板，逐步推行审理阶段的委托调解，在仲裁员审查法律事实、明晰法律风险后，征得双方当事人意愿，安排原负责立案前调解的调解员做进一步调解工作。

（五）以法治化打造劳动仲裁特色品牌

一是以强化立案前调解建设为切入点。以点带面，不断解放思想、大胆探索，继续推进仲裁其他工作的改革创新，加强与广州、深圳等先进城市仲裁单位的交流学习，力争在专业引领、榜样示范方面始终走在全市前列，成为大湾区内引领和规范仲裁机构良好有序运作的典型。二是加强对劳动争议案件立案前人民调解服务的宣传和研究。通过举办讲座、参与企业普法、参与法治节目录制等方式宣传立案前调解的快捷、经济、高效等优势，提升人民调解工作的社会公信力和知名度，让劳资双方充分认识和运用这一简单便捷的新型纠纷解决机制，树立香洲区立案前调解招牌。三是助力本地区提升营商环境法治化水平。进一步创新工作模式，畅通维权渠道，减少当事人诉累和程序消耗，提升调裁效率，实现劳动者维权简约快捷、高效便利，同时引导企业依法依规处置因经济性裁员、搬迁、订立和履行集体合同等重大经营方式调整引发的群体性纠纷。积极维护和谐劳动关系，促进社会公平正义，使市场主体在法治的框架内公平发展，创造更大的社会价值，推进法治化营商环境建设，为本地区经济高质量发展提供重要支撑和法治保障。

B.25
金湾区特殊人群社会治理
工作实践与展望

珠海市金湾区司法局课题组*

摘　要： 社区矫正对象和安置帮教对象这两类特殊人群的治理是社会治理的重要课题，实践中普遍存在再犯罪风险预防难、专业治理人才缺乏等痛点，形成瓶颈从而制约了治理能力的提升。珠海市金湾区司法局通过调研，拟从研发再犯罪风险评估体系、完善司法社工专业人才培养机制、强化政府部门协调机制、推动政府高校社会组织多方联动等角度出发，探索打造具有专业化、一体化、智能化、社会化的"四化"特殊人群治理"金湾样本"。

关键词： 特殊人群　社会治理　再犯罪风险　司法社工　预防犯罪

党的十八届三中全会提出，"推进国家治理体系和治理能力现代化"。2020 年中共中央印发的《法治社会建设实施纲要（2020～2025 年)》提出，"完善社会治理体制机制。完善党委领导、政府负责、民主协商、社会协同、公众参与、法治保障、科技支撑的社会治理体系，打造共建共治共享的社会治理格局"。社区矫正对象和安置帮教对象这两类特殊人群的治理作为社会治理的重要内容之一，直接影响到群众的安全感、幸福感及满意度，影响到社会治理的整体效果。珠海市金湾区司法局立足实际，对该区的社区矫

---

* 课题组负责人：罗欢，珠海市金湾区司法局局长。课题组成员：管莉、陈志武、杨芳。执笔人：杨芳，珠海市金湾区司法局公共法律服务管理室负责人。

正、安置帮教工作展开深入调研，通过研究特殊人群治理的社会化、现代化转型机制，展望共建共治共享的社会治理新格局。

一 特殊人群治理痛点

本文所讲特殊人群特指社矫对象、安帮对象两类特殊人群。社区矫正对象，是指因被判处管制、宣告缓刑、裁定假释、决定暂予监外执行而接受社区矫正的罪犯①（以下简称"社矫对象"）。安置帮教对象，是指刑满释放五年以内及解除社区矫正三年以内的人员（以下简称"安帮对象"）。

自2012年1月至2020年12月，金湾区累计接收社矫对象496人、安帮对象404人。据统计，2019年金湾区常住人口为19.46万人，在册社矫对象54人、安帮对象265人，特殊人群占常住人口的0.1639%，即每千名常住人口中就有一名以上特殊人员。由图1可见，金湾区特殊人群人数逐年呈现波动式增长，在提高缓刑、假释适用率以及珠海市开放入户政策的大背景下，特殊人群人数预计出现新的增长点，并将保持长期持续增长态势。

图1 金湾区接收社区矫正、安置帮教对象数量

---

① 《社区矫正法》第2条规定："对被判处管制、宣告缓刑、假释和暂予监外执行的罪犯，依法实行社区矫正。对社区矫正对象的监督管理、教育帮扶等活动，适用本法。"

为强化特殊人群社会治理，金湾区自2015年起通过政府购买服务方式，发动社会力量参与特殊人群治理，开展社会工作服务、心理咨询及矫正工作。2017年建立的三灶镇社区矫正安置帮教基地获评珠海市社会治理创新实践基地，在聚力推进特殊人群治理方面成效显著。但随着实践发展，特殊人群治理工作出现了新的瓶颈。经实地调研发现，金湾区特殊人群治理存在以下两大痛点，影响金湾区社会治理的长远发展。

（一）再犯罪风险预防难

特殊人群治理的重中之重就是预防再犯罪。无论采用监管、教育、帮扶等何种手段，最终目的都是防止再犯罪，然而目前的社会治理缺乏针对性的犯罪预防手段，特殊人群存在再犯罪的风险。

2015年1月至2020年12月底，金湾区社矫对象、安帮对象中共计有3人重新犯罪，犯罪类型均为危险驾驶罪，主观恶性小但难以预防。虽然金湾区特殊人群再犯罪类型主要为一般犯罪，但综观其他地区，特殊人群的恶性犯罪事件时有发生，对社会治安造成严重威胁，对社会治理带来严峻挑战。2020年以来，广东省司法厅多次组织在全省范围内针对社矫对象、安帮对象开展风险隐患专项排查整治，再犯罪风险防控迫在眉睫。

（二）教育帮扶效果有限

当前，社区矫正、安置帮教工作主要依据《社区矫正法》及相关政策规定开展，社区矫正一般通过教育学习、社区服务来帮助矫正对象树立正确的价值观、强化社会责任感，通过定期报到、定位监管进行踪迹监管预防犯罪；安置帮教则以帮困扶助为主，通过帮助对象解决生活困难从而降低因生活贫困引发的再犯罪风险，帮助对象提高就业能力、增强社会支持，发挥感化效应减少犯罪。

近年来各地司法行政机关开展震撼教育、爱国教育等多种形式的教育帮扶，仍然是从主管部门的工作需求出发，往往忽略特殊人群的需求。教育内容由于未触及特殊人群心理痛点，而难以被他们内化吸收；帮扶手段也以链

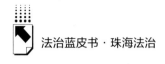

接有限的就业信息、安置资源为主，很难从根本上帮助特殊人群解决现实困难。一般常态化的教育帮扶手段难以实现"对症下药"，效果平平。

二 特殊人群治理痛点原因剖析

（一）再犯罪风险评估体系不够完善

再犯罪风险评估体系包括指标采集、量表制作、风险分析及预警、结果的运用即风险干预等环节，全流程实现对再犯罪风险的有效分析及干预。有效的再犯罪风险评估体系能够及时进行高、中风险预警，提醒治理单位及时介入分类干预，阻止再犯罪行为发生，实现社会安定的治理目标。但目前的再犯罪风险评估体系仍不够完善，主要体现在以下几个方面。

1. 缺乏有效的再犯罪风险评估量表

目前各地引入社工机构的专业心理咨询师参与特殊人群治理，具体开展的是心理测评和心理疏导，其中心理测评普遍使用的是适用于任何人群的SCL-90通用心理健康测试量表。该量表是为了评定个体在感觉、情绪、思维、行为直至生活习惯、人际关系、饮食睡眠等方面的心理健康症状而设计的，测评目标、指标制定、诊断体系等均难以体现对犯罪风险的评估，仅可作为常见心理症状的判断，无法对犯罪风险进行有效测评，直接导致犯罪预防缺乏专业根基。

部分机构采用心理行为认知量表，从心理症状、行为模式、认知水平三方面进行评估，虽然这能够在一定程度上筛查出具有较高犯罪风险的对象，但再犯罪风险评估不同于普通的犯罪风险评估，再犯罪风险评估需要在普通评估基础上充分考虑评估对象过往犯罪经历、服刑或矫正经历以及犯罪后果对其造成的影响等，这些因素对再犯罪的发生具有重大影响，只有将其纳入量表充分考虑才能进行更为有效准确的风险评估。

2. 缺乏科学的再犯罪风险干预手段

根据实践调研，犯罪成因主要分为外环境和内因素：外环境较为复杂，包括生存环境、朋辈环境、法治环境等；内因素则主要表现为两方面，即犯罪心理和行为恶习。以唯物辩证法"内因决定外因，外因通过内因起作用"为指导，特殊人群再犯罪风险的防控应以矫正犯罪心理与行为恶习为主。从行为心理学来看，每个有意识的人无论做出什么行为，都是其一定心理的反映。因此，在犯罪心理与行为恶习的矫正工作中，心理矫正为首要任务，心理矫正带动行为矫正，使特殊人群消除犯罪心理、转变心理结构，促进行为模式的修正，从而有力量重新适应社会，成为遵纪守法的良好公民。但目前各地治理经验仍以行为矫正为主，心理矫正工作还未走上正轨。

特殊人群的心理矫正也不同于普通的心理咨询，应当经过认罪、悔罪再到积极改造适应社会的过程。心理疏导是心理矫正过程中不可缺少的环节，但认罪悔罪是前提和基础，认罪悔罪之后方能建立守法心理。实践中，很多特殊人员对自己犯罪的认识不够深刻，将自己的犯罪行为看成一个意外事件，甚至认为是法院错判或量刑过重等，在不认罪悔罪的心理状态下，法治教育、心理疏导、案例警示等手段均难以深入触碰其犯罪心理，更无法促进其转变。而认罪悔罪教育需要从犯罪心理角度深入开展，以有效评估为基础分析犯罪心理结构，针对不同特点，分类、分步骤实施心理矫正及行为模式矫正，从而实现对再犯罪风险的有效干预。

（二）专业治理人才缺乏

特殊人群治理工作具有较强的专业性，需要法学、社会学、心理学等多学科专业人士共同开展，但司法行政机关人员力量以法学专业为主，社会学、心理学专业人士则主要通过政府购买服务形式引入。

目前专业社工人才普遍缺乏，通过政府购买服务引入的社工资质参差不齐，持证社工较少且流动性大，社工服务与特殊人群治理工作要求存在差异。从社工的就业角度看，虽然就业方向广阔，但司法行政领域的人才需求量整体较少且待遇一般，缺乏吸引力，各高校教学培养计划中对于司法行政领域社工专业人才的培养不能满足实践需求，因此整个领域缺乏有丰富专业

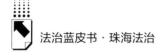

知识和有效服务能力的司法社工人才。

近年来社会各界对心理疏导的重视程度普遍提高，越来越多的心理咨询师加入社会治理行列，特殊人群治理也需要心理学特别是犯罪心理学专业人士的深度参与。但一般心理咨询师不具备犯罪风险预防及干预经验，整个行业也缺乏完善的、具备可操作性的评估及干预机制，专业优势不能充分发挥。

（三）帮扶机制不健全

特殊人群社会治理的最终目的是引导其顺利回归社会，消除再犯罪风险，成为遵纪守法的良好公民，从而维护整个社会的和谐稳定。作为一项综合性的社会治理，特殊人群治理需要多个政府部门联合参与，形成系统、完善、可持续的帮扶机制。目前各地均以司法行政部门为特殊人群的主要治理单位，虽然也设有相关联席会议制度，但由于年度考评不涉及其他部门，亦无明确具体的分工衔接机制，跨部门协作难度大，导致实践中难以形成合力、治理效果不彰。

此外，提升特殊人群的治理效果需要社会力量的参与，但相关工作经费保障有限，鼓励社会力量参与特殊人群治理的优惠政策较少，导致政府购买社会服务的能力有限，使得特殊人群回归社会、融入社会的"再社会化"过程中社会支持不足。以政府为主导、社会力量广泛参与的治理机制仍需不断完善。

（四）社会参与度不高

特殊人群总体人数较少，相关人员又因有犯罪经历，往往受到周边群众排斥或抵触，难以获得社会接纳，因而参与特殊人群治理的志愿者也偏少。

特殊人群回归社会后面临生存压力，由于长时间脱离社会，工作技能与市场需求匹配度不高，用人单位对于聘用特殊人群心存芥蒂，导致特殊人群就业举步维艰，生活无着，使得再犯罪风险骤然升高。

村（社区）是特殊人群治理的关键环节，关系到特殊人群回归社会时是否能够获得足够的社会支持、是否能够顺利适应社会，并直接影响治理效果。实践中村（社区）更加重视对特殊人群的监督管控，但教育帮扶不足，社会适应性帮扶有待提升。

三 特殊人群治理社会化机制构建

党的十九大报告指出，要加强和创新社会治理，提高社会治理社会化、法治化、智能化、专业化水平，打造共建共治共享的基层治理格局。社会治理首先需要社会化，要实现特殊人群治理共建共治共享的新格局，就必须统筹兼顾，发挥多方合力。金湾区司法局在实践中将高校、社会组织、专业人才等多种社会资源有机融合，发挥各自优势逐步提升治理能力现代化水平，探索打造专业化、社会化、可持续的特殊人群治理机制。

（一）研发特殊人群治理的专业评估体系，为共建共治共享新格局积蓄势能

鉴于特殊人群自身的特殊性，对特殊人群的社会治理应为专项治理。通过科学、充分的评估分析，找准"病灶"，采取有效干预手段"对症下药"，方能实现"药到病除"的精准治理效果。因此，建立专业评估体系，才能为特殊人群治理强基固本。

2020年，金湾区司法局创新社会治理方式，通过政府购买服务形式，与有资质的机构合作，聘请具有较高专业水平的社会学、法学、心理学专业人士一起"会诊、把脉"，在现有普通测评及心理疏导的基础上，由各学科专家和基层工作人员共同研发一套专业科学、可普遍适用的评估体系，实现特殊人群治理社会化、法治化、智能化、专业化提升，全面升级特殊人群社会治理格局。

通过面谈、走访，开展个案研究或小组分析等方式对全体特殊人员的基本情况及帮扶需求进行全面摸排。对全体特殊人员信息进行数据分析，归纳类型特征，设计测评指标，包括犯罪心理症状、认知行为模式、认知水平、

就业能力、家庭支持水平等。在此基础上，充分考虑评估对象的过往犯罪经历及影响，融合多维度指标形成评估模型，构建包括再犯罪风险评估、社会支持系统评估、就业能力评估、社会功能恢复评估在内的四大评估体系，以再犯罪风险防控为首要目标开展监管教育帮扶；并对评估体系进行有效性测评，不断调整完善，确保科学性及实操性。

以评估结果为风向标，以风险干预为防火墙，打出"组合拳"进行精准治理。一是精细化管理，根据评估结果为每个特殊人员制订个性化监管或帮扶方案，为精准帮扶提供判断依据及专业建议。二是分类管理，建立分类维度，对特殊人员进行科学分类并保持动态更新，以小组形式对同一类别人员开展有针对性的教育帮扶，精准施策。三是区别介入，根据测评结果进行风险筛查，针对高、中、低风险人员采取不同的介入措施，进行心理疏导、行为矫正等，集中资源进行高、中风险干预，实现风险及时排查和有效化解。四是分阶段测评，通过不同阶段测评结果对比，对监管帮扶效果进行跟踪评价，指导调整干预介入及帮教手段，优化治理效果。

（二）完善司法社工专业人才培养机制，为共建共治共享新格局增添动能

一是优化人才培养计划。金湾区充分利用辖区高校资源，发挥高校和政府双方在人才资源、科学研究及治理实践等方面的各自优势，以培养专业技能为导向，结合社会治理需求充分评估，确定专业人才培养方案、课程体系和实践环节，由专业教师和实务工作者组成团队共同教学，先行先试逐步探索司法社工领域专业人才培养，实现专业人才的有效储备，提高基层公共事务管理和社会工作服务能力。

二是建立产学研合作机制。2019 年 12 月金湾区司法局与吉林大学珠海学院签署产学研合作协议，构建"政校合作、产学共赢"的合作机制，在共建产学研实习基地、人员交流与培训、优秀人才推荐就业等方面达成合作意向，并逐步规划充实，建立长期联系机制，分阶段、分步骤、有目标、有方向地开展深度合作。目前已依托珠海吉星社会工作服务中心开展金湾区社

区矫正社会工作服务、安置帮教社会工作服务两个项目合作。2020年10月，双方又合作建立珠海市基层社会治理创新研究基地，共同进行"政校社"司法社工人才协同培养试点。

三是打造社会治理实践基地。为人才培养提供充分的实践机会，将理论与实践有效结合，实现社会治理专业化，金湾区司法局在区司法局、司法所乃至特殊人群人数较多的村（社区）设置实习岗位和就业岗位，社工专业学生在大二、大三学习司法社工专业课程或参加实验班学习交流后，有志从事此项工作的可在大四学年到一线岗位实习，将理论知识与工作实践相结合，培养实务能力。实习过程中，由专业教师及时跟进督导，毕业后还可以通过政府购买社会组织服务的形式到对口岗位就业，既能实现专业领域人才的培养，又能有效解决毕业生对口就业。

（三）创新政府部门协调机制，为共建共治共享新格局积存潜能

《法治社会建设实施纲要（2020～2025年）》提出："健全地方党委在本地区发挥总揽全局、协调各方领导作用的机制，完善政府社会治理考核问责机制……加强社会治理制度建设，推进社会治理制度化、规范化、程序化。"特殊人群治理需要政府各部门建立统一高效的协调机制，制定具体工作计划，有效实现社会治理。

1. 以"协作"为先，增强跨部门协作

特殊人群治理涉及的核心政府部门包括司法行政、公安、人力资源、教育、民政、财政、税务等，关系到特殊人群的管控、就业、就学、安置等核心治理问题。特殊人群的信息流动较为被动，需要政府部门加强协作、信息互通，整合各项资源协同发力、联合帮扶。

建立以政法委为牵头单位的特殊人群社会治理联席会议制度，统筹开展各项工作。根据上级文件规定，结合地区实际确定跨部门联合工作机制，保证各部门职能明确、有专人负责。联席会议设立年度工作计划，定期研判重大事项，通报工作中存在的问题和困难，集中力量化解治理难题。

设立统一网络平台，联席会议各成员单位全部入驻，公示相关政策文

件，需要其他部门协调解决问题的单位直接在平台上"下单"，如特殊人群需要就业就学资源、接纳特殊人员的用人单位申请落实优惠政策等；相关职能部门在平台上"接单"，工作进展、办理结果等全流程在平台上公示，"接单"完成率纳入年度考核、定期通报内容，通过平台实现"一键"协作。

2. 以"数据"为线，融合大数据平台

随着云计算、大数据、人工智能等新一代信息技术的快速发展，数据呈现爆炸式增长，各政府部门间的重要协作方式之一就是数据信息交互共享。针对特殊人群治理，利用大数据作为支撑亦是大势所趋。一名特殊人员从被侦查、起诉、判决、执行到安置帮教，每个环节都会产生数据信息，信息共享可以从源头上避免信息错误、信息不对称导致的工作脱节及管理漏洞。因此，信息在不同部门之间的畅通交互应成为常态。

2020 年 7 月 1 日开始施行的《社区矫正法》第 5 条明确提出："国家支持社区矫正机构提高信息化水平，运用现代信息技术开展监督管理和教育帮扶。社区矫正工作相关部门之间依法进行信息共享。"金湾区现已建成覆盖区、镇、村三级的综合治理网格，各级网格员实时上传各自工作信息，形成"数据池"，便于统一指挥调度。但不同部门分别使用不同业务系统，而未实现与综合治理网格的对接，相互间信息传输仍存在壁垒，需要在信息融合共享方面下大功夫，通过板块分类、区别账号权限、审查信息查询用途等方式，在严把数据信息安全关的前提下增进平台对接、实现信息融合，以大数据互通助力跨部门协作高效运转。

3. 以"责任"为纲，强化属地责任

广东省已将社区矫正及安置帮教工作纳入综治工作（平安建设）考核内容，对各级政府推进特殊人群治理的情况进行考评，层层压实责任。具体到镇街一级，特殊人群治理工作主要由司法所开展，但按照珠海市的机构设置，司法所为区司法局的派出机构，而非镇政府、街道办事处的组成部门。为了加强镇街对特殊人群治理的主体意识、责任意识，便于集中力量开展治理，需要进一步强化镇街一级属地责任。

镇街一级政府需树立"一盘棋"思想，集中人财物等各项资源充分保障特殊人群治理工作有效开展，充分支持中心基地等载体建设，将特殊人群就业、安置、帮扶等工作纳入本级政府"总盘子"，强化主体意识，统一筹划安排落实。金湾区红旗镇、三灶镇政府高度重视特殊人群治理工作，充分担当属地责任，现已建成金湾区社区矫正中心、红旗分中心及三灶镇分中心，率先完成区、镇两级规范化社区矫正中心建设。三灶镇还建成珠海市首家以政府投入为主的刑满释放人员过渡性安置基地，设有报刊登记室、心理辅导室、教育学习室等功能室，打造了包括宿舍、厨房、洗浴室、洗衣房、公共休息区等功能齐全的居住环境，为符合条件的困难对象提供过渡性安置场所，防止刑满释放后因无力生存、无家可归导致重新犯罪

（四）政府、高校、社会组织多方联动，为共建共治共享新格局提供效能

特殊人群的就业问题始终为重点问题，就业顺利、生活有保障，行为恶习便不易复发，回归适应社会的过程就能够更快更好完成，因此需要广泛动员社会力量，多元途径提供充分就业保障。

1. 设立培训学校"固基础"

特殊人群回归社会的"第一步"往往是解决就业问题，这就要求特殊人群具备市场所需的就业技能。但对于经历过长时间服刑的特殊人员而言，与社会脱节、就业技能落伍使得就业心有余而力不足，非常需要专业有效的职业技能培训。政府可与当地企业合作办学，提供专项技能培训后对口为企业输送专项人才，形成"技能培训—人才输出—市场需求"的无缝对接。此外，还可利用现有教育资源，与当地技术职业学校合作，通过财政专项补贴方式落实技能培训，"授之以渔"打好治理基础。

2. 建立就业基地"强保障"

通过政府主导、依托企业两种方式保障特殊人群就业。政府主导建立就业基地，结合当地经济发展情况，推动特色经济发展，如粤菜传承、花卉园艺、特色美食、旅游品牌等，开设生态农场、手工作坊等，一站式解决食宿

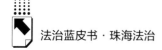
劳问题，有效化解低学历特殊人群的就业难题。同时，依托当地企业设立特殊人群就业基地，补充吸纳特殊人群就业。

2017年，金湾区司法局三灶司法所与金湾区妇联打造的妇女社会组织——"金茶花"巧姐美食合作社达成合作，共建一个种植基地，为特殊人群参与社区服务提供固定场所，劳动成果作为美食合作社的原材料，助力传承当地特色美食文化，成为建立特殊人群就业基地的有益探索。

3. 成立帮扶基金"增外援"

特殊人群自主创业往往缺乏资金积累，本身的犯罪经历又导致其难以获取银行贷款，需要社会资源支持。可由政府、企业、社会人士共同成立帮扶公益基金，向特殊人群提供定额免息贷款，并建立基金使用机制，特殊人员贷款后创业成功、发展较好则加入基金成员，以自身行动回馈社会，形成自助、可持续的帮扶基金。

四 共建共治共享社会治理格局展望——打造特殊人群治理的"金湾样本"

社会治理是国家治理的重要组成部分，打造共建共治共享的社会治理格局，是尊重人民群众主体地位的重要体现。习近平总书记在党的十九大报告中提出"打造共建共治共享的社会治理格局"，可见党中央及各级政府打造共建共治共享社会治理格局的决心。金湾区司法局顺应时代发展要求，坚持以"共建是基础，共治是关键，共享是目标"为原则，在特殊人群的治理上，多方协调、齐抓共管、突出优势，积极形成"金湾样本"，实现政府治理与社会调节、居民自治的良性互动。

（一）科学评估，精准帮扶，细耕"专业田"，突出专业化

特殊人群治理要取得成效，必须因地制宜，精准帮扶。以科学评估为基础，通过精细化管理、分类帮扶、区别介入及分阶段测评等方式，形成对特殊人群"诊断—干涉—重塑"的治理路径。金湾区司法局将持续开展评估体系研发，结

合发展实际适时调整评估的考量因素，使评估方法更精准、评估结果更具参考意义和实用价值；并根据评估结果，重点考量个体之间的差异，加大精准帮扶力度。通过专业化路径，打造特殊人群社会治理的可持续发展模式。

（二）中心突出，齐抓共管，牵住"牛鼻子"，凸显一体化

形成"1234"政府协作一体化治理格局，即"1个指挥中心，2级管理服务中心，3级数据库，4级工作网络"。"1个指挥中心"是指以金湾区委政法委为指挥中心，统一部署开展工作。"2级管理服务中心"是指金湾区司法局及各司法所均设有实体平台开展特殊人群治理工作，司法局统筹安排，司法所深入开展。"3级数据库"是指市、区、镇三级共享数据库，对珠海市的全体特殊人群数据信息进行归集整理，实时上传、动态更新、数据共享。"4级工作网络"是指市、区、镇街、村（社区）每一级均有专人负责特殊人群治理工作，层层铺开逐步推进，为每一名特殊人员配备监管或帮扶小组，分工明确、职责细化，同时在工作群中分享案例、传授经验，为特殊人群治理提供更多有益尝试。

（三）数据共享，自动分析，激活"科技池"，增强智能化

珠海市司法局研发"珠海智慧司法"小程序，将特殊人群治理数据进行汇总分析，科学有效地统计特殊人员的实际情况，不仅提高了工作效率，更为精准帮教提供数据支撑。展望未来，"互联网＋社会治理"应当成为治理常态，金湾区司法局将把专业评估体系、部门协作平台与大数据平台进行对接，通过评估自动分析生成评估报告、建议管理类别及干预措施建议等，进行智能预警提示，并根据工作进展信息及时反馈工作效果，实现治理工作标准化体系构建，以智能化手段促进特殊人群治理工作的规范化发展。

（四）一方牵头，多方联动，把好"方向盘"，实现社会化

《法治社会建设实施纲要（2020～2025年）》提出："引领和推动社会力量参与社会治理，建设人人有责、人人尽责、人人享有的社会治理共同

体，确保社会治理过程人民参与、成效人民评判、成果人民共享。"因此，要探索形成特殊人群治理的政校社群联动治理机制，政府及相关部门牵头整体规划及调控，高校人员提供专业优势辅助，社会组织提供专业帮扶服务，村（社区）深入一线精准治理，多方联动密切合作，提升社会支持度，实现治理社会化。

政府在"统"字上下功夫。要实现对特殊人群的有效治理，需要政府的统一协调及有效配置。政府应当制订切实有效的治理方案及具体工作计划，充分调动需要参与的社会力量及各方资源，制定人才引进政策，提供充足的经费保障，联动各方，做好统筹安排及"穿针引线"，才能实现有效的共建共治。

高校在"融"字上做文章。高校是培养人才的主要阵地，拥有大量的专业人才储备，高校在人才培养中需要重点考虑实现人才专业性与社会需要的有效融合，并充分利用政府提供的平台，引导学生广泛参与社会治理实践，做好人才资源与市场需求的有效匹配，为社会治理提供不竭的人才供给。

社会组织在"新"字上求突破。虽然现阶段我国社会组织及社工队伍发展尚未成熟，专业的司法社工机构不多，但政府购买服务机制能够引入社会组织大量参与社会治理。当前，在特殊人群治理领域，社工专业优势发挥不明显、价值难体现。社会组织唯有创新思路，充分整合心理咨询师、社会工作者等人力资源，打造团队优势、供给专业力量，才能为社会治理贡献新的智慧，同时实现自我发展的不断突破。

村（社区）在"优"字上尝创新。与特殊人群接触最多、联系最密切的当属村（社区）基层工作者，要想让特殊人群顺利回归社会，村（社区）发挥着举足轻重的作用。村（社区）工作者应当发挥主观能动性，创新服务方式，增强社会支持力度，让特殊人群在日常工作及生活中感受到来自社会的关爱，获取社会支持力量重塑守法心理及行为习惯，以打通特殊人群治理的"最后一公里"，从而使社会治理成效落地落实。

社区矫正及安置帮教工作是一项系统工程，同时也是全面深化改革和社会治理创新的有机组成部分。推进社区矫正及安置帮教工作的改革转型，需要坚持以党的十九届四中全会精神为指引，把握当前历史机遇，从整体入手，坚持问题导向，以深化改革为动力，找准社会治理体系和治理能力现代化发展的切入点和突破口，推动社区矫正及安置帮教工作不断创新发展，为新时代特殊人群治理贡献"金湾样本"。

B.26
高新区深化企业法治建设的实践与思考

珠海（国家）高新技术产业开发区管理委员会（唐家湾镇）综合治理局课题组*

摘　要：　构建法治企业是践行十八届四中全会报告的具体要求，是企业改革重大命题和紧迫的现实选择。高新区深入贯彻落实中央和省、市法治建设系列精神，紧紧围绕企业改革发展中心任务，通过培育典型引领带动企业法治建设，积极开展企业法治体检，推动企业纠纷调解，畅通企业员工法律援助渠道等方式，提升企业法治建设水平，并通过打造法治政务环境，落实公平竞争审查制度，依法保护企业权益，营造公平有序的营商环境，探索具有广东特色的企业法治建设新路。未来，政府还将进一步打造公共服务理念，提升对企业的公共法律服务水平，深化"法治文化建设示范企业"工作，并将企业法治建设与社会治理工作相结合，实现政府与市场之间的良性互动，为民营企业健康发展、法治化营商环境培育、社会治理提质提供助力。

关键词：　法治企业　法律服务　法治化营商环境　高新技术产业

---

* 课题组负责人：王建灵，中共珠海（国家）高新技术产业开发区委员会副书记。课题组成员：彭志斌、莫若飞、杨文龙、罗雪怡。执笔人：杨文龙，珠海（国家）高新技术产业开发区管理委员会（唐家湾镇）综合治理局四级主任科员；罗雪怡，珠海（国家）高新技术产业开发区管理委员会（唐家湾镇）综合治理局职员。

一　现实背景

党的十九大报告中将"坚持全面依法治国"明确为新时代坚持和发展中国特色社会主义的基本方略之一。企业作为社会细胞的重要部分，同时也是市场经济的重要主体，企业的法治建设必然是依法治国的重要内容。随着社会的发展进步，现代人的法律意识越来越强，依法治企在企业管理中发挥着越来越重要的作用，影响着企业各个方面的发展。推动企业法治建设，能促进企业依法决策、依法经营、依法管理、依法维权，促使其提高内部管理水平，适应市场变化需求，保证企业和谐稳定发展，持续深化企业法治建设，还有助于优化法治环境与营商环境，在粤港澳大湾区建设背景下，将为投资者提供坚实后盾，提高招商项目落地率，吸引更多优质人才和投资，促进辖区经济高质量发展，形成良性循环。

珠海（国家）高新技术产业开发区（以下简称"高新区"）是经国务院批准成立的国家高新技术产业开发区，占地面积 139 平方千米。区内共有南方软件园等 11 个孵化器，其中国家级孵化器 4 个，孵化载体面积达111.72 万平方米。2020 年，高新区实现营业总收入 3475 亿元，在国家级高新区综合评价中排名第 22 位，高新技术企业总数达 1031 家，占全市的49%；培育中小科技企业 509 家，占全市的 33%。高新区认真贯彻落实习近平总书记关于广东工作重要批示精神，将企业法治建设作为加快法治广东建设的重要抓手，通过树品牌、优服务、造氛围的新思路新办法新举措，积极探索具有广东特色的企业法治建设新路。

二　主要做法

（一）突出典型引领，带动企业法治建设

1. 组织开展企业法治创建活动

法治是企业健康长久发展的"护航舰"，开展"法治文化建设示范企

业"创建活动，切实将法治文化融入企业文化，对内提升企业发展质量，对外发挥辐射效应，激发民营经济内生动力。高新区坚持以法治为引领，结合企业经营状况，采用多种方式方法，创新法治建设活动载体，着力推动法治建设样本企业载体。

以珠海罗西尼表业有限公司为例，该公司结合自身工业旅游特色，通过建制度、建组织、建队伍、建平台，将法治文化建设融入企业文化血液。一是成立法治文化建设小组，积极调动人力资源部、法律顾问、法务人员及相关部门力量，开展法治文化建设工作。二是培养企业队伍法治意识，设立法律专题图书角、借助园区景观建设普法小园地，通过参与和渗透的方式，潜移默化将法治文化深入员工内心，并积极对新老员工开展普法教育培训，同时还借助自身工业旅游的优势，在游客参观过程中通过播放普法宣传片等方式，使游客与员工达到学法游玩两不误。三是建立法治考核激励机制。公司制定了《绩效考核制度管理办法》和《员工激励管理方案》，在年终绩效考核时综合评价员工遵纪守法情况，并在年终评优、职位晋升、加薪等方面对存在违法行为的采取"一票否决制"，从制度上引导和激励员工遵纪守法，培养守法文明的罗西尼人。四是建立高新区劳动争议人民调解委员会驻罗西尼公司人民调解工作室，聘请法律顾问及法务工作人员制定《劳资纠纷管理规定》等相关制度，通过调解室平台保障员工合理权益、提升员工合法维权意识，让工真正做到心中有法、遇事找法、处事用法。

近三年来，除了罗西尼公司之外，高新区成功创建9家省级"法治文化建设示范企业"，"高新区综治局创建法治文化示范企业项目"获评珠海市2018年法治实践创新优秀项目。示范企业中7家是民营企业，如远光软件股份有限公司、珠海双喜电器股份有限公司、珠海兴业节能科技有限公司，它们以自身经验树立了一个个优秀典范，带动辖区其他民营企业积极加强自身法治建设，不断提升管理水平、文化软实力，大大推动全区企业法治建设的全面发展。

2. 以法治推动企业诚信建设

在以经济利益最大化为目标的企业发展中，真正持久的经济效益来自于诚信经营。为了加强企业诚信建设，一是推动建立社会信用体系，高新区以经营异常名录管理为重要抓手，加强行政许可事中事后监管。根据 2014 年 11 月 23 日起施行的《珠海市商事主体经营异常名录管理办法》，通过预警、拟载入、告知、载入等规范化程序，对商事主体不按期提交年度报告、通过住所无法联系的将其载入经营异常名录，并在珠海市商事主体登记许可及信用信息公示平台予以公示。2020 年，高新区市场监管局对商事主体载入经营异常名录 2126 户，有效强化了企业的信用约束，促进企业诚信自律，保障市场公平竞争。二是建立健全失信联合惩戒机制，对严重违法失信企业法定代表人实施联合惩戒，限制任职。推进清理长期停业未经营企业（死亡企业）工作，对高新区连续两个年度未提交年报企业和因通过登记的住所（经营场所）无法取得联系被列入经营异常名录超过两年的企业进行梳理，筛选出需要清理企业的名单，经与税务系统数据进行比对后，拟予以吊销营业执照的企业有 96 户。对被吊销营业执照的法定代表人，会限制其三年内不得担任公司的法定代表人和董事、监事、高级管理人员。三是深入开展"守合同重信用"公示活动。采用电话、短信、电子显示屏、实地走访企业等方式，开展"守合同重信用"公示活动宣传。高新区分别有 156 家、255 家企业获评 2018 年度及 2019 年度"守合同重信用"企业，获评企业在"广东省市场监督管理局守合同重信用企业公示系统"向全社会予以公示，接受社会公众的监督，推进企业诚信建设，引导企业诚信守约经营。四是组织培育诚信示范企业。2020 年"3·15"活动中，高新区组织开展培育"诚信示范企业"活动。罗西尼、双喜电器、元朗食品、福乐购超市、高科创投、普惠金融、交行金鼎支行等多家企业积极参与，主动签署诚信经营承诺函并在高新区门户网"信用高新"专栏向社会公示，自觉开展诚信守法教育，依法依规经营，共同营造良好的诚信社会环境。

3. 以创新性普法营造企业法治氛围

普法宣传是社会进步与文明发展的一个重要标志。为进一步加强企业法治宣传教育，扩大法治建设覆盖面和影响力，高新区大力推动普法工作与企业法治建设相结合，对企业经营者有针对性地开展"每月一主题"巡回法治宣讲等普法活动，围绕劳动人事、公司变更登记、税法改革等主题，通过举办讲座、座谈研讨、以案释法、法律咨询等形式，分析企业经营存在的法律风险点，普及企业经营最新、最急需的法律和政策知识，让法律为企业做大做强保驾护航。2020年，已举办专题培训5场、展板宣传3场，参与企业达150余家，参与人员2200余人次。对劳动者群体开展广泛性宣传，利用户外LED宣传屏、法治宣传栏、法治园地等形式宣传相关法律法规知识；利用"3·15"国际消费者权益日、食品安全宣传周等重要时间节点到人群聚集的唐家文化广场、金鼎文化广场开展集中宣传；结合"送电影下乡"工作，在播放影片前插播"信用珠海"等诚信教育宣传短片，扩大宣传覆盖面；运用"珠海高新区"微信公众号新媒体推送宣传劳动等相关法律法规，提高企业员工的法治素养，助力员工和企业命运共同体意识健康良性发展，为高新区经济和社会发展营造良好的法治氛围。

（二）积极拓展法律服务，提升企业法治建设

1. 开展企业"法治体检"，打通对接企业需求"最后一公里"

高新区打破"律师体检出报告"的常规做法，探索"既问诊又开方"新模式，着力培养企业依法治企意识。一是聚焦现状精准化，找准企业发展短板。重点聚焦粤港澳大湾区建设背景下法律需求日益增多的涉外型企业和法律风险防范能力弱的初创型企业。高新区多次组织召开法治化营商环境座谈会及开展调研，收集梳理企业发展中遇到的问题和困难，精准归纳出商业秘密保护、跨境法律冲突和产品侵权等15个方面法律需求。二是聚焦服务重点化，筛选典型企业试点。高新区采取企业申请、园区推荐和部门联评等方式选出试点企业，通过政府购买服务的方式公开招标4家律师事务所进行结对，由结对律师围绕政策宣讲解读、法治环境保障、公司治理结构、风险防范化解四个方面做好"问诊把脉"，打通企业服务"最后一公里"，补齐企业不愿请、不会请、请不起律师的短板。首批"体检"企业中初创型企业占41.7%、涉港澳企业占33.33%。三是聚焦服务延伸，助力化解法律风

险。高新区根据初创型、成长型企业在不同阶段的法律服务需求，量身定制包含商业合同审查、企业决策论证等法律服务。针对法治体检中发现的企业经营者法律意识淡薄、管理运行不规范、合法权益受到侵害等现象，提供专业的法律咨询解答和切实可行的风险防范措施，为企业发展提供坚实的法治保障和优质的法律服务。

2. 积极推进企业纠纷调解工作，营造和谐的职企关系

高新区成立知识产权纠纷调解委员会，为企业知识产权纠纷提供高效、低成本的解决渠道，形成以司法途径为核心手段、以人民调解方式为重要补充的企业知识产权纠纷处理新模式；建立法治文化示范企业人民调解室，高新区在远光软件、双喜电器等 6 个法治文化建设示范企业成立人民调解室，方便高效处理企业纠纷。目前，高新区以公共法律服务中心为圆心，基本形成以 3 个专业人民调解委员会、3 个派出所调解室为枢纽、17 个社区调解委员会为基点的"大调解"网络。2020 年以来共受理辖区内各类矛盾纠纷案件 768 宗，其中企业劳资纠纷 257 宗，调解成功率 99.3%，最大程度把纠纷化解在萌芽阶段。为进一步培育企业多元纠纷解决能力，高新区继续深化仲裁工作推广和企业服务联动平台建设，珠海仲裁委员会高新知识产权仲裁中心与珠海市高新技术创新创业服务中心等组织协作，开展"百名仲裁员服务百家企业"活动，遴选出 100 名仲裁员与 100 家中小企业进行配对，签订为期一年的公益"法律服务合同"，帮助企业提高应对法律风险的能力；举办"知识产权纠纷解决典型案例分享""企业法律事务"等 5 场主题沙龙，现场解答企业法律难题，有效提高了企业依法治理能力。

3. 畅通企业员工法律援助渠道，维护劳动者合法权益

针对企业在经营发展、劳动者合法权益维护等方面出现的主要法律问题及需求，高新区在功能区中率先组建了 135 人的法律援助律师库，重点为在高新区企业工作的农民工和经济困难员工提供法律援助服务，为其提供法律问题的解答和维权指引，提供方便、快捷、优质的法律援助服务。对企业农民工和困难员工提出的法律援助申请，开辟绿色通道优先受理，实行"先指派，后补资料"，一旦身份条件符合，半天内指派律师介入，一周内补齐资料

即可，有效维护和保障了企业职工的合法权益，增强企业职工依法维权能力。2020 年，全区共接待劳动者到访 1622 批次，涉及 4893 人次；立案 359 宗，结案 340 宗；提供法律援助 85 宗；累计为 889 名劳动者追索工资等 2983.64 万元，全区整体劳资关系和谐，未发生重大群体性事件，为企业营造了和谐稳定的用工环境。

（三）优化营商环境，激活企业法治建设

1. 打造法治政务环境

市场法治与政府法治密切相关，政府依法行政、公正办事、诚实守信有助于市场主体依法经营、公平交易、诚信履约。高新区以建立法治政府为目标，要求区内各单位认真开展政府工作人员公务诚信教育，不断提升政府和公职人员诚信意识、法治意识和服务意识，树立政府公开、公平、诚信、清廉的形象，营造风清气正的社会风气。高新区认真排查梳理政企合作情况，清查是否存在拖欠企业工程款、物资采购款、代理服务费等账款情况，确保无失信、无拖欠账款，提振企业发展信心。严格公正文明执法，组织全区执法主体单位在广东省行政执法信息公示平台对行政执法事前、事后信息集中上传公开，切实保障行政相对人的知情权和监督权，建立真实可靠的社会交易安全诚信体系。为完善行政执法内部制约监督机制，通过设立纪检委员，对执法人员的行为进行内部监督制约，助力制止和纠正执法人员侵犯民营企业权益，增强执法人员自觉接受监督意识，实现政府治理能力现代化和高效化。

2. 认真落实公平竞争审查制度

公平竞争是市场经济的基本原则，也是市场机制高效运行的基础。根据 2018 年制定的《高新区 2018 年清理现行排除限制竞争政策措施工作方案》，高新区组织有关单位对有悖于平等保护原则、不利于企业发展等限制竞争的政策措施进行清理，共梳理出相关文件 112 份，其中 13 份文件因有效期已过或因新政策措施出台原政策文件自然废止。在出台《珠海高新区鼓励企业上市及新三板挂牌办法》《珠海高新区促进金融业发展扶持办法》等政策

过程中，高新区法律顾问室严格按照"公平竞争审查标准"和"公平竞争审查基本流程"，对政策措施条文内容进行公平性、合法性审查，杜绝出现不利于企业发展的条款，为企业构建公平、竞争、有序的市场环境。

3. 依法保护企业权益

为营造正当有序的营商环境，高新区深入开展反不正当竞争执法工作，严厉打击针对企业的不正当竞争行为，对侵犯企业知识产权及损害其商业信誉、商品声誉的违法行为及时予以惩处。截至目前，高新区暂未发现实质性不正当竞争违法行为，立案查处商标侵权等违法案件 5 起，罚款 1.2 万元。高新区努力营造公平竞争环境，推进反垄断执法，积极开展滥用行政权力排除、限制竞争行为专项执法行动，经排查，迄今尚未发现有关案件线索。随着法治企业建设工作的推进，高新区正逐步构建一个规范有序、和谐稳定的民营企业发展氛围与秩序，招商项目落地率稳步提升，经济发展趋势良好。2020 年高新区主园区实现地区生产总值 268 亿元，增长 6.7%，增速位居全市前列；固定资产投资 249.8 亿元，同比增长 17.9%；规模以上工业增加值 99.8 亿元，增长 4.2%；一般公共预算收入 17.9 亿元，增长 9.2%。全年有效发明专利 2840 件，增长 24.5%；PCT 国际专利申请量 73 件，翻了两番，炬芯科技获批国家知识产权示范企业，魅族获批国家知识产权优势企业，金山网络和安润普获批珠海市知识产权优势企业。

三 存在的困难和问题

（一）企业法律事务管理薄弱

高新区在对企业的日常走访服务中发现，部分企业在经营管理中不重视法律事务，也不设置专职的法律事务管理团队，特别是一些中小型企业，"人治"大于"法治"的现象仍然存在，企业经营管理团队中法律人才缺位，甚至有的企业从设立到发展整个过程从未咨询过法律事务，这在一定程度上妨碍了企业经营转型。部分企业对法治宣传活动的开展参与不积极，参与法治体检工作的服务律师也表示部分中标企业不愿意让律师提供服务，担心泄露企业机密。上述现象说明，企业管理者和员工在某种程度上还缺乏对法治文化的正确认识，未能认识到企业法治建设的重要性。

（二）政府对企业法治建设的认识有待深化

政府对于企业的法治建设工作认识较为单一，将企业法治工作限定于普法，普法责任单位对工作认识高度不够，责任落实不到位，没有对企业树立依法治企意识起到实质性的引导。

（三）对企业的公共法律服务有待加强

政府公共服务是发挥政府作用、履行政府职能的重要抓手。目前政府公共法律服务对象主要以群众个体为主，面向企业的公共法律服务基本以局部的法治体检、法律宣讲为主，呈现资源供给不够、覆盖面不广、供给产品不丰富的现状。随着经济发展及未来产业结构变化，企业对政府公共法律服务的期望、需求必然也随之增加及变化，因此迫切需要政府从多方面进行探索，提升对企业的公共法律服务水平。

四　未来展望

（一）探索公共法律服务，助力民营经济健康发展

一是探索建立企业法治体检中心，对企业的基础管理、股东与股权、并购投资、融资贷款、知识产权等风险进行测评，查找制度漏洞和薄弱环节，协助企业完善治理结构，健全法律防范机制，培植企业自身预警及修复能力。二是推动建立行业协会、商会法律顾问（法务）制度，由法律顾问为会员企业提供股权并购、资产重组、投资立项、知识产权等方面的法律意见建议，帮助企业良性成长，实现资源优化配置，助推企业、行业整体健康繁荣发展。三是探索拓展公共法律服务平台服务民企功能，开展民企公证服务

工作，加大对中小企业融资贷款的公证服务力度，帮助企业防范法律风险；依托平台加强行业性、专业性劳动争议调解组织建设，及时化解涉民营企业劳动争议纠纷，实现请律师、办公证、找调解等与企业密切相关的服务事项一站式办理，充分发挥了公共法律服务平台服务保障民营企业发展的作用。

（二）营造法治氛围，助力大湾区蓬勃发展

继续深化"法治文化建设示范企业"工作，建立园区企业法律服务宣讲团，定期开展法律法规、政策信息、经济信息的宣讲，增强中小企业经营管理者的法律意识，通过创建活动引导企业将诚信守法融入企业灵魂，增强自身文化软实力，同时激发示范企业辐射作用，推动企业运用法治思维和法治方式深化改革、推动发展，在法治轨道上开展经营活动。有效结合现有的法治资源，使用港澳居民熟悉的语言和宣传方式，通过情境式、融入式法律服务体验，帮助港澳居民、企业便捷了解内地法律规定，掌握寻求法律解决问题的主要途径，积极回应辖区内港澳居民、企业的法律服务需求。

（三）加强法治建设，助力高新区治理提质升级

将企业法治建设与社会治理工作相结合，推动传统单一政府管理向共建共治的社会管理格局转变。切实扶持民营经济发展，打破各式各样的"卷帘门""玻璃门""旋转门"，对民营经济和国有经济一视同仁，对大中小企业平等对待，为民营企业打造公平竞争环境。同时，系统梳理民营企业现行发展扶持政策，探索研究更多民营企业创新创业的支持措施。构建"亲""清"新型政商关系，打造便利的政务服务环境。优化审批流程、压缩审批时间，完善网上政务服务功能，确保"放管服"改革走在全省第一方阵。充分听取民营企业意见，在民营企业遇到困难和问题时积极作为、靠前服务，实现政府与市场的良性互动，以政务服务转型推动企业法治建设，助力社会治理现代化。

附　　录

Appendix

B.27
2020年珠海法治大事记

1. 2019年12月1日，全国首部明确引进港澳建筑及相关工程咨询企业和专业人士在内地直接执业服务的地方性法规——《珠海经济特区横琴新区港澳建筑及相关工程咨询企业资质和专业人士执业资格认可规定》正式实施，这是珠海市运用经济特区立法权先行先试探索，将国家相关改革措施予以法治化的大胆尝试。截至2020年11月，已有29家港澳企业和129名港澳专业人士获得了"备案认可书"，部分企业和专业人士已经在横琴建设项目直接执业。

2. 2020年1月1日起，珠海市范围内持居住证的非就业港澳台居民可在珠海参加基本医疗保险。目前政策实施顺利，截至2020年12月港澳台居民在珠海市参保已逾2.3万人。

3. 2020年1月1日起施行《港珠澳大桥广东水域通航安全管理办法》，用于规范管理港珠澳大桥广东水域的船舶航行、停泊、作业以及影响水上交通安全的活动。

4. 2020年1月1日起，经最高人民法院批准，珠海市中级人民法院集中管辖珠海市、中山市辖区民事公益诉讼一审案件。

5. 2020年1月1日起《珠海经济特区园林绿化条例》施行,填补了珠海市园林绿化工作在地方性法规层面的空白,对进一步规范园林绿化活动,推动全市园林绿化行业持续健康发展,助力珠海市生态文明建设具有里程碑意义。

6. 2020年1月3日,珠海市中级人民法院发布《珠海法院涉银行业金融审判工作(2017~2019)白皮书》。

7. 2020年2月1日起《珠海经济特区防台风条例》施行,同日,《珠海经济特区互联网租赁自行车管理办法》施行,这是全国首部规范共享单车运营、使用的政府规章,有利于促进新兴业态有序健康发展,保障市民文明绿色便利出行,提高社会治理水平。

8. 2020年2月6日,珠海市司法局在省内率先制定《关于应对新型冠状病毒肺炎疫情 为中小企业开展应急公共法律服务的工作方案》,成立珠海市司法局中小企业应急公共法律服务工作领导小组,迅速开展线上线下应急公共法律服务工作。

9. 2020年2月11日,珠海市司法局在"粤省事""最珠海"上线"疫情法律服务"模块、"中小企业法律服务"专区、"珠海公共法律服务"微信小程序等,实现公证、行政复议、人民调解、法律援助等7项业务线上申办,积极助力企业和群众依法精准防疫、有序复工复产。

10. 2020年2月28日,珠海市中级人民法院发布《关于服务企业复工复产保障经济社会发展的意见》。

11. 2020年3月1日起,《珠海市地质灾害防治管理办法》实施,加强全市地质灾害防治管理工作。

12. 2020年3月6日,横琴新区印发《关于充分发挥保险保障作用 支持企业防疫和复工复产的方案》,率先推出复工复产综合防疫保险。

13. 2020年3月16日,拱北海关第一时间响应最高人民法院等五部门联合发布的《关于进一步加强国境卫生检疫工作 依法惩治妨害国境卫生检疫违法犯罪的意见》,各口岸仅1个月内就集中查处9宗行政处罚案件,有力震慑了不如实健康申报等违法行为。

14. 2020 年 3 月 31 日，珠海市人大常委会通过《珠海经济特区禁止食用野生动物条例》（2020 年 5 月 1 日起施行），对禁食野生动物的名录、违法行为的罚则、各部门的监管职责等作出了明确的规定，为全市禁食野生动物提供了重要的法治保障。

15. 2020 年 4 月 2 日，横琴新区印发《横琴新区金融支持疫情防控期间企业复工复产的若干措施》，制订支持措施助力企业复工复产。

16. 2020 年 4 月 13 日，中共珠海市委发布《中共珠海市委关于新时代加强和改进人民政协工作的实施意见》（珠字〔2020〕2 号），以深入贯彻落实《中共中央关于新时代加强和改进人民政协工作的意见》《中共广东省委关于新时代加强和改进人民政协工作的实施意见》，对新时代加强和改进人民政协工作作出了系统性、整体性、制度性的安排。

17. 2020 年 4 月 16 日，中国建筑工程（澳门）有限公司在横琴新区获批营业执照，成为国内首家凭港澳建筑资质获准在内地从事经营的港澳建筑工程企业。

18. 2020 年 5 月 14 日，珠海市人民检察院召开"中国与葡萄牙语国家检察交流合作基地"筹备工作领导小组第一次会议，研究基地筹建前期准备工作。广东省人民检察院将基地建设作为检察机关服务保障大湾区建设的重要举措。

19. 2020 年 5 月 21 日，首家澳门非居民企业在澳门在线顺利完成了税款缴纳，标志着全国首单通过银联支付方式完成的跨境人民币电子缴税业务在横琴成功办结，解决了以往非居民纳税人自主缴税需要开立境内银行账户或跨境汇款两大难题。

20. 2020 年 5 月 27 日，珠海市第九届人民代表大会常务委员会第二十九次会议表决通过了《珠海市人民代表大会常务委员会关于修改〈珠海经济特区出租车管理条例〉等四项法规的决定》。

21. 2020 年 5 月，珠海市金湾区人民检察院联合珠海市公安局金湾分局在金海岸派出所设置未成年被害人"一站式"询问救助中心，举行《珠海市金湾区人民检察院　珠海市公安局金湾分局办理性侵未成年人案件"一站式"询问机制》联签仪式，标志着珠海市首个未成年被害人"一站式"询问救助中心正式投入使用。

22. 2020年6月3日，珠海市印发《珠海市2020年依法行政工作要点》。

23. 2020年6月份，横琴新区综合执法局在原监察系统的基础上升级研发了"横琴智慧劳动监察系统"，推动劳动执法迈入"智慧监察"时代。

24. 2020年7月9日，珠海市涉外法律服务联盟成立。珠海市律师协会为联盟理事长单位，中国国际贸易促进委员会珠海市分会、珠海市人民对外友好协会等19家单位为珠海市涉外法律服务联盟第一批理事单位。联盟促使全市各涉外单位和组织加强合作，继续深入推进珠海市涉外法律服务向纵深发展。

25. 2020年7月15日，香洲区人民政府办公室印发《珠海市香洲区三旧改造拆除重建项目行政裁决暂行办法》，该办法是广东省第一个适用于"三旧"改造项目的行政裁决办法，强化了拆除重建类"三旧"改造项目的行政和司法保障。

26. 2020年7月17日，香洲区总商会人民调解委员会在大成（珠海）律师事务所正式挂牌成立，这是香洲区首家商会调解委员会。

27. 2020年7月21日，珠海市金湾区人民法院与广东蓉兴辅拍科技有限公司、广东同伦拍拍科技有限公司签订《网络司法拍卖辅助工作服务协议》，将网络司法拍卖工作中的录入信息、接受购买意向人咨询、引领查看拍卖财产等工作外包给两家辅助拍卖公司，提升了拍卖标的物的变现率和溢价率，打通执行变现工作的"最后一公里"。

28. 2020年7月22日，中共珠海市委全面深化改革委员会通过《珠海仲裁委员会深化体制机制改革方案》。12月14日，方案获广东省人民政府批复同意实施。

29. 2020年7月28日上午，广东省首个地市级退役军人公共法律服务工作站——珠海市退役军人公共法律服务工作站在珠海市退役军人服务中心正式挂牌成立。全市各区退役军人公共法律服务工作站也正式设立，实现了市区两级全覆盖。

30. 2020 年 7 月 29 日，经广东省司法厅批准，全市首个专业从事电子数据业务的广东新德汇司法鉴定所成立，有效满足当前周边地市和社会各界对电子数据取证和固化的需求，填补珠海市没有声像资料类司法鉴定机构的空白。

31. 2020 年 7 月 29 日，珠海市司法局、市检察院、团市委印发《珠海市关于做好刑事案件未成年被害人法律援助工作的实施方案》，在全省首创新型刑事案件未成年人法律援助工作机制。

32. 2020 年 7 月 31 日，珠海市第九届人民代表大会常务委员会第三十一次会议通过《珠海市人民代表大会常务委员会关于促进市人民政府建设粤港澳大湾区优质公共法律服务体系的决定》。这是珠海市在省内率先以行使人大重大事项决定权的形式，对推进粤港澳大湾区公共法律服务体系建设作出决定。

33. 2020 年 8 月 4 日，香洲区翠香街道兴业社区成为珠海市首个住宅小区人民调解员全覆盖社区。

34. 2020 年 8 月 6 日，经广东省人民代表大会常务委员会批准，珠海市人民代表大会常务委员会正式公布了《珠海市人民代表大会常务委员会关于决定修改〈珠海市环境保护条例〉〈珠海市服务业环境管理条例〉的决定》。

35. 2020 年 8 月 16 日，横琴公安分局成立首支由澳门籍人员组成的志愿警察澳门中队，探索构建两地共建共治共享新模式。

36. 2020 年 8 月 28 日，珠海市香洲区发出首份社区矫正训诫决定书。

37. 2020 年 8 月 28 日至 29 日，交通运输部综合执法检查组来珠海市开展交通运输综合执法检查，重点检查了市交通运输局贯彻落实交通运输法治政府部门建设要求、推进综合行政执法改革任务落地见效等方面情况。

38. 2020 年 9 月 29 日，《珠海经济特区港澳旅游从业人员在横琴新区执业规定》公布，这是全国首部允许港澳旅游从业人员经备案后在内地从事导游、讲解等旅游业务的地方性法规。

39. 2020 年 9 月 29 日,《珠海市人民代表大会常务委员会关于优化珠海市营商环境的决定》公布实施,进一步推进行政服务改革创新,加快政府法治建设,为全力打造稳定、公平、透明、可预期的国际一流营商环境提供法治保障。

40. 2020 年 9 月 29 日,《珠海经济特区生活垃圾分类管理条例》在珠海市第九届人民代表大会常务委员会第三十二次会议上审议通过并公布,将于2021 年 6 月 1 日起施行。该条例由珠海市城市管理和综合执法局负责起草,是目前广东省第一部以特区立法形式出台的垃圾分类管理条例。

41. 2020 年 9 月 30 日,斗门区印发《珠海市斗门区河道管理实施办法(试行)》。此为珠海市首部区级河道管理实施办法,也是全省率先推出的县级河道管理实施办法。

42. 2020 年 10 月 22 日,珠海市人民检察院和中山市人民检察院共同签订《守护前山河流域生态环境检察公益诉讼协作机制》,标志着在粤港澳大湾区深度融合发展背景下,珠海、中山两地检察机关正式建立首个跨区域检察公益诉讼协作机制。

43. 2020 年 11 月 19 日,珠海市金湾区印发《珠海市金湾区近海水域常态化监管机制》,通过明确总体监管要求、建立联席会议制度、细化日常巡查和执法职责分工三方面内容,推进近海水域常态化监管工作依法规范有序开展。

44. 2020 年 11 月 26 日,珠海市司法局、市人社局、市财政局印发《关于做好我市进一步加强劳动人事争议调解仲裁法律援助工作的实施意见》,在全市劳动人事争议仲裁院设立法律援助工作站或窗口联络点,为劳动者提供一站式服务,实现法律援助与劳动仲裁"无缝对接"。

45. 2020 年 12 月 1 日起,《珠海经济特区港澳旅游从业人员在横琴新区执业规定》施行,具备规定条件并经合法备案的港澳旅游从业人员可在横琴新区执业。2020 年横琴新区共举办五期培训班,港澳旅游从业人员共 290人通过考核取得专用导游证。

46. 2020 年 12 月 1 日，横琴公证处与横琴新区工商局建立商事登记认证服务合作机制，此举有效提升了澳门投资者在横琴新区市场准入便利度，加速推进珠澳两地资源要素自由有序流动及优化配置，属全国首创的创新服务模式。

47. 2020 年 12 月 4 日，在珠海市金湾区劳动人事争议仲裁院设立"珠海市金湾区劳动人事争议法律援助联络站"，依法为追索劳动报酬、工伤待遇及经济困难等援助对象提供法律援助服务。

48. 2020 年 12 月 7 日，珠海市金湾区纪委监委联合珠海市金湾区司法局印发《关于开展行政机关涉诉案件专项检查的通知》，对全区行政机关近三年的涉诉案件开展专项检查，通过部门自查自纠、重点抽查督促、整改落实提升三个环节，进一步提高全区依法行政能力和水平，深入推进法治政府建设。

49. 2020 年 12 月 17 日，珠海市司法局、市财政局联合印发《珠海市法律援助事项补贴标准》，大幅提高法律援助补贴标准，为全市受援群众提供更加优质高效的法律援助服务。

50. 2020 年 12 月 17 日，珠海横琴新区商务局充分发挥数字政府优势，联手港澳打破地域界限，突破三地政务"行政壁垒"，上线全国唯一一面向港澳企业的一站式通办线上政务服务平台——横琴新区跨境惠企平台，为港澳居民与企业提供港澳居民身份认证等 240 项线上业务。

51. 2020 年 12 月 17 日，珠海市金湾区司法局成立全省首个区级涉外公共法律服务团，集合律师、人民调解、公证、法律援助、劳动仲裁等多领域专业人才，创新服务形式和供给模式，为涉外企业、人士集中提供"靶向式"的精准优质法律服务，推动地区经济高质量发展和全方位对外开放。

52. 2020 年 12 月 21 日，珠海市人民政府办公室公布了《珠海市气象灾害防御重点单位（2020 年）名录》（珠府办函〔2020〕146 号），全市共有 83 家单位为气象灾害防御重点单位。

53. 2020 年 12 月 23 日，由珠海市人民检察院支持起诉的原告珠海市生态环境局诉被告温某某、崔某某、李某某、甘某某、李某某等人污染海洋环境责任纠纷民事公益诉讼案在广州海事法院依法公开开庭审理。该案是珠海首例由检察机关支持起诉的环境民事公益诉讼案件。

54. 2020 年 12 月 28 日，《人民日报》民生周刊杂志社、复旦发展研究院和复旦大学新闻学院共同发布了"2020 年中国网络理政十大创新案例"。珠海横琴新区管理委员会商务局申报的"横琴企业专属网页"项目入选十大创新案例。

55. 2020 年 12 月 29 日，珠海市人民检察院未成年人"一站式"办案区揭牌启用。该办案区集取证、身体检查、心理测评疏导、法律援助等功能于一体，能最大限度地保护未成年人的合法权益和身心健康。

56. 2020 年 12 月 29 日，中共珠海市金湾区委办公室、区政府办公室印发《关于成立金湾区社区矫正委员会的通知》，该委员会将成为珠海市成立的首个社区矫正委员会。

Abstract

In 2020, the Government of Zhuhai Municipality implemented Party Secretary General Xi Jinping's important instruction on "ensuring the success of the Zhuhai-Macao cooperation in developing Hengqin New Area", built rule of law consensus, made overall arrangements for the normalized work of pandemic prevention and control and promotion of economic and social development, closely cooperated with Macao in creating the Macao-Zhuhai Pole in the Guangdong-Hong Kong-Macao Greater Bay Area, focused on the creation of a law-based market environment, government environment, judicial environment and a business environment highly compatible with international rules, shared experience with and drawn on the strengths of Hong Kong and Macao in such fields as legislation, institution building and rule integration, and developed a series of Zhuhai-Macao cross-border measures ranging from the "hard-connectivity" of transportation to the "soft-connectivity" of institutions and from coordinated industrial development to integrated guarantee of the people's livelihood to provide full support and services to Macao in appropriately diversifying its economy.

This book comprehensively summarizes and analyzes the overall situation of the development of the rule of law in Zhuhai in 2020 from such perspectives as law-based business environment, Zhuhai-Macao legal cooperation, judicial construction and social governance, and analyzes the prospect of Zhuhai in carrying out scientific planning and making systematic arrangement for the further development of the rule of law-from top-level design to grassroots exploration and from institutional modernization to capacity modernization-under the guidance of Xi Jinping's Though on the Rule of Law, strengthening the linkage with Hong Kong and Macao, continuing to optimize business environment by a high standard, promoting the closer cooperation between Guangdong, Hong Kong and Macao in legal service, creating a social governance community with the characteristics of the Greater Bay Area, and contributing to the construction of an international first-class bay area and a world-class city cluster.

Keywords: Zhuhai; Ruling the Country by Law; Ruling the City by Law; Zhuhai-Macao Cooperation; Business Environment

Contents

I General Report

Abstract: In 2020, the Government of Zhuhai Municipality has faithfully implemented Party Secretary General Xi Jinping's important instruction of "effectively carrying Zhuhai-Macao cooperation in developing Hengqin New Area" by taking the deep cooperation between Zhuhai and Macao in the development of Hengqin Area as the driving force and main platform, building rule of law consensus, and making overall arrangements for the normalized and coordinated work of pandemic prevention and control and promotion of economic and social development. The concrete measures include: facilitating the free flow and optimized allocation of resource elements and creating law-based business environment through cross-border handling of government affairs and data sharing; exploring cross-border practicing and cross-border medical insurance and promoting the deep cooperation between Zhuhai and Macao in the field of the people's livelihood through the integration of rules; carrying out Hengqin-Macao integrated social governance by deepening the application of the "safety +" citywide social governance index; and jointly creating the legal professional community of the Guangdong-Hong Kong-Macao Greater Bay Area by linking and integrating the legal service resources of Hong Kong and Macao. In the future, the government of Zhuhai Municipality will continue to take Xi Jinping's Thought on the Rule of Law as the guidance to advance the construction and integration of the rule of law in the Greater Bay Area, create a more attractive and competitive international investment environment through high-level institutional openness, promote the construction of diversified dispute resolution mechanism and a legal service system in the Greater Bay Area, strengthen the exchange, sharing and cooperation between Zhuhai and Macao, so as to contribute to the construction of an international first-class bay area and a world-class city cluster.

Keywords: the Rule of Law in Zhuhai; Zhuhai-Macao Cooperation; Ruling the City by Law; Social Governance; Guangdong-Hong Kong-Macao Greater Bay Area

Ⅱ Law-Based Business Environment

B.2 Investigation Report on the Special Campaign to Address
Prominent Problems in the Business Environment in Zhuhai

Project Team of the Commission for Discipline Inspection
of the Party Committee and the Supervisory Committee of
Zhuhai Municipality / 034

Abstract: To ensure the successful completion of the 13th Five-Year Plan
and prepare for the implementation of the 14th Five-Year Plan, the Party
Committee and the Government of Zhuhai Municipality have actively implemented
the new development idea, firmly grasped the pulse of the times, and endeavored
to find the right direction and press ahead with the optimization of business
environment. By carrying out the special campaign to address prominent problems
in business environment, the Party Committee and the Government of Zhuhai
Municipality has speeded up the construction of the Hengqin Guangdong-Macao
Deep Cooperation Zone, raised the level of marketization, the level of the rule of
law and the level of internationalization of the business environment of Zhuhai,
markedly enhanced the attractiveness and competitiveness of the city, further
mobilized the enthusiasm, initiative and creativity of government officials and
ordinary citizens for doing their work well and for starting their own business, and
laid a solid economic and social foundation for the high-quality development of
Zhuhai Special Economic Zone during the 14th Five-Year Plan period.

Keywords: Business Environment; Ruling the City by Law; Guangzhou-
Macao Cooperation in Developing Hengqin

Contents

B.3 Investigation Report on the Legal Protection of Intellectual
     Property in Zhuhai

Project Team of the Political and Legal Affairs Commission
of the Party Committee of Zhuhai Municipality / 042

Abstract: Zhuhai is faced with many practical problems in the protection of intellectual property, including the lack of special local legislation, the defective administrative law enforcement mechanism, short-boards in judicial protection, imperfect mechanism for the cross-border cooperation with Macao, and shortage of specialized personnel. To comprehensive strengthen the legal protection of intellectual property and further enhance the value orientation of such protection, the Government of Zhuhai Municipality has established a "big judicial" intellectual property safeguarding system with judicial protection as the main body, administrative protection as the support, and arbitration, mediation, industrial self-regulation and public supervision as the supplements, stepped up the efforts to crackdown in accordance with law on the crime of infringement upon intellectual property, strengthen the all-round and whole-chain protection of intellectual property, and strives to create a more stable, impartial, transparent and predicable law-based business environment.

Keywords: Intellectual Property; Rule of Law Safeguard; Cross-Border Cooperation; Business Environment

B.4 Innovating on the Mode of Customs Clearance and Inspection
     in Ports of Guangdong, Hong Kong and Macao

Chen Hongya / 053

Abstract: To serve the construction and development of Guangdong-Hong Kong-Macao Greater Bay Area, Zhuhai General Station of Exit and Entry Frontier Inspection, under the leadership of Exit-Entry Administration Bureau of the People's Republic of China, has comprehensively strengthened the communication and cooperation with Macao Public Security Police Force and Macau Security Forces Services Directorate, actively adapted itself to the new demands on exit-entry administration made by the integrated development of Hong Kong, Macao and the Mainland, practiced in a deep-going way the people-oriented development idea, comprehensively implemented the policy of "One Country, Two Systems", and adopted the border inspection mode of "cooperative inspection and one-time clearance" in Zhuhai Highway Port of the Hong Kong-Zhuhai-Macao Bridge and Hengqin Port, thereby facilitating the passage of personnel between Guangdong and Macao and further promoting the convenient flow of personnel, material and other elements in the Greater Bay Area.

Keywords: Ports of Guangdong, Hong Kong and Macao; Mode of Inspection Innovative; Cooperation Inspection; One-Time Clearance

B.5   The Practice of Gongbei Customs of Carrying out Law-Based Work and Serving the General Purpose during the Pandemic   *Project Team of Gongbei Customs* / 063

Abstract: In 2020, Gongbei Customs, as a customs office directly affiliated to the General Administration of Customs, has resolutely implemented the spirit of the important instructions given by Party General Secretary Xi Jinping and the arrangements made by the General Administration of Customs in its law-based work, gained a thorough understanding of the geographic characteristics of Gongbei as the connection point between Guangdong, Hong Kong and Macao, actively strengthened the cooperation with various local government organs, and achieved prominent results in actively integrating itself into and servicing the joint prevention and control of the pandemic, promoting steady growth in foreign trade by providing warm-hearted services to, stabilizing and benefiting enterprises, and ensuring the safety of materials closely related to the people's livelihood in Hong Kong and Macao. Gongbei Customs shoulders the heavy political tasks of servicing the construction of the "Belt and Road" and the development of the Guangdong-Hong Kong-Macao Greater Bay Area, ensuring the efficient utilization and management of the Hong Kong-Zhuhai-Macao Bridge, and accelerating to construction of the Hengqin Guangdong-Macao Deep Cooperation Zone. In the future, it will further advance the construction of "law-based customs", strengthen the role of the rule of law in guiding, safeguarding and promoting various kinds of work, and realize the unity of political, legal and social effects of law enforcement.

Keywords: Gongbei Customs; Prevention and Control of Pandemic; Resumption of Operation and Production

B.6 Current Situation of the Construction of the Law-Based Taxation in Xiangzhou District

Project Team of the Tax Bureau of Xiangzhou District of Zhuhai Municipality / 077

Abstract: In 2020, the Tax Bureau of Xiangzhou District of Zhuhai Municipality focused its efforts on the new responsibility of advancing the law-based taxation in an all-round way in the new era, took Xi Jinping Thought on Socialism with Chinese Characteristics for a New Era as the guidance, firmly implemented the "three systems of tax administrative law enforcement, established the law-based thinking, strengthened consciousness of law enforcement quality, vigorously advanced the transparent, standardized, lawful and impartial tax law enforcement, continuously improved the law enforcement system and the relevant norms and mechanisms, correctly exercised discretional power, strengthened law enforcement supervision, comprehensively raised the efficiency of tax law enforcement, ensured the law-based performance of legal functions by tax organs, effectively prevented tax law enforcement risks, upheld the lawful rights and interests of administrative counterparts, provided forceful legal safeguards for the advancement of law-based taxation, further deepened the reforms aimed at

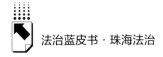
streamlining administration, delegating powers, improving regulation, and upgrading services, optimized business environment, and enhanced the capacity for tax governance.

Keywords: Bringing Taxation Under the Rule of Law; "the Three Systems"; Tax Preference

B.7 The Practice of Procuratorial Organs in Doumen District in Promoting the Creation of a Law-Based Business Environment under the Condition of Pandemic Prevention and Control

Project Team of the People's Procuratorate of Doumen
District of Zhuhai Municipality / 086

Abstract: Promoting the optimization of a law-based business environment is a duty of procuratorial organs. Faced with the new challenges brought about by the COVID-19 Pandemic, procuratorial organs must give full play to their procuratorial functions, actively ensure the "stability on six fronts" and the "security in six areas", and provide high-quality, efficient and convenient judicial safeguards for the development of enterprises. This report takes the practice of the Procuratorate of Doumen District of Zhuhai Municipality in promoting the creation of a law-based business environment under the condition of pandemic prevention and control as the entry point to explore the ways in which the procuratorial organs can promote the creation an open, fair, just and law-based business environment in the process of building the Guangdong-Hong Kong-Macao Greater Bay Area by giving full play to their procuratorial functions in criminal and public interest litigation cases, strengthening legal supervision, and participating in social governance.

Keywords: Prevention and Control of the Pandemic; Procuratorial Functions; Business Environment; Legal Supervision; Public Interest Litigation

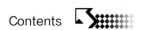

Abstract: A good law-based business environment is of great significance to the development of an area. In 2020, the People's Court of Hengqin New Area, Zhuhai Municipality focused on the overall situation of the development of Hengqin Free Trade Zone, based itself on its judicial functions, adhered to the problem-orientation, continued to deepen the reform and innovation of the mechanism for the operation of adjudicative power and the diversified dispute resolution mechanism, actively applied the rule of law thinking and method to strengthen the study on the trial work in the free trade zone, and strived to create a stable, fair, transparent and predictable law-based business environment, and to provide strong judicial safeguard for the high-quality development of the free trade zone.

Keywords: Optimizing Business Environment; Hengqin Free Trade Zone; the People's Court of Hengqin New Area; Diversified Dispute Resolution

III   Zhuhai-Macao Cooperation in the Construction of the Rule of law

Abstract: In recent years, supported by the policies of the central and local governments, there have been increasingly frequent civil contacts and resulting civil disputes between Hengqin New Area and Macao. The civil laws in Hengqin and Macao, although both belong to the continental law system, are very different in concrete institution and theory, and thus become the institutional barriers that impede the civil contacts between and coordinated development of Hengqin and Macao. This report introduces the current situation of the civil contacts and civil disputes between Hengqin and Macao at the practical level, explains the differences of the concrete legal institutions between Hengqin and Macao at the theoretical level, and explores the methods adopted by other three greater bay areas in the world and the EU for the resolution of conflicts of law, so as to draw on their experiences. Finally, the report, in light of the current situation in Hengqin and Macao, holds that a coordinating mechanism should be established and inter-regional cooperation agreements should be appropriately utilized to solve the conflicts of law between Hengqin and Macao.

Keywords: Civil Law System; Interregional Conflicts of Law; Interregional Cooperation Agreement; the Civil Code of Macao

B.10 Innovative Practice of Zhuhai-Macao Police Cooperation against the Background of the Construction of the Greater Bay Area

Project Team of the Public Security Bureau of Zhuhai Municipality / 130

Abstract: Public security organs in Zhuhai have always attached high importance to the police exchanges and cooperation with their counterparts in Macao. Under the direct command of the Municipal Party Committee, the Municipal Government and public security organs at higher levels, the police cooperation between Zhuhai and Macao has become a model of domestic interregional police cooperation in China for its ground-breaking idea of all-round close cooperation and irreplaceable practical effect. After entering into the new era, public security organs in Zhuhai have joined hands with police in Macao in implementing the spirit of Party General Secretary Xi Jinping's instruction of "effectively carrying Zhuhai-Macao cooperation in developing Hengqin New Area", and explored a series of innovative measures suited to the development of the Greater Bay Area and the integration of Hengqin and Macao in such fields as providing security for major events, cracking down on cross-border crimes, upholding the stability of the border between Zhuhai and Macao, fighting against the COVID－19 pandemic, and supporting Macao in appropriately diversifying it economy, thereby creating new highlands of police cooperation between Zhuhai and Macao.

Keywords: the Greater Bay Area; Cracking Down on Cross-Border Crimes; Police Cooperation

B.11 Advancing Medical Security Cooperation in the Guangdong-Hong Kong-Macao Greater Bay Area

Project Team of the Medical Insurance Bureau of Zhuhai Municipality / 144

Abstract: To promote the linkage of medical security system among Zhuhai, Hong Kong and Macao, support the construction and development of the Guangdong-Hong Kong-Macao Greater Bay Area, and actively serve the comprehensive opening-up of China to the outside world, the Government of Zhuhai Municipality has taken the lead in carrying out "the pilot program aimed at allowing Macao residents who live in Hengqin for a long period of time to participate in the basic medical insurance in Zhuhai" in the Integrated Region of Hengqin New Area, the Bonded Area and Hongwan Area (Zhuhai Hengqin Integrated Region), so as to provide more conveniences and safeguards to Macao residents who study, live, start business or work in Zhuhai Hengqin Integrated Region under the condition of not adjusting the existing policy framework and work mechanisms. In the future, Zhuhai Government will strengthen the publicity and raise the public awareness of, and encourage public participation in the medical insurance in Zhuhai, improve the quality of medical insurance service in the city by taking that in Macao as the benchmark, optimize the allocation of medical resources by drawing on the Macao model, and continuously explore the

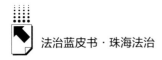
organic linkage between and integrated development of the medical insurance systems in Zhuhai and Macao.

Keywords: Guangdong-Hong Kong-Macao Greater Bay Area; Zhuhai Hengqin Integrated Region; Medical Security in Zhuhai and Macao

B. 12   The Innovative Practice of Hengqin New Area in Strengthening the Integration of Rules and Promoting Cross-Border Flow of Elements between Hengqin and Macao

Project Team of Development and Reform Bureau of Hengqin New Area / 156

Abstract: Since its establishment, the Government of Hengqin New Area has always stayed true to its mission, attached importance to supporting Macao in appropriately diversifying its economy, actively interacted with Macao and higher level governments in constructing the rule of law, carrying legislative innovation, and promoting the efficient and convenient flow of personnel and other elements between Hengqin and Macao. As the next step, the Government of Hengqin New Area will put emphasis of its work on connecting, linking and integrating rules and institutions with Macao, join hands with Macao to promote legislative innovation, accelerate the creation of an internationalized, law-based and facilitating business environment similar to that in Macao, explore the unilateral and mutual recognition of practicing qualifications of professionals between Hengqin and Macao, and cooperate with Macao in carrying out publicity of law and other work.

Keywords: Guangdong-Macao Cooperation; Cross-Border Flow of Elements; Law-Based Business Environment

B.13   Exploration by the Government of Hengqin New Area in

the Administration of Single-Plate Macao Vehicles

Entering into and Leaving Hengqin

Project Team of the Commercial Bureau of Hengqin New Area / 167

Abstract: The system of administration of single-plate Macao vehicles entering into and leaving Hengqin is an important result of the implementation in a deep-going way the Overall Plan for the Development of Hengqin and the Framework Agreement on Guangdong-Macao Cooperation, issued by the State Council, and the cooperation between Guangdong and Macao in innovative development, as well as an innovative attempt at cross-border vehicle administration by the Government of Hengqin Free Trade Zone. The Government of Hengqin Free Trade Zone, by promoting the adoption of relevant policies by the governments of Guangdong and Macao, establishing an informatized management system, and adjusting policies and optimizing work methods, has enabled small non-operating passenger automobile owned by Macao residents and enterprises who invest, buy houses or work in Hengqin to conveniently enter and leave Hengqin through Hengqin Port. This measure is an important embodiment of the policies adopted by the central government for benefiting Macao and plays a positive role in promoting the economic prosperity in Guangdong and Macao, deepening the port reform and innovation in Zhuhai and Macao, raising the efficiency and reducing the cost of customs clearance, and facilitating the exchange between Zhuhai and Macao.

Keywords: Automobiles from Macao Entering into and Leaving Hengqin; Guangdong-Macao Cooperation; Cross-Border Flow of Elements; Business Environment

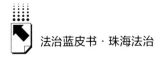

Ⅳ Judicial Construction

B.14 The Practice of Zhuhai Courts in Preventing and

Eliminating Financial Risks in the Banking Industry

Project Team of the Intermediate People's Court of

Zhuhai Municipality / 180

Abstract: In 2020, courts in Zhuhai Municipality have actively performed their adjudicative function and adopted targeted measures to prevent and eliminate financial risks. Through the analysis of the basic circumstances and characteristics of the trial of financial cases by Zhuhai courts in recent four years, this report summarizes the prominent practices of Zhuhai courts in innovating the financial trial mechanism, expanding the financial trial functions, promoting the positive cycle between the financial sector and the real economy, and strengthening investigation and guidance in financial trial, and puts forward suggestions on ways of further optimizing the financial trial work in the future.

Keywords: Financial Trial; Financial Risks in the Banking Industry; Judicial Innovation; Business Environmer

B.15 Reflections on and Improvement of the Supervision

by Procuratorial Organs over Criminal Investigation

Activities of Public Security Stations

Project Team of the People's Procuratorate of Zhuhai Municipality / 195

Abstract: Since the Eighteenth National Congress of the CPC, the Central Government has attached high importance to ruling country by law in an all-round way, including the supervision over law enforcement and judicial activities. After the Fourth Plenary Session of the Eighteenth CPC Central Committee, the General Office of the CPC Central Committee and the General Office of the State Council jointly issued a notice, requiring "the establishment of mechanisms for supervision over activities of criminal investigation by public security stations". Party General Secretary Xi Jinping has emphasized the six aspects of the work of strengthening the public security work in a new era, including "ensuring that law is enforced in a strict, procedure-based, impartial, and civil manner", and "improving the operation mechanism and management supervision and control mechanism for the law enforcement power, and striving to enable the people to feel fairness and justice in the handling of every case and every matter". After entering into the new era, the expectation for impartial justice has become an important part of the people's demand for a better life. This report, based on the actual operation of offices of supervision over criminal investigation in Zhuhai Municipality, explores ways of improving the mechanism for the supervision over criminal investigation activities of public security stations, with a view to benefiting the relevant judicial practice.

Keywords: Procuratorial Organs; Criminal Investigation; Procuratorial Supervision; Public Security Stations

B.16 Investigation Report on Strengthening Procuratorial Supervision over Non-litigation Administrative Enforcement in Jinwan District *Project Team of the People's Procuratorate of Jinwan District of Zhuhai Municipality* / 208

Abstract: Procuratorial supervision over administrative non-litigation enforcement aims at regulating administrative law enforcement activities, improving the efficiency of administrative law enforcement, promoting administration by law, and preventing social governance loopholes. the People's Procuratorate of Jinwan District carried out supervisions in the fields of traffic law enforcement, natural resources and enforcement of judgments, systematically reviewed over 240 cases and, in light the problems of irregular law enforcement and judicial practices discovered in the supervision, issued procuratorial proposals on similar cases to administrative and adjudicative organs and urged them to perform their functions in accordance with law, and promoted the comprehensive social governance, thereby giving full play to the dual functions of administrative procuratorial work, namely upholding judicial fairness on the one hand and supervising over and promoting administration by law on the other hand.

Keywords: Administrative Non-litigation Enforcement; Administrative Procuratorial Work; Supervision over Administrative Enforcement

B.17 "Similar Cases + Procuratorial Suggestions": a New Mode of Procuratorial Supervision over Criminal Cases in Hengqin

Project Team of the People's Procuratorate of Hengqin New Area of Zhuhai Municipality / 217

Abstract: the People's Procuratorate of Hengqin New Area focused on it main supervisory tasks, strived to create bright spots in its work, carried out thorough investigation into the common problems in similar cases by taking individual cases as the basis and its own supplementary investigation as the base point and by carrying out constructive interaction with criminal investigation departments, and developed the "similar cases + procuratorial suggestions" work mode by forging a refined supervisory mode, establishing a dynamic supervision system, and integrating cloud data of supervision, thereby forming a win-win relation between the supervisors and the supervised and providing the fresh "Hengqin experience" in the procuratorial work in criminal cases. To give fuller play to the practical value and judicial function of procuratorial supervision over similar cases, procuratorial organs need to further improve their work of procuratorial suggestions with respect to investigation and verification, collective inquiry, work interaction and implementation of supervisory opinions, and make theoretical and practical explorations in advancing the procuratorial work in a new era.

Keywords: Supervision over Similar Cases; Procuratorial Suggestions; Procuratorial Supervision over Criminal Cases; Reform of the Procuratorial System

B.18 The Current Situation of and Problems in the "Coordinating Administrative Law Enforcement and Criminal Justice" by the Grassroots Public Security Organs and Countermeasures Thereof

Project Team of Doumen Sub-bureau of the Public

Security Bureau of Zhuhai Municipality / 227

Abstract: The Regulations of Zhuhai Special Economic Zone on Coordinating Administrative Law Enforcement and Criminal Justice (the Regulations), adopted by the Standing Committee of the Eighth People's Congress of Zhuhai Municipality at its 22nd meeting in 2014, is the first piece of local regulations on " coordinating administrative law enforcement and criminal justice" in the whole country. Since their implementation, the Regulations have produced marked results. However, problems still exist in such links as the transfer, review, and investigation of cases. This report analyzes the current situation of and problems in the work of " coordination between administrative law enforcement and criminal justice" carried out by grassroots public security organs in Zhuhai Municipality from the perspective of the law enforcement practice of public security organs in Doumen District, and puts forward suggestions on such matters as improving the organization of and leadership over the work of " coordination between administrative law enforcement and criminal justice", promoting the

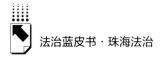
revision of the Regulations, perfecting the case review mechanism, optimizing the case handling procedure, and strengthening the cooperation in and improving the quality of the handling of cases.

Keywords: Administrative Law Enforcement; Criminal Justice; Grassroots Public Security Organs; Coordinating Administrative Law Enforcement and Criminal Justice

B.19 Deepening the Reform of Commercial Arbitration Institutions against the Background of Constructing the Guangdong-Hong Kong-Macao Greater Bay Area

Project Team of Zhuhai Arbitration Commission / 236

Abstract: Against the background of constructing the Guangdong-Hong Kong-Macao Greater Bay Area and based on its own development needs, Zhuhai Arbitration Commission has explored the direction and path of deepening the institutional reform, established the principle of adhering to the public interest nature, adjusted the name of arbitration institutions, established a council-based modern corporate governance mechanism, given autonomy to arbitration organs, built a comprehensive supervision system, set up an arbitration development fund, and standardized and consolidated the results of the reforms through legislation. These reforms have markedly improved the flexibility and autonomy of the arbitration mechanism in Zhuhai, made it more compatible with international common practice and the law of the development of arbitration itself, realized the breakthrough and evolution in institutional development, raised the level of the regionalized construction of rule of law, and promoted the reform and progress of the commercial arbitration industry.

Keywords: Guangdong-Hong Kong-Macao Greater Bay Area; Commercial Arbitration; Modern Corporate Governance Mechanism for Commercial Arbitration

V   Social Governance

B. 20   The "Security +" Index: the Citywide Social Governance
in Zhuhai

Joint Project Team of the Political and Legal Affairs
Commission of the Zhuhai Municipal Committee of
CPC and the Public Security Bureau of Zhuhai Municipality / 251

Abstract: Advancing the modernization of state government system and state governance capacity at the municipal level and exploring new social governance mode with Chinese characteristics, the characteristics of the times and local characteristics has become a new theme of the development of the times and a new topic of social governance. the Government of Zhuhai Municipality took the creation of a condition in which "the state enjoys enduring peace and stability, society is stable and orderly, and the people live and work in peace and contentment" as its goal and actively constructed the work mechanism of "Security +" citywide social governance index. This mechanism takes the various security big data at the municipal level as its supports and relies on rich and comprehensive content system, scientific and complete method system and three-dimensional and effective application system to create a new situation of citywide social governance "led by the Party Committee, dominated by the government, collaborated by non-governmental actors, participated by the public, and safeguarded by institutions", thereby providing a transferable Zhuhai model for the governance of China.

Keywords: Citywide Social Governance; the "Security +" Index; Public Security

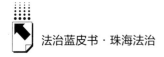
B.21 Constructing the Public Legal Service System in Zhuhai against the Background of Guangdong-Hong Kong-Macao Greater Bay

Project Team of the Judicial Bureau of Zhuhai Municipality / 268

Abstract: In recent years, the Government of Zhuhai Municipality has taken the construction of a service system adapted to the development of the Greater Bay Area as its goal, advanced in a deep-going way the construction of the public legal service system of Guangdong-Hong Kong-Macao Greater Bay Area, upgraded the legal service platform, integrated legal service resources, enhanced the cooperation in legal services, explored new modes of legal service, and preliminarily shaped a public legal service ecosystem in which the allocation of resources is continuously improved and the legal service demands are effectively met. However, compared with other cities in the Greater Bay Area, the public legal service system in Zhuhai still has some short boards. In the future, Zhuhai Government should further improve the institutional design of its public legal service system with the goal of building it into the best quality public legal service system in the Greater Bay Area, construct cooperation and exchange platforms, advance in a deep-going way the reform of the arbitration and notary systems, actively strengthen legal services for the opening-up to the outside world and foreign trade activities, and enhance the safeguarding of the infrastructure of public legal service.

Keywords: Guangdong-Hong Kong-Macao Greater Bay; Zhuhai-Macao Cooperation; Public Legal Service; Foreign-Related Legal Service

B . 22 The Practice of the Government of Doumen District of

Sending Legal Consultants to Villages and Urban

Neighborhoods to Carry out Their Work

Project Team of the Judicial Bureau of Doumen

District of Zhuhai Municipality / 280

Abstract: Sending legal consultants to villages and urban neighborhoods to carry out their work is a major measure for strengthening grassroots social governance as well as an inclusive project aimed at improving the people's livelihood. In recent years, the Government of Doumen District has carried out a series of explorations and achieved some results in sending legal consultants to villages and urban neighborhoods to carry out such work as promoting the construction of law-based villages and urban neighborhoods, safety construction and grassroots governance. In light of the shortcomings and difficulties in this work and to further raise the efficiency of law-based grassroots government, the Government of Doumen District has continuously explored ways of innovating and optimizing the institution, content and form of this practice and improving the quality of services. Through the establishment of a talent pool of legal consultants, it has further focused on service needs, comprehensively promoted the shifting of the emphasis of legal service to the grassroots, and endeavored to create high-quality and refined legal service products and contribute to the creation of a new social governance pattern of joint building, joint governance, and sharing.

Keywords: Sending Legal Consultants to Villages and Urban Neighborhoods to Carry out Their Work; Law-Based Villages and Neighborhoods; Grassroots Social Governance; Conflict Resolution; Public Legal Service

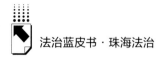

B.23　Creating the "Zhuhai Model" of Urban and Rural
Community Governance

Project Team of the Civil Affairs Bureau of Zhuhai Municipality / 293

Abstract：In recent years, the Government of Zhuhai Municipality has taken urban and rural community governance as the emphasis of the work of modernization of citywide social governance, improved policies and measures, innovated institutions and mechanisms, strengthened top-level design, enhanced governance cohesion, built integrated community platforms, enriched the connotation of community service, laid a solid foundation for community governance, selected self-government as the approach to the realization of the community governance, and created communities of communal life, thus creating the transferable "Zhuhai model" of innovative community governance. In the future, Zhuhai Government will popularize the model experience, advance the creation of urban and rural community space, improve grassroots mass self-governance mechanism, cultivate community governance subjects through socialization, build community governance capacity through professionalization, raise the efficiency of community governance through intellectualization, consolidate the results of community governance through standardization, and enrich elements of community governance through the integration into the Greater Bay Area, thereby developing a "Zhuhai model" of urban and rural community governance with distinct local characteristics and characteristics of the times.

Keywords：Urban and Rural Community Governance；Community of Communal Life；Social Governance

B. 24   The Practice of the Government of Xiangzhou District

in Resolving Labor Disputes through the Purchase of

People's Mediation Service from the Public

Project Team of the Court of Arbitration for Labor and

Personnel Disputes of Xiangzhou District of Zhuhai

Municipality / 304

Abstract: In recent years, the Court of Arbitration for Labor and Personnel Disputes of Xiangzhou District of Zhuhai Municipality has focused its efforts on the creation of a good law-based environment in the Guangdong-Hong Kong-Macao Greater Bay Area, relied on diversified dispute resolution mechanism and specially-invited mediation mechanism to set up a mediation center in the Case Filing Division of the Court and introduced people's mediators from different industries, different professions and different age groups to participated in the pre-case-filing mediation, explored mechanisms for the distribution of cases and the connection between mediation and arbitration, so as to move labor disputes resolution to an early stage and shift the emphasis of the work to a lower level, and rely on the unique advantage of convenience and efficiency of arbitration and the professional service of people's mediation to safeguard the lawful rights and interests of both the labor and the management and effectively resolve labor disputes at the source and the grassroots. In the future, the court will continue to carry out explorations in the professionalization of mediators, the mediation linkage mechanism, the optimization of the links in the transfer of cases between mediation and arbitration mechanisms and effective advancement of court hearing of arbitration cases, create a well-known brand of labor arbitration by bringing it under the rule of law, so as promote the construction of the rule of law and create a new pattern of arbitration work in the Greater Bay Area.

Keywords: Labor Arbitration; People's Mediation; Purchase of Service; Institutional Innovation

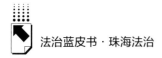

B.25　The Practice of Social Governance Work Relating to
Community Correction and Resettlement, Assistance and
Education of Released Prisoners in Jinwan District

Project Team of the Judicial Bureau of Jinwan
District of Zhuhai Municipality / 315

Abstract: The management of two special groups of people, namely persons subject to community correction and those receiving resettlement assistance and education after their release from prison, is an important task of social governance. In practice, the management work is plagued by such common problems as the difficulties in preventing recidivism and lack of specialized personnel, which have become the bottlenecks that impede the improvement of governance capacity. In recent years, the Judicial Bureau of Jinwan District of Zhuhai Municipality, on the basis of investigation and study, has carried out explorations in the creation of the "Jinwan Model" of specialized, integrated, intelligent and socialized management of special groups of people by such means as developing a recidivism risk assessment system, improving the mechanism for the training of professional judicial social workers, strengthening the coordination mechanism among relevant government departments, and promoting the multilateral cooperation among government organs, institutions of higher learning and mass organizations.

Keywords: Special Groups; Social Governance; Risk of Recidivism; Judicial Social Workers; Crime Prevention

B. 26   The Practice of Deepening the Construction of the Rule of Law

in Enterprises in Zhuhai High-Tech Industrial Development Zones

Project Team of Comprehensive Management Bureau of

the Administration Committee (Tangjiawan Town) of

Zhuhai High-Tech Industrial Development Zone / 330

Abstract: Cultivating law-based enterprises is a concrete demand made the CPC at the Fourth Plenary Session of its Eighteenth Central Committee, a major issue in the reform of the enterprise system, as well as a pressing realistic choice in China. In recent years, the Administration Committee of Zhuhai High-Tech Industrial Development Zone has implemented in a deep-going way the spirit of a series of documents on the construction of the rule of law issued by the central, provincial and municipal governments, focused on the central task of reform and development of enterprises, raised the level of construction of the rule of law in enterprises by such means as setting up models to guide enterprises, actively carrying out "rule of law screening" of enterprises, promoting the mediation of disputes involving enterprises, and building smooth channels of legal aid for enterprise employees, and explored the new path to the construction of rule of law in enterprises with Guangdong characteristics by creating law-based government environment, implementing the fair competition review system, protecting the rights and interests of enterprises in accordance with law, and creating a fair and orderly business environment. In the future, the government will further foster the idea of public service, improve the quality of public legal service for enterprises, deepen the work of "promoting the culture of the rule of law and establishing model enterprises", and combine the construction of rule of law in enterprises with social governance work, so as to realize the positive interaction between the government and the market, and provide solid support for the healthy development of private enterprises, the creation of a law-based business environment and the improvement of the quality of social governance.

Keywords: Law-Based Enterprises; Legal Service; Law-Based Business Environment; the Hi-Tech Industry

社会科学文献出版社

皮 书

智库报告的主要形式
同一主题智库报告的聚合

❖ 皮书定义 ❖

皮书是对中国与世界发展状况和热点问题进行年度监测，以专业的角度、专家的视野和实证研究方法，针对某一领域或区域现状与发展态势展开分析和预测，具备前沿性、原创性、实证性、连续性、时效性等特点的公开出版物，由一系列权威研究报告组成。

❖ 皮书作者 ❖

皮书系列报告作者以国内外一流研究机构、知名高校等重点智库的研究人员为主，多为相关领域一流专家学者，他们的观点代表了当下学界对中国与世界的现实和未来最高水平的解读与分析。截至2021年，皮书研创机构有近千家，报告作者累计超过7万人。

❖ 皮书荣誉 ❖

皮书系列已成为社会科学文献出版社的著名图书品牌和中国社会科学院的知名学术品牌。2016年皮书系列正式列入"十三五"国家重点出版规划项目；2013~2021年，重点皮书列入中国社会科学院承担的国家哲学社会科学创新工程项目。

中国皮书网

（网址：www.pishu.cn）

发布皮书研创资讯，传播皮书精彩内容
引领皮书出版潮流，打造皮书服务平台

栏目设置

◆关于皮书

何谓皮书、皮书分类、皮书大事记、
皮书荣誉、皮书出版第一人、皮书编辑部

◆最新资讯

通知公告、新闻动态、媒体聚焦、
网站专题、视频直播、下载专区

◆皮书研创

皮书规范、皮书选题、皮书出版、
皮书研究、研创团队

◆皮书评奖评价

指标体系、皮书评价、皮书评奖

◆皮书研究院理事会

理事会章程、理事单位、个人理事、高级
研究员、理事会秘书处、入会指南

◆互动专区

皮书说、社科数托邦、皮书微博、留言板

所获荣誉

◆2008 年、2011 年、2014 年，中国皮书
网均在全国新闻出版业网站荣誉评选中
获得"最具商业价值网站"称号；

◆2012 年，获得"出版业网站百强"称号。

网库合一

2014年，中国皮书网与皮书数据库端口
合一，实现资源共享。

中国皮书网

权威报告·一手数据·特色资源

皮书数据库
ANNUAL REPORT(YEARBOOK)
DATABASE

分析解读当下中国发展变迁的高端智库平台

所获荣誉

- 2019年，入围国家新闻出版署数字出版精品遴选推荐计划项目
- 2016年，入选"'十三五'国家重点电子出版物出版规划骨干工程"
- 2015年，荣获"搜索中国正能量 点赞2015""创新中国科技创新奖"
- 2013年，荣获"中国出版政府奖·网络出版物奖"提名奖
- 连续多年荣获中国数字出版博览会"数字出版·优秀品牌"奖

成为会员

通过网址www.pishu.com.cn访问皮书数据库网站或下载皮书数据库APP，进行手机号码验证或邮箱验证即可成为皮书数据库会员。

会员福利

- 已注册用户购书后可免费获赠100元皮书数据库充值卡。刮开充值卡涂层获取充值密码，登录并进入"会员中心"—"在线充值"—"充值卡充值"，充值成功即可购买和查看数据库内容。
- 会员福利最终解释权归社会科学文献出版社所有。

卡号：**867631542216**
密码：

数据库服务热线：400-008-6695
数据库服务QQ：2475522410
数据库服务邮箱：database@ssap.cn
图书销售热线：010-59367070/7028
图书服务QQ：1265056568
图书服务邮箱：duzhe@ssap.cn

S 基本子库
SUB DATABASE

中国社会发展数据库（下设 12 个子库）

整合国内外中国社会发展研究成果，汇聚独家统计数据、深度分析报告，涉及社会、人口、政治、教育、法律等 12 个领域，为了解中国社会发展动态、跟踪社会核心热点、分析社会发展趋势提供一站式资源搜索和数据服务。

中国经济发展数据库（下设 12 个子库）

围绕国内外中国经济发展主题研究报告、学术资讯、基础数据等资料构建，内容涵盖宏观经济、农业经济、工业经济、产业经济等 12 个重点经济领域，为实时掌控经济运行态势、把握经济发展规律、洞察经济形势、进行经济决策提供参考和依据。

中国行业发展数据库（下设 17 个子库）

以中国国民经济行业分类为依据，覆盖金融业、旅游、医疗卫生、交通运输、能源矿产等 100 多个行业，跟踪分析国民经济相关行业市场运行状况和政策导向，汇集行业发展前沿资讯，为投资、从业及各种经济决策提供理论基础和实践指导。

中国区域发展数据库（下设 6 个子库）

对中国特定区域内的经济、社会、文化等领域现状与发展情况进行深度分析和预测，研究层级至县及县以下行政区，涉及省份、区域经济体、城市、农村等不同维度，为地方经济社会宏观态势研究、发展经验研究、案例分析提供数据服务。

中国文化传媒数据库（下设 18 个子库）

汇聚文化传媒领域专家观点、热点资讯，梳理国内外中国文化发展相关学术研究成果、一手统计数据，涵盖文化产业、新闻传播、电影娱乐、文学艺术、群众文化等 18 个重点研究领域。为文化传媒研究提供相关数据、研究报告和综合分析服务。

世界经济与国际关系数据库（下设 6 个子库）

立足"皮书系列"世界经济、国际关系相关学术资源，整合世界经济、国际政治、世界文化与科技、全球性问题、国际组织与国际法、区域研究 6 大领域研究成果，为世界经济与国际关系研究提供全方位数据分析，为决策和形势研判提供参考。

法律声明

　　"皮书系列"（含蓝皮书、绿皮书、黄皮书）之品牌由社会科学文献出版社最早使用并持续至今，现已被中国图书市场所熟知。"皮书系列"的相关商标已在中华人民共和国国家工商行政管理总局商标局注册，如 LOGO（🖱）、皮书、Pishu、经济蓝皮书、社会蓝皮书等。"皮书系列"图书的注册商标专用权及封面设计、版式设计的著作权均为社会科学文献出版社所有。未经社会科学文献出版社书面授权许可，任何使用与"皮书系列"图书注册商标、封面设计、版式设计相同或者近似的文字、图形或其组合的行为均系侵权行为。

　　经作者授权，本书的专有出版权及信息网络传播权等为社会科学文献出版社享有。未经社会科学文献出版社书面授权许可，任何就本书内容的复制、发行或以数字形式进行网络传播的行为均系侵权行为。

　　社会科学文献出版社将通过法律途径追究上述侵权行为的法律责任，维护自身合法权益。

　　欢迎社会各界人士对侵犯社会科学文献出版社上述权利的侵权行为进行举报。电话：010-59367121，电子邮箱：fawubu@ssap.cn。

社会科学文献出版社